SIEGFRIED W. NEH

Die posthumen Auflagen von Feuerbachs Lehrbuch

Schriften zur Rechtsgeschichte

Heft 50

Die posthumen Auflagen von Feuerbachs Lehrbuch

Zu der Konzeption C. J. A. Mittermaiers und seinem Wissenschaftsverständnis

Von

Siegfried W. Neh

Duncker & Humblot · Berlin

Die Deutsche Bibliothek – CIP-Einheitsaufnahme

Neh, Siegfried W.:
Die posthumen Auflagen von Feuerbachs Lehrbuch : zu der Konzeption C.J.A. Mittermaiers und seinem Wissenschaftsverständnis / Siegfried W. Neh. – Berlin : Duncker und Humblot, 1991
(Schriften zur Rechtsgeschichte ; H. 50)
Zugl.: Göttingen, Univ., Diss., 1989
ISBN 4-428-07223-5
NE: GT

Fremddatenübernahme: Klaus-Dieter Voigt, Berlin 61
Druck: Berliner Buchdruckerei Union GmbH, Berlin 61
Printed in Germany

ISSN 0720-7379
ISBN 3-428-07223-5

Vorwort

Die vorliegende Untersuchung ist aus meiner Dissertation hervorgegangen, die 1989 der juristischen Fakultät der Georg-August-Universität Göttingen vorgelegt wurde. Die Anregung zum Thema gab mein verehrter Lehrer, Herr Professor Dr. Manfred Maiwald, dem ich für seine fürsorgliche Begleitung dieser Arbeit zu Dank verpflichtet bin. Wichtige und beherzigenswerte Hinweise, die dankbar angenommen wurden, kamen darüberhinaus von Herrn Professor Dr. Fritz Loos.

Da der biographische Teil der Arbeit ohne die freundliche Hilfe der Familien Mittermaier und Feuerbach, sowie des Vereins „Feuerbachhaus Speyer e.V." bei der Sichtung und Überlassung von Nachlaßteilen der Lehrbuchverfasser in der vorliegenden Form nicht hätte erstellt werden können, sei an dieser Stelle auch ihnen herzlich gedankt. Einen namhaften Druckkostenzuschuß gewährte dankenswerterweise die Strohmeyer-Stiftung, Göttingen.

Nicht vergessen sei aber auch die finanzielle Unterstützung durch meine Eltern, sowie die Geduld und Anteilnahme meiner eigenen Familie.

Vorwort

Inhaltsverzeichnis

A. Problemstellung, methodisches Vorgehen und Darstellung

Jedem, der heute ein rechtswissenschaftliches Studium beginnt, wird bei strafrechtlichen Studien früher oder später der Name Paul Johann Anselm Feuerbach begegnen. Und manch einer, den die Lehrmeinung Feuerbachs näher interessiert, wird auch eine der 14 Auflagen seines Lehrbuches des „gemeinen in Deutschland gültigen peinlichen Rechts" in die Hand nehmen. Daß das Feuerbachsche Lehrbuch, welches 1801 erstmals erschienen war, unter der Herausgeberschaft Carl Joseph Anton Mittermaiers 1847 eine 14. Auflage überhaupt erleben konnte, deutet auf eine herausragende Bedeutung für die Wissenschaft und Praxis in der ersten Hälfte des 19. Jahrhunderts.[1] Und betrachtet man die Konzeption näher, so erkennt man, daß seine epocheprägende Eigenheit darin liegt, daß es den verstreuten Normen des gemeinen Rechts einen Spiegel vorhält, in dem diese philosophisch gereinigt abgebildet werden: begrifflich klar und systematisch geordnet.

Dieses Lehrbuch, das nach Einschätzung Radbruchs mit seinen „knappen, kurzen Paragraphen mit (seinen) krystallinischen scharfen Kanten viele Studentengenerationen zum energischen Mitdenken ... gezwungen" habe[2], kann auch heute noch mit seinen prägnanten, durch Paragraphen bezeichneten Texteinheiten als vorbildlich bezeichnet werden. Häufig wird mit drei knappen Sätzen inhaltlich eine wesentliche Prämisse gesetzt oder die einzig mögliche Schlußfolgerung dargestellt. Beispielhaft erscheint etwa der dogmatisch grundlegende § 23, mit dem die philosophische Einleitung abgeschlossen wird: „Aus unsrer Deduction ergiebt sich folgendes höchstes Princip des peinlichen Rechts: Jede rechtliche Strafe im Staat ist die rechtliche Folge eines, durch die Nothwendigkeit der Erhaltung äusserer Rechte begründeten, und eine Rechtsverletzung mit einem sinnlichen Uebel bedrohenden, Gesetzes."[3]

---

[1] Erst das Lehrbuch des Berliners Albert Friedrich Berner, das von 1857 bis 1898 achtzehn Auflagen erreicht hatte, war wieder ähnlich epocheprägend (über diesen Hegelianer vgl. Näheres I. Engisch, Das strafrechtliche Lebenswerk A. F. Berners, Diss. Heidelberg, 1952); bis 1857 sieht Lüderssen das Feuerbachsche Lehrbuch ohne „wesentliche Konkurrenz", vgl. ders., Feuerbach, 1122, zu bedenken ist allerdings, daß noch 1862, also 15 Jahre nach der letzten Ausgabe des Feuerbachschen Lehrbuchs, das Lehrbuch von Martin in 12. Auflage erschien, vgl. dazu Maiwald, Martin, 200.

[2] Radbruch, Drei Strafrechtslehrbücher, 9. Das Lehrbuch wurde in seiner 14. Auflage nachweislich noch während des Wintersemesters 1874/75 in Heidelberg als Vorlesungsgrundlage von dem Kriminalisten Karl David August Röder verwendet, vgl. die Anzeige der Vorlesungen von 1874/75, S. 5; zur Person Röders (1806 - 1879) vgl. Kleinheyer / Schröder, 360.

Der begrifflich geschulte Jurist wird sich angesichts dieser Darstellungsweise anerkennend darüber äußern, daß hier ein Lehrsystem so dargestellt worden ist, daß alle Aussagen in ihren axiomatischen Bezügen untereinander sofort erkennbar sind.[4]

Vorausgesetzt allerdings, der Leser hat eine der von P. J. A. Feuerbach bis 1832 selbst redigierten Auflagen zur Hand! Betrachtet er eine der späteren, posthum von Mittermaier herausgegeben Auflagen dann darf er sich darüber wundern, daß die Paragraphen des Haupttextes durch ergänzende Anmerkungen derart breit unterlegt worden sind, daß nur durch wiederholtes Blättern der nächste Absatz Feuerbachs erreicht wird und dieser im Gesamttext nicht einmal sofort zu erkennen ist. Eine Kenntnis des nunmehr erweiterten Titels „Mit vielen Anmerkungen und Zusatzparagraphen" bei der 12. Auflage oder gar „Mit vielen Anmerkungen und Zusatzparagraphen und einer vergleichenden Darstellung der Fortbildung des Strafrechts durch die neuen Gesetzgebungen" bei der 14. Auflage wird die Verwunderung über den posthumen Herausgeber C. J. A. Mittermaier nicht mildern.

Bereits in der Vergangenheit wurde von Rezensenten der posthumen Lehrbuchausgaben wiederholt darauf hingewiesen, daß infolge der Redaktionstätigkeit Mittermaiers an dem traditionsreichen, in sich geschlossen wirkenden Werk Brüche in Erscheinung getreten seien, die sich einerseits auf inhaltliche, thematische Abweichungen, andererseits auf konzeptionelle Gesichtspunkte beziehen sollen. In Fragen der Rezensenten an den Text und an den Kontext, aus dem heraus sie – im Ergebnis leider erfolglos – versucht hatten, die Brüche zu deuten, spiegeln sich die Problempunkte der posthum veröffentlichten Textausgaben. Diesen Fragestellungen der Vergangenheit ist zumindest teilweise auch anzumerken, daß man wissenschaftstheoretische Differenzen zwischen Feuerbach und Mittermaier über den Gegenstand und die Methode der Strafrechtswissenschaft, sowie über den Adressatenkreis der Lehrbuchausgaben vermutete, als deren Folge gerade die jeweils favorisierten Dispositionen entstanden.

I. Das „historische" Unbehagen an der Disposition der von Mittermaier redigierten Ausgaben des Feuerbachschen Lehrbuchs

Die umfänglichste Rezension zu einem der posthumen Lehrbücher entstammt aus dem Jahre 1842 der Feder v. Steins[1] und bezieht sich auf die

---

[3] Feuerbach, Lehrbuch (1. Aufl.), 20.

[4] Vgl. Frommel, Strafjustiz, 173, 194, die in der Lektüre des Feuerbachschen Lehrbuchs einen „juristisch-ästhetischen Genuß" sieht.

[1] Zu Lorenz v. Stein (1815 - 1890), der als Hegelianer gilt und vor allem staatsrechtlich in Erscheinung getreten ist, vgl. Kleinheyer / Schröder, 272ff. Seine Lehrbuchrezension siehe DJbWissKu 1842, 279ff.

13. Auflage. Im Ergebnis ist das Urteil vernichtend, sowohl hinsichtlich des Inhalts[2] als auch der Struktur der Darstellungen. Letztere schien v. Stein aber geradezu gereizt zu haben, denn er brachte seinen Ärger über die Anzahl der Beiträge Mittermaiers, die seiner Ansicht nach wegen ihrer Menge auf das Feuerbachsche System von einer erschlagenden Wirkung seien, mit der drastischen Metapher zum Ausdruck, daß das alte System „nun gleichsam“ in seinem „eigenen Bette vom Herausgeber todtgeschlagen“ worden sei.[3] Offenbar schien nur ein Vergleich mit einer heimtückischen Freveltat die Empfindungen v. Steins über das Redaktionsvorgehen angemessen verdeutlichen zu können.

Inhaltlich erinnerte v. Stein zunächst an den historischen Umstand, daß nach Zerschlagung des Deutschen Reiches im Jahre 1806 mit stetig zunehmender Partikulargesetzgebung das gemeine peinliche Recht in der strafrechtlichen Praxis seine normative Geltung verloren habe. Er folgerte daraus, daß es damit auch an wissenschaftlicher Bedeutung gefehlt habe und sich gegen Mitte des 19. Jahrhunderts dem Herausgeber des Feuerbachschen Lehrbuchs die Frage hätte stellen müssen, ob die gemeinrechtliche Ausrichtung des Lehrbuchs dieses nicht habe grundsätzlich unbrauchbar werden lassen. Wenn man bedenkt, daß v. Stein selbst Hegelianer war, wird man diesen 1842 vorgebrachten Einwand nicht nur auf die veränderte rechtspolitische Lage zu beziehen haben, sondern ihn auszudehnen haben auch auf die gewandelte wissenschaftliche Diskussion. In der Strafrechtswissenschaft gab es seit 1836 erste Anzeichen einer Neuorientierung im Sinne der Hegelschen Philosophie.[4]

Diese beiden historischen Umstände einer veränderten Praxis und Wissenschaft betrafen indes nicht den zentralen Punkt der Kritik, denn das Lehrbuch erschien v. Stein immerhin dogmenhistorisch von Wert. Und deshalb sah er gerade diese literarische Leistung Feuerbachs durch die Zusätze Mittermaiers beeinträchtigt. Dieser redaktionelle Umstand, als störender Eingriff in das ursprüngliche Konzept verstanden, brachte ihn in Rage. Er vermißte in den posthumen Ausgaben die gewohnte Einheit und innere Konsequenz des alten Lehrbuchs und sah es seiner Funktion als wissenschaftliches Leitsystem enthoben; er vermißte in den posthumen Ausgaben „den wahren, seiner selbst gewissen Feuerbach, der seinen Gedanken hinstellt, ihn durch alle Zweifel hindurch festhält und selbstbewußt weiß, wo er beginnt und wohin er gelangen will und wird.“[5]

---

[2] Hier war es vor allem die Bezugnahme des Lehrbuchkonzeptes auf Normen des gemeinen Rechts, die gerügt wurde (v. Stein, DJbWissKu 1842, 277ff.).

[3] Ebd., 290.

[4] Zunächst war 1836 das unter Hegelianischem Einfluß geschaffene „Lehrbuch der Strafrechts-Wissenschaft“ von Abegg erschienen, 1855 veröffentlichte Köstlin das „System des deutschen Strafrechts“.

[5] v. Stein, DJbWissKu 1842, 289.

Der literarischen Leistung Feuerbachs, dem Werk an sich, dem das Hauptaugenmerk v. Steins galt, blieb auch in späteren Jahren nicht die gebührende Anerkennung versagt. Noch nach der Wende ins 20. Jahrhundert wurde das redaktionelle Schicksal des Feuerbachschen Lehrbuchs betrachtet, als ginge es um ein aktuelles Zeitgeschehen. Sämtliche von Mittermaier herausgegebenen Auflagen wurden auch jetzt noch nicht bloß kritisch, sondern auch engagiert begutachtet. 1910 etwa findet man Anmerkungen Landsbergs.[6] Zunächst wird auch in ihnen auf historisch gewandelte Anforderungen an das Lehrbuch abgestellt, entgegen der Ansicht v. Steins aber davon ausgegangen, daß gerade die Menge der empirischen Beiträge Mittermaiers eine weitere Nutzung des rechtspolitisch an sich überholten Systems habe möglich gemacht. Auch Landsberg entging indes nicht der Graben zwischen den Konzeptionen, wie seine Bemerkung zeigt, mit den Einfügungen sei das alte System entstellt und Mittermaier selbst durch die Beibehaltung des alten Textes von „eigener geschlossener Leistung abgehalten“ worden. Hier war sich Landsberg im Ergebnis mit v. Stein darin einig, in dem Lehrbuch das abschreckende Beispiel einer posthumen Bearbeitung zu sehen. Es wurde von Landsberg in diesem Sinne mit der unverblümten Metapher von einer „unnatürlichen Verklitterung“ umschrieben.[7]

Die Einwände Landsbergs gegen die textliche Konzeption Mittermaiers sind also im Ergebnis nicht zurückhaltender als diejenigen v. Steins. Auch hier wird aber vor allem eine erhebliche Verärgerung, ein subjektives Unbehagen, spürbar. Zwar wurde gesehen, daß grundsätzliche Differenzen in methodologischer und theoretischer Hinsicht bestehen, gesagt aber wurde, daß mit den Redaktionsbeiträgen Mittermaiers ein „unerträgliches Wechselbalg“ entstanden und die ursprüngliche Form des Lehrbuchs „unter Wasser gesetzt“ worden sei.[8] Diese Vehemenz, mit der das subjektive Unbehagen vorgetragen wurde, dokumentiert nicht bloß Trauer um den Verlust der Größe des alten Werkes, sondern Bestürzung über die Missetat einer Demontage. Der Frage aber, worin die wesensmäßigen Unterschiede beider Textkonzeptionen bestehen, wird nicht weiter nachgegangen.

Diesen Kritikern gesellte sich dann 1949 Radbruch hinzu. Wie ein befreiendes Aufatmen klingen zunächst die Worte des engagierten Feuerbachbiographen, daß Mittermaier den Text Feuerbachs „glücklicherweise unverändert“ gelassen habe, und außergewöhnlich zurückhaltend erscheint die Attribuierung derjenigen Beiträge Mittermaiers, mit denen die Ausführungen Feuerbachs – wohlgemerkt: im selben Werk! – kritisch, teilweise sogar verwerfend angegangen werden. Radbruch bezeichnet diese „unverhohlene, beinahe ver-

---

[6] Zu dem Bonner Rechtshistoriker Ernst Landsberg (1860 - 1927) vgl. Kleinheyer / Schröder, 349.

[7] Landsberg, Geschichte/Text, 425.

[8] Ders., ebd. / Noten, 63 Note 26.

nichtende Kritik“ nur als „stillos“. Daß aber ein nicht unerheblicher Unmut über die „Ablagerung“ der „weitschichtigen Stoffmassen“ an dem ursprünglich konstruktiv klaren Werk Feuerbachs auch bei ihm vorhanden war, tritt dann in dem gewählten Sinnbild von einer „Verschüttung“ deutlicher hervor und zeigt sich gänzlich in der auch von ihm nicht gescheuten drastischen Metapher vom „doppelköpfigen Monstrum“.[9]

Wendet man den Blick von diesen zentral auf das Lehrbuch bezogenen Darstellungen zu Ausführungen mit vorrangig persönlichem Bezug, so ist zu bemerken, daß selbst in der umfassenden gemeinsamen biographischen Darstellung über die Person Mittermaiers durch die Kriminalisten W. Mittermaier, eines Enkels des posthumen Lehrbuchherausgebers, und v. Lilienthal die Laudatio durch kritische Töne über sein redaktionelles Vorgehen leiser erscheint. Das Dilemma der Laudatoren von 1921 wird deutlich in ihren Worten, mit denen sie einerseits den überragenden Wert des Lehrbuchs für die Praxis betonen, hinsichtlich der Struktur des Werkes aber andererseits auch ihr Unbehagen nicht verbergen können und von einem nicht gutzuheißenden „erstickenden“[10] Charakter der Zusätze sprechen.

Wer solche Rezensionen gelesen hat, mag nur noch wenig Neigung verspüren, die posthumen Ausgaben des Feuerbachschen Lehrbuchs seinen ernsthaften Studien zugrundezulegen. Welchen wissenschaftlichen Gewinn sollte man aus einem „Wechselbalg“ oder „doppelköpfigen Monstrum“ schon ziehen können? Als ein an der Lehre Feuerbachs interessierter Leser wird man lieber gleich auf eine der ersten elf Auflagen zurückgreifen; ist man dagegen an den Lehransichten Mittermaiers interessiert, so erscheint es nach einer Lektüre der Rezensionen als zweifelhaft, ob man in den Anmerkungen der letzten drei Auflagen des Lehrbuchs wegen ihrer textlichen Verteilung fündig werden kann. Auch ob man überhaupt eine Lehrmeinung finden kann, die mit der Feuerbachs vergleichbar ist, oder ob nur Fragen zur juristischen Praxis die Beiträge bestimmen, wird man sich fragen.

Bei genauer Betrachtung der hier vorgestellten Mängelrügen der Kritiker fällt auf, daß ihnen die Ansicht gemeinsam ist, das Verwirrende am Lehrbuch sei die Disposition. Durch sie fühlten sich die Rezensenten jedenfalls vom materiell-rechtlichen System Feuerbachs abgelenkt, welchem auch weiterhin das Interesse galt. Die Angliederung eines vor allem praktisch relevanten Stoffes schien dagegen ein nicht oder kaum nennens- und beachtenswerter Ersatz für den störenden Eingriff zu sein . Wie anders ist der Umstand zu deuten, daß bei ihnen nur die Andersartigkeit der Beiträge vermerkt wurde, eine Typisierung der thematischen Beiträge Mittermaiers aber unterblieb und vor allem die Struktur als Problem des Lehrbuchs betont wurde. Allerdings wird

---

9 Radbruch, Drei Strafrechtslehrbücher, 9f.

10 v. Lilienthal / W. Mittermaier, ZStW 1922, 161.

trotz allen Wortreichtums in den Rezensionen auch diese Strukturfrage nur ungenügend erfaßt. Anstelle etwa objektivierbarer Kriterien, die das Textphänomen rational beschreiben könnten, finden sich Metaphern; emotionale Äußerungen, die das subjektive, wenngleich berechtigte Unbehagen dokumentieren, ersetzen eine rationale Textanalyse. Selbst unmittelbar textbezogene Umschreibungen wie „Lehrbuch im Lehrbuch"[11] oder „schriftstellerische Stillosigkeit"[12] sind, da sie ohne Bezug zu irgendwelchen konkreten Daten oder textuellen Kategorien stehen, für einen objektivierbaren Nachvollzug viel zu vage.

Fragen nach thematischen Differenzen und einem möglicherweise abweichenden wissenschaftlichen und damit redaktionsprägenden Vorverständnis bei Mittermaiers oder Fragen nach geänderten kontextuellen Anforderungen, die es Mittermaier von außen verwehrten, die sachliche Linie Feuerbachs einzuhalten, werden kaum gestellt und auch nur andeutungsweise zu beantworten versucht. Während Landsberg in dieser Hinsicht etwa einen „anderen Standpunkt" im Bereich der Dogmatik als Ursache wähnte[13], war v. Stein[14] immerhin der Ansicht, daß „es ... sich hier um nichts Geringeres, als um die Umgestaltung der ganzen Criminalrechts-Wissenschaft" handele.

Der Verwunderung über die äußere Form ist damit bei den frühen Rezensoren und Biographen nur in dieser schwachen Ausprägung die Frage nach den redaktionellen Umständen gefolgt. Wenngleich nur vage erahnt, so wurde damit doch schon neben dem linguistischen Problem ein historisches, nämlich als Frage nach der leitenden Motivlage, geortet. Diese beiden Fragestellungen sollen hier aufgegriffen werden: Das Lehrbuch als ein empirischer Text ist unzweifelhaft linguistisch problematisch. Daneben ist es aber als historisches Datum erklärbar und man wird es verstehen können, wenn sein historischer Kontext und damit Daten seiner redaktionellen Entstehung analytisch miteinbezogen werden.

II. Das Feuerbachsche Lehrbuch in den posthumen Ausgaben als linguistisches Problem und als historisches Werk

Die enttäuschten Erwartungen über die Texte der posthumen Ausgaben, die v. Stein, Landsberg, Radbruch, W. Mittermaier und v. Lilienthal formuliert haben, deuten auf eine heute wie damals im Grunde als selbstverständlich erachtete, grundsätzliche Erwartung: Jedes wissenschaftliche Werk ist zugleich Sprachgebilde und muß als solches für einen Gedankenaustausch

---

[11] v. Stein, DJbWissKu 1842, 289; Landsberg, Geschichte/Text, 425.

[12] Radbruch, Drei Strafrechtslehrbücher, 10.

[13] Landsberg, Geschichte/Text, 425.

[14] v. Stein, DJbWissKu 1842, 295.

geeignet sein; damit aber dient es nicht bloß einem Selbstzweck. Texte sind Bestandteile eines sozialen, kommunikativen Verhaltens und mit bestimmten Eigenschaften auszustatten, die auf die zu erwartende Kommunikationslage auszurichten sind.

In den Irritationen der Lehrbuchrezensenten zeigt sich, daß eine erfolgreiche Kommunikation seitens Mittermaiers zumindest ihnen gegenüber nicht gelang. Die posthumen Lehrbuchausgaben tragen demnach Eigenschaften, die von diesem Leserkreis nicht akzeptiert wurden. Dabei ist zu bedenken, daß, mit Ausnahme v. Steins, sie keine Zeitgenossen Mittermaiers waren und etwa aktuelle Bezüge der posthumen Lehrbuchausgaben nicht unmittelbar erlebten, sondern historisch zu erschließen hatten. Die Lehrbuchausgaben waren also auf sie als Leserkreis aktuell gar nicht abgestimmt. So wundert es nicht, daß man bei ihnen ein unmittelbar wirkendes Textverständnis vermißt[1] und Mittermaiers wissenschaftliches Anliegen allen Rezensenten verborgen blieb. Aber dennoch: Eine historisch kontextuelle Interpretation hätte zwar den veränderten, praxisorientierten Ansatz der Konzeption verständlich machen können, nicht aber die Mängel des Textes behoben, die sich daraus ergeben, daß an dem Text Feuerbachs festgehalten und der Leser mit beiden Lehrmeinungen konfrontiert wurde.

Das Lehrbuch Feuerbachs in seinen posthumen Ausgaben ist somit ein doppeltrelevanter, linguistisch und historisch problematischer Gegenstand, der dem interessierten Betrachter, wenn er nicht einen der beiden Aspekte ganz übergehen will, zwei Reaktionsmöglichkeiten bietet. Einerseits kann der textuellen Problematik nachgegangen werden unter der Voraussetzung, daß man das Feuerbachsche Lehrbuch in seiner Eigenschaft als Medium in der wissenschaftlichen Kommunikation betrachtet. Eine solche Perspektive ist linguistisch, die angemessene Verfahrensweise ist textanalytisch und liegt dann jenseits der typisch juristischen Betrachtungsweise. Das Lehrbuch in seinen posthumen Ausgaben wird in diesem Fall als Sprachgebilde darauf befragt, weshalb es kommunikativ anders wirkt als noch in den Ausgaben unter der Federführung Feuerbachs.

Andererseits kann aber auch das Werk als historisches Datum erhellt werden, indem etwa den dogmatischen Einzellehren oder rechtswissenschaftlichen Grundannahmen Feuerbachs die entsprechenden Ansichten Mittermaiers gegenübergestellt werden. Dies betrifft eine Perspektive, mit der man wissenschaftliche Entwicklungslinien der Vergangenheit wahrnimmt, die rechtshistorisch und deren Methode hermeneutisch ist.

---

[1] Dies zeigt insbesondere die Einschätzung Landsbergs, vgl. ders., Geschichte/Text, 433, wonach Mittermaier von seiner Zeit „maßlos" überschätzt worden sei. Landsberg übersieht indes, daß er die Leistung Mittermaiers nicht historisch-kontextuell wertet, sondern einen anderen Wertmaßstab anlegt.

1. Die Problematik aus linguistischer Perspektive

Die enttäuschten Erwartungen der bisherigen Lehrbuchrezensenten demonstrieren anschaulich eine für die Nachbardisziplin der Linguistik beinahe banal zu nennende Grundannahme, daß Texte nicht schon in der Dimension des Inhalts ihre Grenzen finden, sondern als Gegenstände eines sozialen Geschehens bis zum Empfängerhorizont, in die Sphäre des Lesers, reichen.[2]

Jeder Text bewegt sich in einem Spannungsfeld zwischen den Vorstellungen des Textherstellers und den Erwartungen der Adressaten, eine erfolgreiche Inhaltsvermittlung hängt folglich von der Optimierung der gesamten pragmatischen Wirkung ab. Das aber bedeutet, daß es nicht gleichgültig sein kann, wie Texte redaktionell abgefaßt werden. Texte befinden sich in einem Wirkprozeß[3] und müssen, um als kommunikative Medien erfolgreich sein zu können, bestimmte Eigenschaften[4] aufweisen. Die Eignung eines Textes aber hängt ab von der Prognose über das Verhältnis der Umstände, die einerseits der Texthersteller erreichen will und die andererseits vom Adressaten akzeptiert werden.

Begrifflich knüpft die Linguistik heute an die Terminologie der Semiotik an und spricht zur Beschreibung der Aussageebene eines Textes von Semantik und Syntaktik und hinsichtlich der Wirkungsebene von Pragmatik.[5] Gerade

---

[2] Auf begriffliche oder methodische Einzelheiten der Linguistik vorliegend näher einzugehen, würde den Rahmen einer juristischen Arbeit wie dieser sprengen. Auch soll hier keinesfalls versucht werden, am Beispiel des Feuerbachschen Lehrbuchs die Feinheiten der linguistischen Methode zu demonstrieren. Anliegen ist es vielmehr, das Problem des Lehrbuchs juristisch angemessen, aber ohne Gleichgültigkeit gegenüber der Nachbardisziplin darzustellen und zu lösen. Der einzuschlagende Weg liegt jedenfalls dort, wo Grundaussagen, die in der Linguistik allgemein Anerkennung finden, dienlich gemacht werden und mit juristischen Interessen verknüpft werden können.

Soweit die Rechtswissenschaft als sozialwissenschaftliche Disziplin und Normen als gesellschaftliche Phänomene angesehen werden, zeigt sich gelegentlich eine Rezeption sprachtheoretischer Erkenntnisse; vgl. insoweit etwa Hruschka, 22ff., 59; Dressler, linguistische Ansätze, 14ff.; Lampe, 31; Haft, Recht, 233ff.; Herberger / Simon, 227; Wank, Rechtstheorie 1982, 465 - 490. Daß insbesondere im Bereich der Rechtsgeschichte eine Kenntnis sprachtheoretischer Grundlagen von großem Nutzen ist, vermerkt Wieacker, ZSRG RA 1974, 1ff.

[3] Hierzu sagen die Linguisten: „Textherstellung ist Reaktion auf hergestellte Texte" (Breuer, D., 157). Eingehend zum Kommunikationsprozeß Breuer, D., 35; Dressler, Einführung, 92; Schmidt, S. J., 33; vgl. auch Morris, 365 mit Hinweisen auf den amerikanischen Pragmatismus.

[4] Sieht man das pragmatische Problem einer Eignung als vorrangig an, so zeigt sich deutlich die geänderte Perspektive weg vom Textinhalt. Es geht danach nicht mehr darum, einen Wahrheitsanspruch für die Textpassage zu behaupten, sondern Bewertungsmaßstäbe für die Optimierung der Wirkung zu finden. Im Vordergrund stehen Effektivitätserkenntisse (vgl. de Beaugrande / Dressler, 124).

[5] Damit ist der heute in der Linguistik vorherrschende, semiotisch geprägte Textbegriff weiter als jener der traditionellen Lehrmeinung der Philologie, deren Zweckfreiheitsgedanke auf die Ästhetikdiskussion Kants zum allgemeinen Begriff einer schönen

hinsichtlich der äußeren Wirkmechanismen, d.h. der pragmatischen Dimension eines Textes, hat sich die linguistische Teildisziplin der sog. pragmatischen Texttheorie verdient gemacht. Ihr besonderes Kennzeichen liegt darin, daß sie zwar Erkenntnisse der Semiotik über eine Funktionalität und Intentionalität von Zeichen rezipiert hat[6], aber den Grundsatz der Intentionalität im Sinne einer nur allgemein auf Kommunikation abzielenden Absicht erweitert hat auf speziell geplante Zwecke der Textadressaten hinsichtlich der redenachfolgenden Handlungsakte. Eine Textbetrachtung ist folglich wegen der Wirkungen eines Textes notwendig auf den Rahmen jener konkreten Kommunikationslage zu beziehen, auf den der Text abzielt, und es ist zu fragen, ob er entsprechend der ihm im einzelnen anhaftenden Eigenschaften den kommunikativen Anforderungen funktional genügen kann. Entsprechend typischer Kommunikationssituationen lassen sich linguistisch verschiedene wiederkehrende Texttypen unterscheiden.[7]

Die pragmatische Texttheorie ist, historisch gesehen, bei ihren Fragen nach notwendigen oder möglichen Wirkungen in die Tradition der auch den Juristen bekannten, bis auf antike Anfänge zurückreichenden Rhetorik zu stellen. An deren pragmatische Kategorien, wie sie in der Affekten-, Stil- und Statuslehre[8] ausgeprägt sind, sei daher erinnert.[9]

Kunst zurückreicht (vgl. Kant, Urteilskraft, 177 Rn. 206 und 184 Fn.). Während die traditionelle Lehrmeinung ihre Aufgabe in der Darstellung ästhetischer Probleme und werkimmanenter Gesichtspunkte sieht und sich folglich nur poetisch-literarischen Texten widmet, zeigen sich die vorherrschenden, durch die Semiotik beeinflußten Theorien nicht auf derartige Textgattungen eingeschränkt. Durch die Einbeziehung einer pragmatischen Textdimension weitet sich die Perspektive, so daß auch nicht-poetische, also auch Texte des Wissenschaftsbetriebes von Interesse sein können (vertiefend Glaser, 27; Hempfer, 11; auch Morris, 219).

6 Instruktive Darstellung bei v. Kutschera, 169, der auch den Unterschied zwischen der illokutionären Rolle einer Rede und der rhetorischen pronuntiatio hervorhebt. Während die Affektenlehre, die den bloß auf Überzeugung abzielenden Vortrag vor Augen hat, die Vortragsarten des ethos und pathos anbietet (vgl. Hentschel / Steinbrink / Ueding, 283f.), wendet sich die pragmatische Texttheorie auch der Alltagsrede zu und kann nach illokutionären Aspekten ableiten, ob beispielsweise ein Satz wie „Es regnet" als Mitteilung (der Verzweifelung des Sprechers über das mißratene Sommerwetter), Warnung (an das Kind, nicht mit leichten Schuhen hinauszugehen) oder Empfehlung (einen Schirm mitzunehmen, falls man nicht nachteilige Folgen in Kauf nehmen möchte) verstanden werden kann.

7 Zimmermann, 40ff.

8 Systematisierung nach Breuer, D., 143 - 158.

9 Dieser sachlichen Gemeinsamkeit sind sich auch die Vertreter der pragmatischen Texttheorie bewußt (vgl. Dressler, Einführung, 108f.; Schmidt, S. J., 24 Fn. 5). Der Pragmatiker Morris, 364, sieht nicht nur einen Zusammenhang zwischen dem semiotischen Pragmatismus und der Rhetorik, sondern zieht darüberhinaus einen bemerkenswerten Vergleich zwischen der modernen Semiotik und dem zu den sieben mittelalterlichen Künsten (dazu Näheres Reuper, 66) gehörenden trivium (artes sermonicales), indem er jenen Disziplinen der Grammatik, Logik und Rhetorik die semiotischen Perspektiven der Syntaktik, Semantik und Pragmatik gegenüberstellt. Die Vertreter der pragmatischen Texttheorie scheinen sich aber teilweise zu scheuen, auf die traditionel-

Man bedenke nur, daß auch der moderne texttheoretische Objektbereich gerade situative Rede- bzw. Textdarstellungsstrategien umfaßt.[10] Es ist daher eigentlich kein Grund ersichtlich, warum nicht wenigstens insofern auch auf grundsätzliche Erkenntnisse der Rhetorik zur Texterstellung als heuristisches Modell innerhalb einer pragmatischen Analyse zurückgegriffen werden soll[11], solange die historische Befangenheit der Ratschläge der rhetoricae utens beachtet wird.[12] Dies vor allem deshalb, weil die Grundprinzipien der pragmatischen Texttheorie genaugenommen selbst relativierbaren Modellcharakter besitzen und Arbeitshypothesen darstellen. Vorliegend jedenfalls wird auf Grundsätze der rhetorischen Lehren gelegentlich Rekurs genommen. Wie die rhetorische Lehre, so geht auch die pragmatische Texttheorie davon aus, daß jeder Texthersteller sich darüber Gedanken macht, welches der ins Auge gefaßte Kommunikationszweck ist und was die dafür notwendigen Aussagen und die möglichen bzw. die effektivsten Aussagemittel sind.[13]

Der empirische Vorgang einer Textplanung, der sich linguistisch als Texttypenauswahl darstellt, läßt sich dichotomisch in materiell-sachbezogener und formal-wirkungsbezogener Hinsicht unterscheiden. Dabei wird hinsichtlich der sachbezogenen Kriterien eine weitere Unterscheidung nach objektiven und subjektiven Maßgaben vorgenommen. Objektiv lenken im Textherstellungsprozeß sachliche und zeitliche Überlegungen – hinsichtlich des Objekts und der Aktualität des Themas mit den Fragen, zu welchen Umständen etwas gesagt werden soll und ob dies gefragt ist – die Auswahl des Stoffes. Im Anschluß an eine Klärung dieser Punkte werden darüberhinaus die subjektiven, vom Texthersteller für maßgeblich gehaltenen Bewertungskriterien, die ihm eigenen Interpretationsweisen der Sachprobleme, prägend, so daß ein

---

len Erkenntnisse und Kategorien der rhetoricae docendi zurückzugreifen (anders Breuer, D., 140ff.), obgleich eine zumindest in Teilaspekten bestehende Gleichartigkeit beider Ansätze vorzuliegen scheint.

Weiter als die Rhetorik geht die pragmatische Texttheorie – und darin liegt der heuristische Wert für die Linguistik – jedoch bei der Prüfung pragmatischer Wirkungsgrade von Texten, indem der Blick neben der Kommunikationsstrategie die Textstruktur beobachtet und hier mit einem ausgefeilten Instrumentarium der Textkörper zergliedert wird.

[10] Auf die entstehenden Probleme, äußere Situationen für Argumentationsweisen unberücksichtigt zu lassen, verweist Viehweg (16, 112f.) unter besonderer Hervorhebung des Umstandes, daß von der Jurisprudenz vor allem eine nicht-situative, nämlich rein systematisch angelegte Denkweise bevorzugt werde, die sich auf immanente Bezüge beschränke.

[11] Eingehende Stellungnahme bei Breuer, D., 141, 143ff. Daß die Erkenntnisse der Affektenlehre zum mündlichen Vortrag hier nicht übertragbar sind, versteht sich von selbst (vgl. auch Schlüter, 13).

[12] Rezeptionale Einschränkungen ergeben sich daraus, daß die Abhängigkeit bestimmter Wirkmittel zu bestimmten, sozialen Erwartungen über kommunikatives Verhalten historisch bedingt ist, worauf Breuer, D., 140ff., zutreffend hinweist.

[13] Vgl. bereits hier die Parallele zur rhetorischen intellectio, inventio und dispositio bei Hentschel / Steinbrink / Ueding, 196, 204, 206.

geäußertes Urteil über bestimmte Objekte oder Sachverhalte sich letztlich im Verhältnis zu dem Leser als eine Identität oder Kontroversität von Ansichten darstellen kann[14], in deontischen Fragen mit der Tendenz eine Wertebestätigung oder -anerkennung bis hin zu einer Ideologisierung oder einer kritischen Auseinandersetzung. Aus diesen Vorüberlegungen heraus wird ein Text inhaltlich semantisch-syntaktisch projiziert.

Die weitere Textgestaltung folgt Überlegungen zur optimalen Wirkung in bezug auf den vorgesehenen Adressatenkreis; hierzu muß über die vom Inhalt abstrahierte Mitteilungsebene reflektiert werden. Ein Punkt des hier relevanten Fragenkatalogs betrifft etwa das Problem eines vom Texthersteller und Verwender gemeinsam bekannten Sprachzeichensystems[15], d.h. für den Wissenschaftsbereich, daß etwa eine spezifische Fachterminologie Verwendung finden wird. Dieser Punkt stellt nun bei der Frage an die Konzepte der posthumen Lehrbücher gerade kein Problem dar, wird also im folgenden nicht näher erörtert.

Anders ist dies jedoch bei dem weiteren formalen Kriterium, welches sich auf eine inhaltsadäquate Anordnung[16] der Textbestandteile bezieht, die sinngebende und sinnerhaltende Textbezüge zu gewährleisten hat. Dies ist ein Problem der Struktur des Textes. Hier besteht fachspezifisch eine teils infolge kritischer Erkenntnis, teils aus tradierter Bewährung nicht zu unterschätzende große Erwartung: Texte haben in der redaktionellen Darstellung der fachspezifischen Erkenntnismethode adäquat zu sein, sie müssen durch Schlüssigkeit ein Verständnis der sachlichen Aussagen, und seien sie noch so komplex, gewährleisten und durch Angabe der zugrundeliegenden empirischen Bezugspunkte die Verifizierbarkeit bzw. Falsifizierbarkeit ermöglichen. Diese formalen Kriterien der Wissenschaft sind nur in engen Grenzen durch andere pragmatische Rücksichten modifizierbar. In didaktischer Hinsicht kann etwa auf die wenig ausdifferenzierte Alltagssprache eines Studienanfängers gleichermaßen Rücksicht genommen werden, wie auf den Bereich der Alltagserfahrung.[17] Rhetorisch gesprochen wird hier der strengen argumentatio die milde evidentia zur Seite gestellt.[18]

In der redaktionellen Praxis ist es zwar keineswegs üblich, daß ein Wissenschaftler als Texthersteller vor jeder Werkerstellung außer über die Sammlung sachlicher Argumente, die seine wissenschaftliche Theorie untermauern sol-

---

[14] Zum Problem der argumentativen Stellung der Werte vertiefend Viehweg, 84; auch Weinbrenner, IntSchBF 1986, 329; passim Fuhrmann, 139.

[15] Zimmermann, 48, 56f.

[16] Als funktionale Satzperspektive bezeichnet bei de Beaugrande / Dressler, 153.

[17] Zum hermeneutischen Sich-Einarbeiten in komplexe Aussagen vgl. Seiffert II, 104ff., 136ff., aber auch 44, 48ff.

[18] Zu den rhetorischen Figuren der sachlichen argumentatio und der emotionalen evidentia vgl. Hentschel / Steinbrink / Ueding, 214ff., 260, 237ff.

len, über besonders zu verfolgende Zwecke und effektive Mittel reflektiert, weil schon eine bestimmte Art der Anordnung sich in der Tradition als zweckmäßig erwiesen hat und nur übernommen zu werden braucht und darüberhinaus besondere sprachliche Wirkmittel bereits unbewußt als individueller Stil Anwendung finden. Eine textpragmatische Beurteilung von Texten könnte man im Bereich der Wissenschaft geradezu für überflüssig halten, wenn man meint, es genüge, nur streng nach wissenschaftlichen Kriterien zu arbeiten entsprechend der Ansicht Kants, der die rationalen Kriterien des Systemgedankens als notwendige, aber auch hinreichende Kategorien einer Wissenschaftlichkeit verstanden hatte.[19] Rhetorische Überlegungen bei wissenschaftlichen Darstellungen wurden infolgedessen von Kant abgelehnt; trotzdem bediente aber auch er sich textpragmatischer Wirkmittel zur besseren Verständlichmachung seiner Vorstellungen.[20] Ähnlich – ganz im Sinne Kants – mußte sich Mittermaier durch Feuerbach belehren lassen, es bedürfe noch nicht einmal der praktisch tätige Strafverteidiger einer rhetorischen Schulung.[21] Dem ungeachtet hatte aber Feuerbach selbst rhetorisches Vermögen beispielhaft in der Landshuter Antrittsrede von 1804 „Über Philosophie und Empirie", also einer abstrakten, wissenschaftlichen Thematik, demonstriert. Damit hat er bewiesen, daß auch die Wissenschaft textpragmatische Fragen nach optimaler Darstellung kennt.

Demgemäß ist auch bei der vorliegenden Analyse von dem Umstand auszugehen, daß Mittermaier mit einer bestimmten Intention die von ihm posthum herausgegebenen Lehrbuchauflagen gestaltet hatte, die sich in den letzten drei Auflagen manifestierte. Anhand der Stichpunkte *Thema*, *Aktualität* und *methodische Darstellung* sollen Eigenschaften und Kontext näher erörtert werden.

Im Rahmen dieser Textanalyse wird, um die Ebene eines bloß subjektiven Unbehagens zu überschreiten, teilweise empirisch vorgegangen, um inhaltliche und strukturelle Besonderheiten quantitativ und qualitativ herauszuarbeiten. Dennoch erschöpft sich die Analyse gerade nicht in der empirischen Darstellung einer Präsenz und Singularität[22] von Textbesonderheiten. Der Verfasser glaubt vielmehr, das juristische Interesse zu treffen, wenn er sowohl die

---

19 Ausführlich zu den Wissenschaftskriterien Kants und ihrer Übernahme durch die Jurisprudenz Schröder, 148ff.

20 Vgl. Kant, Urteilskraft, 184 Rn. 127: „... Auch hat der bloße deutliche Begriff ... mit einer lebhaften Darstellung in Beispielen verbunden und ohne Verstoß wider die Regeln des Wohllauts der Sprache oder der Wohlanständigkeit des Ausdrucks für Ideen der Vernunft ... schon an sich hinreichenden Einfluß auf menschliche Gemüter, als daß es nötig wäre, noch die Maschine der Überredung hierbei anzulegen." Mit den „lebhaften Darstellungen" hatte Kant sich ein rhetorisches Hintertürchen offengehalten und – wie Haft, Rhetorik, 127 zeigt – auch durchschritten.

21 Vgl. den Brief vom 29. August 1813, unten unter B I 3.

22 Näheres Rust, 15ff., 27ff.; Früh, 23, 41. Kritisch über die statistische Kategorie der Präsenz, Ritsert, 25ff.; zur Singularität ebd., 28f.; vgl. auch Rust, 130ff.

Inhaltsanalyse als auch die den Text prägende Motivation Mittermaiers herausarbeitet. Es wird daher dem Problem des Textes nachgegangen mit der Annahme, daß der Text der posthumen Auflagen mit einer bestimmten wissenschaftlichen Intention von Mittermaier bearbeitet worden ist, die auch hinsichtlich ihrer Qualität zu klären ist. Empirische Analyse und hermeneutische Deutung prägen daher die folgende Darstellung gleichermaßen, d.h. der Bereich empirischer Inhaltsanalyse wird von der historischen Perspektive durchdrungen.

2. Die historische Problematik

Das Lehrbuch Feuerbachs ist eingebettet zu sehen in den umgebenden Kontext, es erscheint damit als historisches Datum und stellt sich als Produkt des Willens aller mit seiner Herausgabe beschäftigten Personen und ihrer Motivlagen dar.

So hatten zunächst biographische Gründe in der Person Mittermaiers den Verleger Georg Friedrich Heyer veranlaßt, diesem die posthume Herausgabe anzuvertrauen. Dieses äußere Geschehen der Beziehung Mittermaiers zu Feuerbach, auf das sich der Verleger offensichtlich bei seiner Entscheidung, Mittermaier mit der Herausgabe zu betrauen, bezogen hat, soll verständnisbildend vorangestellt werden. Zwar existiert dazu bereits eine Darstellung als Teilaspekt in der umfassenden Feuerbachbiographie Radbruchs.[23] Teilbereiche sind jedoch noch gar nicht, andere Bereiche nur unzureichend geklärt. So lassen neue Quellen Fragen zur Bekanntschaft beider Rechtsgelehrter erneut aufwerfen: Erlebte Mittermaier als Student in Landshut tatsächlich, wie Radbruch vorgibt, Vorlesungen Feuerbachs?[24] Inwieweit ist Feuerbach als Förderer der wissenschaftlichen Laufbahn Mittermaiers anzusehen?[25] Beginn und Fortgang dieser persönlichen, aber durch die Initiative des Verlegers Heyer auch für das Lehrbuch schicksalhaften Beziehung müssen bisher jedenfalls als weitgehend ungeklärt angesehen werden.

Neben biographischen Umständen prägte die individuelle wissenschaftliche Motivlage Mittermaiers das Konzept und gestaltete die inhaltlichen Aussagen im Lehrbuch. Dieser Punkt ist gleichfalls historisch zu erhellen; quantitative inhaltsanalytische Angaben werden dadurch qualitativ erklärt.

Hierbei wird vornehmlich die Frage der Thematik berührt. Dieses Problem kann indes nicht gelöst werden, indem einzelne dogmatische Unterschiede der Lehren Mittermaiers und Feuerbachs erarbeitet werden. Fraglich ist nämlich, wie der Hinweis v. Steins intendiert, aber auch ein Blick in die mit Gesetzes-

---

[23] Radbruch, Feuerbach, 92, 226 Anm „zu S. 68".

[24] Der historische Befund verneint diese Frage, vgl. unten unter B I 2. a).

[25] Zur Leistungsbeurteilung durch Feuerbach, vgl. unten unter B I 2. b).

materialien übersäte 14. Auflage evident macht, bereits der wissenschaftliche Ausgangspunkt der redaktionsleitenden Überlegungen Mittermaiers. Es muß daher zunächst einmal sein dem posthumen Lehrbuchkonzept zugrundeliegendes allgemein wissenschaftliches Anliegen erhellt werden, und dies ist gerade in bezug auf Mittermaier schwierig. So hat erst kürzlich Frommel zu recht festgestellt, daß er „zu einer geschlossenen Darstellung seiner Konzeption nicht gekommen“ sei.[26]

Zwar gibt es über bevorzugte rechtswissenschaftliche Themen Mittermaiers inzwischen einschlägige Beiträge. Insbesondere ist die Festschrift von 1988 zum Gedenken an den 200. Geburtstag Mittermaiers besonders hervorzuheben.[27] Ein Rückgriff auf die dort angestellten Überlegungen, die sein komplexes Werk vor allem nach bedeutsamen wissenschaftlichen Schwerpunkten beleuchtet haben, reicht für eine schlüssige Beantwortung des hier angedeuteten Fragenkreises zu Grundsätzen seiner Wissenschaft und einer naheliegenden Differenz gegenüber der Feuerbachs nicht aus. Die in den Festschriftbeiträgen beleuchteten einzelnen Segmente des Mittermaierschen Gesamtwerks reichen für eine Beschäftigung mit einem Lehrbuch, das als Spiegel des systematischen Ganzen einer Wissenschaft[28],seines Begriffs und seiner Funktion, aufgefaßt werden kann, nicht aus.

Neben dem Aspekt des subjektiven wissenschaftlichen Anliegens ist darauf einzugehen, mit welchen äußeren Kontextsituationen das Lehrbuch bei der Publizierung konfrontiert worden war, und ob die gewählte Thematik mit diesen aktuellen Erwartungen im Einklang gestanden hat. Zu erinnern ist hier an die rechtspolitische Lage des Deutschen Reiches nach 1806, die zu einem Geltungsverlust gemeinrechtlicher Normen in der Praxis geführt hatte. Dabei wird der Frage nachgegangen, ob dies aber auch jene Folgen für die Wissenschaft, insbesondere für ein am gemeinen Recht ausgerichtetes Lehrbuch hatte, wie v. Stein sie annahm. Zudem entwickelte sich zur Mitte des 19. Jahrhunderts eine ernstzunehmende Konkurrenz in der Hegelschule, die für neue wissenschaftliche Impulse sorgte und zuletzt in der Konzeption des Bernerschen Lehrbuchs von 1857 gipfelte.

Auch der letzte textanalytisch relevante Punkt, die Struktur des Lehrbuchs der posthumen Ausgaben, ist historisch deutbar. Der Unvereinbarkeit beider Herausgeberkonzepte, die zu dem Dilemma der letzten Lehrbuchauflagen führte und die Anlaß für die Rezensenten war, es als „Wechselbalg“ und die Beiträge Mittermaiers etwa als „Buch im Buche“ zu umschreiben, liegt eine unterschiedliche Vorstellung von der künftigen Verwendung und dem praktischen Zweck dieses Werkes zugrunde.

---

[26] Frommel, C. J. A. Mittermaiers Konzeption, 83.

[27] Carl Joseph Anton Mittermaier. Symposium 1987 in Heidelberg. Vorträge und Materialien. Herausgegeben von Wilfried Küper, Heidelberg 1988.

[28] So die übereinstimmende Auffassung Feuerbachs und Mittermaiers.

3. Die Darstellungsschwerpunkte

Entsprechend der hier zugrundegelegten Textauffassung einer intentionalen Prägung und situationalen Bezugnahme auf soziale Umstände wird das in sich problematische Lehrbuch nicht bloß als ein Agierendes, sondern seinerseits bereits als Reaktion auf vorhergehende historische Umstände aufgefaßt[29], und sein *biographischer Kontext,* den man als kommunikative Basis des später posthum veröffentlichen Lehrbuchs auffassen kann, leitet die eigentliche Textanalyse ein, die einer problemorientiert-systematischen Anordnung folgt und sich nach *Thematik, Aktualität* und *Methodik der Darstellung* gliedert.

Infolge der offenen Fragen, die wissenschaftstheoretische Grundannahmen beider Redaktoren betreffen, wird hier der Schwerpunkt der folgenden Darstellung zu finden sein. Auf spezielle dogmatische Lehren wird daher nur soweit wie für ein Verständnis der Textdiskrepanz nötig hingewiesen, d.h. soweit sie das Lehrbuch so entscheidend geprägt haben wie etwa die Kritik an der Rechtsverletzungslehre und der Strafzwecklehre Feuerbachs und die angedeuteten dahinterstehenden konstruktiven Vorstellungen. Es wird indes davon abgesehen, deswegen einen eigenen dogmatischen Abschnitt einzufügen. Diese Punkte werden als dem Bereich der Thematik zugehörig aufgefaßt. Zu allen dogmatischen Äußerungen Mittermaiers Stellung zu beziehen, würde den bereits jetzt schon breiten Rahmen der Darstellung sprengen, die sich daher vor allem auf theoretisch-methodische Grundsatzfragen beschränkt.

Vorliegend besteht nun die Besonderheit, daß der zu analysierende Text mehrere Varianten[30] hat. Eine empirische Inhaltsanalyse, die Anspruch auf quantitative Wahrheit erhebt, wird erst möglich, wenn der Text mitsamt seiner Varianten in bezug auf seine Thematik nach wiederkehrenden typischen Textsachverhalten oder Strukturen unter klassifikatorischen Gesichtspunkten reduziert worden ist.[31] Die Lehrbuchvarianten wurden daher vorab texttypologisch „durchgekämmt" und das Ergebnis für die nachfolgende Inhaltsanalyse separat, und zwar als Spaltensynopse, aufgezeichnet.[32]

---

[29] Vgl. Breuer, D.,157.

[30] Näheres dazu Martens, 1, 4. Textvarianz ist ein Begriff aus dem Bereich historisch-kritischer Editionen. Bezugsobjekt der Varianz ist ein vom Konzept her abgeschlossenes Werk, von dem verschiedene Arbeits- oder Druckfassungen existieren.

[31] Zur Methode textueller Inhaltsanalysen Zimmermann, 166ff., 169; Ritsert, 15.

[32] Mit dieser vorweggenommenen Klassifikation ist versucht worden, sachlich-inhaltliche Bezüge von rein kommunikativen Aspekten zu unterscheiden. Die nähere Betrachtung der Zusätze Mittermaiers in inhaltlicher Hinsicht hat zu einer Unterscheidung nach historischer, zeitgenössisch dogmatischer und kodifikatorischer, sowie die Rechtsanwendung betreffender Ausrichtung geführt, wobei die von Mittermaier zitierten Quellen ein wesentlicher Indikator waren. In kommunikatorischer Hinsicht interessierten vor allem jene Passagen, in denen kritisch gegen Feuerbach gerichtete Aussagen enthalten sind.

Aus Praktikabilitätsgründen ist diese auch in seiner reduzierten Form umfangreiche Synopse vorliegend nicht zum Abdruck gekommen, befindet sich jedoch als Anlage im Anhang der eingereichten Dissertation des Verfassers.

B. Historischer Abriß hinsichtlich der Beziehung Mittermaiers zu Feuerbach und dessen Lehrbuch des gemeinen in Deutschland gültigen peinlichen Rechts

I. Die Entwicklung des persönlichen Verhältnisses der beiden Rechtsgelehrten

1. Die Jugendjahre Mittermaiers bis zur Begegnung mit Feuerbach

Mittermaier[1] hatte als 18jähriger Student 1805 in Landshut an der frisch aus Ingolstadt dorthin verlegten Ludwig-Maximilians-Universität[2] sein Studium begonnen. Er kam von München, wo er Elternhaus und kurfürstliches Lyzeum[3], an dem er zuletzt als Kandidat der Philosophie[4] studiert hatte[5], hinter sich ließ. Vielseitig interessiert, wie Mittermaier war[6], konnte er sich in Landshut zunächst nicht entschließen, seine Studien allein auf die Rechtswissenschaft zu beschränken. Erst auf Geheiß seines Stiefvaters widmete er sich

---

1 Zur Person Mittermaiers vgl. insbesondere die biographischen Daten bei: Mittermaier, K. u. F., Bilder aus dem Leben von K. J. A. Mittermaier, Heidelberg 1886; Viernstein, Bayernzeitung (Nr. 134) 1931, 3 - 14; Kleinheyer / Schröder, Deutsche Juristen aus fünf Jahrhunderten, 3. Aufl. 1989, 181ff. Zur Bibliographie vgl. Kammer, Das gefängniswissenschaftliche Werk C. J. A. Mittermaiers, Diss. Freiburg 1971, S. XVIIIff.; Goldschmidt, L., AcP 1867, 417 - 442.

2 Die Translokation, am 18. Mai 1800 beschlossen, war erst 1804 beendet (vgl. Prantl, 650; Schmidt, Ra., 197).

3 Bis 1827 war dies das einzige Gymnasium in München. 1849, als München sein drittes Gymnasium erhielt, bekam es den Namen Wilhelmgymnasium (vgl. Wilhelmgymnasium, 3ff.).

4 StA München: Wilhelmgymnasium Nr. 138.

5 Goldschmidt, L. (AcP 1867, 419) ist bei seiner Mitteilung, Mittermaier habe bereits mit 16 Jahren die Universität Landshut bezogen, davon ausgegangen, daß er in diesem Alter seine akademischen Studien begann. Eine Zählung der akademischen Semester setzte in Mittermaiers Jugendzeit bereits bei den Lyzealsemestern ein (vgl. Viernstein, Bayernzeitung 1931, 6). Tatsächlich bezog Mittermaier auch im erwähnten Alter von 16 Jahren zu Beginn des Wintersemesters 1803/4 eine Akademie, jedoch das Lyzeum in München, nachdem er zuvor fünf vorbereitende Gymnasialklassen durchlaufen hatte (vgl. StA München: Wilhelmgymnasium Nr. 137, 138 und zur Lyzealzeit auch Neh, 245).

6 Der Wunsch Mittermaiers war es zunächst, Medizin zu studieren (vgl. Mittermaier, K. u. F., a.a.O. (oben Fn. 1), 7). So hatte er, wie sein im Besitz der Familie Mittermaier befindliches Landshuter Abschlußzeugnis – Absolutorium genannt – ausweist, an einer Vorlesung in „physiologischer Anthropologie“ mit „sehr gutem“ Erfolg teilgenommen (vgl. den Abdruck des Absolutoriums bei Neh, 249 - 254).

ganz der Jurisprudenz[7]. Am 9. November 1805 hatte sich Mittermaier unter der laufenden Nummer 8 in die Universitätsmatrikel eintragen lassen.[8]

Bereits seit März 1804 befand sich Feuerbach[9] an der Ludwig-Maximilians-Universität. Als vehementer Verfechter liberalen Gedankenguts[10] war er als erster Protestant und Ausländer[11] an die reformierte Landshuter Universität berufen worden.[12] Das Bayern unter dem Kurfürsten und späteren König Maximilian I. Joseph[13] hatte durch das Wirken des Innenministers Graf v. Montgelas[14] eine starke Prägung durch den französischen Geist erfahren.[15] Das erklärte Ziel war, die Strukturen des Staates zu reformieren und die wichtigsten Staatsämter mit Männern der Aufklärung zu besetzen.

Von Bayern her hatte Feuerbach schon zur Zeit seines Jenaer Aufenthalts eine halbamtliche Anregung erhalten, mit der Erstellung eines Strafgesetzbuchs zu beginnen.[16] 1803 war das Manuskript über die Kritik des Kleinschrodischen Entwurfs zu einem peinlichen Gesetzbuche für die Chur-Pfalz-Bayrischen Staaten dem bayerischen Justizminister zugegangen.[17] Dieses Werk, „das einen Wendepunkt sowohl in der Geschichte des Strafrechts wie im Leben des Verfassers darstellen sollte“[18], verfaßte der durch seine zweibändige „Revision der Grundsätze“ von 1799 und 1800 und sein Lehrbuch von 1801 als Systematiker bekannt gewordene Feuerbach bereits mit dem Blick eines Pragmatikers auf die Rechtspraxis. Brieflich hatte er im November 1802 seinem Berufskollegen Hufeland[19] offenbart: „Ich habe mich so sattphiloso-

7 Mittermaier, F., 201.

8 Matrikelbuch, 125.

9 Vgl. Biographie und Bibliographie in: Feuerbach, L.: Paul Johann Anselm Ritter von Feuerbach's Biographischer Nachlaß, 2 Bde, Leipzig 1853; Radbruch, G.: Paul Johann Anselm Feuerbach. Ein Juristenleben, (3. Aufl., hrsg. v. E. Wolf) Göttingen 1956; Wolf, E.: P. J. A. v. Feuerbach, in: Große Rechtsdenker der deutschen Geistesgeschichte, 4. Aufl., Tübingen 1963, 543 - 590, 716.

10 Feuerbachs bisher veröffentlichten Werke zeugen davon: 1796, Die Kritik des natürlichen Rechts; 1797, Anti-Hobbes; 1798, Über das Verbrechen des Hochverrats.

11 Radbruch, Feuerbach, 61. Das Religionsedikt von 1803 stellte erstmals Katholiken, Lutheraner und Reformierte für den Staatsdienst als gleichberechtigt nebeneinander (vgl. Zorn, 114; zur sozialen Problematik insb. Sellert, ZSRG GA 1978, 172ff.).

12 Vgl. Prantl, 702; Reithofer, 40ff.; Schmidt, Ra., 195ff., 203; Weis, 608ff.

13 Maximilian I. Joseph (1756 - 1825) war als zunächst nicht thronberechtigter nachgeborener Sohn eines nachgeborenen Prinzen lange Jahre in französischen Diensten gewesen. Seine Frankreich freundliche Politik findet darin ihre Begründung (ADB, Bd. 21, 31 – 39).

14 Max Joseph Graf v. Montgelas (1759 - 1838), ehemals Privatsekretär Maximilian Josephs in Zweibrücken, war leitender Minister und Ressortminister für Außen- und Innenpolitik sowie Finanzen (ADB, Bd. 22, 193 - 204).

15 Zorn, 113ff.; Schmidt, Ra., 195ff.

16 Geisel, 12 Fn. 3; Radbruch, a.a.O., 76.

17 Geisel, 12. Die Veröffentlichung folgte 1804.

18 Radbruch, a.a.O., 60.

phiert, daß ich von allem Wesen und Unwesen der Philosophie nichts mehr hören mag."[20] Zwar sprach Feuerbach schon in seiner „Revision" davon, „die Anmaßungen der Philosophie in dem peinlichen Recht einzuschränken"[21], mehr als ein Ausruf des Philosophen Feuerbach, der die Notwendigkeit ahnte, neben seiner bisherigen Methode deontischer Deduktionen rechtsrelevante soziale Gegebenheiten methodisch erfassen zu müssen, war dies noch nicht, denn gerade im Lehrbuch stellte er seine philosophischen Fähigkeiten erneut unter Beweis.[22] Die Kritik des Kleinschrodschen Entwurfs von 1803 nun durchbrach die semantisch orientierte logische Methode mit pragmatisch-funktionalen Ansätzen; wenngleich noch philosophisch und noch nicht empirisch begründet, so rückte doch die Wirklichkeit in den Bereich der Betrachtung, indem unter anderem die Hoffnung der Straffälligen auf Nichtentdekkung angesprochen[23] und die Wirksamkeit der Strafrechtspflege – humane Strenge, beschleunigte Zufügung der Strafen und zurückhaltende Ausübung des Begnadigungsrechts – beleuchtet wurden.[24]

Durch dieses Werk in Beziehung zu Bayern getreten, war es Feuerbach nun nicht mehr schwergefallen, den am 1. Oktober 1803 erfolgten Ruf nach Landshut anzunehmen. Am 24. Januar 1804 erfolgte seine Ernennung zum Wirklichen Hofrat und Professor des Zivil- und Kriminalrechts in Landshut.[25] Feuerbachs Schaffenszeit in Landshut währte indes nur knapp zwei Jahre. Schon im September 1805 verließ Feuerbach nach einem heftigen Disput mit seinem beruflichen Kontrahenten, dem Landshuter Professor Gönner[26], die Universität, um der reinen Wissenschaft für immer den Rücken zu kehren.[27]

---

19 Zu Gottlieb Hufeland (1760 - 1817), der ein Anhänger Kants war, vgl. die Kurzübersicht bei Kleinheyer / Schröder, 344.

20 Liepmann, 96.

21 Feuerbach, Revision I, S. X. Zum Verhältnis der „Revision" und des Lehrbuchs siehe die nähere Ausführung, unten unter C I 3. a).

22 Vgl. zu den politischen Neigungen Feuerbachs auch Naucke, Vorwort, S. XI f.

23 Feuerbach, Kritik II, 241.

24 Ebd. III, 139; ebd. II, 247 f.

25 Radbruch, a.a.O., 61.

26 Nikolaus Thaddäus v. Gönner (1764 - 1827) war von 1800 bis 1811 Professor der Rechtswissenschaften in Landshut. 1811 wurde er nach München in die Gesetzgebungskommission berufen. Sein Tätigkeitsschwerpunkt lag im legislativen Bereich und reichte über die Grenzen Bayerns hinaus (ADB, Bd. 9, 367f.).

Mittermaier berichtete am 24. März 1811 in einem Brief an v. Savigny (MrHs 725:888) von dem „Novo, welches allgemein jetzt beschäftigt, nämlich von Feuerbachs und Goenners Versöhnung. Der Justizminister von Reigersberg hat sie beide bei einem feierlichen Diner versöhnt, und beide leben jetzt auf so zärtlichem Fuß miteinander, daß jeder weniger Eingeweihte sie für alte Freunde halten würde."

Zur Stellung Gönners im akademischen Leben Landshuts, vgl. auch Neh, 250ff.

27 Radbruch, a.a.O., 61ff. Während der letzten Zeit als Wissenschaftler hatte sich die Tätigkeit Feuerbachs schon verstärkt auf Gesetzgebungsarbeiten gerichtet. Am 19. 08. 1804 war er durch „Allerhöchstes Rescript" des Kurfürsten aufgefordert worden, einen eigenen Entwurf zu einem Strafgesetzbuch vorzubereiten; am 20. 06. 1805

2. Der erstmalige Kontakt des Rechtskandidaten Mittermaier mit dem Staatsrat Feuerbach und die anschließende Assistenztätigkeit Mittermaiers bei diesem

Biographische Daten bekannter Persönlichkeiten zu erhalten, bedarf es regelmäßig keines großen Aufwandes, wenn durch die Bekanntheit genügend Zeugen über Begegnungen und Begebenheiten existieren. Doch auch bei solchen Personen gibt es Phasen der „Dunkelheit", wenn das Hörensagen und Rückschlüsse aus idealisierten Meinungen ein Bild geprägt haben und verläßliche Daten über tatsächliche Umstände rar sind. Von dieser „dunklen" Art ist auch die Überlieferung zum Zeitraum des ersten Zusammentreffens von Mittermaier und Feuerbach.

Hierzu hatte insbesondere Radbruch die Auffassung vertreten, Mittermaier und Feuerbach hätten sich bereits im Frühjahr 1805 getroffen; erst mit Ende dieses Sommersemesters war Feuerbach bekanntlich nach München gegangen. Bewiesen sei dieses Datum durch eine Kollegmitschrift Mittermaiers, die am 19. April 1805 begonnen worden sei.[28]

a) Die Kollegmitschrift Mittermaiers – ein dubioses Dokument

Wer diese Urkunde in den Händen hält[29], wird sein Erstaunen nicht verbergen können. Das Deckblatt ist voller Korrekturen und erscheint als historisches Beweismittel zunächst einmal außerordentlich zweifelhaft[30], während der übrige Text davon abstechend einen ordentlichen Eindruck macht.

Das Manuskript besteht aus insgesamt 23 Teilen, die eine durchlaufende Kennzeichnung von „Kriminal 1" bis „Kriminal 23" aufweisen. Die ersten 22 Teile bestehen aus je zwei ineinandergelegten und mittig gefalteten Blättern, der letzte Teil dagegen nur aus einem mittig gefalteten Blatt. Die Bogen sind doppelseitig beschrieben worden und nicht paginiert. Der Manuskripttext beginnt mit einer Tagesdatenzählung vom 19. April und führt ohne Unterbrechung bis zum 24. April, bricht dann aber ab, ohne später wieder aufgenommen zu werden. Das angesprochene Deckblatt befindet sich auf dem ersten Manuskriptblatt und enthält neben der Datierung Verfassernamen und sachliche Kennzeichnungen der Mitschrift.

---

wurde er zum Preisrichter über sämtliche eingegangene Gutachten zum Kleinschrodschen Entwurf bestimmt (vgl. Geisel, 12ff.).

28 Vgl. Radbruch, a.a.O., 226.

29 Dem Verfasser ist es erst nach langem Mühen und zuletzt dank der Hilfe der Familie Mittermaier gelungen, diese Urkunde zu finden.

30 Der Betrachter möge ein Nachsehen haben, daß infolge der fototechnischen Wiedergabe die angesprochenen Farbnuancen nicht erkennbar sind.

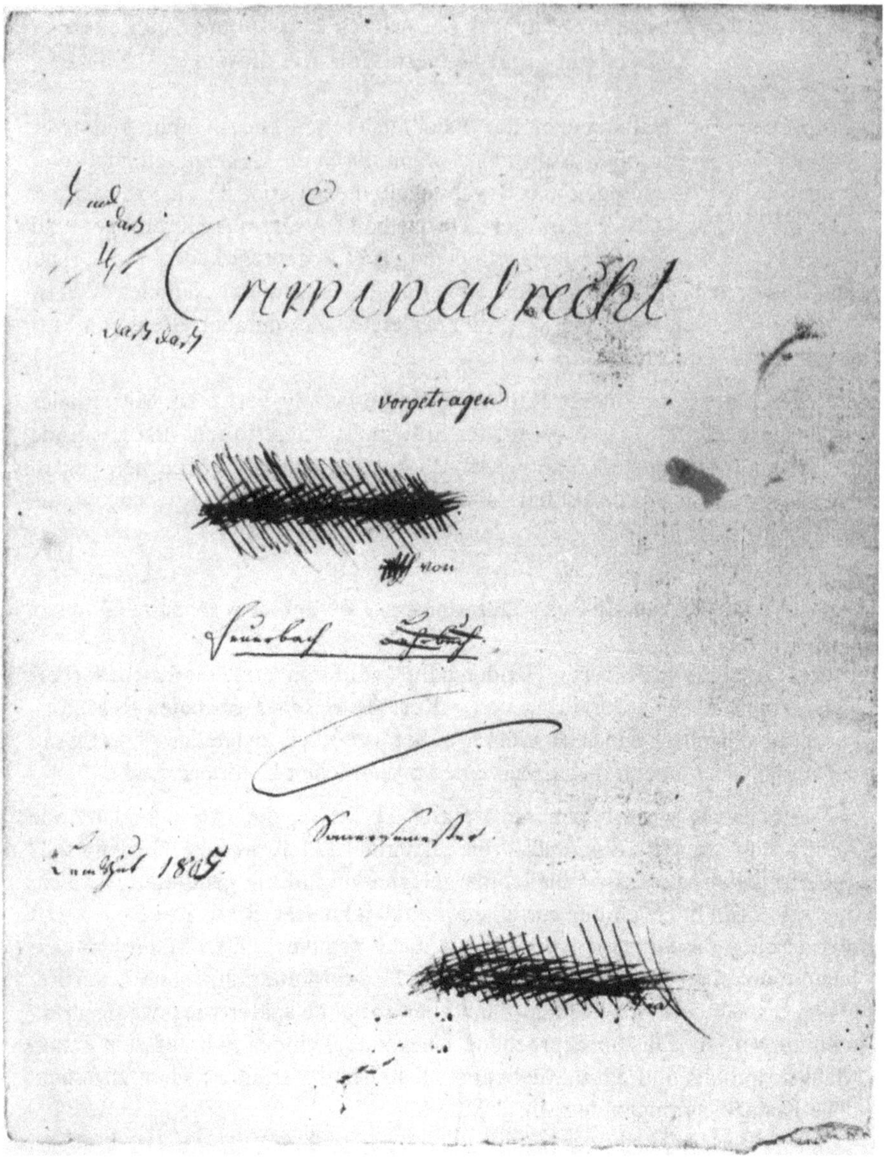

Bei genauerem Hinsehen lassen sich auf dem Deckblatt zwei verschiedenfarbige Tinten erkennen, so daß mit diesem Untersuchungskriterium der Versuch einer Rekonstruktion von zwei Textstufen möglich erscheint, der Textstufe der Urschrift und jener der Korrektur. Radbruch nun hatte sein Datum der Korrekturstufe entnommen.

Bereits sachlich führt dieser Ansatz zu unerklärbaren Umständen. Legt man nämlich das Datum dieser Stufe einer historischen Würdigung zugrunde, so ergeben sich Widersprüchlichkeiten: Mittermaier hätte die Mitschrift am Freitag, dem 19. April, eröffnet, sodann am Samstag und Sonntag Aufzeichnungen gemacht und erst am Mittwoch, dem 24. April, – entsprechend der Datierungszäsur – geruht.[31] Das wäre im katholischen Landshut jener Zeit ein so ungewöhnlicher Arbeitsrhythmus, daß ein solches Ergebnis zweifelhaft erscheinen muß.

Aus textkritischen Erwägungen muß Radbruch daher widersprochen werden. Unter Berücksichtigung der zwei Textstufen und unter Hervorhebung nur der eindeutigen Worte ergibt sich folgendes Bild:

Textzeile	Urschrift (schwarzbraun)	Korrekturstufe (hellbraun)
1	*Criminalrecht*	
2	*vorgetragen*	
3	xxxxxxxxxx	(dreifache Tilgung)
4	*n*xx*h*	(zweifache Tilgung) und Einfügung der Konjunktion „*von*“
5	*Feuerbach Lehrbuch*	(einfache Tilgung des Substantives „*Lehrbuch*“)
6	*Sommersemester*	
7	*Landshut 1807*	(letzte Ziffer der Jahreszahl 5)
8	Xxxxxxxxxxx*Mttra*	(dreifache Tilgung)

Die letzte Ziffer der Jahreszahl in der Urschrift wird durch die Korrektur nicht vollständig verdeckt, die neue Ziffer 5 ist zwar stark aufgetragen, eine 7 verrät sich indes durch eine Ecke im unteren Rundungsbogen der 5, sowie durch einen dort rechts angelegten tangentialen Abstrich. Tatsächlich wird die Tagesdatenzählung denn auch mit der Wochentagsfolge der neu ermittelten Jahreszahl stimmig. Der 19. April 1807, ein Tag, dem noch kein dogmatischer Text zugeordnet ist – offenbar wurde aber das Deckblatt geschrieben – war ein Sonntag, es folgen bis zum 24. April immerhin alle Wochentage bis Freitag.

Eine auf diese Weise korrigierte Datierung fügt sich auch schlüssig in andere belegbare biographische Daten ein. Ausweislich der Zeugnisbücher des kurfürstlichen Lyzeums in München betrieb Mittermaier im Sommer 1805 noch Studien in München.[32] Er war dort Absolvent des „III. Philosophischen

---

[31] Vgl. zur Wochentagsanordnung des Jahres 1805 die Angaben im Taschenbuch der Zeitrechnung, Tabellen S. 134 iVm. S. 135.

[32] StA München: Wilhelmgymnasium Nr. 138.

Cours", wo er an den Fächern Körpernaturlehre (Physik/Chemie), höhere Mathematik und Enzyklopädie teilnahm. Irgendwelche Besonderheiten, etwa genehmigte Beurlaubungen oder unerlaubtes längeres Fernbleiben, sind im Zeugnis nicht notiert[33], wären aber angesichts der damals strengen schulischen Reglementierungen zu erwarten und aus der vorhandenen Zeugnisrubrik „alia notanda" ersichtlich.

Dementsprechend verzeichnet auch das Absolutorium vom 22. August 1807[34] den Beginn des universitären Studiums für den „November des Jahres 1805", als Feuerbach also schon nicht mehr in Landshut war. Da Mittermaier am 22. August 1807 seinen akademischen Abschluß machte, konnte er im Frühjahr 1807 also noch an kriminalrechtlichen Vorlesungen teilnehmen. Daß er als Verfasser des Manuskriptes in Frage kommt, zeigt auch deutlich auf Zeile 8 seine Paraphe „Mttra"[35], von dem zweifelhaften davorliegenden Wort sind zwar nur vereinzelte Buchstaben, und überdies nur schwach erkennbar, ein „M" mit langgezogenem Aufstrich, sowie die Minuskeln „tt" und „aier", im Zusammenhang mit der Paraphe lassen aber unschwer schließen, daß hier Mittermaier sich als Verfasser der Mitschrift urheberschaftlich zu erkennen gegeben hatte. Worauf bezieht sich nun aber, wenn nicht auf eine Vorlesung Feuerbachs, diese Mitschrift?

Für eine Rekonstruktion des Urtextes weit wesentlicher sind die Zeilen 3 – 5. Die einfache Tilgung des noch lesbaren Wortes „Lehrbuch" vermag nicht darüber hinwegtäuschen, daß Zeile 5 eine Aussage über „Feuerbachs Lehrbuch" enthalten hatte. Die fehlende Genitivendung verrät indes erst ein Blick durch das gegen ein Licht gehaltene Blatt. Eine deutliche Aufhellung des Papiers verweist auf eine mechanische Entfernung, möglicherweise durch ein Federmesser. Auf Zeile 3 wäre nun der tatsächliche Referent zu vermuten, der „nach" dem Lehrbuch Feuerbachs vorgetragen hatte.

Gewißheit bringt das Verzeichnis der Lehrgegenstände der Universität aus dem am 7. April beginnenden Sommersemester 1807, indem dort angekündigt wird, daß von Montag bis Freitag täglich von 6 – 7 Uhr „Gemeines und baierisches peinliches Recht ... nach den Gesetzbüchern und Feuerbachs Lehrbuch" von Franz Xaver v. Krüll gelesen werden soll. Tatsächlich hatte auch Mittermaier bei Krüll peinliches Recht gehört, wie sich aus dem Absolutorium ergibt. Dieses vermerkt allerdings kein Datum.[36]

---

[33] Vgl. ebd., für das Sommersemester 1805, III, Philosophischer Cours, laufende Nr. 35.

[34] Siehe dazu oben Fn. 6 dieses Abschnitts.

[35] Vgl. eine entsprechende Paraphe Mittermaiers auf der Mitschrift über eine Vorlesung Gönners im Wintersemester 1806/7, HdHs 459.

[36] Näheres Neh, 252; zur Person Franz Xaver v. Krülls siehe Gagner, Wissenschaft, 14ff.

Damit läßt sich nun die Urfassung des Deckblattes ergänzen und liest sich wie folgt:

„Criminalrecht
vorgetragen
von Hrn. Krüll
nach
Feuerbachs Lehrbuch
Sommersemester
Landshut 1807
Mittermaier *Mttra"*

Dieser Befund zeigt, daß Mittermaier, der das Manuskript am 19. April 1807 zu schreiben begonnen hatte, keineswegs bei Feuerbach, sondern bei Krüll Kriminalrecht hörte. Läßt sich dieses positiv sagen, so bleiben doch noch einige Fragen ungelöst. Dubios bleibt insbesondere das Motiv der Korrektur; auch Täter und Zeitpunkt des Eingriffs bleiben problematisch.

b) Das historische Geschehen unter Berücksichtigung der Urkunde in ihrer ersten Textstufe

Feuerbach ging mit Ende des Sommersemesters 1805, Mittermaier kam zu Beginn des darauffolgenden Wintersemesters an die Universität. Im Sommersemester 1805 gab es für Mittermaier noch keine Gelegenheit, seinen späteren Ratgeber und Förderer kennenzulernen. In dieser Zeit hatte sich Mittermaier noch am Lyzeum in München befunden, welches er erst mit Ablauf dieses Semesters verließ.

Feuerbach indes war nach München gegangen, wo er im Dezember 1805 zum Außerordentlichen Geheimen Referendär im Ministerial-, Justiz- und Polizeidepartment ernannt wurde. Ihm unterstanden dort die Referate Kriminalwesen und „Systematika", d.h. Gesetzgebungsarbeiten.[37] Feuerbach, kurze Zeit später Geheimer Referendär des im Oktober 1806 umorganisierten Justizdepartments[38], konnte bald erste legislatorische Erfolge verbuchen. Auf seine Veranlassung hin war in Bayern die Tortur abgeschafft worden; seinem Entwurf folgte die Verordnung über Wilddiebstahl.[39] Der Entwurf eines Strafgesetzbuches nach seiner Konzeption stand kurz vor der Vollendung.[40]

Nachdem Mittermaier am 22. August 1807 seinen akademischen Abschluß gemacht hatte, war er, nun „Candidat der Rechte", nach München gekom-

---

[37] Radbruch, a.a.O., 71, 74, Die legislatorische Aufgabe wurde, wie die Bezeichnung „Systematica" nahelegt, vor allem als eine Arbeit rechtssystematischer Art angesehen.

[38] Ebd., 73ff.

[39] Ebd., 74ff., 76.

[40] Ebd., 77.

men, um ein sechsmonatiges Gerichtspraktikum[41] am Landgericht der Vorstadt Au zu absolvieren.[42] Er hatte indes damit nicht die Absicht bekundet, in den Justizdienst zu treten[43], vielmehr folgte er schon zu diesem Zeitpunkt nur seinen sich später manifestierenden praktischen Neigungen. Die berufliche Absicht Mittermaiers ging stattdessen dahin, eine wissenschaftliche Laufbahn einzuschlagen.[44] Entsprechend hatte er bereits am 9. September 1807 ein staatliches Reisestipendium beantragt[45]; denn Voraussetzung für eine Anstellung als Universitätslehrer war der Nachweis eines Studienaufenthalts an einer „ausländischen" Universität. Da zu diesem Zeitpunkt seitens der zuständigen Kultusbehörde, der Geheimen Kuratell, bereits beabsichtigt war, Reisestipendien von einer vorhergehenden Eignungsprüfung abhängig zu machen[46], wurde Mittermaier aufgefordert, ein entsprechendes Eignungszeugnis vorzulegen. Dies war indes eine schicksalhafte Bedingung, denn mit der Durchführung der Prüfung wurde Feuerbach betraut. In diesem Examen sind sich Mittermaier und Feuerbach nachweislich erstmals begegnet.

Das Ergebnis dieses Examens ließ Feuerbach in einem Zeugnis unter dem 14. Oktober 1807[47] dem Geheimen Rath und Geheimen Referendär v. Zentner[48] vorlegen, welcher der Geheimen Kuratell vorstand und in dieser Funktion während der Universitätsreform Bayerns[49] federführend gewesen war.

41 Nach dem landgerichtlichen „Attest" vom 23. Februar 1808 (im Privatbesitz der Familie Mittermaier befindlich) zu urteilen, muß der Beginn der dortigen praktischen Tätigkeit Mittermaiers im September 1807 gelegen haben. Zur Statusbezeichnung vgl. den Bewilligungsbescheid vom 22. Januar 1808 (BayHStA München: M Inn 23433).

42 Mittermaier, K. u. F., 7. Das Landgericht Au hatte seit 1803 als Abteilung dem Landgericht München angehört (vgl. StA München: AR I, M-S, 747 - 1019, Beiblatt S. 4ff.).

43 Nach absolvierter Rechtspraxis unterzogen sich die sogenannten „Aspiranten zum Staatsdienst" einer staatlichen Rechtsprüfung (vgl. StA München: RA Nr. 16429). Einer solchen hatte sich Mittermaier ausweislich des landgerichtlichen Attestes jedoch nicht unterworfen.

44 So hatte sich Mittermaier bereits als Student in Landshut über die Entstehung und Funktion des Rechts in der menschlichen Gesellschaft Gedanken gemacht. Resultat dieser Beschäftigung ist ein 150-seitiges Manuskript „Ueber das Prinzip des sogenannten Naturrechts", das zu seiner Zeit ungedruckt geblieben war und heute in der Mittermaier-Festschrift 1988 in gedruckter Form vorliegt (vgl. Carl Joseph Anton Mittermaier (1787 - 1867), Heidelberger Mittermaier-Symposium 1987. Vorträge und Materialien (hrsg. v. Wilfried Küper), Heidelberg 1988, 163 - 241; zu seinen philosophischen Reflexionen siehe unter C I 2. a)aa) α).

45 StA München: M Inn 23422. In diesem Antrag bezeichnete er ebenfalls „Naturrecht und Kriminalrecht" als für sich besonders interessant.

46 Bereits wenige Wochen später, am 30. 10. 1807, erging eine entsprechende Verordnung (Permanender, 579ff.).

47 BayHStA München: M Inn 23422.

48 Georg Friedrich Freiherr v. Zentner (1752 - 1835) befand sich seit 1792 im Dienste Pfalzbayerns (ADB, Bd. 45, 67ff.).

49 Schmidt, Ra., 196.

Dieses Zeugnis hat folgenden Wortlaut:

„Seiner Hochwohlgebohren
Herrn Geheimen Rath und Geheimen Referendär von Zentner.

Den Akademiker Mittermaier aus München betr.

E.P.M.

Den Wünschen Eurer Hochwohlgebohren gemäß habe ich den Akademiker Mittermaier, welcher eine öffentliche Unterstützung nachsucht, um auf einer auswärtigen Universität seine Bildung vollenden und sich im Fache des Natur- und Criminalrechts zum Lehramte qualificiren zu können, mit treuer Gewissenhaftigkeit geprüft. Ich habe ihn nicht blos einem mehrmaligen strengen mündlichen Examen unterworfen, sondern suchte auch durch mehrere schriftliche Aufgaben aus verschiedenen Teilen des Criminalrechts sein Talent, seine Kenntnisse und seine Darstellungsgabe auf eine ernsthafte Probe zu stellen. Er hat sich sowohl in jenem Examen, wie in dieser Probe zu seinem Vortheil bewährt. Neben glücklichen Anlagen besitzt er einen großen wissenschaftlichen Eifer, und neben vielen Kenntnissen, welche theils zur feineren Bildung theils zu den Grundlagen der Gelehrsamkeit gehören, sehr rühmliche Einsichten in diejenigen Fächer, welche er mit besonderer Vorliebe ergriffen hat. Seine criminalrechtlichen nicht gemeinen Kenntnisse sind um so verdienstlicher und berechtigen um so mehr zu schönen Erwartungen, da er das Criminalrecht auf dem mühsamen Weg des Selbststudiums aus Schriften kennen gelernt hat[50]. *In den neueren Sprachen, besonders der französischen und italienischen ist er sehr bewandert; auch das Alterthum, dessen Sprachen und Literatur, sind ihm nicht fremd. – Seinem Wissen scheint es nur noch an innerer Festigkeit des Zusammenhangs, an Gediegenheit und tiefer Gründlichkeit, seinen Begriffen hin und wieder an Schärfe und Bündigkeit zu mangeln – Fehler, über welche, wie ich nicht zweifle, der redliche Eifer seines wissenschaftlichen Strebens unter der strengen Disciplin* gründlicher *Lehrer den Sieg gewinnen wird.*

Der ich mit ausgezeichneter Hochachtung verharre

Euer Hochwohlgebohren
d. 14./10.1807 ganz gehorsamster Diener Feuerbach“

Durch dieses Zeugnis öffneten sich für Mittermaier Tore in die Zukunft. Er konnte im „Ausland“ studieren, aber auch die letztlich für das Lehrbuch sich als schicksalhaft erweisende Beziehung zu Feuerbach war zustandegekommen.

---

[50] Tatsächlich hatte Mittermaier, wie schon festgestellt, im Sommersemester 1807 in Landshut Kriminalrecht bei Krüll gehört (vgl. unter B I 2. a). Der Hinweis Feuerbachs verstärkt indes die hier vertretene Ansicht, daß Mittermaier während seiner Landshuter Studienzeit noch keinen Kontakt zu ihm gehabt haben kann und folglich die Prüfungsphase die erste Begegnung dargestellt hat.

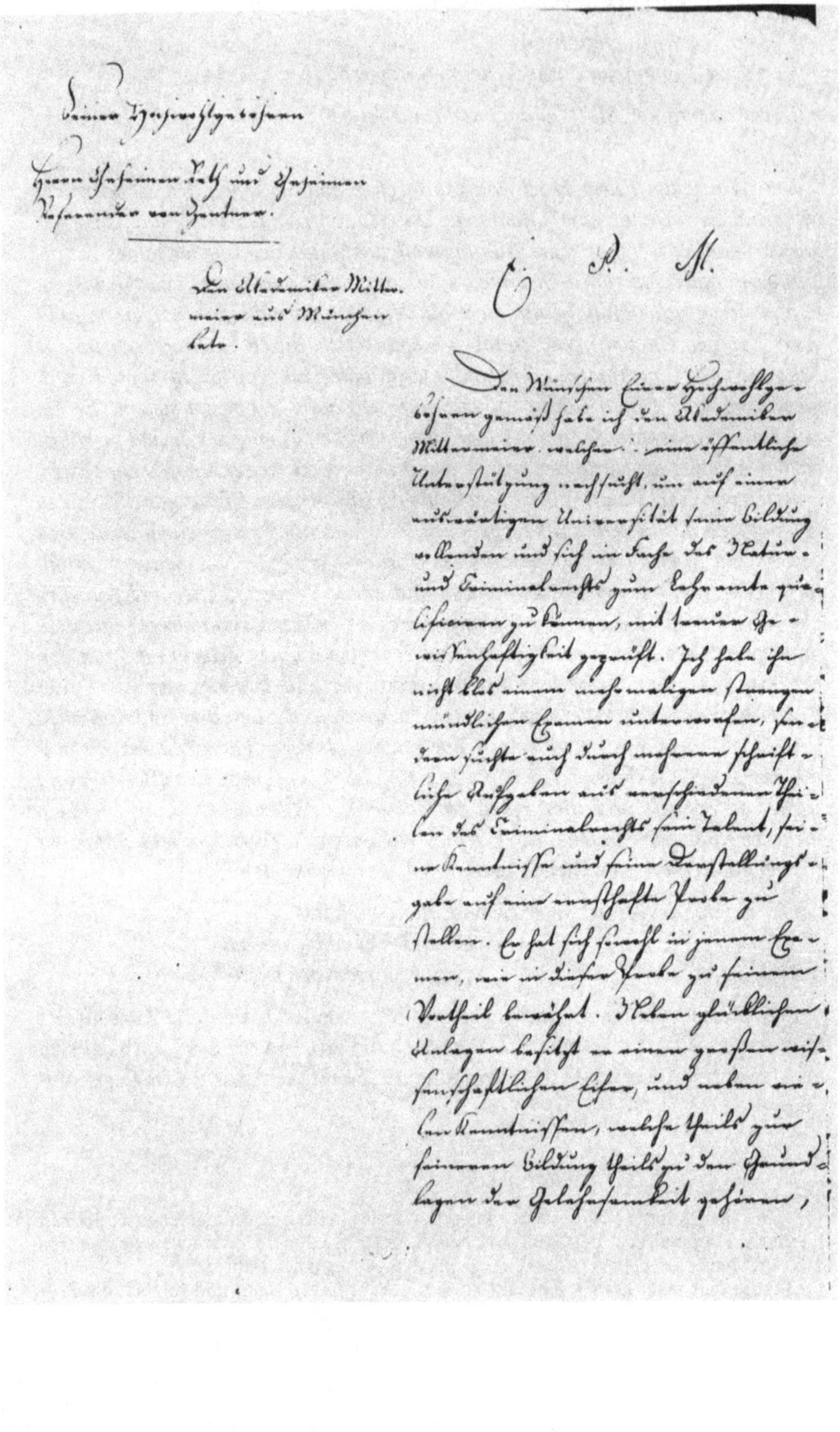

Seiner Hochwohlgebornen

Herrn Geheimen Rath und Geheimen Referendär von Feuerbach.

Den Akademiker Mittermaier aus München betr.

E. P. M.

Dem Wunsche Euer Hochwohlgebornen gemäß habe ich den Akademiker Mittermaier, welcher eine öffentliche Unterstützung nachsucht, um auf einer auswärtigen Universität seine Bildung vollenden und sich im Fache des Natur- und Criminalrechts zum Lehramte qualificiren zu können, mit seiner Wissenschaftlichkeit geprüft. Ich habe ihn nicht blos einem mehrmaligen strengen mündlichen Examen unterworfen, sondern suchte auch durch mehrere schriftliche Aufgaben aus verschiedenen Theilen des Criminalrechts sein Talent, seine Kenntnisse und seine Darstellungsgabe auf eine ernsthafte Probe zu stellen. Er hat sich sowohl in jenem Examen, wie in dieser Probe zu seinem Vortheil bewährt. Neben glücklichen Anlagen besitzt er einen großen wissenschaftlichen Eifer, und neben vielen Kenntnissen, welche theils zur feineren Bildung theils zu den Grundlagen der Gelehrsamkeit gehören,

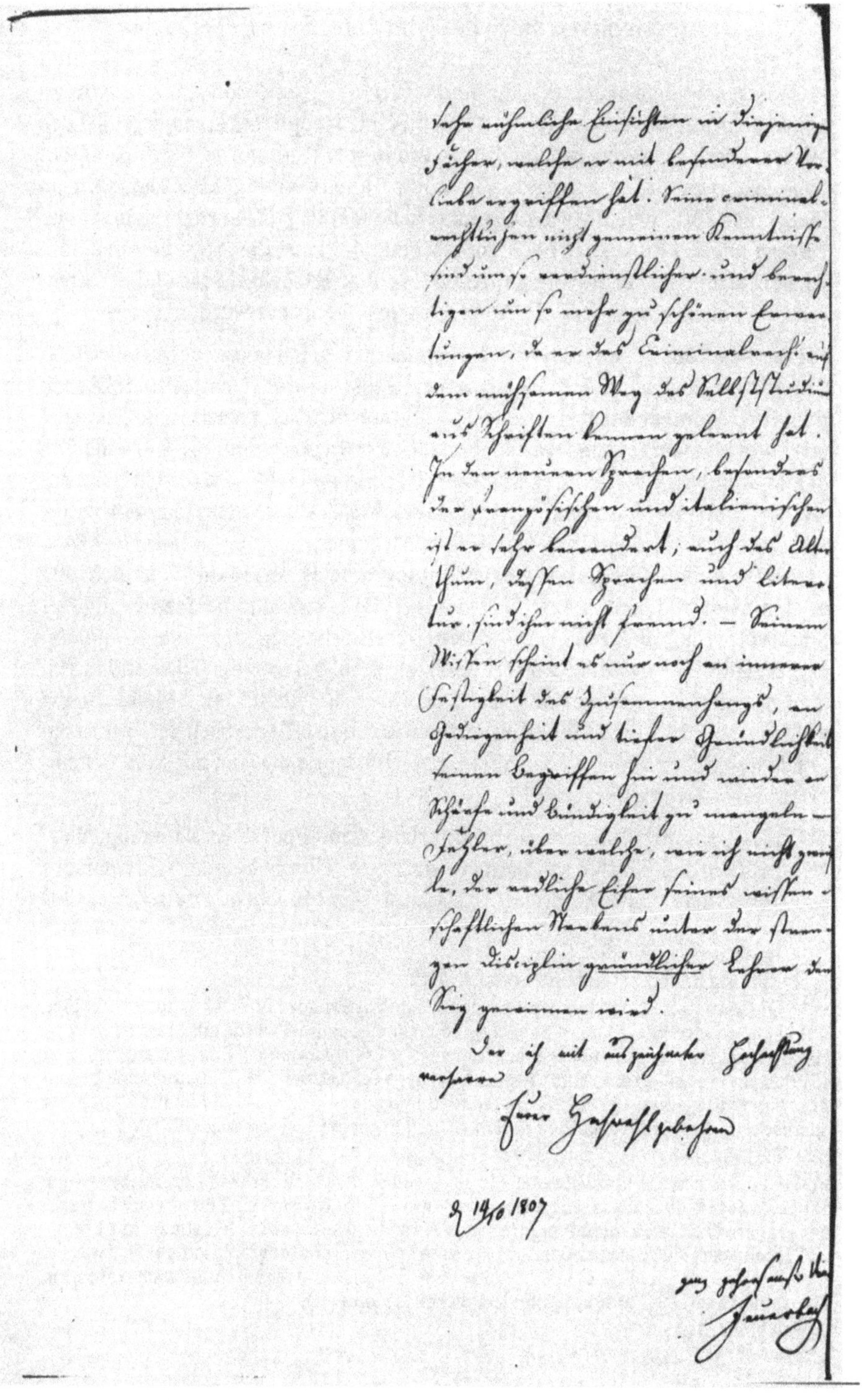
sehr erhebliche Einsichten in diejenigen
Fächer, welche er mit besonderer Vor-
liebe ergriffen hat. Seine criminal-
rechtlichen nicht gemeinen Kenntnisse
sind um so verdienstlicher und berech-
tigen um so mehr zu schönen Erwar-
tungen, da er das Criminalrecht auf
dem mühsamen Weg des Selbststudiums
aus Schriften kennen gelernt hat.
In den neueren Sprachen, besonders
der französischen und italienischen
ist er sehr bewandert; auch das Alter-
thum, dessen Sprachen und Litera-
tur, sind ihm nicht fremd. – Seinem
Wissen scheint es nur noch an innerer
Festigkeit des Zusammenhangs, an
Gediegenheit und tiefer Gründlichkeit
seinen Begriffen sei und wieder an
Schärfe und Bündigkeit zu mangeln –
Fehler, über welche, wie ich nicht zweif-
le, der redliche Eifer seines wissen-
schaftlichen Strebens unter der stren-
gen Disciplin gründlicher Lehrer den
Sieg gewinnen wird.

Der ich mit ausgezeichneter Hochachtung
verharre

Euer Hochwohlgeboren

14/10 1807

ganz gehorsamster Diener
Feuerbach

3. Stationen der Beziehung bis zum Tode Feuerbachs

Zwischenzeitlich hatte der für seine Treue zu Napoleon mit der Königskrone belohnte bayerische König Maximilian I. Joseph im November 1807 den Wunsch und die Weisung Napoleon vernommen, durch die Einführung des code Napoleon die Reform in Bayern voranzutreiben. Als Feuerbach im Dezember 1807 den Entwurf des materiellen Teils zum Strafgesetzbuch von Bayern abgeschlossen hatte[51], stand als neue Aufgabe die Ausarbeitung eines Zivilgesetzbuches für Bayern an. Am 20. Januar 1808 wurde er mit der Durchführung betraut, nachdem die Ausarbeitung angeordnet worden war.[52]

Dies war der Zeitpunkt, da die sprachlichen Fähigkeiten Mittermaiers, dessen Sprachgewandtheit Feuerbach ja selbst attestiert hatte[53], der Arbeit Feuerbachs entgegenkamen. Er selbst kannte zwar die französische Sprache, aber der Umgang mit ihr war doch nicht so mühelos[54], daß die Zeit, die von den legislatorischen Arbeiten in Anspruch genommen wurde, für Übersetzungen geopfert werden sollte. Überdies erschien es wichtiger, das normative System des code Napoleon[55] und dessen Grundprinzipien herauszuarbeiten und diese in übergeordneten Verfassungsnormen zu verankern. Letztlich ging es dem Systemdenker Feuerbach darum, die systematische Anpassung der Staatsverfassung Bayerns, die wegen der Einführung des code Napoleon rechtspolitisch notwendig wurde, vorzubereiten.[56] Trotz der Hinwendung zu den pragmatischen Dimensionen des positiven Rechts und des Blicks für die Folgen – seit der Arbeit im Ministerium wandte sich Feuerbach verstärkt vom „Philosophischen zum Psychologischen“[57] – blieb er ein Mann mit stark systemorientierter Denkweise.

Das Arbeitsverhältnis zwischen Mittermaier und Feuerbach kam möglicherweise durch den Einfluß v. Zentners zustande. Dieser kannte beide persönlich. Mittermaier hatte während der Lyzealzeit in München in dessen Haus als

---

51 Radbruch, a.a.O., 77; Geisel, 14.

52 Radbruch, ebd.; Reinhardtstöttner, 17ff.

53 Die Kenntnis der „lebenden Sprachen“ bei Mittermaier ist nicht so ungewöhnlich, wie es die Biographien darstellen. Schon seit spätestens 1799 wurde am Münchener kurfürstlichen Gymnasium und Lyzeum Italienisch, Französisch und Englisch gelehrt (StA München: Wilhelmgymnasium, Nr. 133, beiliegender Druck, 3). Daß aber eine besondere Sprachbegabung Mittermaiers nicht zu leugnen ist, zeigt seine Kenntnis auch der spanischen, portugiesischen und holländischen Sprachen (Mittermaier, K. u. F., 6).

54 Parthey, 470.

55 Radbruch, a.a.O., 77. Im Januar 1808 meldete sich Feuerbach bereits mit seinen Betrachtungen über den Geist des Code Napoleon zu Wort (vgl. Feuerbach, Betrachtungen, 15ff.). Durch diese legislatorische Aufgabe war Feuerbach erstmals mit Fragen zur Rechtsvergleichung konfrontiert worden, die er, wie biographisch geklärt wurde, außerordentlich ernst genommen hatte (vgl. zu dieser wissenschaftlichen Intention Constantinesco, 98f. und unten Fn. 94 dieses Abschnitts).

56 Reinhardtstöttner, 16ff.

57 Wolf, 572; Seifert, NJW 1985, 1594.

Privatlehrer gedient[58]; Feuerbach war mit ihm zu dessen Professorenzeit in Landshut dienstlich bekannt geworden und stand mit v. Zentner seitdem in privater Verbindung[59], so daß angenommen werden darf, daß dieser über die anliegenden Arbeiten informiert gewesen sein wird. Möglicherweise mag es aber auch die räumliche Nähe in München zwischen Mittermaier und Feuerbach gewesen sein, die beide ohne Vermittlung durch Dritte erneut hatte zusammentreffen lassen, denn Feuerbach wohnte in der Rosengasse[60], wo auch die Familie Mittermaier lebte und arbeitete.[61] Miteinander bekannt waren sie ja bereits.

Der Zeitraum der Tätigkeit Mittermaiers bei Feuerbach läßt sich ziemlich genau eingrenzen und ergibt sich aus dem landgerichtlichen Attest verbunden mit der Auftragserteilung Feuerbachs einerseits und der Immatrikulation Mittermaiers im „ausländischen" Heidelberg andererseits. Zwei Tage nachdem Feuerbach die Ausarbeitung des Zivilgesetzbuches für Bayern aufgetragen worden war, hatte Mittermaier, dessen Stiefvater am 12. Januar verstorben war, am 22. Januar 1808 die Bewilligung seines Reisestipendiums mitgeteilt bekommen. Mit diesem Tag war die Verwirklichung seines Wunsches nach einer wissenschaftlichen Laufbahn in die Nähe der Realisierbarkeit gekommen, Mittermaier konnte seine Tätigkeit am Landgericht Au beenden[62], ohne auf die staatliche Abschlußprüfung angewiesen zu sein; seine dortige praktische Ausbildung ist am 23. Februar 1808 attestiert worden. Damit war Mittermaier frei, um bei Feuerbach beginnen zu können. Der Endpunkt seiner Tätigkeit liegt im ersten Drittel des April, denn am 13. April wird mit der Immatrikulation in Heidelberg das Arbeitsverhältnis spätestens sein Ende gefunden haben.[63]

---

[58] Mittermaier, K. u. F., 7. Bei dem gut organisierten Schulsystem Münchens (vgl. Beschreibung Münchens, II. Teil, 340, 394) bestand eine ständige Leistungserwartung gegenüber den Schülern. Zur privaten Förderung stellten sich sog. Instruktoren zur Verfügung, meist ältere Schüler, die sich auf diese Weise ein Zubrot verdienten (vgl. Roth, 49ff.). Einen derartigen privaten Nachhilfeunterricht wird wohl auch Mittermaier im Hause v. Zentners durchgeführt haben.

[59] Radbruch, a.a.O., 161. Ab März 1808 sollte Feuerbach zusammen mit v. Zentner der 6-köpfigen Verfassungskommission angehören (vgl. Reinhardtstöttner, 17).

[60] Feuerbach wohnte dort „nächst dem großen Markt" (Radbruch, a.a.O., 71). Die heute noch existierende nur etwas über 100 Meter lange Rosengasse wird durch zwei Plätze begrenzt (vgl. den Plan Münchens zur Zeit des beginnenden 19. Jahrhunderts, in: Beschreibung Münchens I, Anhang), deren größerer der heutige Marienplatz ist.

[61] Der Vater C. J. A. Mittermaiers, Johannes Joseph Mittermayr (!), war bis zu seinem Tod im Jahre 1797 (vgl. Sterbebuch St. Peter, Bd. 160, fol. 369) Inhaber der in der Rosengasse befindlichen „Rosenapotheke". Mittermaiers Stiefvater Johannes Pals hatte die Apotheke nach der Wiederheirat der Mutter Mittermaiers noch 1797 übernommen (zur Wiederheirat vgl. Trauungsbuch Hofkuratie Nymphenburg, Bd. 438, fol. 9). Dieser wirkte dort bis zu seinem Tod am 12. Januar 1808 (Sterbebuch St. Peter, Bd. 162, fol. 127).

[62] Zum Tod von Mittermaiers Vater siehe Fn. 61; zum Reisestipendium BayHStA München: M Inn 23422; zum Auftrag Feuerbachs hinsichtlich des Zivilgesetzbuchs oben B I 3.

Inhaltlich stand die Gehilfentätigkeit Mittermaiers notwendig in Abhängigkeit zur Aufgabe Feuerbachs im ministerialen Ressort der Systematica. Sie war legislatorische Vorarbeit und bestand darin, für das geplante Zivilgesetzbuch Passagen aus dem Codice del Regno d'Italia und dem code Napoleon zu exzerpieren und zu übersetzen.[64]

Betrachtet man den Schwerpunkt der wissenschaftlichen Arbeit im Gesamtwerk Mittermaiers, soweit er von den Titeln seiner Hauptwerke verkörpert wird, wie „Über die Grundfehler der Behandlung des Criminalrechts in Lehr- und Strafgesetzbüchern", „Über den neuesten Stand der Criminalgesetzgebung" und die gesetzesvergleichenden Werke, die sämtlich den charakteristischen Zusatz „in Vergleichung mit den Gesetzen des ... und den Fortschritten der Gesetzgebung"[65] aufweisen, so hinterläßt dies den Eindruck, als könne man die Wurzeln seines späteren legislatorischen Interesses allein in der Tätigkeit bei Feuerbach sehen. Die Zusammenarbeit war zeitlich zwar kurz, doch wird die politische Neigung, die Mittermaier mit seinem wissenschaftlichen Verständnis verbunden hatte und bereits 1807, also vor Beginn seiner Tätigkeit bei Feuerbach, in seiner status-naturalis-Reflexion zum Ausdruck gebracht hatte[66], durch den Einfluß Feuerbachs und die Beschäftigung mit der positivrechtlichen Materie zumindest wichtige Impulse erhalten haben. Zusammen mit den allgemeinen fachlichen Zeitanforderungen nach 1806 und der aufkommenden partikularrechtlich-legislatorischen Diskussion wird die Phase bei Feuerbach das spätere Verständnis Mittermaiers zumindest mitgeprägt haben.

Mit dem Beginn des Sommersemesters 1808 verließ Mittermaier München und ging auf den Rat v. Zentners nach Heidelberg.[67] Aus der eigenen Professorenzeit[68] war v. Zentner mit der dortigen Lehrsituation bestens vertraut. Nach Studien bei Thibaut, Martin, Heise[69] und Zachariä[70] hatte Mittermaier dann am 29. März 1809 in Heidelberg promoviert[71], um auf eine ihm von höchster Stelle versprochene[72] Privatdozentenstelle nach Bayern zurückzu-

---

63 Nach Mittermaiers eigenen Bekundungen dauerte seine Tätigkeit 1808 „bis Ostern" (Mittermaier, Feuerbach, 510). Der Ostersonntag des Jahres 1808 fiel auf den 17. April (vgl. Taschenbuch der Zeitrechnung, S. 220 iVm S. 196), zu diesem Zeitpunkt war Mittermaier jedoch schon in Heidelberg immatrikuliert (vgl. Matrikel V, 13).

64 Marquardsen, 25.

65 Siehe auch die in diesem Abschnitt unter Fn. 98 aufgeführten Titel.

66 Mittermaier, Über die Prinzipien, 183: „Die Politik daher ist die Wissenschaft von den zu realisierenden Gesetzen und Rechten der Menschheit im Staate in der Idee"; vgl. auch ebd., 186 f.

67 Goldschmidt, L., AcP 1867, 419.

68 Schmidt, Ra., 196.

69 Goldschmidt, L., a.a.O., 420.

70 Mittermaier, F., 201.

71 Mittermaier, K. u. F., 10; wichtig auch Landwehr, 50 Fn. 15.

kehren.[73] Im Herbst 1809 konnte sich Mittermaier in Landshut habilitieren.[74] Am 16. Juni 1811 erfolgte seine Ernennung zum ordentlichen Professor[75], ein Ruf nach Kiel wurde von Mittermaier abgelehnt[76].

Mittermaier war bereits mehrfach literarisch in Erscheinung getreten[77], als er 1813 den Entwurf eines neuen Werkes, einer Verteidigungsanleitung für den Strafprozeß, Feuerbach zur begutachtenden Stellungnahme vorlegte.[78]

Nachdem Feuerbach das handgeschriebene Exemplar aufmerksam gelesen hatte, antwortete er Mittermaier[79] am 29. August 1813 aus München:

---

[72] Am „9. Jänner 1809" hatte Mittermaier dem bayerischen König aus Heidelberg geschrieben und um eine spätere Anstellung im Hochschuldienst gebeten. Am 27. Januar 1809 erhielt er Rückantwort. Darin wurde ihm eine Anstellung in Aussicht gestellt, falls er in Kürze promoviere (BayHStA München: M Inn 23422). Sellert vermutet unter Hinweis auf Radbruch (a.a.O., 92) und Landsberg (Geschichte/Text, 292ff.) eine Vermittlung durch Feuerbach (Sellert, ZSRG GA 1978, 176, 181); die ministeriale Personalakte Mittermaiers belegt indes eine Unterstützung durch Feuerbach nicht, allerdings könnte eine Beteiligung Feuerbachs in der Niederschrift des Befähigungsgutachtens gesehen werden.

[73] Ursprünglich sollte Mittermaier eine Professur in Innsbruck übernehmen (Goldschmidt, L., a.a.O., 420). Nach der Niederlage der Österreicher gegen Napoleon war zwar Tirol dem bayerischen König Maximilian I. überlassen worden, doch im Frühjahr 1809 gelang Andreas Hofer die Befreiung des bayerisch besetzten Tiroler Landes. Die Kompetenz der bayerischen Kultusbehörde für Tirol war damit infragegestellt, so daß die Übernahme der geplanten Professur durch Mittermaier daran scheiterte.

Einen Bedarf gab es jedoch in Landshut, so daß dort eine Anstellung erfolgen konnte. Dies kam Mittermaier auch sehr gelegen, denn er erwartete mit Freuden die Ankunft v. Savignys in Landshut, um dessen Freundschaft Mittermaier schon während des Heidelberger Aufenthaltes emphatisch geworben hatte (vgl. Briefe vom 9. September 1808, 8. Dezember 1808, 28. April 1809; MrHs 725: 883, 884, 885).

[74] Permanender, 300.

[75] Ebd., 319.

[76] Goldschmidt, L., a.a.O., 420. Der Ruf kann entgegen den Annahmen in den Biographien (Goldschmidt, L., ebd.; Mittermaier, F., 202; Mittermaier, K. u. F., 11) erst nach der Ordinierung vom 16. Juni 1811 erfolgt sein, denn sehr viel später, erst unter dem 25. März 1812, schrieb Thibaut zu dem an sich drängend-aktuellen Thema an Mittermaier. „Zu Kiel kann ich Ihnen nicht rathen. Der Ort ist mir wegen glücklicher Jugendzeiten über alles, aber doch rathe ich, den Ruf abzulehnen. (. .) Wie würden Sie sich fühlen, wenn Sie statt 100 Zuhörer 3 - 4 füttern." (HdHs 2746).

[77] 1810/12, „Handbuch des peinlichen Prozesses, 2 Bände"; 1812 „Einleitung in das Studium der Geschichte des germanischen Rechts" (umfassend gewürdigt von Gagner, Wissenschaft, 42ff.); 1813, „Lehre vom Schadensersatz" (verschollen, vgl. Goldschmidt, L., AcP 1867, 422). Das frühere Werk, die „Theorie des Beweises" (1809), war zu dieser Zeit noch nicht bekannt, da es erst 1821 aus verlagstechnischen Gründen publiziert werden konnte (Goldschmidt, L., a.a.O., 420).

[78] Bereits früher war ein Manuskript „Über das Studium des deutschen Rechts" – möglicherweise ein früher Werksentwurf zur „Einleitung in das Studium der Geschichte des germanischen Rechts" (1812) – zur Stellungsnahme an v. Savigny gegangen (vgl. MrMs 925/45, Bl. 367 - 378).

[79] Der vorliegende (in Privatbesitz befindliche) hier vollständig wiedergegebene Brief Feuerbachs trägt zwar weder Anschrift noch eine namentliche Anrede, gleichwohl ergibt die folgende Aussagenanalyse dieses Schreibens über ein eindeutig Mitter-

„München, d. 29. Aug. 1813

Hochwohlgebohrener,
Hochzuverehrender Herr Professor!

Mit recht vielem Vergnügen habe ich ihr Manuscript über Vertheidigungsschriften gelesen. Ein solches Werk ist zumal für diejenigen Provinzen, wo bisher keine Defensionen in Gebrauch waren, ein Bedürfniß, welchem durch ihre Bemühung abgeholfen wird. Der Gegenstand ist mit Vollständigkeit, Genauigkeit und Klarheit abgehandelt. Durch die Herausgabe des Werkes werden Sie Beifall und auch der Buchhändler seine Rechnung finden. Hin und wieder könnte ich einige Gegenbemerkungen machen, welche indeßen auf das Ganze wenig Einfluß haben. Indeßen kann ich folgende nicht unterdrücken, da Sie mir das gütige Vertrauen geschenkt haben, mich um mein Urtheil zu befragen, und ich Ihnen den Beweis schuldig bin, daß ich Ihr Werk nicht ohne Aufmerksamkeit durchgegangen habe. In der V. Abtheilung Ihres Werkes stellen Sie alles auf den Begriff von Beredsamkeit, *wodurch die ganze Materie von der* Form der Darstellung *(denn nur davon ist hier die Rede) in ein, wie ich glaube, falsches Licht gestellt wird*[80]. *Beredsamkeit im eigentlichen Sinne kann nur von dem* mündlichen *Vortrage prädiziert werden.*

Man kann eben sowenig von einer schriftlichen Beredsamkeit sprechen, als von einem schriftlichen Gesang. Zwar sagt man: ein beredter *Stil, aber nur im figürlichen Sinn, mit Hülfe eines quasi. Die Schönheit und Zweckmäßigkeit einer mündlichen Darstellung, welche die Überzeugung durch das Ohr beibringt, ist übrigens von der Schönheit und Zweckmäßigkeit einer schriftlichen Darstellung, welche nur zum Auge spricht,* wesentlich *verschieden. Beredsamkeit als Tugend des Redners, hat mit der Tugend eines guten Schriftstellers nur das Allgemeinste gemein, zumal wenn dieser Schriftsteller das Urtheil* gelehrter

---

maier zuzuschreibendes Werk, daß nur Mittermaier der Adressat des Schreibens gewesen sein kann.

[80] Die Aussagen des Briefes deuten auf die „Anleitung zur Verteidigungskunst" Mittermaiers, welche ein Jahr nach der Entstehung dieses Briefes verlegt worden war, wie ein an den von Feuerbach gegebenen Stichworten orientierter Vergleich zeigt.

Der von Feuerbach vorgenommenen kritischen Begutachtung hatte ein Manuskript vorgelegen, welches mindestens fünf Abteilungen gehabt haben muß. Das Thema der „V. Abtheilung" betraf den Stil von Schutzschriften der Verteidiger, der sich an rhetorischen Kategorien anlehnend von der „Beredsamkeit" abgeleitet wurde. Diese Thematik und der Ort ihrer Behandlung stehen aber in Übereinstimmung mit der „Anleitung zur Verteidigungskunst" Mittermaiers, deren „V. Abtheilung" „von der Abfassung der Defensionsschriften" spricht. Das Vorwort zu seiner ersten Auflage von 1814, in dem sich Mittermaier von der Wahl der rhetorischen Methode als Ausgangspunkt seiner Überlegungen überzeugt erklärte, klingt wie eine Rechtfertigung auf die vorliegende briefliche Kritik: „Mit Recht betrachtet man hier die hinterlassenden Werke griechischer und römischer Redner und die Reden der Engländer und Franzosen, sowie die Anleitung der Alten zur Rhetorik als ausgezeichnete Muster und die besten Anweisungen zur Vertheidigungskunst, und bildet so eine eigene gerichtliche Beredsamkeit." (Mittermaier, Anleitung, S. IVf.).

Richter leiten und bestimmen soll. Dieser darf blos überzeugen, *jener darf auch* überreden *wollen; dieser hat blos den* Verstand *in Anspruch zu nehmen, jener den* ganzen Menschen, *sein Gemüth, sein Gefühl, selbst (durch Schönheit der Action und Elocution) seine Sinne. Der eine hat kein anderes Gesetz zu befolgen, als: logische Richtigkeit des Inhalts, Klarheit in der Form; der andere wird mit diesen Vorzügen allein zu den mittelmäßigen Rednern gehören. Schweift der gerichtliche Schriftsteller in die Grenzen des Redners so schadet er seinem Zweck und macht den Richter gegen seine Absicht und die Mehrheit seiner Sätze mißtrauisch. Wollen Sie Ihre Absicht beibehalten, so müßten Sie vor allen Dingen sehr genau und sehr umständlich von der eigenthümlichen Verschiedenheit zwischen mündlicher und schriftlicher Beredsamkeit handeln, – eine große Aufgabe, welche überdies außer dem Zwecke dieses zunächst dem Bedürfniße der Praxis gewidmeten Werkes liegt*[81]. *So aber, wie Sie die Ansicht genommen haben, werden Sie, trotz aller besonderen Vorschriften, unseren Advokaten wider Ihren Willen die verderbliche Ehre geben, durch Beredsamkeit (das ist, in dem Sinne* solcher *Leute), durch Tiraden, und durch süßliche und bombastische Schönrednerei ihre Absicht zu verfolgen. Aufrichtig gesprochen: so scheint mir, daß Ihr Gedanke, die Form der Verteidigungsschrift als Beredsamkeit zu behandeln, Sie selbst im Einzelnen manchmal zu bedenklichen Folgerungen geleitet habe. Wie können Sie z. B. § 69 dem Defensor den Rath geben? „die* Umgebung *zu prüfen, die* Subjekte *kennen zu lernen, an welche sein Vortrag sich richtet ..." Dies mag dem Redner räthlich und – verzeihlich seyn, wenn er überreden will, nicht aber dem schriftlichen Defensor, der nur dem Verstande rechtsgelehrter Richter rechtliche Gründe überzeugend darzustellen hat. Ebenso würden Sie, wenn Sie nicht unvermerkt den Charakter schriftlicher Darstellung mit dem einer mündlichen Rede vermischt hätten, von dem „Eingange" wenigstens anders gesprochen haben, als § 72ff. geschehen ist*[82]. *Er gehört nicht zum* Wesen *der Verteidigungs*schrift, *und wird, da selten etwas zweckmäßiges gesagt werden kann, von der Schaar unsrer Advokaten zu einem unfruchtbaren Tummelplatz von Tiraden mißbraucht werden. Einem* Hörer *gegen über, welcher mehr als der* Leser *der Zerstreuung ausgesetzt ist, mag es zweckmäßig seyn, einen die Aufmerksamkeit fabrizierenden introitus zu machen, und in einem Richter, der nach* subjectiver *Überzeugung sein Urtheil bestimmt, muß sobald als möglich jedes widrige Vorurtheil bezwungen, Neigung und Abneigung gefeßelt werden. Ganz anders sind die Verhältniße, unter welchen in Baiern Vorschriften für Defensoren gegeben werden! – Zu ähnlichen Erinnerungen werden Sie Selbst Statt finden, wenn Sie noch einmal diesen Abschnitt mit einigem Miß-*

---

[81] Die „Anleitung" selbst dokumentiert, daß gerade dem „praktischen Defensor das Studium der Schrift" ans Herz gelegt werden sollte (ebd., S. VIII).

[82] Dem vorliegenden Einwand Feuerbachs gegen die Verwendung eines „introitus", welcher nicht zum Wesen einer Verteidigungsschrift gehöre, korrespondiert die Antwort Mittermaiers (ebd., 134), daß gleichwohl die „Regeln des guten Vortrags" für „die Abfassung der Defensionsschriften" wesentlich und daher anzuwenden seien.

trauen durchlesen. – Auch wird Ihnen dann nicht entgehen, daß darin manche Wiederholungen *vorkommen, welche daher entstanden sind, daß Sie die allgemeinen Regeln der Darstellung, welche* jeder *Schrift und* allen Teilen *der Defensionsschrift gemeinschaftlich sind, von den besonderen Regeln, welche nur diesem oder jenem Theil eigenthümlich angehören nicht gesondert, sondern jene mit diesen vermischt haben.*[83] *Bei der neuen Überarbeitung dieses Theils werden Sie auch verschiedene mehrmals wiederholte Bilder, z. B. daß der Defensor wie ein Maler Licht und Schatten paßend austheilen müße p. p., mit anderen vertauschen. Besonders wählen Sie Ihre Worte ängstlich genau bei solchen Punkten, von denen Dummheit und Schikanen leicht Mißbrauch machen können. Als ich z. B. § 80 die Worte las: „Es werden machen Umstände (in der Gerichtserzählung) zusammengestellt und* gedreht *werden müßen" bin ich wahrhaft erschrocken, da der Unterschied zwischen* gedreht *und* verdreht *blos zwei Buchstäbchen beträgt. – Schließlich mache ich Ihnen überhaupt mein Glaubensbekenntnis über die Lehre von der Form der Darstellung, so weit diese den* Stil *betrifft. Dieses Glaubenbekenntniß heißt: Der Mann von Kopf und Bildung braucht solche Regeln nicht, dem Mann ohne Kopf und Bildung helfen sie nicht. Wer gut, schön und klar denkt, wird gut, schön und klar schreiben; jenes läßt sich nicht lehren, dieses ohne jenes läßt sich nicht geben. Daraus folgere ich, daß mit ausführlichen* Regeln *hierüber nicht viel genutzt werde; je kürzer, je beßer! Das übrige thut der eigene Geist und – die Bildung durch gute* Muster. *Die Regel ist immer an sich nur ein todtes Kapital, das fruchtlos im Kopfe ruht, wenn es nicht gar den Kopf schwer macht, verdüstert und verwirrt. – Sollte es nicht thunlich seyn, auch noch ein und anderes ausgezeichnete Muster von Defensionsschriften dem Werke beidrucken zu lassen? Er würde dadurch ungemein an Brauchbarkeit gewinnen.*[84]

Nehmen Sie diese wenigen Bemerkungen als ein Beweis, wie sehr ich an diesem Ihren Unternehmen Antheil nehmen, gütig auf.

Mit vieler Hochachtung verharrend
Euer Hochwohlgebohren
ganz ergebener
Feuerbach"

Einen Monat später weilte Mittermaier in München. Er hatte vor, die Zentralbibliothek Baierns zu besuchen.[85] Dies bot die Gelegenheit, um Feuerbach

---

[83] Vgl. auch den entsprechenden Einwand des späteren Rezensenten der Anleitung zur Verteidigungskunst, Welcker, HdJbLit 1815, 990.

[84] Als weitere Folge des Schreibens Feuerbachs darf auch die Tatsache interpretiert werden, daß Mittermaier der dann veröffentlichten Schrift im Anhang zwei Muster von Verteidigungsschriften beigefügt hatte. Darüberhinaus war wohl die Kritik zu den §§ 69 und 80 erfolgreich, denn die „gedreht(en)" Umstände des § 80 zeigen sich in der ersten Auflage (S. 148) als in ein „gehöriges Licht gestellt".

[85] BayHStA: M Inn 23422.

zu besuchen und über das Manuskript zu reden. Ob diese Gelegenheit genutzt wurde und eine Zusammenkunft auch tatsächlich stattfand, ist aber nicht feststellbar.

Nach Landshut zurückgekehrt, hatte Mittermaier den Entwurf seiner „Anleitung" bis Mitte November überarbeitet[86] und herausgegeben. Im September 1816 war Mittermaier, der inzwischen erstmals Rektor der Landshuter Universität geworden war[87], wieder einmal[88] anläßlich eines Bibliotheksbesuchs nach München gekommen[89], als auch Feuerbach München aufsuchte[90].

Der allzeit tätige Geist Feuerbachs war zwischenzeitlich durch die kriegerischen Ereignisse in Leipzig neu angeregt worden.[91] Durch zwei Flugschriften, die die Obrigkeit erbost hatten, war Feuerbach politisch hervorgetreten.[92]

---

86 Das Vorwort zur „Anleitung zur Verteidigungskunst" datiert auf den „10. November 1813" (vgl. Mittermaier, Anleitung, S. VIII).

87 Permanender, 348, 351. Die eigentliche Wahlentscheidung lag ab 1804 bei der Geheimen Kuratell (vgl. Boehm, 21).

88 Mittermaier war regelmäßig in den Semesterferien in München. Überliefert sind Aufenthaltsanträge bzw. Bewilligungsbescheide für: Herbst 1814, Ostern 1815, Herbst 1816, Ostern 1818 (BayHStA München: M Inn 23422).

89 Bescheid vom 31. August 1816 (BayHStA München: M Inn 23422).

90 Seit dem 26. Mai 1816 auf unbestimmte Zeit beurlaubt, war Feuerbach zuvor im Juli und August in Frankfurt gewesen (Breuer, J., 120).

91 Radbruch, a.a.O., 102ff.

92 „Über die Unterdrückung und Wiederbefreiung Europeans" (Oktober 1813); „Was sollen wir? Worte eines Bayern an das bayerische Volk" (November 1813) (vgl. Radbruch, a.a.O., 107ff.). Mit der Veröffentlichung dieser Flugschriften manifestierte sich ein neuer zur Tagespolitik Stellung nehmender Feuerbach (vgl. aber auch zu Feuerbachs Betrachtungen über das Geschworenengericht, in dem die Napoleonische Polizeiinstitution kritisch bedacht wurde, die Datierungsproblematik nach Sellert, ZSRG GA 1978, 179f. Fn. 68).

Als Anhänger des Rechtsstaatsgedankens soll es für ihn nie einen Gesetzesstaat im utilitaristischen Sinne der „Positivisten" gegeben haben (vgl. Wolf, 561). Anfänglich war Feuerbach von der Nützlichkeit und Zweckmäßigkeit des Code Civil überzeugt gewesen (ebd., 568), so daß er seiner legislativen Tätigkeit zunächst mit dem Empfinden einer Übereinstimmung des handelnden Souveräns mit der alles beherrschenden Idee des Rechts (so Feuerbachs Terminus in Anti-Hobbes, 72ff.) nachkam. Noch 1810 hatte er in der napoleonischen Gesetzgebung „eines der schönsten Ehrendenkmale des französischen Namens" gesehen (ders., Blick, 28). Danach aber wandte sich der rechtsvergleichende Blick Feuerbachs auch der pragmatischen Idee der Nation und ihrer Freiheit zu.

1804 entspricht der von ihm verwendete Begriff der Nation noch dem eines Staates und steht im Gegensatz zu dem Begriff eines völkischen „Deutschland" (vgl. Kritik I, S. VIII). 1813 erfolgte dann eine deutliche Betonung der kulturellen Eigenheit der Nation. Infolgedessen war für Feuerbach der Code nun ein fremdes „der Nation nicht anpassendes Gesetz" geworden (vgl. im einzelnen: Breuer, J., 60f.; Biogr. Nachlaß I, 258).

Ihm gegenüber war Mittermaier, der bereits im Kindesalter die französische Besatzungsmacht hautnah als „Dolmetscher" in der väterlichen Apotheke erlebt hatte (Mittermaier, K. u. F., 6), schon während seiner Studienzeit in Landshut (1805 - 1807) durch die Kontakte mit den sich gründenden Landsmannschaften (vgl. Viernstein,

Fortan sollte er deshalb keinen Zugang zu den Sitzungen des Geheimen Rates mehr haben, und es erfolgte die Versetzung an das Appellationsgericht Bamberg in der Funktion eines zweiten Präsidenten.[93] Dort hatte Feuerbach mit der Verwirklichung seines seit geraumer Zeit gehegten Gedankens an eine umfassende Rechtsvergleichung begonnen[94] und diesen Werksentwurf nun, im September 1816, nach München mitgebracht.[95] Feuerbach und Mittermaier trafen sich und waren stundenlang zusammen, wobei Feuerbach aus seinem neuen Werk vorlas.[96] Mittermaier wird ein genauer und kritischer Zuhörer gewesen sein[97], da ihm gesetzesvergleichendes Arbeiten ebenfalls ein wissenschaftliches Anliegen geworden war, wenngleich ihn mehr die näherliegenden Regelungen der europäischen und deutschen Partikulargesetzgebung interessierten.[98]

Bayernzeitung 1931, 6f.) mit der nationalen Idee konfrontiert worden, die Landshuter Romantik hatte das übrige getan (vgl. die Beziehung Mittermaiers zur Landshuter Romantik, Neh, 245ff.). Als ein Bekenntnis zur Landshuter Romantik, die sich durch eine antinapoleonische Haltung bzw. durch eine bekennende Freundschaft zu Österreich auszeichnete (Weis, 608), läßt sich auch die symbolträchtige Reise im Jahre 1810 nach Tirol interpretieren, wo Mittermaier bei der Witwe des hingerichteten Andreas Hofer übernachtet haben soll (Mittermaier, K. u. F., 14; vgl. auch seine angeblichen Beziehungen zum Tugendbund, ebd., 8). Die „deutsche Nation, die an Originalität, an Kraft und Bildung wohl keiner der benachbarten Nationen nachsteht" (Mittermaier, germanisches Recht, 3), hob er ausdrücklich 1812 hervor, wies aber gleichzeitig darauf hin, daß er sich schon seit 1809 (ebd., S. IV) diesem Thema gewidmet, also national gedacht hätte.

93 Radbruch, a.a.O., 109; zu den intriganten Verhältnissen ist beispielhaft die Schilderung der Zustände um 1813 in der Gesetzgebungskommission bei Kipper, 65ff.

94 Bereits 1800 hatte Feuerbach mit dem „Versuch einer Criminaljurisprudenz des Koran" auf die Notwendigkeit einer vergleichenden Jurisprudenz hingewiesen (vgl. Radbruch, a.a.O., 190ff.). 1810 stellte er dann die Frage: „Warum hat der Rechtsgelehrte noch keine vergleichende Jurisprudenz? Die reichste Quelle aller Entdeckungen in jeder Erfahrungswissenschaft ist Vergleichung und Combination" (Feuerbach, Blick, 16). Vgl. auch oben Fn. 55 dieses Abschnitts.

95 Offenbar von Feuerbach mit dem „esprit des lois" Montesquieus vergleichbar gehalten (Biogr. Nachlaß II, 45), den Bezug zu Montesquieu hatte er schon 1810 betont (vgl. Feuerbach, Blick, 18, 23).

96 Radbruch, a.a.O., 191; Mittermaier, Feuerbach, 508.

97 Diese Münchener Begegnung hatte bei Mittermaier positive Erinnerungen hinterlassen, denn noch 1858 pries er sein Glück, Zuhörer gewesen zu sein, und zeigte sich über den Entwurf des Lobes voll (Mittermaier, Feuerbach, 508).

98 Zu diesem Zeitpunkt hatte das Interesse Mittermaiers an einer Gesetzesvergleichung („weil das gemeine Recht teilweise schweigt", (vgl. ders., Handbuch II, 554), wenngleich noch ohne methodische Rechtfertigung, bereits seinen Niederschlag gefunden: „Theorie des Beweises in peinlichen Recht nach den gemeinen positiven Gesetzen und den Bestimmungen der französischen Zivilgesetzgebung" (1809; unverändert 1821 in Darmstadt gedruckt, vgl. Goldschmidt, L., AcP 1867, 420); „Handbuch des peinlichen Prozesses, mit vergleichender Darstellung des gemeinen Deutschen Rechts und den Bestimmungen der Französischen, Oesterreichischen, Bayerischen und Preußischen Criminalgesetzgebung"(1810, 1812).

Schon am 11. August 1811 hatte Mittermaier in einer Offerte an den Buchhändler Schrag in Nürnberg „Jahrbücher für die Rechtswissenschaft und Gesetzgebung in Baiern" angekündigt, die unter anderem „dem Zustand der Rechtswissenschaft und

Im Jahre 1818 erhielt Mittermaier – er war 1817 und 1818 wieder Rektor der Universität Landshut gewesen[99] – Rufe aus Jena und Halle[100], und im Auftrag der preußischen Regierung schrieb ihm v. Savigny[101], um einen Lehrstuhl an der neu zu errichtenden Universität Bonn[102] anzubieten. Diesem Ruf konnte Mittermaier nicht widerstehen, und so verließ er nach Beendigung des Wintersemesters 1818/19 Landshut.[103]

In Bonn wurde ihm sofort die Rektoratsübernahme angetragen. Mittermaier lehnte jedoch ab, übernahm aber stattdessen das Dekanat.[104] Im folgenden Sommersemester 1820 half jedoch ein erneutes Sträuben nichts; Mittermaier, zum Rektor gewählt, wurde sofort in diesem Amt vom Minister bestätigt[105] und damit folgenschwer in die universitätspolitischen Ereignisse verwickelt. Bonn beschäftigte aufgrund der liberalen Berufungspolitik der Ära Hardenberg[106] und Solms-Laubach, dem Kurator der Bonner Universität[107], Professo-

---

Gesetzgebung im In- und Ausland" gewidmet werden sollten (BayStBibl München: Schragania I). Sie wurde dann 1829 zusammen mit dem Heidelberger Kollegen Karl Salomo Zachariae (1769 - 1843) gegründet. Nach der Einschätzung Constantinescos, 113, sei „dies die erste Zeitschrift der Welt, der das Verdienst zukommt, auf entscheidende Weise die Grenze der nationalen Rechtsordnung verlassen und sich auf die ausländischen Rechtsordnungen ausgerichtet zu haben. ... Mit dieser Zeitschrift verläßt die Rechtsvergleichung das Stadium wissenschaftlicher Einzelleistung und wird zur Grundlage für eine allgemeine wissenschaftliche Betätigung." Vgl. auch ders., 116, 120f. und, wichtig für eine Beurteilung des Stellenwertes dieser Zeitschrift, auch 135.

99 Permanender, 357, 364.

100 Mittermaier, F., 202. Der Ruf aus Jena datiert vom 12. August 1818 (vgl. BayHStA München: M Inn 23422).

101 Zur Person Friedrich Carl v. Savignys (1779 - 1861) und zu weiteren biographischen Hinweisen vgl. Kleinheyer / Schröder, 239ff.

Der Inhalt des amtlich verursachten Schreibens v. Savignys an Mittermaier am 24. Juli 1818, welches in Form einer Kanzleiabschrift der Universität Landshut vom 31. Juli 1818 erhalten geblieben ist (BayHStA München: M Inn 23422), steht ganz im Gegensatz zu der brieflichen Mißfallensbekundung v. Savignys vom 19. 11. 1813 gegenüber Heise: „Aus Mittermaier wird schwerlich je etwas werden", (vgl. bei Radbruch, a.a.O., 92), die in Mittermaierbiographien gelegentlich als Ersatz für originäre Interpretationen herangezogen worden ist. Gagner, Wissenschaft, 44, vermutet dagegen in diesem Schreiben eine gezielte Bloßstellung vor der Heidelberger Fakultät. v. Savigny erlaubte sich jedenfalls vorliegend die persönliche Äußerung: „Ich wünsche recht herzlich, daß die Sache zu Stande käme, und daß sie womöglich noch in diesem Herbst dorthin gehen mögen." Angesichts des ständigen Briefwechsels beider Juristen wird man wohl kaum diese letztzitierte Äußerung als bloß vorgeschobene Höflichkeitsfloskel anzusehen haben. Einer klärenden Analyse des persönlichen und fachlichen Verhältnisses zwischen v. Savigny und Mittermaier soll damit indes nicht vorgegriffen werden (vgl. auch unten unter C I 2. a) bb) β).

102 Die Universität Bonn wurde am 18. Oktober 1818 durch Stiftungsurkunde neu installiert (vgl. Jahrbuch, 1ff.).

103 Bezold, 72; Mittermaier, K. u. F., 15. Aus einem Sitzungsprotokoll des Verwaltungsausschusses der Universität Landshut ergibt sich noch eine Anwesenheit Mittermaiers am 22. März 1819 (Universitätsarchiv München: Personalakte Mittermaier).

104 Bezold, 107; Goldschmidt, L., AcP 1867, 422.

105 Bezold, 142; v. Lilienthal / W. Mittermaier, ZStW 1922, 158.

ren wie E.M. Arndt[108] und die Gebrüder Welcker[109]. Deren liberale Ansichten hatten zur Folge, daß im fernen Berlin die provinziale, noch dazu rheinländische Universität als Keimzelle radikalpolitischer Bewegungen tituliert wurde.[110] Als E. M. Arndt polizeilicher Verfolgung ausgesetzt wurde, hatte Mittermaier die Verteidigung übernehmen wollen; die Übernahme scheiterte indes, weil die Angelegenheit als staatspolizeiliche Untersuchung eingestuft und damit geheim behandelt wurde.[111] Mittermaier, der helfend eingreifen wollte, geriet nun in eine persönliche Zwangslage, als er ungeachtet seiner persönlichen Beziehung als Mitglied der juristischen Fakultät in der Zeit vom November 1819 bis März 1820 die universitätspolizeiliche Untersuchung zu leiten hatte. Insbesondere deswegen suchte er am 25. Februar 1821 um Entlassung nach.[112]

Die Notiz „Um 5 Uhr ab Cöln. Bonn/Mittermaier. Andernach. Coblenz"[113] unter dem Datum des 12. Juni 1821 im Reisekalender Feuerbachs, der gerade einen längeren Aufenthalt in Frankreich und den napoleonisch geprägten deutschen Rheinprovinzen hinter sich hatte[114], verrät ein erneutes Treffen, möglicherweise so kurz, wie die Notiz knapp gehalten wurde. Dies kann jedoch nicht bedeuten, daß es den beiden Strafrechtslehrern an gemeinsamen Interessen und Stoff zum Gedankenaustausch gefehlt haben wird. Die Bonner Erlebnisse Mittermaiers hinsichtlich der politischen Verfolgungen werden den freiheitlich gesinnten Feuerbach, der geäußert hatte: „Der Gebrauch der Freiheit eines vernünftigen Wesens darf dem Gebrauch der Freiheit jedes anderen vernünftigen Wesens nicht widersprechen"[115] und der die politische Reaktion an sich selbst erfahren hatte[116], nicht unberührt[117] gelassen haben.

---

[106] Karl August Fürst v. Hardenberg (1750 - 1822) war seit 1810 Staatskanzler in Preußen (ADB, Bd. 10, 572 - 590).

[107] Müller-Dietz, Welcker, 20. Friedrich Ludwig Christian Graf zu Solms-Laubach (1769 - 1822) war Oberpräsident der Provinz Jülich-Cleve-Berg. In dieser Funktion unterstanden ihm auch die Schulkollegien (ADB, Bd. 45, 383 - 391).

[108] Ernst Moritz Arndt (1769 - 1860) war seit 1818 Professor für Geschichte (ADB, Bd. 1, 541 - 552).

[109] Bezold, 112; Müller-Dietz, Welcker, 20 m.w.N. Friedrich Gottlieb Welcker (1784 - 1868) lehrte Philologie und Altertumskunde (ADB, Bd. 41, 653 - 660) und Karl Theodor Welcker (1770 - 1869) war Jurist (ADB, Bd. 41, 660 - 665).

[110] Bezold, 112; Müller-Dietz, Welcker, 74 Fn. 189 m.w.N.

[111] Müller-Dietz, Welcker, 22. Ganz ohne Rechtshilfefunktion blieb Mittermaier bei dieser Angelegenheit dennoch nicht. Wie eine kurze Mitteilung vom 24. August 1821 an E. M. Arndt belegt, war Mittermaier (als Rektor der Universität Bonn) in dieser Sache als „Korrespondenzführer" dem Rheinischen Appellationsgericht gegenüber aufgetreten (Archiv AdW DDR: N1 – Arndt Nr. 13).

[112] Bezold, 127, 143, 193; Landsberg, Kriminalistische Fächer, 15.

[113] So zitiert im Nachlaß Radbruchs (HdHs 3716 II D 20 Nr. A 6).

[114] Sie dauerte vom 7. März bis 17. Juni 1821 und führte über Paris, Brüssel, Lüttich und Köln (Radbruch, Feuerbach, 154ff.).

[115] Feuerbach, Anti-Hobbes, 13.

Andererseits wird Mittermaier aufgrund seines inzwischen manifestierten gesetzeskundlichen und rechtspolitischen Interesses für die Einschätzungen Feuerbachs zu den rechtspolitischen Reformen ein offenes Ohr gehabt haben. Man mag auch über die vor der Frankreichreise von Feuerbach veröffentlichte „Betrachtung über die Öffentlichkeit und Mündlichkeit der Gerechtigkeitspflege"[118] geredet haben, denn in einem der folgenden Monate hatte Mittermaier dieses Werk erhalten und bedankte sich am 7. September 1821 brieflich.[119] In einem weiteren Schreiben vom 5. Dezember 1821 kündete Mittermaier eine Rezension der „Betrachtung" an und berichtete von seinem Eindruck über die Aufnahme des Buches.[120]

Mit dieser Rezension hatte sich nun Mittermaier in die Rolle eines Kritikers begeben und konnte nun an dem Werk seines Förderers einen eigenen Maßstab anlegen. Das Ergebnis zeigt den Reformbefürworter Mittermaier in

[116] Waren seine Flugschriften der Jahre 1813/14 zunächst Anlaß der disziplinarischen Versetzung nach Bamberg (Radbruch, a.a.O., 107ff.), so genügte der bayerischen Regierung diese Maßnahme zuletzt nicht mehr. Feuerbach wurde am 25. März 1816 zum Generalsekretär des Salzachkreises ernannt, in der Hoffnung ihn mit der Abtretung dieses Gebietes an Österreich durch Vertrag vom 14. April 1816 ausbürgern zu können. Diese Abschiebung aus bayerischen Diensten scheiterte u. a. an dem leidenschaftlichen und listenreichen Verhalten Feuerbachs (vgl. Radbruch, a.a.O., 126ff.).

[117] In psychologischer Hinsicht zeigen Mittermaier und Feuerbach ganz unterschiedliche Charaktere. Feuerbach durchlebte seine Konflikte leidenschaftlich und nach außen tragend (vgl. Fn. 26 dieses Abschnitts; zum Verhältnis Gönner gegenüber: Radbruch, a.a.O., 61ff.) und wurde infolgedessen im engeren Bekanntenkreis „Vesuv" genannt (Biogr. Nachlaß II, 83). Hier mag man das problematische Verhältnis zu seinem despotischen Vater, das über die Jugendjahre hinaus in dieser Form angedauert hatte (vgl. Spoerri, 29 - 32), als Ursache ansehen.

Anders dagegen ertrug Mittermaier Probleme ähnlicher Art mit mehr äußerer Gelassenheit, aber innerer Betroffenheit (zum Verhältnis zu dem anfeindenden Kollegen Morstadt, den die Herausgabe der posthumen Auflagen des Feuerbachschen Lehrbuchs durch Mittermaier zu einem „Kommentar des Feuerbachschen Lehrbuchs" veranlaßten: Mittermaier, K. u. F., 20; zur Situation politischer Divergenz in der Frankfurter Paulskirche, die Mittermaier zuletzt tief resignieren ließ: Haag, 62). Die Konsenssuche und -bereitschaft stand für ihn im Vordergrund. man mag auch hier einen prägenden Einfluß durch den Vater sehen können. Dieser war bis zu seinem Tode im 10. Lebensjahre Mittermaiers offenbar eine vertrauensbildende Person gewesen. Eine herzliche und offene Vater-Sohn-Beziehung ist jedenfalls aus der Schilderung einer Reise nach Tirol aus dem Jahre 1796 nachvollziehbar (vgl. LBibl Karlsruhe unter 52 A 5671: Reisetagebuch von Karl Joseph Anton Mittermaier).

[118] Die Vorrede datiert auf den 1. Januar 1821.

[119] Dieser Brief war nicht auffindbar, der Radbruch-Nachlaß zeigt jedoch folgende Notiz: „Bonn 7/9. 1821. Dank für Feuerbachs Buch Öffentlichkeit und Mündlichkeit. Neue Partei sei ganz mit ihrer Schrift zufrieden. Neuere französische Rechtsliteratur. Vor der Übersiedlung nach Heidelberg" (HdHs 3716 II D 20 Nr. A 6).

[120] Auch die Existenz dieses Briefes ist nur über den Radbruch-Nachlaß rekonstruierbar: „5/12. 1821. Der ... Nachtrag zu Ihrem Werk – über Öffentlichkeit und Mündlichkeit —" (HdHs 3716 II D 20 Nr. A 10) und: „Heidelberg 5/12. 1821. Genslers unvermuteter Tod. M. soll Anselm (Sohn Fs) an sein Zeugnis erinnern. Rezension über Öffentlichkeit und Mündlichkeit. Aufnahme des Buches" (HdHs 3716 II D 20 Nr. A 6).

„inniger Überzeugung (mit den) Ansichten des Verf."[121], der „mit geschärftem, philosophischem Blicke die Gabe richtiger und sicherer Beobachtung mit seinem Schatze des theoretischen Wissens und einer Fülle von Erfahrungen verbindet"[122], „dessen Werk jede Forderung befriedigt"[123]. Noch 1819 hatte sich Mittermaier durch die Herausgabe der „Grundfehler der Behandlung des Kriminalrechts in Lehr- und Strafgesetzbüchern" offen gegen die deduktive Methode Feuerbach gewandt[124] – mit einem Werk, dem programmatische Bedeutung zukommt, denn gegenüber v. Savigny bezeichnete Mittermaier diese Schrift als „negatives Glaubensbekenntniß über Criminalrecht und Gesetzgebung", welches „zeigt, was ich nicht thun werde."[125]

Mit Ende des Sommersemesters 1821 war Mittermaier, das ungeliebte Bonn verlassend, einem Rufe nach Heidelberg gefolgt, wo er bereits kurz nach seinem Amtsantritt zum Geheimen Hofrath[126] ernannt wurde. Am 7. Dezember 1822 schrieb Mittermaier[127] „dem hochwohlgebohrn Herrn Staatsrath[128] von Feuerbach, Präsident des Appellationsgerichts, Comandeur des Civilverdienstordens, zu Ansbach[129]":

„Ich eile, Ihnen hochverehrtester Freund und Gönner! nach Ihrem Wunsch über die an mich gestellte Frage zu schreiben und zu erklären, daß ich von einer solchen Berufung nach München auch nicht das geringste weiß, daß ich nie darüber jemandem geschrieben oder von jemandem eine Nachricht erhalten habe. Gestern zum erstenmale erhielt ich von meinem Xxxx[130] *einen Brief mit der*

---

[121] Mittermaier, HdJbLit 1822, 182. Auf eine inhaltliche Stellungnahme soll an dieser Stelle, wo es um eine Darstellung des persönlichen Verhältnisses geht, nicht eingegangen werden.

[122] Ebd., 169.

[123] Ebd., 170.

[124] Vgl. auch Landsberg, Geschichte/Text, 424; Lüderssen, Einleitung, 42.

[125] Brief vom 31. März 1819, MrHs 725: 893.

[126] Landwehr, 39; Kammer, 12 Fn. 45.

[127] Der Brief befindet sich im Archiv der Familie Feuerbach.

[128] Feuerbach war seit dem 11. August 1821 Wirklicher Staatsrath im außerordentlichen Dienst mit dem Titel Exzellenz (vgl. Schärl, 353; Radbruch, Feuerbach, 215).

Die Ernennung erfolgte wohl weniger wegen seiner beruflichen Verdienste. Sein Bericht über die Studienreise durch Frankreich konnte keinen Eindruck im Justizministerium hinterlassen. Überdies brach nach der Rückkehr an das Bamberger Appellationsgericht der Konflikt mit dem dortigen Direktor Leonrod erneut auf, welcher gerade Anlaß der Frankreichexkursion gewesen war. Aus diesem Grunde warf das Ministerium Feuerbach Schwächen und Zaghaftigkeit vor (Radbruch, a.a.O., 154 - 158). Die Ernennung scheint vielmehr in der persönlichen Sympathie begründet gewesen zu sein, die der bayerische König Feuerbach – trotz aller politischen Aktionen – entgegenbrachte (vgl. Kipper, 123).

[129] Die Ernennung zum Präsidenten erfolgte am 18. März 1817; Ordensträger war Feuerbach bereits seit dem 26. Oktober 1810 (Radbruch, a.a.O., 213ff.).

[130] Das Wort an dieser Stelle ist unlesbar, auch die Anzahl möglicher Buchstaben ist nicht erkennbar. Der Schriftzug, der sowohl einen Eigennamen als auch eine Funktionsträgerbezeichnung darstellen könnte, befindet sich hart am Blattrand und wirkt zudem in sich zusammengeschoben.

Anfrage, ob an dem Gerücht, daß ich nach München käme, etwas wahr sei. Ich geben Ihnen darauf mein Ehrenwort, daß ich nichts weiß. Sie preisen mein Glük als akademischer Lehrer, ich kann aber nicht einstimmen; ungeachtet die neue sehr zahlreich ist (wir haben über 600), ungeachtet ich viel Zuhörer (106 in d. Privatrechte) zähle, und die Studenten, wie es scheint nicht ungerne bei mir hören, so fühle ich mich doch nicht glüklich; die ununterbrochene geistige und körperliche Anstrengung, und so viele Kollegien lesen[131]*, der Literatur gewissenhaft folgen, alle Senatsgeschäfte besorgen*[132]*, und dem höchst beschwerlichen Direktorio im Spruchcollegio*[133] *Genüge leisten zu können, drükt mich nieder und raubt mir jeden Lebensgenuß. Auch sehe ich keine Hoffnung, dies hier ändern zu können. Was Ihren Wunsch der Besorgung der neuen Auflage des Lehrbuchs betrifft, so werde ich in jeder mir möglichen Zeit die neue Literatur gewißenhaft nachtragen. In Ansehung des Wunsches neue französ. Bücher zu erhalten, will ich gerne von jedem neu erschienen. jurist. Werk Sie in Kenntniß setzen, und auf Verlangen entweder mein Exemplar senden oder eines für Sie kaufen. Die Memoires über die Jury*[134] *sende ich durch Buchhändlergelegenheit sogleich u. das Tessiner Gesetzbuch*[135] *in wenigen Wochen, da ich eine neue Anzeige arbeiten soll.*

Kennen Sie die neuesten franz. Preisschriften von Mignet und Beugnon[136] *über feudalisme und die etablissemens de St. Louis. Sie stehen Ihnen auch zu Diensten.*

---

[131] Im Wintersemester 1821/22 las Mittermaier erstmals achtstündig deutsches Privatrecht, vierstündig deutschen Kriminalprozeß und sechsstündig bürgerlichen und französischen Zivilprozeß, insgesamt also 18 Stunden, während er später durchschnittlich 25 Stunden las (Landwehr, 30).

[132] Ab April 1825 war Mittermaier dann erstmals für ein Jahr Prorektor der Heidelberger Universität, ab März 1837 ein zweites Mal (Matrikel VI, 711).

[133] Das Ordinariat des Spruchkollegiums wurde Mittermaier bereits Ende 1821 übertragen (Jammers, Heidelberger JurFak, 42). Dort war von 1821 bis 1830 ein solches Arbeitspensum zu leisten, daß Mittermaier in diesem Zeitraum bereits 50% aller Fälle seines dortigen 25-jährigen Wirkens bearbeitet hatte (ebd., 62). Der Jahresdurchschnitt lag in dem besagten Zeitraum bei 88 Akten gegenüber 63 in dem davorliegenden und 70 in dem nachfolgenden (ebd., 54 Fn. 61).

[134] Dies sind die „memoires envoyés au concours annoncé par le programme sur la question: convient-il d'introduire dans le Canton de Vaud l'institution du Jury pour les causes criminelles" (2 Bde., Lausanne 1820; enthaltend Schriften von La Harpe, Clavel, Canard und Hangard). 1822 erschien zwar daneben eine histoire du Jury von Aignon; auch hat Bourgignon Memoires du Jury (Paris im Jahre 10) und Canard ein Werk gleichen Titels (im Jahre 12) geschrieben. Die Schrift von Aignon wurde von Mittermaier jedoch als „sehr ungenügend" angesehen (Mittermaier, Strafverfahren I, 305 Fn. 85) und die beiden anderen stellen keine aktuelle Literatur dar. Dagegen galten Mittermaier die Memoires de Lausanne als „wichtig" (ebd., 318 Fn. 1) und wurden entsprechend häufig verwendet (ebd., 320 Fn. 57, 323 Fn. 24, 325 Fn. 36, 326 Fn. 38; Mittermaier, ebd. II, 186 Fn. 60, 62). Sie wurden regelmäßig nur Memoires genannt.

[135] Das Strafgesetzbuch des Kanton Tessin (codice penal von 1816) wurde 1822 revidiert.

[136] Bei Mittermaier findet sich die Verwendung von Mignet, De la féodalité, des institution de St. Louis, et de la legislation de ce prince, Paris 1822 und (Graf C.) Beu-

Erlauben Sie mir auch eine Frage wegen Gönner[137]*? Wo befindet er sich? Ist sein Prozeß und wie geendigt*[138]*?*

Entschuldigen Sie heute die Kürze des Briefes, ich soll über eine 50 fascikel enthaltende Crimakte referiren, und da geht die Zeit zu Ende.

Mit der innigsten Freude würde ich die Nachricht hören, daß Sie nach München als Staatsrath gegangen; es ist darüber nur eine[139] *Stimme in Deutschland, welche glaubt, daß das Plätzchen in Anspach für einen Heros wie Sie zu klein sei, und daß es für den Mann, den die Gottheit so sehr geistig ausgezeichnet habe, selbst Pflicht wäre auf einem höhren Platz zu wirken, wenn auch Mühen und Qualen entstehen.*

Mit ausgezeichneter Verehrung

Ihr

Heidelberg *ganz ergebenster*
7. Dec. 1822 *Mittermaier"*

Entgegen dem zum Ausdruck gebrachten Wunsche blieb Feuerbach jedoch Präsident des Appellationsgerichts in Ansbach.

Im Jahre 1824 wurde Feuerbachs Sohn Karl, der als Professor für Mathematik am Gymnasium in Erlangen tätig war, dort auf offener Straße wegen des Verdachts staatsfeindlicher Tätigkeiten verhaftet.[140] Mittermaier, der davon Kenntnis hatte, teilte am 5. September 1824 mit, daß die „Untersuchungen gegen Ihren Sohn auf Antrag vom Berliner Ministerium und von Mainz aus(gehen)", daß aber wegen seines Betragens in Heidelberg keine Anfrage gestellt worden sei.[141] Karl Feuerbach wurde nach München gebracht und dort

---

gnot, Essai sur les institution de St. Louis, Paris 1822 (Mittermaier, a.a.O. I, 80 Fn. 9; 123 Fn. 2ff.; 125 Fn. 21).

137 Mittermaier kannte Gönner persönlich (siehe oben, Fn. 26) seit der Landshuter Zeit, wo er bei dessen Fortgang zur Gesetzgebungskommission nach München die Vorlesungen über Zivilprozeß übernommen hatte (Goldschmidt, L., AcP 1867, 421). Auch wegen der Herausgabe der geplanten „Jahrbücher für die Rechtswissenschaft und Gesetzgebung in Bayern" im Jahre 1811 (siehe Fn. 98 dieses Abschnitts) stand Mittermaier mit Gönner in Verbindung (vgl. Brief an Schrag vom 11. August 1811, BayStBibl München: Schragania I). 1813, als Gönner in München burschenschaftliche Stammbuchblätter seines in Landshut studierenden Sohnes Michael gefunden hatte, wandte er sich persönlich an Mittermaier mit der Bitte, „ohne Schaden und Aufsehen" für eine Auflösung der Landsmannschaft zu sorgen (Viernstein, Bayernzeitung 1931, 9).

138 Infolge dieses Prozesses verlor Gönner seine Stellung in der Gesetzgebungskommission (Radbruch, a.a.O., 164).

139 Dies ist eine stilistische Wendung Mittermaiers, um darzustellen, daß Einstimmigkeit herrscht (vgl. Mündlichkeit, 93: „Unter den Praktikern von Parma ist nur e i n e Stimme, daß die neue Prozeßform sehr gut wirke" und ebd., 96: „Über die Wirkungen des neuen Gesetzes ist in der Toskana nur e i n e Stimme, welche die großen Vorzüge der Mündlichkeit im Interesse der Entdeckung der Wahrheit anerkennt").

140 Radbruch, a.a.O., 168.

in Haft gehalten. Sein dortiger, leidvoller Aufenthalt[142] brachte für die Familie eine schwere Zeit.

Doch damit nicht genug der Belastung. Nachdem am 14. Juni 1823 v. Zentner zum Justizminister ernannt worden war[143], schien es zunächst, als könnte Feuerbach auf einen neuen ministerialen Aufgabenbereich hoffen. Im August 1824 erhielt er auch von dem Justizminister den Auftrag, sein Strafgesetzbuch für das Königreich Bayern aus dem Jahre 1813 vollständig zu überarbeiten und einen neuen Entwurf zu fertigen.[144] Mit diesem Auftrag verbanden sich verständlicherweise für den qualifikationsmäßig unterbeschäftigten Feuerbach Erwartungen, aus der trostlosen Provinz zurückzukehren und verantwortungsvollere Aufgaben zu übernehmen.[145] Schon Anfang 1825 wurde Feuerbach anläßlich eines Besuchs in München indes von der Aufgabe wieder entbunden[146], die berufliche Rehabilitation war nicht gelungen. Verärgerung und Enttäuschung waren groß, Feuerbach „reinigte" seinen Schreibtisch[147], vernichtete einen Teil der Arbeitspapiere und erklärte später, als man erneut wegen des Entwurfes an ihn herantrat, die Entwurfskizzen seien vernichtet worden.[148]

Seine Empfindungen zum vergangenen Jahr beschrieb Feuerbach im Juni 1825 mit den Worten: „Das Unglück und die Schrecken eines ganzen langen entsetzlichen Jahres haben mich gleichsam geistig getötet und gegen Lust und Schmerz abgestumpft."[149] Als am 13. Oktober 1825 der ihm wohlwollend gesinnte König Maximilian I. Joseph verstarb, war auch der Stern Feuerbachs versunken. Weder in der neuen Gesetzgebungskommission von 1825 noch bei einer Lehrstuhlbesetzung der 1826 nach München verlegten Ludwig-Maximilians-Universität erfuhr Feuerbach eine Berücksichtigung.[150]

---

141 Dieser Brief kann leider nur aus dem Radbruch-Nachlaß rekonstruiert werden: „5/9. 1824. Zur Untersuchung gegen Karl. Keine Anfrage über sein Betragen sei in H. vom Berliner Ministerium u. s. Majest. aus gestellt worden" (HdHs 3716 II D 20 Nr. A 10) und „Heidelberg 5/9. 1824. Demagogenuntersuchung gegen Fs. Sohn. Untersuchungen gegen Ihren Sohn auf Antrag vom Berliner Ministerium und von Mainz aus" (HdHs 3716 II D 20 Nr. A 6).

142 Radbruch, a.a.O., 169ff.

143 Ebd., 161.

144 Vgl. die vertiefenden Erörterungen bei Schubert, 15ff.

145 Radbruch, a.a.O., 165.

146 Schubert, 15; Radbruch, a.a.O., 165.

147 Schubert, 16.

148 Biogr. Nachlaß II, 251. Der Gesetzesentwurf war Mittermaier bekannt gewesen. Der früheste Nachweis findet sich jedoch erst in der von ihm herausgegebenen 14. Auflage des Feuerbachschen Lehrbuchs (vgl. dort S. XV, 106, 117, 178f., 184), weshalb davon auszugehen ist, daß Mittermaier zu Lebzeiten Feuerbach noch keine Kenntnis von diesem Entwurf hatte.

149 Radbruch, a.a.O., 171.

150 Ebd., 172ff.

Gleichzeitig begann dagegen für Mittermaier ein neuer Abschnitt, der ihn auf die Höhe seiner wissenschaftlichen Laufbahn führte[151], denn im Gegensatz zu Feuerbach war ihm etwa ein Ruf an die Universität München zugegangen.[152] Anstatt jedoch diesem Ruf zu folgen, wurde Mittermaier Mitglied der Badischen Gesetzgebungskommission[153] und begann damit eine über zwei Jahrzehnte dauernde Phase legislatorischer Aktivität; aus dem wissenschaftlichen Kritiker der Gesetzgebung wurde ein in die Verantwortung eingebundener Rechtspraktiker; was während der Gehilfentätigkeit bei Feuerbach gesät wurde und zwischenzeitlich keimte, konnte sich nun entfalten.

Nachdem ihm Feuerbach den zweiten Band „Betrachtungen über Öffentlichkeit und Mündlichkeit" übersandt hatte, veröffentlichte Mittermaier auch darüber eine Rezension. Bereits unter dem 12. November 1824 hatte Mittermaier dazu kurz brieflich Stellung genommen.[154] Im Gegensatz zur Rezension

---

[151] 1816, 1817 und 1818 war Mittermaier Rektor in Landshut (Permanender, 351, 357, 364) und 1824 Rektor in Bonn (Bezold, 136ff.) gewesen. Am 13. April 1825 folgte die Wahl zum Prorektor der Heidelberger Universität (Matrikel VI, 711).

[152] Die Annahme hatte Mittermaier zunächst davon abhängig gemacht, daß ihm die im Ausland zugebrachte Zeit als „Dienstjahre" angerechnet würden. Dies war ihm zunächst verweigert und erst nach einigen Gegenvorstellungen bewilligt worden. Doch zur allgemeinen Überraschung lehnte Mittermaier dann das Angebot ab (Huber, 28, 48). Wie groß sein Ansehen in Bayern war, zeigt eine an den König gerichtete Bemerkung des für das Bildungswesen zuständigen Ministers Schenk, die ihn auf eine Stufe mit v. Savigny stellte (ebd., 103; vgl. dazu auch Dickerhof, 228). Indes ist hier nicht auszuschließen, daß auch die Studienkontakte veranlassend waren (vgl. Neh, 257f.).

Die Beweggründe seines Verbleibs in Heidelberg schilderte Mittermaier brieflich am 22. Januar 1827 gegenüber Niebuhr. Wegen des Rufs hätte er bereits ein „unbedingtes Entlassungsgesuch" eingereicht, ein „höchst artiges Schreiben des Großherzogs (von Baden)" habe diesen Entschluß jedoch ändern können, so daß Mittermaier sich für Heidelberg erneut verpflichtet habe.

Als Mittermaier daraufhin Kenntnis von der Tatsache erhalten hatte, daß v. Savigny nach München zu gehen gedachte, bedauerte er jedoch diesen Entschluß zutiefst: „Hätte ich freilich dies hoffen können, so würde mich nichts davon abgehalten haben, dem Ruf nach München zu folgen." (Archiv der AdW der DDR: N1-Niebuhr, Brief Mittermaier).

[153] Landsberg, Geschichte/Text, 416; Hahn, 47. Zur Beteiligung Mittermaiers am Entwurf einer badischen Strafprozeßordnung vgl. Hettinger, 21; auch Bloy, Duttlinger, 3.

[154] Im Radbruch-Nachlaß ist dazu notiert: „12. 11. 1824. Dank für Fs Buch über französ. Gerichte. Aber eines besorge ich, daß so viele Leute in Deutschland Gift aus Ihrem Werke saugen . . . werden". Es sei zu sehr „auf Paris zugeschnitten. In der Provinz stehe es nicht so ungünstig" (HdHs 3716 II D 20 Nr. A 10) und „Hdbg. 12. 11. 1824: Dank f Bd. 2 von Öffentlichkeit und Mündlichkeit. Ausführungen über dieses Buch. Münchener Aussicht Mittermaiers (Ministerialrath M. will aus Gesundheitsrücksichten nicht lange mehr Professor bleiben)" (HdHs 3716 II D 20 Nr. A 6).

Bei Breuer, J. (137, Fn. 1) wird weitergehend noch mitgeteilt: „nur eines – aufrichtig gesagt – besorge ich, daß so viele Leute in Deutschland Gift aus Ihrem Werke saugen und nur die Beweise suchen werden, wie wenig die Oeffentlichkeit, die die meisten fürchten, tauge. Freilich haben Sie überall kräftig genug ihr Glaubensbekenntnis für die Oeffentlichkeit ausgesprochen . . . , allein die Mehrzahl hat die Ansicht, dass, wenn

des vorangegangenen Bandes, die nicht nur eine übereinstimmende Meinung, sondern innere Verbundenheit überschwenglich zum Ausdruck gebracht hatte, „liefert(e) der Verf." hier allerhöchstens „sehr interessante Notizen"[155] oder erwies sich für Mittermaier einiges als „richtig gezeigt"[156]. An vielen Stellen erschienen ihm die geschilderten Erfahrungen jedoch als zu dürftig[157] und reizten ihn, als Rezensent „auch einige Bemerkungen aus seiner Erfahrung beizufügen", wo die Schilderung ein besonders „niederschmetterndes Gemälde von dem französ. Prozesse" gab.[158] Hinsichtlich der Abhandlung zur Beweislehre stimmte Mittermaier „aus voller Überzeugung" zu, wenn auch „mit... Modification".[159] Daß eine distanzierte Haltung dennoch nicht aufgegeben worden war, beweist Mittermaier durch sein Erstaunen, „wieviel und wie richtig der Verf. in so kurzer Zeit beobachtet"[160] hatte, um unmittelbar folgend auf eigene Beobachtungen zu verweisen. Im letzten Satz dieser Rezension gar wurde, nachdem die Notwendigkeit einer gründlichen und unparteilichen Bearbeitung dem Leser vor Augen gestellt worden war, unerwartet und vor allem befremdend auf das Werk eines ganz anderen Schriftstellers Bezug genommen und dieses als beispielhaft hingestellt.[161] Das Werk Feuerbachs hatte offenbar kein Wohlwollen Mittermaiers wecken können.

In den Jahren 1827 und 1829 unternahm Mittermaier selbst lange Reisen nach Frankreich.[162] Mit der Gründung der „kritischen Zeitschrift für Rechts-

man über den französischen Prozeß den Stab gebrochen habe, die Untauglichkeit der Oeffentlichkeit dargetan sei".

155 Mittermaier, HdJbLit 1825, 543.

156 Ebd., 532.

157 Ebd., 530, 531, 533.

158 Ebd., 534. Erfahrungsquelle Mittermaiers waren der eigene Aufenthalt in den Rheinprovinzen (ebd., 536), frühere Reisen nach Frankreich (ebd., 530, 532, 535) und Erfahrungsberichte französischer Juristen (ebd., 538).

159 Ebd., 544.

160 Ebd., 546.

161 „Möchten deutsche Schriftsteller mit Gründlichkeit und unpartheiisch häufig einzelne Institute des französ. Rechts so behandeln, wie in der eben dem Rec. zugekommenen Schrift das Institut der Staatsanwaltschaft, Leibzig 1825, Hr. Regierungsrath Müller dies gethan hat" (ebd., 547).

162 Mittermaier, K. u. F., 37; Marquardsen, 27.
Höchstwahrscheinlich wird Mittermaier bei diesen Besuchen erste Kontakte zur in Frankreich herrschenden, an die klassische Lehre eines Beccaria anknüpfende sog. „neo-klassischen Schule" (zur Terminologie vgl. Rieg, ZStW 1969, 411ff., und an ihn begrifflich anknüpfend Sessar, 49; Grebing, 89; von Thót, ArchKrimAnthr 1914, 202ff. wird dieser Lehransatz als „frühe eklektische Schule" bezeichnet), gefunden haben, zu der etwa Cousin, Guizot, Rossi und Ortolan zu zählen sind (vgl. Sessar, 50). 1829 war Pelegrino Rossis „traité de droit pénal" erschienen (nach Graven, 65, das wesentlichste Werk dieser Richtung). Eine Rezension dieser Schrift ist von Mittermaier nicht erarbeitet worden, er kannte sie aber sehr genau und sparte nicht an Beifall über ihre Herausgabe (vgl. Mittermaier, KritZfRwiss 1830, 347; ebd., 1831, 438). Einen persönlichen Kontakt Mittermaiers zu dem bedeutendsten Vertreter der französischen Schule nimmt Marquardsen an (Marquardsen, 27). Kontakte sollen auch zu anderen Vertretern der

wissenschaft und Gesetzgebung" schaffte er einer Jurisprudenz mit gesetzeswissenschaftlichem Schwerpunkt dann 1829 ein eigenes Medium, das Theorie und Praxis gleichermaßen gewidmet war.

Für Feuerbach, von allen legislatorischen Tätigkeiten entbunden, war die Kriminalpsychologie bestimmend geworden.[163] Nach der Hinwendung zu dem Fragenkreis um Täterpersönlichkeiten[164] stand seit dem Sommer 1828 im Fall Kaspar Hauser die Person eines Opfers im Mittelpunkt des Interesses.[165] Als Feuerbach am 3. Juli 1831 in Heidelberg weilte[166], wird ein Treffen[167] zwischen ihm und Mittermaier stattgefunden haben, bei dem zweifellos auch das Schicksal Kaspar Hausers und der Herkunftstheorie Feuerbachs zur Sprache gekommen sein wird.

---

späten klassischen Richtung bestanden haben, so zu Haus, Hélie und dem Italiener Mancini (ebd., 27; Mittermaier, K. u. F., 37, 40; vgl. auch Jayme, Grußwort, 7ff. und ders., Einleitung, S. Vff.).

Die „neo-klassische Lehre" sah sich als Gegengewicht zu den zu Beginn des 19. Jahrhunderts existierenden utilitaristischen Lehren (vgl. Santos, 49), deren Betrachtungsweise auch bei Mittermaier strikte Ablehnung fand(zu seiner Einschätzung der Utilitaristen, vgl. unten C I 2. a) aa) α). Ausgangspunkt der „neo-klassischen Lehre" war zunächst Kants Philosophem der Idee einer absoluten Gerechtigkeit (so bei Cousin, vgl. dazu Sessar, 50). Dieser Ansatz wurde von Rossi modifiziert in die Annahme einer ontisch vorgegebenen moralischen Ordnung, in der der Mensch als moralisches und freies Wesen eingebunden sei (ebd., 50). Daraus wurden die drei Grundpfeiler dieser Lehre abgeleitet: die innere Gerechtigkeit der Strafe, das Ziel der Erhaltung der menschlichen Gemeinschaft und der Grundsatz der Zweckmäßigkeit, der in diesem Rahmen staatliches Handeln bestimmt (vgl. Thót, 202).

Das Bekenntnis Mittermaiers, das er vorliegend im Sinne dieser französischen Schule abgegeben hat, deckt sich mit früheren Äußerungen in den „Prinzipien des sog. Naturrechts", wo er sich nicht nur von utilitaristischen Lehren, sondern auch von dem Naturrechtsansatz des Rationalismus abgrenzt.

163 Radbruch, MschrKrimPsych 1910, 1 - 9; Seifert, NJW 1985, 1591ff. Feuerbach soll nach Mitteilung Radbruchs (a.a.O., 4 ohne weiteren Quellenbezug) Hebbel zur Teilnahme an den Vorlesungen Mittermaiers über Zurechnung bewegt haben.

164 Zu den Motiven Feuerbachs, aber auch zu dem öffentlichen Interesse jener Zeit an dieser Thematik vgl. Seifert, a.a.O., 1591ff. Veranlaßt durch die Aktenreferate vor dem König, von dem Todesurteile zu bestätigen waren, hatte Feuerbach bereits herausgebracht „Merkwürdige Criminalrechtsfälle, Bd. 1, 1808, Bd. 2, 1811" und „Aktenmäßige Darstellung merkwürdiger Verbrechen, Bd. 1, 1828". Band 2 des letzten Werkes sollte 1829 folgen.

165 Feuerbachs „Kaspar Hauser" (1832) zeigt neben psychologischen Komponenten einen starken kriminalistischen Schwerpunkt durch die Darstellung kriminalistischer Ermittlungsmethoden (vgl. dazu Forker, S. V).

166 Radbruch gibt als Kalendernotiz wieder: „3. VII. (1831). 6 Uhr ab Speyer. In Heidelberg." (HdHs 3716 II D 20 Nr. A 6).

167 Weitere Besuche sind nicht nachvollziehbar. Soweit Radbruch (Feuerbach, 230) von der Äußerung Mittermaiers berichtet, Feuerbach hätte in den letzten Lebensjahren die Einführung der Geschworenengerichte für unvermeidlich gehalten, könnte dies als Indiz sowohl für weitere Treffen als auch für den Inhalt des Gesprächs vom 3. Juli 1831 gewertet werden.

Im Jahre 1833 starb Feuerbach[168]; Mittermaier indes wurde zum Präsidenten der 2. Kammer des Badischen Landtags gewählt.[169]

4. Die Qualität des persönlichen Verhältnisses

In den bisherigen Würdigungen wurde das Verhältnis zwischen Mittermaier und Feuerbach einerseits als eine „geschäftliche Beziehung, bald freundlicher“ werdend[170] genannt, andererseits galt Feuerbach als „väterlicher Freund“ Mittermaiers[171]. Eine gewisse Gegensätzlichkeit ist bei diesen Interpretationen nicht zu verbergen; einerseits wird eine eher sachliche Bezogenheit hervorgehoben, andererseits auch eine darüberhinausgehende persönliche Nähe. Erinnert man sich aber[172] an die in weiten Bereichen leidenschaftlich geführten Polemiken Mittermaiers gegen Feuerbach[173], dann drängt sich der Verdacht auf, daß gewisse Unsicherheiten, die bei den biographischen Bewertungen des personellen Verhältnisses nicht zu verbergen sind, zumindest teilweise durch eine wohlwollende Interpretation überwunden wurden.

Was ergeben nun zusammengefaßt die bekannten historischen Daten? Am Beginn der Beziehung stand eine rein berufliche Intention: Mittermaiers Absicht, im Ausland zu studieren. Diese erste Begegnung, die anläßlich der Stipendienbewilligung zustande gekommen war, entsprang nicht dem aus Sympathie geborenen Willen und lag nicht im Einflußbereich Mittermaiers, sondern ergab sich – aus seiner Sicht – zufällig aus der Weisung der Kultusbehörde an Feuerbach. Damit war sie sachlich und berufsbedingt. Erst das folgende vierteljährige Arbeitsverhältnis hat überhaupt persönliche Berührungen bringen können und bietet Anlaß, hierin den Ausgangspunkt einer persönlichen Beziehung sehen zu wollen.

Für die Annahme eines persönlichen Näheverhältnisses, das man darin sehen könnte, daß ein gegenseitiges Verhalten durch eine über das Normalmaß hinausgehende gegenseitige Achtung vor dem Andersdenken, also durch eine spezielle freundschaftliche Toleranz geprägt wäre, gibt es indes trotz aller bisherigen biographischen Bekundungen keine hinreichenden Hinweise. Zwar

---

168 Radbruch, a.a.O., 208 f.

169 Arnsperger, 83; Kammer, 29 Fn. 49; zur politischen Situation Badens, insbesondere dem Stellenwert der 2. Kammer und ihren Mitgliedern vgl. Fischer, 143ff., 150 m.w.N.

170 v. Lilienthal / W. Mittermaier, ZStW 1922, 158.

171 Mittermaier, K. u. F., 8.

172 Wie schon Landsberg, Geschichte/Text, 424; Lüderssen, Einleitung, 42.

173 Diese lassen sich unterteilen in Polemiken gegen Feuerbach als

a) Systematiker und Gesetzgeber (vgl. insb. Mittermaier, Über die Grundfehler),
b) Dogmatiker und Philosoph (vgl. insb. die posthumen Ausgaben des Feuerbachschen Lehrbuchs),
c) Psychologe (vgl. insb. Mittermaier, vier Abhandlungen).

ist die Rezension Mittermaiers von 1822 zu Feuerbachs „Betrachtung über Öffentlichkeit und Mündlichkeit" durch positive emotionale Elemente gekennzeichnet. Und ähnlich könnte auch Feuerbachs Hervorhebung in der Vorrede der 8. Auflage seines Lehrbuchs, in der er vor aller Öffentlichkeit von seinem „Freunde, dem Herrn Geheimen Hofrath Mittermaier" gesprochen hatte, eine bestehende persönliche Nähe widerspiegeln. Zu bedenken ist aber, daß neben solchen öffentlichen Bekenntnissen die harten posthumen Würdigungen Mittermaiers stehen, die gerade nicht freundschaftlich gehalten sind.[174]

Daneben gibt es ergänzende, weniger offenkundige Indizien, aus denen der eben gezogene vorsichtige Schluß weiter an Gewicht gewinnt, daß die Beziehung in persönlicher Hinsicht gerade nicht besonders nahe gewesen sein kann, sondern daß sie stattdessen durch ein quasi reduziertes kollegiales, berufsbezogenes Verhältnis geprägt war. Vergleicht man nämlich den Brief Mittermaiers an Feuerbach vom 7. Dezember 1822 mit Schreiben an andere Adressaten, so erweisen sich die Ausführungen als vorherrschend berufsbezogene Themen aus dem neuen Heidelberger Umfeld[175], da es beinahe ausschließlich um die Lehrsituation und Literaturfragen geht. Private Bereiche, wie insbesondere die Familie, haben etwa darin gar keinen Niederschlag gefunden, auch von einer „Empfehlung" an Familienangehörige wurde abgesehen. Mittermaier hatte diesen rein privaten Bereich erkennbar ausgespart.[176] Daß er eine briefliche Wendung gegenüber Feuerbach gebraucht hat, in der er ihn als einen gottbegnadeten „Heros"[177] bezeichnet, ist daher als ein Zeichen der Freundlichkeit, nicht aber besonderer Nähe zu werten. Zwar existiert dieser Brief hier nur als ein Einzelstück, er ergänzt aber doch das Bild aus den öffentlichen Äußerungen Mittermaiers.

Mag zu Beginn der Beziehung vielleicht seitens Mittermaier noch eine ambivalente Grundhaltung und eine latente Sympathie gegenüber Feuerbach

[174] Zum Vorwurf einer gewissen Realitätsfremdheit vgl. Mittermaier, vier Abhandlungen, 6: „mit lebhafter Phantasie begabt, die ihm (i.e. Feuerbach) schnell ein gewisses Bild vorspiegelte und ihn oft bestimmte, das, was er in schneller Auffassung sich vorstellte, für Wahrheit zu halten, starr und fest an einer vorgesetzten Meinung hangend, ungern nachgebend, gewohnt zu generalisieren und sich die Welt nach einem gewissen Bilde zu construiren..."

[175] Das Fragment des Briefes vom 12. November 1824 läßt einen vergleichbaren Schwerpunkt vermuten (siehe oben Fn. 154 dieses Abschnitts).

[176] Einen ganz anderen Eindruck vermittelt beispielhaft ein Brief Mittermaiers an Hufeland vom 22. Juni 1816 (BayStBibl München: Neue Autogr. Mittermaier), bei dem eben diese Merkmale einer persönlichen Plauderei aufzufinden sind (über die Nähe Mittermaiers zu Hufeland in wissenschaftlicher Hinsicht vgl. Gagner, Wissenschaft, 50).

Auch Briefe an v. Savigny wurden persönlicher gehalten (vgl. insbesondere das Schreiben aus Bonn vom 17. Mai 1819: „Meine Frau war krank, meine Kinder schrieen, und jeder, der uns etwas verkaufen sollte, schien sich vorgenommen zu haben, uns zu betrügen" – MrHs 725: 894).

[177] Siehe den Brief vom 7. Dezember 1822 oben unter B I 3.

bestanden haben, was als Motiv dafür herangezogen werden könnte, daß es zu einer Verfälschung des Deckblattes der Vorlesungsmitschrift gekommen ist – vorausgesetzt man sieht Mittermaier als Urheber der Korrektur an; selbst eine sachbezogene sympathische Schülerbeziehung müßte indes deutliche Spuren in der Korrespondenz hinterlassen haben. Mehr als zu dem kantischen Systematiker fühlte sich Mittermaier dagegen, wie die Briefe aus der Jugendzeit verraten, gerade zu v. Savigny gedrängt. Hier verrät er seinen jugendlichen Gefolgschaftsdrang brieflich in überschwenglicher Form durch wiederholt geäußerte Freundschaftsbekundungen.[178] Diese sind selbst in abgeschwächter Form im Verhältnis zu Feuerbach nicht zu finden.

Die Unvereinbarkeit der Naturen Feuerbachs und Mittermaiers, die auch als „Feuer und Wasser" bezeichnet worden sind[179], hatte in persönlicher Hinsicht allenfalls ein von äußeren Gesten des gepflegten kollegialen Umgangs geprägtes Verhältnis entstehen lassen. Dies bedeutet, daß die Beziehung vorrangig durch sachliche Verknüpfungspunkte gestaltet worden war, was indes nicht weniger zu einer Prägung Mittermaiers durch Feuerbach geführt hat: Feuerbach war Mittermaiers „Vorbild" eines wissenschaftlich denkenden Gesetzesschöpfers, auf gemeinsamer Ebene lagen die rechtspolitischen Interessen an Fragen des Gesetzgebungswesens und an einer rechtsvergleichenden Tätigkeit, wobei die Geburtsstunde dieser wissenschaftlichen Ausrichtung in die gemeinsame Zeit im Referat der „Systematica" zu legen ist. Die sachlichen Bezugspunkte stimmen in dem Interesse an dieser Materie überein, die daraus resultierenden theoretischen Differenzen aber beruhen auf dem Umstand, daß sich hier der Systematiker einerseits und der Pragmatikgeneigte andererseits begegnet waren.

Auf diesem Gebiet trat Mittermaier Feuerbach entgegen, indem er zunächst 1818 dem bayerischen Strafgesetzbuch, dem Werk Feuerbachs, polemische Schläge versetzte[180], und indem er 1819 die „Grundfehler in Lehr- und Strafgesetzbüchern" aufzählte, die maßgeblich von dem Systematiker Feuerbach in die Welt gesetzt worden waren.[181] Sachbezogen war indes auch der Gedankenaustausch über einen deutschen „esprit des lois" und der Erfahrungsaustausch in pragmatischen „Betrachtungen über die Öffentlichkeit und Mündlichkeit der Gerechtigkeitspflege".

Neben diesem gemeinsamen fachlichen Interesse ergab sich ein sachlicher Berührungspunkt redaktioneller Art bei dem dogmatischen Lehrbuch Feuerbachs. Hieran entwickelte sich eine Beziehung von einer redaktionellen Unterstützung Mittermaiers bis zur selbständigen Herausgeberschaft. Die fol-

---

178 Siehe oben Fn. 73 und auch Fn. 101 diese Abschnitts.

179 Radbruch, Feuerbach, 92.

180 Die Urheberschaft des anonymen Artikels wird von Mittermaier nach dem Tod Feuerbachs in der Nachrede (Mittermaier, Feuerbach, 511 Fn. 22) aufgeklärt.

181 Mittermaier, NAdC 1824, 175.

genden Ausführungen werden aber zeigen, daß sowohl die Berührungspunkte in gesetzeswissenschaftlicher Hinsicht als auch jene am Lehrbuch kumulativ betrachtet werden müssen. Das Schicksal des Lehrbuchs wurde durch beide Sachbezüge gleichermaßen geprägt.

II. Die Verwendung des Feuerbachschen Lehrbuchs und die redaktionelle Tätigkeit an ihm durch Mittermaier

1. Studien und Redaktionsarbeiten unter der Federführung Feuerbachs

Wie sich aus der Vorlesungsmitschrift des Sommersemesters 1807 ergibt, hatte Mittermaier, noch Student, zu dieser Zeit höchstwahrscheinlich erstmals mit dem Lehrbuch Feuerbachs gearbeitet[1]. Als er dann im ersten Quartal des Jahres 1808 als wissenschaftlicher Mitarbeiter im Gesetzgebungsressort Feuerbachs assistiert hatte[2], bestand Gelegenheit, daß ihm dieses Lehrbuch verstärkt zu Bewußtsein kam, denn im Februar 1808 wurde die 4. Auflage des Kompendiums der Öffentlichkeit vorgestellt[3]. Die abschließende Redaktionsarbeit, möglicherweise noch letzte Korrekturen an Druckfahnen oder auch Bemerkungen zu Probeexemplaren und andere Umstände konnten ihm in der Nähe Feuerbachs nicht ganz unbemerkt geblieben sein. Mittermaier mußte dadurch vertiefende Eindrücke nicht nur vom Feuerbachschen Lehrbuch, sondern vom Bücherschreiben[4] und ihrer Veröffentlichung überhaupt gewonnen haben.

Im Sommersemester 1808 boten sich Mittermaier dann in Heidelberg weitere Kriminalrechtsvorlesungen nach dem Feuerbachschen Lehrbuch an. Zachariä las wöchentlich fünfmal[5] und Martin im folgenden Wintersemester ebenfalls fünfmal[6]. Da Mittermaier bei beiden Hörer gewesen war[7], konnte er so die Bedeutung des Lehrbuchs im wissenschaftlichen Lehrbetrieb nachhaltig erfahren.

Nach seiner Anstellung in Landshut als Privatdozent hatte sich Mittermaier, als er erstmals selbst im Sommersemester 1810 peinliches Recht zu lesen hatte,

---

1 Zum Datierungsproblem siehe oben, B I 2. a).

2 Dazu oben, B I 2. b).

3 Feuerbach, Vorrede zur 4. Auflage, in: Lehrbuch (5. Aufl.), S. XVI.

4 Indes beweist das 150-seitige Manuskript „Über die Prinzipien des sogenannten Naturrechts“ von 1807, daß Mittermaier schon während seiner Studienzeit ein fleißiger Schreiber gewesen war.

5 Anzeige der Vorlesungen im Sommerhalbjahr 1808, 6.

6 Ebd. im Winterhalbjahr 1808/09, 6.

7 Goldschmidt, L., AcP 1867, 420.

an das bewährte Lehrbuch gehalten und es in der 4. Auflage[8] genutzt. Er wiederholte die Vorlesungen auf dieser Grundlage auch in den folgenden Landshuter Semestern.[9] In Bonn ergab sich ein Vorlesungsturnus mit diesem Lehrbuch während eines jeden Sommersemesters für 1819, 1820 und 1821.[10] Diese Abfolge änderte sich auch nach der Übersiedlung nach Heidelberg nicht; noch im Sommersemester 1867 war das Lehrbuch, inzwischen in seiner 14. Auflage von Mittermaier selbst herausgegeben, Grundlage des Lehrvortrags.[11]

Mittermaier kannte indes das Lehrbuch nicht bloß aus dem Lehrbetrieb, sondern schon bald auch aus der Sicht eines Mitherausgebers. In der im Januar 1812 erschienenen 5. Auflage hatte Feuerbach angezeigt, daß die Redaktion dieser Ausgabe Mittermaier übertragen worden war. Mittermaier war jetzt also erstmals als Mitarbeiter an dem dogmatischen Werk in Erscheinung und in dieser Funktion in eine besondere sachliche Nähe zu Feuerbach getreten. Sein Redaktionsbeitrag unter der Federführung Feuerbachs blieb jedoch untergeordneter Art und bestand allein in der Erstellung einer Inhaltsanzeige und der Aktualisierung des Anmerkungsapparates.[12] Feuerbach dagegen blieb weiterhin Garant für das dogmatischen System. Auch an der folgenden 6. Auflage von 1818 wurde Mittermaier wieder beteiligt, aber wie schon zuvor, wurde auch hier nur neuere Literatur angepaßt.[13] Die Bearbeitung der folgenden Auflage von 1820 nahm Feuerbach wieder selbst vor[14], überließ jedoch die Vorarbeiten zur 8. Auflage von 1823 erneut Mittermaier. Im Vorwort vom 16. März 1823 würdigte Feuerbach die Mitarbeit, indem er Mittermaier als seinen Freund vorstellte.[15]

Es ist möglich, daß eine redaktionelle Einbeziehung Mittermaiers auch an der dogmatisch von Grund auf revidierten 9. Auflage erfolgte, zumindest aber war sie geplant. Diese nicht bloß entfernte Möglichkeit ist dem Brief Mittermaiers an Feuerbach vom 7. Dezember 1822, in dem eine solche Mitarbeit an dem Lehrbuch angesprochen wurde[16], entnehmbar. Daß dabei nicht von der 8. Auflage die Rede gewesen sein kann, legen die Zeitumstände nahe, denn zwischen Datierung des Briefes vom Dezember 1822 und dem Erscheinen der 8. Auflage im März 1823 lagen gerade drei Monate. Zwar war Mittermaier einerseits ein emsiger Arbeiter und soll überdies von allen Werken immer die

---

8 Zu den Vorlesungen siehe Verzeichnis, Sommersemester 1810, 11.

9 Ebd., Wintersemester 1810/11, 10.

10 Index praelectionum (SS 1819), 6; ebd. (SS 1820), 8; ebd. (SS 1821), 3.

11 Vgl., ebd. (SS 1867) die entsprechenden Anzeigen der Vorlesungen.

12 Vgl. Feuerbach, Lehrbuch (5. Aufl.), S. XVII. Allerdings hatte bereits die 1. Auflage des Lehrbuchs eine Gliederung besessen, diese war jedoch ohne erkennbaren Grund in der zweiten Auflage weggefallen.

13 Vgl. ders., Vorrede zur 6. Auflage, in: Lehrbuch (7. Aufl.), S. XVIII.

14 Ders., ebd. (7. Aufl.), S. XIX.

15 Ders., Vorrede zur 8. Auflage, in: Lehrbuch (9. Aufl.), S. XVII.

16 Siehe oben, B I 3.

jeweils neuesten Auflagen zur Hand gehabt haben[17], um sie den eigenen Vorlesungen zugrundezulegen; darüberhinaus war er auch ein sog. aktiver Leser, der, wie das noch zu erwähnende Handexemplar der 14. Auflage des Lehrbuchs beweist[18], ihm wichtig erscheinende Werke handschriftlich durch Randnotizen und eingebrachte Notizzettel ergänzt hatte[19], so daß im redaktionellen Bedarfsfalle problemlos auf sie zurückgegriffen werden konnte. Man kommt aber andererseits bei der Interpretation der brieflichen Aussage nicht umhin, den Schwerpunkt der Würdigung auf die verbliebene Zeitspanne zu legen. Denn dabei ist zu bedenken, daß, wie Mittermaier schreibt, bei Absendung des Briefes ein „Revisionsexemplar" des Lehrbuchs noch nicht einmal in seinem Besitze gewesen war, sondern ein solches erst erbeten wurde. Im Lichte des historischen Kontextes, dem „Zeitalter der Postkutsche", wird sich der rechnerische Zeitraum der drei Monate infolge der postalischen Zustellungszeiten nicht bloß unerheblich verringern.

Dennoch bestehen Bedenken gegen die Annahme, daß eine Mitarbeit an der 9. Auflage tatsächlich zustandegekommen ist. Einerseits ist auffällig, daß die 9. Auflage entgegen früherer Übung Beiträge Mittermaiers unerwähnt läßt. Würde Feuerbach aber die Mitarbeit eines bewährten Kollegen unerwähnt gelassen haben? Wohl kaum! Desweiteren spricht aber gegen die Annahme einer Redaktionsmitarbeit gerade die persönliche Situation Mittermaiers. Er befand sich in der Anfangsphase seiner Tätigkeit an der Heidelberger Fakultät, und für diesen Zeitraum wird von einer großen Arbeitsbelastung berichtet.[20] Es ist daher naheliegend, daß eine redaktionelle Beteiligung letztlich daran scheiterte. Nach der Aussage in dem Brief vom 7. Dezember 1822 kann somit nur die Planung einer Redaktionsbeteiligung als sicher gelten.

Ob über die 9. Auflage hinaus Mittermaier an Aktualisierungen der Auflagen von 1828 und 1832 beteiligt worden war, ist nicht nachweisbar.

2. Frühe Textvorläufer der späteren Lehrbuchbeiträge Mittermaiers

Die Entwicklungslinien der posthumen Lehrbücher zeigen zwei verschiedenartige Ursprünge an. Keimzelle der späteren Tätigkeit Mittermaiers war einerseits – wie bereits dargestellt – die frühe Redaktionsmitarbeit unter der Federführung Feuerbachs, als er vor allem für eine Aktualisierung der Allegate zuständig war, während Feuerbach sich die inhaltlichen Eingriffe vorbehielt.

17 Vgl. Jammers, Bibliothek, 183.

18 Archiviert in der Universität Heidelberg, Mittermaieriana 1869.

19 Dazu unten Näheres unter B II 3.

20 Jammers, Heidelberger JurFak, 54, Fn. 61.

Neben diese aktualisierende Redaktionstätigkeit am Lehrbuch traten jedoch auch schriftliche Kommentierungen der Aussagen Feuerbachs, in denen bestimmte Abschnitte des Lehrbuchs ausführlich kommentiert oder dort angesprochene Themen zum Anlaß genommen wurden, um die Gegenstände aus einer geänderten Perspektive zu beleuchten. In ihnen kann man Vorarbeiten, sog. Paralipomena[21], für die spätere posthume, eigenverantwortlich vorgenommene Redaktion sehen, so daß in diesen Aufzeichnungen der zweite, und zwar inhaltliche Ausgangspunkt der Beiträge in den Lehrbüchern zu sehen ist.

Die Ausführungen, die bereits zu Lebzeiten Feuerbachs erstellt und als Druckschriften gefertigt wurden, galten nicht einer späteren Edition im Lehrbuch, denn eine spätere Verwendung als Lehrbuchbestandteil lag für Mittermaier noch nicht im Blickfeld; als mehr oder weniger umfangreiche Druckbogen wurden sie vielmehr anläßlich seiner Vorlesungen zum Kriminalrecht in Heidelberg an die Studenten verteilt.[22] „Mittermaiers Zusätze zu Feuerbachs Lehrbuch", wie diese Bogen tituliert sind, sollten vor allem die Vorlesungstätigkeit Mittermaiers entlasten und die Kollegprotokollierungen der Studenten rationalisieren.

In drei Kollegmitschriften, die sich in der Handschriftenabteilung der Universität Heidelberg befinden, sind mehrere solcher Druckbogen enthalten. Sie stammen aus einem Kollegheft des Sommersemesters 1828[23], einer Mitschrift des Sommers 1834 oder 1835[24] und einem Heft des Sommersemesters 1844[25]. Die Druckbogen selbst, die jeweils mehrere Teile umfassen und durch entsprechende Paragraphennennung auf die Abschnitte des Lehrbuchs einen direkten Bezug nehmen, tragen kein Herausgabedatum. Ihr Alter ist jedoch annähernd über die Daten der in ihnen zitierten Literatur oder Kodifikationen eingrenzbar. So konkretisiert sich das Herausgabedatum für die „Zusätze", die im Kollegheft des Sommersemesters 1828 eingeheftet sind, in seinen ersten beiden Teilen auf das Jahr 1826[26] und die folgenden zwei auf 1827[27], während die Mitschrift von 1834 oder 1835 „Zusätze" enthält, die aus sieben Teilen bestehen und bei denen die Jahreszahlen 1832[28], 1833[29] und 1834[30] auf ihren

21 Paralipomena bezeichnen in der Terminologie der Textwissenschaft solche Texte, die bedeutungsmäßig als Vorläufer eines späteren Textes erkennbar sind (vgl. Scheibe, 20).

22 Mittermaier, K. u. F., 19.

23 HdHs 2711.

24 HdHs 2502; eine Semesterangabe fehlt hier.

25 HdHs 3718 16 c 1; vgl. auch den Hinweis von Küper, 49 Fn. 27, dem aus Gründen der Entwicklung dieser Arbeit nicht mehr nachgegangen werden konnte.

26 HdHs 2711 zu § 6 Note f, S. 1; zu § 145, S. 8.

27 Ebd., zu §§ 295ff., S. 16; zu §§ 430f., S. 16.

28 HdHs 2502 zu § 6 Notef, S. 6; zu §§ 42ff., S. 4; zu §§ 244ff., S. 17; zu § 477, S. 13; zu § 360, S. 11.

Entstehungszeitpunkt verweisen. Im datierten Heft aus dem Sommersemester 1844 sind dagegen Druckbogen der Jahre 1843[31], 1844[32] und, was verwundert, sogar 1845[33] in acht Abschnitten enthalten; ein Beweis, daß Mittermaier die didaktische Funktion dieser Drucke wichtig nahm, selbst nachdem er nun Herausgeber des Lehrbuch geworden war.

Ihren Charakter als Textvorläufer für die Lehrbuchbeiträge dokumentieren vor allem die späten Ergänzungsdrucke. Diese „Zusätze" zeigen besonders deutliche Inhaltsbezüge zu entsprechenden „Noten"in der 13. oder 14. Auflage des Lehrbuchs. So sind einerseits materielle Aussagegehalte erkennbar, die sinngleich in den „Noten" wiederkehren, andererseits auch gleichgebliebene Quellennachweise. Diese Übereinstimmungen können kein Zufall sein, sondern indizieren, daß Mittermaier bei der Redaktionsarbeit seit der 12. Auflage wenigstens zum Teil auf Vorformulierungen in alten Druckbogen zurückgegriffen hatte. Einige markante Passagen seien hier kurz skizziert.

In den „Zusätzen" aus dem Jahre 1826 findet sich unter § 137 die gegen Feuerbach gerichtete dogmatische Bemerkung, daß seine Theorie des psychologischen Zwangs, „in der Allgemeinheit angewendet", zu der Folge führen müsse, „daß jemand, der ein Verbrechen verübt, um ins Gefängnis zu kommen, z. B. weil er keine Mittel des Erwerbs findet, nicht ... verurtheilt werden dürfte."[34] Diese Folge lehnte Mittermaier ab, wobei der in dieser Passage zum Ausdruck gebrachte kritische Gedanke zum Strafbegriffsmerkmal der Übelzufügung seine sinngemäße Entsprechung in den späteren „Noten" des Lehrbuchs findet, wo Feuerbachs Straftheorie begegnet wird, „weil sonst der, welcher, um im Zuchthaus gut genährt zu werden, stiehlt, nicht zum Zuchthaus ... verurtheilt werden dürfte"[35]; die Frage, ob diese Folgerung zwingend ist, sei dahingestellt, da hier nur die semantischen Parallelen demonstriert werden sollen. Die auffällige Textverwandtschaft wird verstärkt dadurch, daß den Ausführungen Verweise auf das Preußische Landrecht, auf eine nicht kodifizierte Vorschrift des Entwurfs des bayerischen StGB und Kleins Annalen[36] folgen, die nicht bloß inhaltlich, sondern auch ihrer Reihenfolge nach vollkommen identisch sind in den allegatorischen Ausführungen der vorlesungsbegleitenden „Zusätze".

---

29 Ebd., zu § 149, S. 13.

30 Ebd., zu §§ 312ff., S. 1.

31 HdHs 3718 16 c 1 zu § 5 d, S. 4; zu § 53, S. 26.

32 Ebd., zu § 145, S. 14; zu §§ 171ff., S. 11; zu § 479 b u. c, S. 10; zu § 236, S. 1.

33 Ebd., zu § 5 d, S. 4; zu §§ 245f., S. 2.

34 HdHs 2711 zu § 137, S. 1.

35 Vgl. Mittermaier, Note I zu § 137, in: Lehrbuch (14. Aufl.), 236.

36 HdHs 2711 zu § 137, S. 1 und Mittermaier, Note II zu § 137, in: Lehrbuch (14. Aufl.), 237.

Das historische und sachliche Verhältnis der Paralipomena erhellt eine synoptische Gegenüberstellung der einzelnen Abschnitte:

1826	§ 6 Note f	1832	§ 6 Note f			1843	§ 5d	1845	§ 5d
		1832	§§ 42 - 60			1843	§§ 42 - 60		
1826	§§ 137 - 160	1833	§§ 137 - 160			1843	§§ 126 - 153		
		1832	§§ 206 - 263			1844	[§§ 162 - 185	1844	[§§ 186 - 188
							§§ 256 - 265]		§§ 236 - 255]
1827	[§§ 271 - 309							1845	§§ 244 - 267
	§§ 312 - 395	1832	§§ 343 - 368	1834	[§§ 312 - 359				
	§ 360]				§§ 360 - 368]				
1827	§§ 410 - 485	1832	§§ 416 - 486			1844	§§ 452 - 485		

Im Verhältnis der zeitlich anschließenden Ergänzungsbogen von 1833 zu den Lehrbuchbeiträgen findet sich ähnliches. Zunächst wurde hier der eben angesprochene Einwand von 1826 theoretisch konkretisiert, indem Mittermaier, deutlich einen straftheoretisch absoluten Standpunkt betonend, den „Charakter der Strafe (als) ... die nothwendige Folge des begangenen Verbrechens" betonte, gleichzeitig aber herausstellte, daß eine „individuelle Wirksamkeit bei dem Bestraften" außer Betracht zu bleiben habe.[37] Das spätere dogmatische Pendant, das den hierbei betonten Sinnbezug beibehält, von den pragmatischen – der Modalität nach bloß möglichen – Merkmalen aber ausdrücklich absehen will, findet sich in der 14. Auflage des Lehrbuchs. Dort ist herausgestellt worden, daß „die Ansicht Feuerbachs ... nicht zu billigen ist. (Denn) es kann nicht darauf ankommen, ob die Strafe in concreto ... ein Uebel ist"[38], also die Übelszufügung demnach kein notwendiges Begriffsmerkmal, sondern nur mögliche Wirkung der Strafe sei.

Ein anderer Fall sukzessiver Fortschreibung früherer Gedanken, der historische und pragmatische Überlegungen miteinbezieht, läßt sich beispielhaft im Verhältnis der in sämtlichen Kollegheften zu den Sanktionsmöglichkeiten anzutreffenden Zusätze bei §§ 142 - 144, und den Noten I - III zu § 143 der 14. Auflage verdeutlichen. Die Druckbogen der Jahre 1826 und 1833 erweisen sich in ihren ersten Absätzen bis auf das Wort identisch, sieht man von ganz minimalen stilistischen Straffungen in der Ausdrucksweise und einer aktualisierenden Einarbeitung neuerer Literatur einmal ab.[39] Thematisch geht es hier um die Darstellung verschiedener Strafarten auf der Grundlage des römischen und germanischen Strafsystems und insbesondere des nach 1806 für die deutsche Legislation wichtig gewordenen Sanktionensystems des code penal. Die Einleitung in diesen Themenbereich, die auf soziale und kulturelle Besonderheiten hinweist, und die eine pragmatisch-prognostische Berücksichtigung der sich daraus ergebenden Möglichkeiten für die Strafausübung als notwendig erachtet, zeigt sich 1833 gegenüber 1826 gekürzt, ohne daß aber der Sinngehalt geändert worden ist. In den Zusätzen von 1844 reduziert sich dann dieser rechtspragmatische Vorspann radikal zu einer bloßen Einleitungsfloskel, wobei die Darstellung neuzeitlicher Systeme ganz entfällt. An der geschichtlichen Darstellung ist jedoch festgehalten worden.[40] Die Notwendigkeit einer Beziehung der Sanktionensysteme mit der jeweils bestehenden Volkskultur

[37] HdHs 2502 zu § 137, S. 1.

[38] Mittermaier, Note I zu § 137, in: Lehrbuch (14. Aufl.), 236. Zum Begriff der Strafe bei Mittermaier vgl. Näheres, unten C I 2. b) bb) β) ββ) (II) (3).

[39] HdHs 2711 zu §§ 142ff., S. 2 - 7; HdHs 2502 zu §§ 142ff., S. 2 - 6, stilistische Änderung: „Verhältnis des einen Staates zum anderen" ÷ „dem völkerrechtlichen Grundverhältnis der Staaten", „besondere Prinzipien" ÷ „(ihnen) eigenthümliche Prinzipien" u.ä.

[40] Vgl. HdHs 3718 16 c 1 zu §§ 142ff., S. 10, wo die Einleitung nur aus zwei jeweils einen Satz enthaltenden Absätzen besteht, und HdHs 2502 zu §§ 142ff., S. 4,5.

und der Forderung nach einer legislatorischen Berücksichtigung des Rechtsbewußtseins im Volke erscheint stattdessen als Schlußfolgerung aus den vorangegangenen geschichtlichen Erläuterungen und wird folglich im Nachspann dargestellt.[41] Eine sinngemäße Entsprechung zu diesem thematischen Abschnitt findet man, indes syntaktisch wieder verändert, im Lehrbuch der 14. Auflage in den Noten I (sittliche Natur des Menschen als Maßstab der Strafe), II (geschichtlicher Hinweis auf römische und germanische Strafsysteme) und III (geltende Kodifikationen).[42]

Auch wenn hier nur die markantesten Textpassagen gegenüber gestellt worden sind, so scheint die Demonstration doch zumindest den hinreichenden Negativbeweis erbracht zu haben, daß die Geburtsstunde der Texte Mittermaiers in den posthum herausgegebenen Lehrbüchern keinesfalls bei der 12. Auflage im Jahre 1836 geschlagen hatte. Die Ursprünge der Zeilen sind nach diesem Befund wenigstens um zehn Jahre oder mehr zurückzuverlegen, wobei nicht auszuschließen ist, daß selbst Arbeitspapiere aus einer davorliegenden Zeit in die „Noten“ eingeflossen sind.

3. Mittermaiers Absicht, ein eigenes Lehrbuch zum Kriminalrecht herauszugeben

Die posthume Herausgabe der Lehrbücher in der 12., 13. und 14. Auflage durch Mittermaier erweist sich keineswegs als bloß uneigennütziges Vorhaben, etwa um den Juristen seiner Zeit das Werk Feuerbachs zu erhalten. Mittermaier spielte spätestens bei den Redaktionsarbeiten der letzten beiden Auflagen auch mit dem Gedanken, ein eigenes Lehrbuch zum Kriminalrecht herauszugeben, und insbesondere im Hinblick darauf sollte schon die 13. Auflage des Feuerbachschen Lehrbuchs eine Vorarbeit darstellen.[43] Doch nach der Publizierung der 13. folgte noch eine 14. Auflage auf der Basis des Feuerbachschen Lehrbuchs. Die Realisierung der Absicht war also zurückgestellt worden, auch wenn sie weiterhin betont wurde. Man sollte daher die 14. Auflage gerade im Lichte dieser wiederholten Erklärungen betrachten.[44] Ob und wie weit sich ein solcher Plan, der bei Abfassung der 14. Auflage bestanden hatte, gerade nach der Herausgabe dieser Ausgabe realisiert wurde, läßt sich an dem mit unzähligen Anmerkungen versehenen Handexemplar Mittermaiers dokumentieren.[45]

---

[41] Vgl. HdHs 3718 16 c 1 zu §§ 142ff., S. 13, wonach „die Strafe mehr auf die moralische Natur des Menschen berechnet werden muß“.

[42] Mittermaier, Lehrbuch (14. Aufl.), 239ff.

[43] Vgl. die Erklärung Mittermaiers, Lehrbuch (14. Aufl.), S. XIV.

[44] Zu dieser Redaktionsmaxime, einem eigenen Lehrbuch vorzuarbeiten, vgl. unten B II 3.

[45] Vgl. oben Fn. 18 dieses Abschnitts.

Bei der Würdigung des Handexemplars ist allerdings zu bedenken, daß es sich nicht mehr in dem originären, von Mittermaier einst benutzten Zustand befindet; es wurde zwischenzeitlich durch die Buchbinderei B. Paschold, Heidelberg, neu gebunden. Die Innenseite des Buchdeckels gibt dies kund; durch wen diese Neubindung veranlaßt wurde und vor allem wann dies geschah, konnte nicht in Erfahrung gebracht werden. Die Blätter 47/48 und 61/62 sind nach einer Loslösung nachträglich wieder eingeklebt worden.[46] Die Blattränder sind, wie einige beschnittene Worte der Randbeschriftung zeigen[47], bei der nachträglichen Neubindung beschnitten worden. Durch spätere Benutzer sind auf den ersten 170 Seiten Textunterstreichungen in Blei- und Blaustift vorgenommen worden[48], der handschriftliche Text und die Markierungen Mittermaiers heben sich jedoch urheberschaftlich dadurch deutlich von diesen Texten ab, daß sie durchgehend mit Tinte, welche durch Zeitablauf eine Bräunung erfahren hatte, geschrieben worden sind.[49]

Als Schriftträger dienen entweder die unbedruckten Blattränder des Buches[50] oder mit Siegellack an den Buchseiten[51] eingeklebte Notizzettel[52]. Daß von keiner vollständigen Überlieferung der Autographen ausgegangen werden darf, zeigen die an einigen Buchseiten befindlichen Siegellackreste, die auf ehemals vorhandene weitere Zusatzzettel hinweisen.[53] Auf welcher Weise sie entfernt worden sind, ob durch Benutzer oder den Buchbinder, läßt sich nicht feststellen.

Tintenauftrag und Schriftbild sind in originärer Form unkorrigiert erhalten geblieben. Allerdings sind die Bedeutungen teilweise nur mit allergrößter Mühe entzifferbar, auch wenn die Schriftzüge als solche Mittermaiers erkenn-

---

46 Zwischen den Seiten 100 und 101 liegen vorgezogen die Seiten 109 bis 112.

47 Vgl. die Seiten 81, 171, 173, 176, 254, 289 des Handexemplars. Auf Seite 247 befindet sich ein eingeklebter Zeitungsabschnitt, dessen äußerer Schnittrand haargenau deckungsgleich mit dem Schnittrand der Buchseite ist.

48 Vgl. insb. die Seiten 36ff., 80ff., 102ff., 149ff.

49 Einige wenige Bleistiftbemerkungen befinden sich auf den Seiten 125, 128, 296, 380 und 401. Ein Schriftbildvergleich des mehrfach geschriebenen Namens „Helie" auf den Seiten 125, 128, 131 zeigt indes auch hier Mittermaier als Urheber dieser Anmerkungen.

50 Längere Randbemerkungen gibt es zu § 5 d, § 35, § 54 Note II, § 90 a, § 145, § 149 Noten I - IV, § 236 Noten I - V, § 246 Noten I - IV, § 277 Note IV, § 389 Note V.

51 Auf den Seiten 11, 19 (2 Notizzettel), 57, 75, 120, 143, 250, 253, 255 (loser Notizzettel), 324, 351, 389, 440, 503 (loser Notizzettel), 616, 880 (verkehrt herum eingeklebter Notizzettel).

52 Auf Seite 440 befindet sich der Abschnitt des Deckblattes eines Briefes von Gabba vom 22. Juli 1857; mit Gabba hatte Mittermaier nach biographischer Überlieferung brieflichen Kontakt gepflegt (Mittermaier, K. u. F., 37); von diesem wurde auch 1858 die Anleitung der Verteidigungskunst ins Italienische übersetzt und als Guida all' arte della difesa criminale, Milano 1858 herausgegeben.

53 Vgl. die Seiten 33, 49, 51, 107, 112, 113, 155, 167, 168, 169, 187, 246, 246, 393, 411, 421, 507, 630, 661.

bar sind, was daraus erklärt werden kann, daß die Randbemerkungen offensichtlich allein für den Privatgebrauch gedacht gewesen waren. Buchstaben erscheinen willkürlich, hieroglyphenartig verkürzt. Worte sind stellenweise so zusammengezogen worden, daß schon daraus eine Beeinträchtigung der Lesbarkeit resultiert.

Sämtliche Anmerkungen enden vor dem „Dritten Theil" des „zweiten Buches".[54] Die feststellbar jüngste Randnotiz des Handexemplars bezieht sich auf einen Zeitungsartikel vom 10. Oktober 1866, einer „annale de med. publ."[55] , was darauf hindeutet, daß das Handexemplar von Mittermaiers dauerhaft bis kurz vor seinem Tod benutzt worden sein muß.[56]

Differenziert man die angebrachten Notizen Mittermaiers ihrem Wesen nach, fallen zunächst in der Kategorie formaler Ergänzungen Korrekturanmerkungen auf, die teils reine Schreibfehlerkorrekturen[57] oder teils Stilverbesserungen (ohne Sinnveränderungen) sind[58]. Des weiteren zeigen sich in der Kategorie materiell-sinnändernder Ergänzungen, die den Inhalt unmittelbar berühren, solche wie Texteinschübe und - erweiterungen[59] oder Textänderungen[60] und diejenigen, die den Anmerkungsapparat zeitlich ergänzend aktualisieren[61] oder sachlich erweitern[62].

---

[54] Im folgenden Buchabschnitt befinden sich lediglich eine Namenskorrektur (ebd., 701) und eine Zeitschriftenergänzung zu § 461 Note I (ebd., 731).

[55] S. 616 des Handexemplars.

[56] Noch im Sommersemester 1867 hatte Mittermaier das Lehrbuch seinen Vorlesungen zugrundegelegt, vgl. oben Fn. 11 dieses Abschnitts.

[57] Diejenigen Korrekturen, die einen Sinnzusammenhang richten, erscheinen im folgenden wörtlich zitiert: vgl. die Seiten 7, 8, 10 Fn. 7, 11 Fn. 32, 12 Fn. 4, 13, 15 Fn. 20, 16 Fn. 28 u. Fn. 32, 44 Fn. 6 („unbestimmtes Prinzip" ÷ „ein bestimmtes Prinzip"), 58 Note III („insofern wohl" ÷ „insofern nicht"), 67 („Theorie der Zureichung" ÷ „Theorie der Zurechnung"), 97 Fn. 1, 112 Note III, 117 Note I, 118 Note II, 122 Note IV, 123 Note VII, 125 Noten I - III, 146 Fn. 23, 154 Note I, 173 Fn. 28 u. Fn. 30, 174 Fn. 37, 177 Fn. 50, 185 Note III, 194 Noten V, VI, 211 Note I, 213 Note II, 219 Fn. 2 („Schluß" ÷ „Schuß"), 241 Note III, 251 Note I, 255 („Frankfurter Gefängnisprocesses" ÷ „Frankfurter Gefängniscongresses"), 266, 268, 271, 273 Fn. 20, 274 Fn. 30 u. Fn. 35, 275 Fn. 36, 282 Fn. 4, 286 Note V, 302 Note III, 309 Note III, 316 Note II, 320 Note II („Zeitschrift der Juristen" ÷ „Zeitschrift: der Jurist"), 325, 327, 346 Note VII, 352 Note XII, 363 Fn. 6, 383 Note I, 424 Note IV, 432 Note II, 487 Note VI, 510 Note IV („219" ÷ „249", „586" ÷ „536"), 512 Note VI, 517 Fn. 11, 522 („p. 519" ÷ „p. 549"), 525 § 322, 536 Note I, 557 § 348, 563 Note II, 619 („Art. 349" ÷ „Art. 345", „laisser du exposer" ÷ „laisser et exposer"), 710 Note II.

[58] Vgl. ebd., die Seiten 7, 109 Note II, 101 Note III, 116 Note II, 285 Note III, 358 Note I, 423, 533.

[59] Vgl. ebd., die Seiten 69 Note IV, 124 Note I, 125 Note III, 201 Note II, 282 Note II, 461 Note IV.

[60] Vgl. ebd, die Seiten 273 Fn. 4 („Richtung gegen das innere Verbrechen" ÷ „Richtung gegen den Staat im Innern"), 295 Note I („Verschiedenheit der Menschen" ÷ „Verschiedenheit der Ansichten"), 361 („verletzende Folge" ÷ „verletzende Handlung").

[61] a) Ergänzungen in bezug auf Gesetze und Verordnungen, soweit sie nach 1847 erlassen worden sind:

All diese Notizen, deren Überzahl den Anmerkungsapparat betreffen, dienten einer Erweiterung bzw. Aktualisierung der gedruckten 14. Auflage des Lehrbuchs. Sie dokumentieren in ihrer Art die gleiche Qualität redaktioneller Tätigkeit, wie Mittermaier sie zu Lebzeiten Feuerbachs unter dessen redaktioneller Federführung vorgenommen hatte, d.h. sie ergänzen lediglich die bestehenden Inhalte. Selbst vorgenommene inhaltliche Korrekturen greifen nicht, wie man es bei einer fortgeschrittenen Planung erwarten würde, in das Konzept Feuerbachs ein; dieses erscheint insgesamt unverändert. Es zeigen sich im Handexemplar etwa auf den in recht großer Zahl angebrachten Notizzetteln keinerlei Bemerkungen zu Inhaltsverzeichnis oder Kapitelüberschriften, auch andere Hinweise auf eine abweichende Schwerpunktsetzung sind nicht ersichtlich. Textkürzungen oder -umstellungen fehlen ganz. Im Bereich des zweiten Buches zum 3. und 4. Teil und zum gesamten dritten Buch, wo auffälligerweise jede weitere Bearbeitung fehlt, gibt es auch in struktureller Hinsicht keinerlei Hinweise.

Die Tatsache, daß seit der Herausgabe des Lehrbuchs im Jahre 1847 bis zum letzten Eintrag an einer Tendenz allein der aktualisierenden Korrektur festgehalten worden ist, läßt keinen anderen Schluß zu als den, daß Mittermaier die

---

Seiten 17, 48, 57 (auf Notizzettel), 61, 69, 75 (auf Notizzettel), 101, 118, 122, 123, 136, 161, 251, 255, 255 (auf Notizzettel), 290, 296, 312, 313, 317, 352, 384, 393, 397, 406, 408, 460, 461, 476, 482, 490, 509, 510, 520, 527, 559, 607, 653, 672, 678.

b) Ergänzungen hinsichtlich nachfolgender Fachveröffentlichungen:

Seiten 7, 9, 11 (auf Notizzettel), 19, 19 (auf großem Notizzettel), 49, 53, 57, 61, 63, 65, 74, 75, 79, 81, 100, 109, 106, 108, 113, 123 (auf Notizzettel), 124, 125, 138, 141, 143 (auf Notizzettel), 169, 170, 171, 173, 174, 175, 176, 178, 181, 185, 253 (auf Notizzettel), 255, 256, 257, 284, 287, 296, 297, 310, 321, 322, 324 (auf Notizzettel), 325, 326, 329, 351, 352, 353, 361, 363, 371, 378, 379, 381, 392, 393, 395, 397, 403, 404, 405, 407, 411, 412, 415, 431, 440 (auf Notizzettel), 443, 446, 448, 461, 472, 447, 480, 481, 490, 491, 508, 510, 513, 515, 522, 523, 543, 544, 564, 565, 568, 579, 580, 582, 583, 592, 610, 616 (auf Notizzettel), 619, 626, 631, 644, 652, 663, 666, 667, 670, 672, 674, 681, 682, 686, 689, 699, 731.

[62] a) Autorenergänzungen mit Fundstellenangaben:

Ebd. auf den Seiten 12, 17 („Feuerbachs Leben und Wirken, Leipz. 1852 I S. 212"), 18, 19 (auf kleinem Notizzettel), 48, 62, 65, 81, 109, 112, 103, 107, 108, 128, 238, 247, 283, 285, 288, 394, 480, 513.

b) Autorenergänzungen ohne weitere Angaben (lediglich persönliche Gedächtnisstütze):

Ebd. auf den Seiten 15 Fn. 3, Fn. 11 u. Fn. 14, 31, 42, 64, 76, 87, 90, 102, 108, 109, 113, 114, 115, 116, 120, 121, 123, 130, 131, 141, 144, 145, 155, 177, 189, 220, 243, 248, 253, 273, 274, 283, 285, 286, 294, 302, 315, 321, 328, 329, 335, 338, 370, 377, 378, 395, 401, 403, 409, 432, 462, 469, 474, 475, 491, 503, 514, 552, 523, 533, 535, 537, 548, 579, 580, 583, 586, 590, 618, 631, 628, 645, 653, 660, 661, 667, 675, 676, 731.

c) sonstige sachliche Ergänzungen, insbesondere Fallbeispiele oder Hinweise auf rechtliche oder tatsächliche Folgen:

Ebd auf den Seiten 34, 53, 65, 68, 75 (auf Notizzettel), 109, 117, 121 (auf Notizzettel), 127, 131, 146, 158, 167, 248, 250 (auf Notizzettel), 254, 273, 284, 288f., 301, 306, 321, 335, 346, 351 (auf Notizzettel), 357, 358, 370, 389 (auf Notizzettel), 391, 414, 415, 446, 469, 475, 503 (auf Notizzettel), 506, 582, 592, 598, 617, 619, 668, 880 (auf Notizzettel).

Absicht der Erarbeitung eines eigenen Lehrbuchs zum „Strafrecht“ auf der Basis des Feuerbachschen Lehrbuchs heraus letztlich aufgegeben hatte und bis zu seinem Tode nicht mehr hatte aufleben lassen. Die redaktionelle Vorarbeit blieb der einmal eingeschlagenen Aktualisierungsmethode verhaftet. An dieser Einschätzung ändert selbst die Tatsache nichts, daß die Notizzettel nur unvollständig überliefert worden sind, denn auf ihnen notierte „großräumige“ Änderungsmaßnahmen hätten zweifellos auch im übrigen Material Spuren hinterlassen.

C. Textanalyse des posthum erschienenen Lehrbuchs in seinen Varianten

Das Lehrbuch Feuerbach blieb auch nach dem Tode seines Verfassers weiterhin populär.[1] Nach einer Notiz im Vorwort der 12. Auflage waren von der letzten Feuerbachausgabe sogar Raubdrucke gefertigt worden.[2] Sicherlich aus diesem Grunde entstand bei dem Verleger Heyer[3] ein ökonomisches Interesse, weitere Auflagen des Lehrbuchs herauszubringen, und kam deshalb vier Jahre nach dem Erscheinen dieser Ausgabe von ihm die Anregung gegenüber Mittermaier, diese zu betreuen. Mittermaier sagte zu und gab zunächst die 12. Auflage, versehen mit ergänzenden Zusätzen, heraus. Durch diese Zusätze wuchs der Umfang des Werkes in der neuen Ausgabe um acht Druckbogen bzw. 119 Seiten.[4]

Dank anhaltender Popularität wurde weitere vier Jahre später die Herausgabe einer weiteren Auflage möglich, auch hier ergänzte Mittermaier durch eigene Beiträge, so daß 15 neue Druckbogen[5] bzw. 253 weitere Seiten sie voluminöser machten. 1847 folgte dann die 14., gleichzeitig aber letzte posthume Auflage. Auch hier fällt ein weiterer Zuwachs beim Umfang sofort auf, wenngleich die Anzahl von 3 neuen Druckbogen bzw. zusätzlicher 80 Seiten zunächst nur auf eine eingeschränkte Bearbeitung zu deuten scheint. Hier beweist indes ein Vergleich der Typographie dieser Auflage mit der der Vorauflagen, daß infolge einer erheblichen Verminderung des Schriftgrades und einer Verengung der Zeilenabstände diese Auflage trotz mäßig erhöhter Seitenzahlen erheblich mehr Text als alle früheren posthumen Auflagen aufgenommen hatte.

Alle Zusätze Mittermaiers wurden abgesondert vom Text Feuerbachs dargestellt, wobei wichtige Zusätze auf der gleichen Darstellungsebene wie der Haupttext Feuerbachs erscheinen, äußerlich erkennbar an der gleichen Typographie und einer Paragraphenkennzeichnung, aber überwiegend unterscheidbar vom Urtext Feuerbachs durch die den Paragraphennummern beigefügte

---

[1] Der Kriminalist Röder hatte noch 1875 nach dem Lehrbuch Feuerbachs gelesen; vgl. oben unter A Fn. 2.

[2] Vgl. Mittermaier, Lehrbuch (12. Aufl.), S. IX.

[3] Georg Friedrich Heyer (geb. 1770) hatte zunächst 1790 in Gießen eine Universitätsbuchhandlung eröffnet und gründete 1828 den renommierten Verlag (vgl. Schmidt, Ru., 440ff.).

[4] Siehe den Hinweis Mittermaiers, Lehrbuch (12. Aufl.), S. IX.

[5] Ders., Lehrbuch (13. Aufl.), S. XII.

Minuskel[6], wobei sich die numerische Bezeichnung dieser Zusatzparagraphen aus dem numerisch durch Feuerbach vorgegebenen Ort in der Struktur des Urtextes ergibt. Die Zusätze im Haupttext gliedern sich also der alten Paragraphenfolge ein. Unterhalb der Haupttextebene sind dagegen vor allem sog. „Noten" eingefügt worden. Sie prägen das Bild aller posthumen Ausgaben.[7] Von 476 Noten der 12. Auflage gab es einen zahlenmäßigen Anstieg auf 752 Noten der 13. Auflage und 985 Noten der 14. Auflage. Aufgrund ihrer Länge und Häufigkeit bilden sie den unbestreitbaren Hauptanteil aller Einfügungen und erscheinen als editoriales Hauptaussagemittel; sie sind sozusagen „flächendeckend" in die Struktur des Kompendiums eingeflochten.

Redaktionell besonders auffällig und auch augenfällig, ist der Umstand, daß das „Dritte Buch" ab §§ 495 ff., in dem der Strafprozeß dargestellt ist, gar kein nennenswertes redaktionelles Interesse bei dem an sich prozessual stark interessierten Mittermaier gefunden hatte. Im Vorwort zur 12. Auflage wurde von ihm auch zur Rechtfertigung auf seine eigenen strafprozessualen Werke[8] verwiesen, wobei er nicht die Bemerkung unterlassen konnte, daß die Ausführungen Feuerbachs so stark revisionsbedürftig seien, daß dies eine Bearbeitung zu aufwendig mache.[9] Mit Ausnahme von zwei mageren Literaturnoten bei den §§ 496 und 503 und von drei Annexen bei den §§ 528, 630 und 644 sind lediglich einige, noch von Feuerbach herrührenden Literaturangaben erweitert worden. In den späteren Ausgaben wurde dieser Abschnitt sogar, mit der einzigen Ausnahme von § 632, überhaupt nicht mehr überarbeitet.

Die redaktionellen Operationen, die die Lehrbuchvarianten prägen, beschränken sich indes nicht bloß auf Zugaben Mittermaiers. Seine Eingriffe lassen sich in drei typische Gruppen einteilen: einfügende, zurücknehmende und strukturverändernde. Wirft man einen Blick auf betroffene Textabschnitte, so ist unübersehbar, daß diese Korrekturen auf keinen bestimmten Textteil beschränkt sind, sondern sich sowohl auf die großen titulierbaren Textabschnitte der Zusatzparagraphen und Noten, als auch auf unselbständige, angehängte Textteile beziehen.[10]

---

[6] Einige mit Minuskeln versehene §§ stammen jedoch auch von Feuerbach, und zwar: §§ 98a, 98b, 102a, 102b, 329a, 429a, 433a, 479a, 479b, 479c, 482a, 544a, 560a, 560b und 588a.

[7] Teilweise heißen die untergeordneten Zusätze Mittermaiers auch „Noten des Herausgebers" oder „Zusätze des Herausgebers" und gelegentlich auch „Anmerkungen des Herausgebers" (vgl. beispielsweise § 63 im Lehrbuch (12. Auflage), 69). Sie alle werden jedoch zur Vereinfachung vorliegend und in der Synopse „Noten" genannt, während die Bezeichnung „Anmerkung" für allegatorische Hinweise Feuerbachs reserviert ist.

[8] Als Mittermaier das Vorwort zur 12. Auflage des Lehrbuchs schrieb (1836), war gerade sein zweibändiges „Deutsches Strafverfahren" in 2. Auflage von 1832/1833 aktuell. Vgl. dazu auch oben B II 3. die Ausführung zu seinem Handexemplar, in dem das „Dritte Buch" ähnlich vernachlässigt worden war.

[9] Mittermaier, Lehrbuch (12. Aufl.), S. IX.

Neben der Einfügung neuer Noten wurden kontinuierlich die bestehenden ausgebaut. Statistisch gesehen, können von insgesamt 985 Noten der 14. Auflage nicht einmal 3,5% ihren Text aus der 12. Auflage, in die sie erstmals eingefügt worden waren, redaktionell unverändert vorweisen[11], d.h. beinahe alle Zusätze sind irgendwelchen Eingriffen ausgesetzt gewesen.

Setzt man diese statistischen Werte in eine Relation zueinander, so läßt sich der Grad durch Modifikationen betroffener Altnoten zu solchen nicht von derartigen Korrekturakten betroffenen, sondern vollständig übernommenen Noten in der 13. Auflage mit 10,4% beziffern; bis zur nächsten Auflage wächst dieser Wert immerhin auf 27,8%.[12] Ähnlich läßt sich das Verhältnis bestimmen für Korrekturen, mit denen Texte zurückgenommen wurden. Sie betreffen zum Teil titulierte Textabschnitte, ganz überwiegend aber unselbständige Teilbereiche. Von 476 Noten, die in der 12. Auflage eingefügt worden waren, wurden in der 13. Auflage 14 zurückgenommen[13], und von 752 Noten der 13. Auflage fanden sich 18 nicht mehr in der Ausgabe von 1847.[14] Daraus läßt sich eine Rücknahmequote für alte Noten von 2,9% bzw. 2,4% ablesen.

Diese quantitativen Werte legen die Annahme nahe, daß in existente Beiträge eingegriffen wurde, ohne an der Struktur des Konzeptes etwas zu verändern. Auch ein statistischer Vergleich des Verhältnisses von Rücknahmen und Einfügungen deutet darauf hin, daß die Redaktionstätigkeit Mittermaiers sich auf einen Ausbau beschränkt hatte. 79,1% aller Revokationen wurden bei der 13. Auflage mit neuen Einfügungen gekoppelt, und bei der 14. Auflage beträgt dieser Wert bereits 96,6%.[15]

---

10 Mit Hilfe des synoptischen Erschließungsverfahrens, das sich in der als Dissertation eingereichten Fassung des vorliegenden Textes als Anhang befindet, lassen sich sowohl die Art der Korrekturakte als auch die Dynamik der Operationalisierungsschritte im Gesamttext des Lehrbuchs verfolgen.

11 Vgl. den Werdegang folgender Noten der 12. bis 14. Auflage (in Klammern die geänderte Bezeichnung der 14. Auflage): §§ 5 lit. e; 40; 133; 149, 2 (III); 170 (hinter lit. a); 192; 235, 2 (II); 240; 243, 1 (I); 269, 1 (I); 287, 7 (IX); 291 (I); 309 (I); 320, 2 (II); 332, 4 (IV); 336 (II); 344, 2 (II); 345; 349, 3 (III); 351, 1 (I); 369, 2 (II); 379, 4 (V); 388; 415, 4 (XVI); 425, 2 (II); 432; 434; 439, 2 (Note); 463, 3 (III), 3 (IV); 464; 479, 3 (VI); 486; 496.

12 Eine Zählung ergibt für die 13. Auflage von 462 übernommenen Noten 48 Noten mit revozierenden Korrekturen, bezüglich der 14. Auflage sind dies von 734 Altnoten immerhin 204.

13 Vgl. die Entwicklung folgender Noten der 12. Auflage bei den Paragraphen: 6 (hinter lit. d und lit. g); 131; 164; 175; 185; 201, 5; 205; 353, 2; 419, 4; 430, 3; 444; 479, 1; 481, 1.

14 Vgl. die Noten der 13. Auflage bei den Paragraphen: 4 (hinter Annex); 46 IX; 47 V; 81 II; 167; 190 III; 267 III; 287 VIII; 302; 399 V; 415 III; 419 IV; 420 I,IV,VI; 439 I; 477 III; 479b II.

15 Es zeigt sich für die 13. Auflage ein Verhältnis derartiger Korrekturakte von 38 zu 48; für die 14. Auflage beträgt dieses Verhältnis 197 zu 204.

Wenn der Textbereich der Noten im Laufe der redaktionellen Arbeit eine grundsätzliche Umstrukturierung erfahren hätte und nicht nur die einmal gelegte Basis ausgebaut worden wäre, müßte eine solche Umgestaltung mit einer höheren Austauschfrequenz belegbar sein, da dies das Ergebnis einer forcierten Aktualisierung nach anderen Systemkriterien wäre. Derartige Umgestaltungen und Strukturveränderungen nach neuen Sachgesichtspunkten sind aber für die drei posthumen Ausgaben gerade nicht in einem solchen Maße vorhanden, daß auf einen Systemwechsel geschlossen werden kann.

Eine Textanalyse kann indes nicht bei einer quantitativen Analyse stehen bleiben, den Analysebetrachter interessieren auch qualitative Bezüge, aus denen heraus sich Problempunkte deuten lassen. Hat bereits ein erstes Herangehen an die Texte der posthumen Auflagen zwei bedeutsame textuelle Charakteristika gezeigt, nämlich einerseits in inhaltlicher Hinsicht, daß das kompakte dogmatische Werk Feuerbachs durch eine überwältigende Stoffanhäufung nunmehr einen enzyklopädischen Charakter bekommen hat, und andererseits die strukturelle Besonderheit, daß Mittermaier mit Anmerkungen gearbeitet hat, die als begrenzte und vom Feuerbachschen Text abgrenzbare Teilbeträge wie Glossen neben dem alten Text stehen, so ist in inhaltlicher Hinsicht besonders die breite Wiedergabe partikularer Gesetzgebungen augenfällig. Besonders die 14. Auflage erscheint davon am stärksten geprägt, die 12. indes kaum nennenswert.

All diese offenkundigen Besonderheiten machen deutlich, daß es für Mittermaier bestimmte textpragmatisch-leitende Redaktionsmaximen gegeben haben muß, die ihn einerseits zu der vom Feuerbachkonzept abweichenden Themenbehandlung und andererseits zu der glossierenden Struktur veranlaßt haben.

Im folgenden soll dieser redaktionellen Intention Mittermaiers, insbesondere der ihn treibenden wissenschaftlichen Absicht nachgegangen und der Lehrbuchtext nach thematischer Schwerpunktsetzung, zeitgenössischer Aktualitätsanforderung und Darstellungsmethode hinterfragt werden.

I. Die thematisierten Gegenstände

In inhaltlicher Hinsicht kam es Feuerbach und Mittermaier darauf an, das, was sie als Gegenstand der „Criminalrechtswissenschaft" verstanden, in seiner Vollständigkeit im Lehrbuch darzustellen.[1] Angesichts der wissenschaftlichen Tätigkeit beider Autoren erscheint diese Themenwahl als naheliegend und selbstverständlich, so daß eine Problematik darin nicht zu liegen und diese

[1] Ausdrücklich Feuerbach im Vorwort zum Lehrbuch (1. Aufl.), S. VIII, abgedruckt auch in: ebd. (14. Aufl.), S. XVIIIf.; für Mittermaier vgl. Vorwort im Lehrbuch (14. Aufl.), S. IV f.

Intention daher keiner Erörterung wert zu sein scheint. Beide Redaktoren waren Strafrechtler und gewohnt, Fragen zum Strafrecht darzustellen.

Grundsätzlich erhellen regelmäßig Titel und Einleitung eines Werkes seinen thematisierten Objektbereich. Beide sind von erheblicher textpragmatischer Funktion; sie wirken wie ein Signal und wecken vorverständnisprägend bei den Textadressaten Erwartungen. Deshalb läßt sich in Übereinstimmungen mit Gadamer sagen: „Wer einen Text verstehen will, vollzieht immer ein Entwerfen. Er wirft sich einen Sinn des Ganzen voran, sobald sich ein erster Sinn im Text zeigt. Ein solcher zeigt sich wiederum nur, weil man den Text schon mit gewissen Erwartungen auf einen bestimmten Sinn hin liest."[2] Mit welchen Erwartungen aber geht man auf die Beiträge Feuerbachs, mit welchen auf diejenigen Mittermaiers zu? Darf man darüberhinaus gefahrlos Erwartungen, die sich aus den Auflagen unter der Federführung Feuerbachs gebildet haben, auf die posthumen Veröffentlichungen projizieren, oder läuft man Gefahr, sie zu enttäuschen?

Wie die Äußerungen der Rezensoren des Lehrbuchs dokumentierten, ist einerseits das Kompendium im Hinblick auf das Verhältnis von titelgeprägter Erwartung und erörtertem Objektbereich nicht eindeutig, auch bei Feuerbach nicht.[3] Andererseits spiegeln die kritischen Äußerungen zu den Beiträgen Mittermaiers wider, daß sie an den Maßstäben gemessen worden sind, die Feuerbach gesetzt hatte, so daß diese Relation zu erhellen ist.

Im Folgenden wird sich nun zeigen, daß schon die Auffassungen darüber, was jenen darstellungswürdigen Gegenstand in toto umfassen und was folglich themenrelevant sein sollte, bei beiden Autoren voneinander abweichen. Denn was thematisch im Rahmen eines Kompendiums der „Criminalrechtswissenschaft" für erörterungsbedürftig gehalten wurde, darüber hatten beide Autoren infolge erheblicher Differenzen ihrer rechtsmethodischen und rechtstheoretischen Auffassungen unterschiedliche Ansichten. Ob und wie weit darüber hinaus das in Titel und Einleitung angekündigte Objekt tatsächlich im Haupttext erscheint, ist inhaltsanalytisch ermittelbar.

Zur hermeneutischen Interpretation des quantitativen Resultats ist es jedoch nicht ausreichend, sich nur auf die Einleitung des Kompendiums als maßgebliche programmatische Aussage zu beschränken. Einerseits hat man das Kompendium als Bestandteil der Gesamtlehre anzusehen und folglich an dieser zu messen. Andererseits bleiben gerade im Falle Mittermaiers die Äußerungen zum Lehrbuch indes in großen Bereichen lückenhaft und damit für sich allein wenig verständlich, so daß ergänzende Quellen für die Erörterungen rechtstheoretischer Grundsätze nötig sind; nur so kann dann das spezielle Anliegen seiner wissenschaftlichen Beiträge in den Lehrbuchausgaben

---

[2] Gadamer, Wahrheit, 521.

[3] Anonymus, ALZErgBl 1828, 132, 137, 140; Loening, ZStW 1883, 292.

angemessen gewürdigt werden. Eine solche Würdigung ist darüberhinaus auch unumgänglich, da die Einschätzung der wissenschaftlichen Arbeit Mittermaiers nicht mit den Beurteilungen vor allem von Lüderssen[4], Müller-Dietz[5] und Frommel[6] konform geht, also die Textdeutung nicht auf die von diesen vorgenommenen Erwägungen aufbauen kann.

1. Der Gegenstand der Strafrechtswissenschaft bei Feuerbach

Legt man für die Beantwortung der Frage nach dem wissenschaftsthematisch relevanten Objektbereich die programmatischen Äußerungen Feuerbachs zugrunde, dann bestand für ihn die Aufgabe der Strafrechtswissenschaft vor allem darin, die Vielfalt der geltenden gemeinrechtlichen Positivgesetze daraufhin hinterfragen zu lassen, „was ... denn an Rechten gültig, was ... gewiß" sei.[7] Die Menge des Stoffes gemeinrechtlicher Normen und eine aufgrunddessen für unsicher gehaltene Rechtspraxis boten Anlaß zur Klärung, „was überhaupt als Recht ... anerkannt werden soll."[8] Der Strafrechtswissenschaft oblag damit die Aufklärung von Widersprüchen[9], Ungewißheiten und Unsicherheiten[10] im geltenden Recht und desweiteren deren Vermeidung für die Zukunft durch die Bestimmung von Prinzipien und Begriffen, sowie deren wissenschaftliche Fixierung in einem reformierten Rechtssystem.[11] Die Funktion der Wissenschaft sollte darin liegen, eine Wertelehre in nachvollziehbarer Weise auszudifferenzieren mit der praktischen Folge, die Rechtseinheit und Rechtssicherheit zu fördern. „Die Gerechtigkeit, (die) für Alle gelten soll, ... (ist als) jenes ewige Gesetz der Vernunft mit Festigkeit zu ergreifen, in seiner lauteren Wahrheit zu verstehen, in seiner Reinheit darzustellen."[12] Jurisprudenz zu betreiben, hieß damit, Dogmatiker zu sein.

War Feuerbach näher auf das Anliegen der Dogmatik zu sprechen gekommen, so wurde regelmäßig der Dualismus von Positivgesetzen einerseits und Rechtssystem andererseits hervorgehoben und die Beziehung von „Stoff und Form" betont, wobei dieser Stoff gerade den Positivgesetzen zu entnehmen war. „Beide (Stoff und Form) in ihrem wechselseitigen harmonischen Eingreifen sind das Objekt, auf das sich die Tätigkeit (des wahren Wissenschaftlers)

---

[4] Lüderssen, Einleitung, 42 - 57; ders., JuS 1967, 444 - 448.

[5] Müller-Dietz, Kriminalistik 1974, 157 - 161; ders., Strafvollzug, 109 - 137.

[6] Frommel, Präventionsmodelle, 13f., 157f.; dies., C. J. A. Mittermaiers Konzeption, 73 - 90.

[7] Feuerbach, Über Philosophie, 65f., 70.

[8] Ebd., 70.

[9] Ebd., 68.

[10] Ebd., 69.

[11] Ebd., 84.

[12] Ebd., 67.

ausbreiten muß."[13] Die Stoffvielfalt war auf ihren rechtlichen Wesensgehalt zu fixieren und das Ergebnis dieser reduzierenden Aufbereitung sollte sich in einer „wissenschaftlichen Gestalt und Form"[14] niederschlagen. Strafrechtswissenschaft hatte die Vielfalt der Normaussagen sinn- und bezugsbezogen, semantisch-syntaktisch zu analysieren und Wertungseindeutigkeiten in systematischen Ableitungszusammenhängen darzustellen, d.h. sie hatte einerseits methodisch Systemkriterien und andererseits inhaltlich rechtsrelevante Wertvorstellungen zu berücksichtigen.[15]

Auch wenn heute die Auffassung über den Begriff der Dogmatik noch keine Einheitlichkeit erkennen läßt[16], so kann man nach der vorangegangenen Skizzierung immerhin geneigt sein, die Wissenschaftsauffassung Feuerbachs, an heutigen Maßstäben gemessen, jenem Dogmatikverständnis zuzurechen, das eine systematisierende Funktion in den Vordergrund stellt. Daß darin auch eine kritische Funktion lag, wird man daraus ersehen können, daß es angesichts der rechtspolitischen Umstände in der Rechtspraxis gegen Ende des 18. Jahrhunderts ein dringliches Anliegen war, durch den ordnenden Eingriff in den Komplex der geschriebenen und ungeschriebenen Normen gerade eine willkürfreie Handhabung zu ermöglichen.

Insbesondere in methodischer Hinsicht erweist sich nun diese kritische Funktion als problematisch. Der Dualismus von Stoff und Form mündete dadurch in gesetzespositivistische und philosophische Komponenten, die bei Feuerbach nicht immer konsequent miteinander vereinbart wurden. So bezieht sich der Titel des Lehrbuchs etwa in gesetzespositivistischer Manier auf das System gemeinrechtlich kodifizierter Normen und weckt eine Erwartung, daß das Lehrbuch diesem Objektbereich gewidmet sei. Daraus resultierten etwa in der Vergangenheit die Vorwürfe gegenüber Feuerbach, er habe entgegen einer gesetzespositivistischen programmatischen Ankündigungen vielmehr willkürlich philosophiert.[17]

---

[13] Ebd., 74; ders., Blick, 12.

[14] Ders., Über Philosophie, 80.

[15] Zu Relevanzgesichtspunkten bei Systemen siehe unten, C III 1. Zu den Kriterien unwissenschaftlich-rhapsodischer und wissenschaftlich-systematischer Darstellung in der Jurisprudenz in Anlehnung an Kant zu Beginn des 19. Jahrhunderts vgl. Schröder, 115ff.

[16] Näheres bei Maiwald, Dogmatik, 120ff.

[17] Dieses Vorgehen blieb nicht ohne erhebliche Einwände zeitgenössischer und späterer Rechtswissenschaftler, vgl. Anonymus, ALZErgBl 1828, 132, 137, 141; Berner, 72; Loening, ZStW 1883, 292; neuerdings auch Frommel, Strafjustiz, 192. Von Mittermaier etwa mußte Feuerbach sich vorhalten lassen, er ginge davon aus, „dass das gemeine Recht auf seine Rechtstheorie gebaut sei" (Mittermaier, Note I zu § 102b, Lehrbuch (14. Aufl.), 199), im übrigen sei er bei der Lehre vom Beleidigungstatbestand „nicht nach den Quellen des gemeinen Rechts, sondern willkürlich nach allgemeinen sogenannten philosophischen Ansichten" gegangen (ders., Note I zu § 271, Lehrbuch (12. Aufl.), 248 und Note II zu § 279, ebd., (13. Aufl.), 390 (in der 14. Auflage zurückgenommen).

a) Systembildung[18] unter gesetzespositivistischem Primat

Den anfangs genannten enttäuschten Erwartungen liegt die Vorstellung zugrunde, daß das Lehrbuch auf den Normen des gemeinen peinlichen Rechts basiert, und zwar möglichst historisch getreu und exegetisch genau entsprechend den empirischen Tatbeständen. Eine solche Systembildung wäre in der Tat nicht abwegig, ist doch Feuerbachs allgemeine programmatische Forderung teilweise so positivistisch, daß sie passagenweise an das Wissenschaftsverständnis Stammlers und Kelsens erinnert; so beispielsweise in der Aussage, dem Wissenschaftler sei die „reine Form des Rechts" vorbehalten, und diese „ist, man fasse sie, wie man wolle, immer nur negativ, woraus nie etwas Positives kommen mag, und daher leer an allem eigentlichen Inhalt. Sie ist das Kriterium für das Urtheil über die rechtliche Zulässigkeit der gegebenen oder zu gebenden Gesetze, nicht aber das Element, aus welchem sich der Inhalt irgend einer Gesetzgebung entwickeln könnte."[19]

Das Strafgesetz sollte nach dieser gesetzespositivistischen Forderung ohne Ausnahme gelten[20] und „kategorisch"[21] sein nicht nur für die richterliche Rechtsanwendung, sondern selbst für die Wissenschaft. Aus einer solchen methodischen Prämisse wäre zu folgern, daß naturrechtliche Erwägungen dem Kompetenzbereich des Rechtswissenschaftlers entzogen wären und der ideal vorgestellte Wissenschaftler streng genommen dem entsprach, der 1804 als „empirischer Dogmatiker" oder „historischer Rechtsgelehrter" bezeichnet worden war[22], dessen Schaffen mithin exegetischer Art war.[23] Doch zu welchem Zweck, wird damit die wissenschaftliche Funktion nicht fraglich? Ein solches Programm kompliziert sich darüberhinaus in der anderen Feststellung, daß eine Rechtswissenschaft, „als positive Wissenschaft ... gebunden an das ... Land der Erfahrung", andererseits aber auch „befreundet ... mit der Philosophie" wäre.[24] Wenn aber positivistische Forderungen erhoben werden, obgleich die Philosophie von Bedeutung sein soll, welche Aufgabe kommt dann der Philosophie zu?

Hier muß man sich die philosophische Trennung zwischen Stoff und Form vor Augen führen und an die Aufgabe der Wissenschaft erinnern, die in der Systembildung zum Zweck einer Stoffbegrenzung und -ordnung liegt und

---

[18] Zur Methodik der systematischen Darstellung vgl. unten C III.

[19] Feuerbach, Blick, 22.

[20] Ders., Lehrbuch (11. Aufl.), 19.

[21] Ders., Revision I, 141, 147 und Lehrbuch (11. Aufl.), 57.

[22] Ders., Über Philosophie, 75.

[23] Ebd., 88. Gesetzespositivistisch war es nun kein weiter Schritt, auch außerdogmatisch jede beliebige, fremdstaatliche Norm zu beurteilen und „Universaljurisprudenz" zu betreiben. Deren Analysen hatte Feuerbach für die Legislative nützlich gehalten (ders., Blick, 16, 22f.).

[24] Ders., Über Philosophie, 65.

grundsätzlich auch bei gegebenen empirischen Materialien möglich ist. In dieser Hinsicht wurden denn auch bei Feuerbach drei wissenschaftstheoretische Forderungen[25] relevant, die zwar dem Bereich der Philosophie entstammen, den Positivismusforderungen indes nicht widersprechen. „Die erste ist die Richtigkeit, genauer Bestimmtheit, scharfe Präzision, lichtvolle Klarheit der rechtlichen Begriffe; die zweite der innere Zusammenhang der Rechtssätze; die dritte der systematische Zusammenhang der Rechtslehren."[26] Entkleidet man die Aussagen ihrer metaphorischen Elemente, so offenbart sich in den auf Wolff zurückgehenden Wissenschaftskriterien[27] die Forderung, die Rechtswissenschaft einer begrifflichen Exaktheit zu verpflichten durch eindeutige semantische Prädikation, durch Berücksichtigung semantischer Beziehungen und durch Schaffung syntaktischer Abhängigkeiten. Rechtswissenschaft hatte in diesem Sinne eine exakte Systemwissenschaft zu sein, deren Hauptaugenmerk vor allem analytischen Sätzen über einen gegebenen Stoff, oder im Sinne Kants widerspruchsfreien, eindeutigen Prädikationen bestimmter Objekte gelten sollte, analytischen Sätzen, denen ein Dasein, eine Modalität in Raum und Zeit zugrundelag.[28]

Unter gesetzespositivistischen Aspekten erscheint Dogmatik damit als analytische Wissenschaft; so hatte sie „zwar nicht ein Produkt der Philosophie" zu schaffen, aber „doch ... das Werk eines philosophischen Geistes" zu erstellen.[29] Dabei war wegen des gesetzespositivistischen Primats für sie „nicht die gesetzgebende Weisheit, sondern die Logik das Hauptgeschäft."[30] Die wertenden Aussagen positiv exisitierender Normen waren danach miteinander in logische Beziehungen zu setzen; wie der Biologe Linnée „nach einem selbstgeschaffenen philosophischen System den Pflanzen ihre Ordnungen und Klassen" zugewiesen hatte, sollte es Aufgabe der positiven Rechtswissenschaft sein, „vergleichend und unterscheidend zu verbinden und zu trennen und dadurch die zerstreuten und in ihrer Zerstreuung einander widerstreitenden Stoffe den Gesetzen der Ordnung und Harmonie unterwürfig zu machen."[31] Allein diese Methode gewährleiste, die „wissenschaftliche Gestalt und Form"[32] des Stoffes Positivgesetz, also reine Begriffe und ihre systematischen Bezüge zu erhellen. Das Ergebnis eines solchen Verfahrens dokumentierte sich nach der Einschätzung Feuerbachs im Lehrbuch vor allem im „positiven

[25] Daß die formell-philosophischen Forderungen Feuerbachs nicht naturrechtlicher Art sind, hebt bereits Schröder, 155 Fn. 115 hervor.

[26] Feuerbach, Über Philosophie, 80; auch ders., Blick, 11: „Gewißheit, Klarheit, Deutlichkeit der Erkenntniß".

[27] Vgl. Schröder, 153f., insb. Fn. 109.

[28] Kant, Vernunft, 207, 408a.

[29] Feuerbach, Über Philosophie, 95.

[30] Ders., Blick, 30.

[31] Ders., Über Philosophie, 95.

[32] Ebd., 80.

oder besonderen Teil des peinlichen Rechts", von dem er selbst betont hatte: „Dieser Theil ist größtentheils analytisch."[33]

Indes ist hier bereits eine erste Einschränkung erkennbar, die die Frage aufkommen läßt, wie denn der andere Teil zu charakterisieren ist, wenn nur der größere analytisch zu nennen ist. Außerdem zeigt ein anderer Hinweis hinsichtlich des Umgangs mit dem Stoff des historischen Gesetzgebers bereits einen so deutlichen Vorbehalt, daß Zweifel berechtigt erscheinen, ob der Dogmatik tatsächlich nur eine Klassifikationsaufgabe unter Ausschluß eigener Axiombildung zukommen sollte: „Mein Geschäft als Rechtsgelehrter kann mithin bei der Darstellung dieser wissenschaftlichen Begriffe nur insofern von den Erklärungen des Gesetzgebers ausgehen, als ich vor allen Dingen durch ihn selbst erfahren muß, von welchem Gegenstand er gesprochen ... habe." „Weiß ich aber, *wovon* er sprach und woran er dachte, so ist nun der Gegenstand mir, als Wissenschaftskünstler, anheimgegeben, um ihn selbst in seiner Totalität aufzufassen und in seinem ursprünglichen wahren Wesen darzustellen."[34] Lag nicht in dieser Anheimstellung zur Reinigung ein Verselbständigungsvorgang der Begriffe etwa in dem Sinne, daß prägende Vorstellungen des Gesetzgebers und Legaldefinitionen zugunsten wissenschaftlicher Prädikationen aufgegeben wurden, daß zwar dem formalen Satze der Widerspruchsfreiheit gehorcht wurde, aber auch materiellrechtliche Korrekturen möglich wurden?

Trotz aller Bekenntnisse zum Gesetzespositivismus war die philosophische Leistung programmatisch auch nicht grundsätzlich auf analytische Schlüsse beschränkt. Daß Feuerbach neben der Erstellung einer Ordnung auch die Notwendigkeit einer kritischen Hinterfragung von obersten Grundsätzen für eine Systembildung nicht unterschätzt hatte, dokumentiert insbesondere seine zweibändige „Revision", die sich auch den zugrundeliegenden Wertentscheidungen ausführlich gewidmet hatte: „Kein Wissen ohne Gründe, keine Wissenschaft ohne Grundsätze. In ihr müssen die einzelnen Sätze durch inneren Kausalzusammenhang untereinander verkettet, das Besondere muß durch das Allgemeine, das Allgemeine durch das Allgemeinste begründet, in ihm enthalten, als notwendige Wahrheit von ihm abgeleitet sein."[35] Neben die Analysis trat damit immerhin die Synthesis, die Kantischen synthetischen Urteile über Begriffe, die nach der methodischen Auffassung Kants zwar „nicht ... im Felde der Erfahrung"[36] zu machen sind, aber als Wertentscheidung in definierten Begriffen implizit enthalten sein müssen. „Was ist hier das Unbekannte = x, worauf sich der Verstand stützt, wenn er außer dem Begriff von A ein demselben fremdes Prädikat B aufzufinden glaubt, welches er gleichwohl damit

---

33 Ders., Lehrbuch (11. Aufl.), 111.

34 Feuerbach, Über Philosophie, 82.

35 Ebd., 87.

36 Kant, Vernunft, 47*.

verknüpft zu sein erachtet? Erfahrung kann es nicht sein, ... sondern mit dem Ausdruck der Notwendigkeit, mithin gänzlich a priori und aus bloßen Begriffen, diese zweite Vorstellung zu der ersten hinzufügt."[37]

Dieses synthetische Schlußverfahren war für den Kantianer Feuerbach kein Geheimnis. Es wurde indes von ihm in seiner Landshuter Antrittsrede von 1804 terminologisch umkleidet und als „umgekehrte Deduktion" bezeichnet, sachlich ist damit jedoch der hermeneutische Weg einer auf Prinzipien zurückgreifenden Sinndeutung zum Ausdruck gekommen. Dem fixierenden Text als „empirisch gegebener Folge" wurde eine deutbare Aussage zugeordnet, deren Sinnbezug auf bestimmte Wertgrundsätze verwies.[38] In diesem Sinne hatte Feuerbach etwa andernorts festgestellt: „Während zuletzt der erste Ring in der langen Kette immer ein zugleich in der Erfahrung ruhender, durch Politik und Gerechtigkeit bestimmter, synthetischer Satz der Gesetzgebung ist."[39] Das gesetzespositivistische Primat war damit methodisch zumindest fragwürdig.

b) Spekulative Elemente im Bereich der Dogmatik

Deutet sich in der Zulassung der sog. synthetischen Sätze bereits an, daß Feuerbach es bei dem auf eine Systemerstellung beschränkten Auftrag an die Dogmatik nicht auf strenge Ausschließlichkeit ankommen lassen wollte, so gewährte er der „Magd" Philosophie zuletzt noch weitergehende wissenschaftliche Kompetenzen.

Für die Landshuter Antrittsrede von 1804 „über Philosophie und Empirie" hat bereits Naucke nachgewiesen, daß trotz aller gesetzespositivistischer Forderungen der Philosophie materiell ein nicht unerheblicher Raum gelassen wurde.[40] Unabhängig von ihm vertritt Stühler, ebenfalls gestützt auf die Antrittsrede Feuerbachs, die gleiche Ansicht.[41] Lüderssen hat darüberhinaus die methodische Prämisse Feuerbachs erkannt, daß für ihn in den Gesetzen „etwas steckt, was sie nicht aussprechen."[42]

In der Tat war Feuerbachs Argumentation 1804 zumindest mehrdeutig, etwa wenn zugelassen wurde, daß der Dogmatiker „aus dem Positiven hinaus" dürfe, „um in das Positive hineinzukommen."[43] Bei empirischen Zweifelsfällen, wie bei „Lücken der Gesetzgebung" wären beispielsweise Grundsätze philosophisch ermittelbar, solange man sie auch „als nichtig" verwerfbar

---

37 Ebd.; vgl. aber auch ebd., 116 f.

38 Feuerbach, Über Philosophie, 89.

39 Ders., Blick, 30; ähnliche Metapher ders., Über Philosophie, 68.

40 Naucke, Vorwort, S. XV f.

41 Stühler, 212.

42 Lüderssen, Einleitung, 21.

43 Feuerbach, Über Philosophie, 91.

ansieht für den Fall, daß Grundannahmen, gemessen am logischen Maßstab, sich als nicht erweislich wahr herausstellen könnten. Darüberhinaus wären selbst solche „Teile der Rechtssphäre, bis zu welchen das Positive nicht ausreicht ... mit sorgsamem Fleiße aufzuspüren." Die Grenzen einer positivistischen Methode wären damit offen. Hier hatte der Rechtswissenschaftler „als ein Stellvertreter des Gesetzgebers zu bestimmen, was von diesem unbestimmt gelassen worden ist"; ein Grundsatz, der insbesondere alle allgemeinen Regeln, solche „des sogenannten *allgemeinen* Teils im peinlichen Rechte" betraf.[44]

Diese Zulässigkeit philosophischer Sätze steht in einem auffälligen Gegensatz zu jenen methodisch rigorosen Positivismusforderungen und muß zu der Frage führen, ob überhaupt eine Kompetenz des „philosophischen Rechtsgelehrten" hinsichtlich rechtlicher Grundsatzbildungen bestehen sollte, denn gerade ein solcher Gelehrtentyp wäre mit einer rechtspolitisch so weitreichenden Autonomie ausgestattet, daß dies im Widerspruch stehen mußte mit den Maßgaben, die an anderer Stelle seine Kompetenzen ausdrücklich zugunsten des gesetzgeberischen Urteils beschnitten hatten. Lüderssen verneint zwar einen solchen „rigorosen Empirismus", der „alles Wertbezogene in den Bereich der Festsetzung" verweise.[45] Dem stehen indes Ausführungen Feuerbachs entgegen, wonach ein philosophischer Gelehrtentyp in Überheblichkeit das Positive verachte und sich anmaße, als Repräsentant der Vernunft, „als Selbstgesetzgeber über das Positive" zu herrschen. Solche Erörterungen implizieren eine Unglaubwürdigkeit sowie Inkompetenz des Wissenschaftlers zur Deutung von Ungerechtigkeiten und zur Setzung neuer Grundsätze.[46]

Daneben steht die andere Feststellung, mit der dem Typus des empirischen Rechtsgelehrten, der „das Recht seines positiven Gesetzbuches, keinen anderen Willen als den Willen des Gesetzgebers, keine andere Vernunft als die Vernunft dessen, der ihm das positive Gesetzbuch und durch dieses – ihm sein Brot gegeben hat", kenne[47], eine fehlende Eignung für Ratschläge de lege ferenda zugesprochen wurde.[48] Sie stellt den philosophischen Rechtsgelehrten wiederum in ein besseres Licht und läßt ihn „zum Ratgeber für den Gesetzgeber des Staates berufen" erscheinen.[49] Selbst wenn „der Gesetzgeber sich herabgelassen hat, die Begriffe, auf die er bauen muß, mit wissenschaftlicher Genauigkeit bestimmen zu wollen, so kann seine gesetzliche Definition gleichwohl nicht den Rechtsgelehrten binden."[50] Wenn es dem philosophischen

[44] Ebd., 93 mit Fn.

[45] Lüderssen, Einleitung, 21.

[46] Feuerbach, Über Philosophie, 80f.

[47] Ebd., 63f.

[48] Ebd., 96.

[49] „Ängstlich hält er an dem Alten fest, weil es alt und weil er selbst alt geworden und veraltet ist" (ebd., 96).

[50] Ebd., 97.

Rechtsgelehrten nun aber erlaubt war, selbständig zu definieren, mußte man ihm da nicht auch zugestehen, von eigenen Prämissen auszugehen? Seine Glaubwürdigkeit zumindest wurde von Feuerbach wieder hergestellt: Er allein wohne „einheimisch in seiner positiven Gesetzgebung, aber nicht wie ein Sklave, sondern wie ein freier Mann, der auch untersucht, ob seine Wohnung gut und bewohnbar sei."[51]

Damit ist zweierlei festzuhalten: Zunächst wurde trotz einer Hervorhebung der gesetzespositivistischen Bindung der Wissenschaft auch ein synthetisches Schlußverfahren für methodisch notwendig gehalten. Darüberhinaus schien Feuerbach 1804 nicht geneigt, die Funktion der Rechtswissenschaft endgültig festzulegen und begnügte sich in seiner Landshuter Antrittsrede mit Sowohl-als-auch-Postulaten.

Einer sachlichen Lösung dieses Funktionswiderspruches zwischen dem philosophischen und dem positivistischen Rechtsgelehrten kann man möglicherweise auf der Grundlage einer Retardationsthese näher kommen. Nach diesem Ansatz wäre die philosophische Korrekturbefugnis zu beenden, wo der Gesetzgeber bereits belehrt und dem „Vernunftgesetz" zur Wirksamkeit verholfen hat. Für einen solchen Ansatz spricht, daß Feuerbach 1804 die Autonomie des Wissenschaftlers jedenfalls dann betonte, wenn dieser sich einer „anscheinend chaotischen", also äußerlich ungeordneten Gesetzgebung zu widmen habe.[52] Für eine solche mitbedachte Retardation spricht, daß Feuerbach Positivgesetz und Rechtssystem als konkurrierende „Formen" gegenübergestellt hatte, die nur gelegentlich deckungsgleich waren. So wurde zwischen „Vernunftgesetz" und „Gesetz-Codex" unterschieden, und lediglich dem System des Vernunftgesetzes wurde eine ideale Vollkommenheit zugesprochen. In „jeder positiven Gesetzgebung" wurde dagegen zunächst nur der vorläufige „Versuch" einer „Darstellung und Realisierung des Vernunftgesetzes" gesehen, wenngleich Fortschritte ihr nicht versagt sein sollten.[53]

Eine kategorische Geltung, an die auch der Rechtsgelehrte gebunden war, sollte damit nicht bei jedem Gesetz Anwendung finden, Ausnahmen blieben möglich. Eine solche Geltungswirkung war vielmehr an die Bedingung geknüpft, daß die Geltung beanspruchende Norm sich inhaltlich und äußerlich bereits dem Vernunftgesetze gebeugt habe.[54] Das „bloße Vernunftgesetz" war zunächst philosophisch und darin „nicht allgemeingeltend ... Soll es wirklich herrschen, so wie es ihm gebührt, ... so muß dieses Rechtsgesetz aus dem Reich der Vernunft in das Reich der Erfahrung, aus der intelligiblen Welt in die Welt der Sinne hinübergetragen" worden sein. Sei diese Vernunftbedingung jedoch noch nicht erfüllt, gab es keine Bedenken, den philosophischen

[51] Ebd., 83.
[52] Vgl. ebd., 89.
[53] Ebd., 71.
[54] Ebd., 65.

Rechtsgelehrten auch materiell-rechtlich wirken zu lassen und in der Vollkraft seiner wissenschaftlichen Funktion Lücken und Wertungswidersprüche durch analytische und auch synthetische Urteile auszufüllen bzw. gar Wertsetzungen de lege ferenda durch ein Inventionsverfahren spekulativer Setzung zu finden. Daß danach die wissenschaftliche Zielsetzung erreicht und die philosophische Funktion des Wissenschaftlers beendet wäre, seine Aufgabe, um mit Lüderssen zu sprechen, wohl nur in „tautologischer Umdeutung" liegen müßte[55], deutete Feuerbach selbst an: „Unter einer Gesetzgebung von großem Umfang, welche aus verschiedenartigen nicht ineinander, sondern nebeneinander fließenden Quellen gebildet ... ist: da muß die Gesetzgebung erst durch Verarbeitung vereinfacht, durch Forschung erleuchtet, kurz wissenschaftlich gebildet werden, um in das Leben tätig eingreifen zu können. ... Aber dieses wissenschaftliche Bedürfnis der Praxis ist bald und leicht befriedigt. Ihre ersten Lehrer sind bald auch ihre letzten, die einmal vernommenen Meinungen werden für immer angenommen."[56]

Dieser progammatische Ansatz räumt zwar den methodischen Widerspruch nicht endgültig aus, ist indes zumindest tempörär historisch zu lösen und durch biographische Umstände in der Person Feuerbachs verständlich. So hat etwa Bohnert das Programm Feuerbachs von 1804 in einer biographischen Epoche gesehen, die sozusagen vernunftrechtlich gesetzlos war.[57] Nach den Maßstäben Feuerbachs erschienen die Gesetze jenes Zeitraums jedenfalls als unvollkommen[58], war doch ihm der Auftrag erteilt worden, einen eigenen Entwurf zu einem Strafgesetzbuch zu erstellen und über die Gutachten zum Kleinschrodischen Entwurf zu entscheiden.[59] Es war die Zeit, bevor unter seiner Federführung das für damalige Verhältnisse in seiner Perfektion spektakuläre bayerische Strafgesetzbuch von 1813 geschaffen wurde.

Die naturrechtliche Kompetenz der Wissenschaft stellte sich nach einer solchen biographischen Lösung als Programmbestandteil für eine Aufgabe dar, bei der ein Wissenschaftler vor einer historisch gewachsenen, aber rechtspolitisch unzureichenden Materie steht. Angesichts der angelaufenen legislatorischen Projekte konnte Feuerbach dann 1810 programmatisch nicht mehr den gleichen Rechtszustand wie 1800 zugrundelegen. Unter Schutzgesichtspunkten galt es, das künftig geltende reformierte Gesetz, das nach Vernunftsgesichtspunkten projiziert worden war und sich darin von den geschichtlich gewordenen Gesetzen abhob, zu bewahren, weshalb ihm „kategorische" Geltung zukam. Dieser Umstand konnte in einer Erklärung zur Funktion der Jurisprudenz nicht unberücksichtigt bleiben.

---

55 Lüderssen, Einleitung, 21.

56 Feuerbach, Blick, 5.

57 Bohnert, 8.

58 Feuerbach, Über Philosophie, 65.

59 Vgl. oben B I 1. Fn. 27.

1810 als Mitglied der Gesetzgebungskommission erklärte Feuerbach rigoros gesetzespositivistisch, Philosophie könne, „so wenig als der Bildhauer den Marmor schafft, ... die Materie selbst weder hervorbringen, noch ihr etwas nehmen von dem, was sie ursprünglich in sich selbst hat. ... Das Positive lag als verächtliche Materie zu ihren Füßen und ward zertreten, sobald es nicht ihren Formen sich bequemte."[60] Für materiale Naturrechtsreflexionen war jetzt in der Dogmatik kein Raum, so daß die Philosophie auf eine empirisch-analytische Funktion gemäß der Erkenntnislehre Linnées begrenzt wurde und ein alleiniges Wertungsmonopol beim politischen Gesetzgeber liegen konnte. Dogmatische Aussagen de lege ferenda erschienen auch nicht etwa als bloß funktionslos, sondern sogar als schädlich; erinnert sei an das nach Inkrafttreten ergangene private Kommentierungsverbot, welches Feuerbach befürwortet hatte, aber selbst auf amtliche Kommentierungen bezogen wissen wollte.[61]

c) Die Durchbrechung der gesetzespositivistischen Methode im Lehrbuch

In dem Rahmen einer solchen biographischen Entwicklung ist es möglich, im Lehrbuch die dogmatische Perspektive Feuerbachs hinsichtlich des geschichtlichen bzw. des geltenden Rechts und einer davon unabhängigen naturrechtlichen Erörterung zu werten. So gewinnt der auf das Jahr 1801 zurückgehende methodische Grundsatz in dem Prolegomenon des Lehrbuchs sein Gewicht, der gerade den strengen gesetzespositivistischen Methodengrundsätzen von 1810 konträr ist: „Quellen des gemeinen deutschen Criminalrechts" seien „I) die Philosophie des Strafrechts, soweit diese in ihrer Anwendung nicht durch positiv gesetzliche Bestimmungen beschränkt wird; II) die positiven Strafgesetze des ehemaligen deutschen Reichs."[62]

Unter Berücksichtigung des Vorbehalts beim ersten Punkt ergeben sich drei verschiedene Objektbereiche nach folgender Priorität, aus dem die „wahre Gestalt" des Rechts als ermittelbar angesehen wurde: 1. positiv gesetzliche Bestimmungen des geltenden Rechts, 2. philosophische Erkenntnis und 3. die geschichtlichen Normen des ehemaligen deutschen Reiches. Der Stoff der Wissenschaft war demnach gemäßigt unterschieden worden und durfte folglich auch materiell korrigiert werden. Gesetzliche Wertungen waren damit nicht kategorisch, sondern antastbar und grundsätzlicher „Revision" zugänglich.[63]

---

[60] Feuerbach, Blick, 12.

[61] So erscheint es nicht verwunderlich, daß zum Bayerischen Strafgesetzbuch vom 1. 10. 1813 per Reskript am 13. 10. 1813 ein Kommentierungsverbot ergangen war; vgl. Schubert, 214 Fn. 39; Radbruch, Feuerbach, 85.

[62] Feuerbach, Lehrbuch (11. Aufl.), 3. Vgl. auch ebd. (1. Aufl.), 4: „I. die Natur der Strafe und des Strafgesetzes, so weit dies auch in ihren Folgen ausdrücklich den Verordnungen widerspricht. II. Die ausdrücklichen Verordnungen der gemeinen Strafgesetze Deutschlands."

Was Feuerbach von dem positiven gemeinen Reichsrecht gehalten hatte, von der Constitutio Criminalis Carolina von 1532, reichsrechtlichen Ergänzungen oder geschichtlichen Partikularrechten, insbesondere dem Codex iuris Bavarici criminalis des Barons Kreittmayer aus dem Jahre 1752, darüber ließ er keine Zweifel; sie wurden im Lichte vernunftrechtlicher Überlegungen ihrem Wesen nach als völlig ungenügend angesehen.[64] Zum Codex iuris Bavarici criminalis von 1752 erfährt man: „Die eigentlichen Strafgesetze dieses Codex sind fast durchaus in Draco's Geist gedacht und geschrieben mit Blut."[65] Diese Festlegung des Verhältnisses von Philosophie und Empirie, insbesondere aber hinsichtlich historischer Rechtssätze konnte bei der Abfassung eines Lehrbuchs zum gemeinen peinlichen Recht aus naheliegenden Gründen nicht ohne thematische Auswirkung bleiben. Trotz des Zusatzes „gültigen" im Titel hatte Feuerbach sich tatsächlich keineswegs gesetzespositivistisch gebunden gefühlt, sondern war abgewichen, wo er es aus systematischen Gründen heraus für notwendig gehalten hatte.

Feuerbachs Anliegen war entgegen der Titelankündigung eben nicht das eines historisch getreu nachvollziehenden, sog. „eleganten" Rechtshistorikers. Seine wissenschaftliche Intention, mit der er das Lehrbuch begründete, zeichnete sich durch die philosophische Prägung eines reformerischen, rechtspolitischen Dranges aus[66], mit der das überkommene Normengefüge als konglomerater Haufen angesehen wurde, der zu ordnen war und in der Form seiner Überlieferung nach Struktur und Inhalt dem geplanten reformerischen Anliegen entgegen stand. „Unsere Gesetzbücher, deren Ursprung sich in Zeiten verliert, wo die philosophische Rechtslehre als besondere Wissenschaft noch nicht einmal ihr Wiegenalter angetreten hatte, ... bestehen größtenteils aus speziellen Rechtssätzen, aus Entscheidungen einzelner Fälle, aus Beantwortung kasuistischer Probleme, aus Beispielen für die Anwendung der Gesetze und gleichen insofern mehr einem Aggregate von Materialien für eine Gesetzgebung als einer wirklichen Gesetzgebung selbst."[67] Und die Erklärung fährt fort: „Also muß der Rechtsgelehrte mit philosophischem Geist in das Reich der philosophischen Rechtslehre hinüber, wo es gilt, den Stoff materiell und

---

[63] Vgl. nur ders., Revision I, wo erst im Anschluß an die als maßgeblich ermittelten Prämissen im 5. Kapitel (ebd., 343) exegetisch auf positives Recht eingegangen wird. Offensichtlich hielt Feuerbach diese nachliefernde Beweispräsentation für ausreichend (vgl. ebd., S. IX), provozierte dadurch jedoch Einwendungen, die zur Kontroverse mit Ernst Ferdinand Klein geführt hatten (vgl. ebd., II, S. XXVI).

[64] Bohnert, 8.

[65] Biogr. Nachlaß I, 130; siehe auch Feuerbach , Revision I, 162 f.

[66] Was Feuerbach von diesem Gelehrtentyp gehalten hatte, erhellt folgende Bemerkung: „Als historischer oder sogenannter eleganter Jurist wohnt er allein auf dem Felde der Geschichte, Kritik und Literatur, in gleicher Entfernung von der Philosophie wie von der Praxis: ihm ist die Frage; was ist Recht gewesen? weit wichtiger als das Problem: was ist jetzt als Recht gültig?" (Feuerbach, Über Philosophie, 62).

[67] Ebd., 88.

formell zu erfassen", nämlich erstens „die Objekte seiner Wissenschaft zu erkennen", d.h. ihrem wahren Wesen[68] nach, und zweitens ihren systematischen Ort „als Logiker zu bestimmen."[69] Eine materiale antipositivistische Umformung war also geboten. Sie lag funktional auch nahe: Habe aber der philosophische Geist erst einmal Fuß gefaßt, dann kenne „das Forschen ... keine Grenzen mehr. – Am wenigsten dürfen wir solche Grenzen in einer Wissenschaft anerkennen, die ... mehr den Prinzipien als den Gesetzen verdanken muß"; die programmatischen Grenzen von 1804 erwiesen sich noch als überschreitbar.[70]

So wird denn auch der Leser des Lehrbuchs bereits zu Beginn darauf hingewiesen, daß ihn Stoff und Form „gereinigt von allen, seinen Theilen, sowohl von positiven als philosophischen Irrthümern" erwartet. Streng war also nicht die positivistische Treue und exegetische Genauigkeit. Vielmehr war der philosophische Maßstab „in seiner höchsten Consequenz, nach allen Forderungen der systematischen Einheit" anzuwenden.[71] Den synthetischen und analytischen Urteilen gesellten sich aus Notwendigkeit vorpositive, philosophische Prämissenbildungen zu, für die die Exegesegegenstände zwar Anlaß zur Betrachtung, aber nicht Basis für Schlußfolgerungen a posteriori geworden waren.

Gerade die Planung eines streng geordneten Systems für die rechtlichen Wertungen, bei der die ordnungsleitenden Grundsätze bestimmten, was relevant sein sollte, mußte zu vorpositiven Überlegungen führen. Mit den problemorientierten Regelungen des historischen Gesetzgebers konnte ein solches Verfahren schlechterdings nicht harmonieren. Die Resultate eines topischen Denkens und ein unbeugsam reformerischer Systemwille standen sich hier gegenüber; um dem „gereinigten" System zum Sieg zu verhelfen, mußten Schnitte angebracht werden. So entstand ein eigenständiger allgemeiner Teil des Strafrechts[72], konsequent philosophisch genannt[73]. Beim obersten „Grundbegriff, von welchem das ganze Criminalrecht ausgeht und auf welches alles zurückläuft, ... (kann man) ohne Übertreibung sagen, daß von der Bestimmtheit oder Unbestimmtheit dieses einzigen Begriffs die Wahrheit oder Falschheit ... der ganzen Theorie und die Festigkeit oder das Schwanken der Praxis abhängig ist."[74]

Soweit Feuerbach der Ansicht war, daß bestimmte Prämissen regelmäßig „stillscheigend ... sanctioniert" wären[75], erweckt er den Anschein, als würde

---

68 Vgl. ebd., 82.

69 Ebd., 83f.

70 Ders., Über die Strafe als Sicherungsmittel, 3.

71 Ders., Lehrbuch (1. Aufl.), S. VI.

72 Ders., Über Philosophie, 93 Fn.

73 Ders., § 4 im Lehrbuch (11. Aufl.), 2.

74 Ders., Revision I, S. XVIII f.

er zumindest sie mittels eines synthetisch-empirischen Schlusses a posteriori erfaßt haben. Tatsächlich aber ist vor allem der philosophische Teil seines Systems das Einfallstor apriorischer Annahmen. So wird man nur, falls man das Positivismusprogramm wörtlich nimmt und auf die ersten Jahre des 19. Jahrhunderts bezieht, erstaunt über die Erklärung Feuerbachs zum Strafbegriff sein. Dieser Begriff schien ihm zu jener Zeit indes als so klar wie evident, daß sich eine exegetische oder logische Klärung erübrigen sollte: „Der Sprachgebrauch liegt uns nahe; die Reflexion über unsere eigenen Vorstellungen bei dem Gebrauch des Wortes Strafe ist nicht erst weit zu holen, und ist einem jeden zugänglich, dem die Natur gesunde Geistesaugen gegeben hat. Was brauchen wir erst in den Zeiten vergangener Jahrhunderte zurückgehen, um zu lernen, was man sich unter Strafe zu denken habe."[76] Gerade im Lehrbuch hatte die „Magd" Philosophie[77] ein gewichtiges Mitspracherecht erhalten.

Angesichts dieses Geschichts- und Philosophieverständnisses wundert es nicht, daß Feuerbach die empirischen Gegenstände einer Rechtsgeschichte und Rechtsvergleichung in dem Prolegomenon des Lehrbuchs als dienstbar anerkannt hatte, da sich aus ihnen Erkenntnis zu begründen möge[78], gleichwohl in der „wissenschaftlichen Darstellung des peinlichen Rechts selbst"[79] aber auf Quellendiskussionen verzichtete und vor allem seine spekulativen Annahmen nicht kenntlich machte. Infolge der dargestellten wissenschaftlichen Intention kann man dies auch nicht erwarten. Das Lehrbuch sollte keinen Überblick über die positiven Normen des geltenden Partikularrechts, auch nicht teilweise, herstellen.[80] Das Thema war philosophischer Natur.

Nur ein solch philosophischer Problemrahmen kann allein die sprachlichen Phänomene, den semantisch-syntaktischen Bezugsrahmen unter Ausschluß aller pragmatischen Fragen, wozu der gesamte, also auch historische Kontext zählt, für darstellungswürdig halten. Die Wahl dieser Perspektive hatte Folgen für die Objekte der Darstellungen im Lehrbuch: abstrahierte Grundsätze,

---

75 Ebd., 185.

76 Ders., Über die Strafe als Sicherungsmittel, 128.

77 Ders., Revision I, S. X.

78 Ders., § 6 im Lehrbuch (1. Aufl.), 4.

79 Vgl. den Titel vor den „ersten Buch", ebd., 11.

80 Die im Lehrbuch hervorgehobenen Sach- und Sprachkenntnisse – wie Philosophie, Psychologie, Medizin sowie internationale Rechtsvergleichung, aber auch das Sammeln altdeutscher Rechtssprichwörter – sollten nicht Objekte der Rechtswissenschaft sein. In ihnen hatte Feuerbach lediglich allgemeine Vorbedingungen eines Verständnisses überhaupt gesehen, die von Rechtswissenschaftlern einzubringen, aber niemals geistig zu durchdringen waren (vgl. Feuerbach, zu § 7, Lehrbuch (1. Aufl.), 5), weshalb sie auch nicht in den Anmerkungen erscheinen. Insbesondere berücksichtigt die Darstellung zum psychologischen Zwang (§§ 17ff., ebd., 15ff.) keinerlei psychologische Erkenntnisse, auch nicht aus Dritterfahrung. Auch „Quellen einer Wissenschaft" (§ 6) oder „Hülfskenntnisse" (§ 7) schieden als darstellungswürdig aus.

exakte Begriffe und „Ableitungen"[81] rechtsrelevanter Philosopheme. Dem „Gebäude seiner Wissenschaft"[82] hatte der Plan eines geschlossenen[83], deontischen Systems vorgeleuchtet. Historische Daten waren nur im Vorfeld zu klären, systematisch aber nicht zu erörtern. Die Thematik des Lehrbuchs hatte alle Normen ihrer empirischen Form entkleidet und sich abstrahierten Inhalten, rechtlichen Wertentscheidungen an sich, gewidmet. Die Frage der Richtigkeit wurde folglich nicht an Kriterien exegetischer Auslegungen geknüpft, sondern folgte allein aus der richtigen conclusio von obersten normativen Vernunftgrundsätzen. Auch Rechtsträger oder Rechtsbetroffene als konkret durch die Rechtsausübung Tangierte, bedurften aus dieser Perspektive keiner thematischen Erörterung.

In diesem Sinne ist die Erläuterung Feuerbachs in den ersten Zeilen seines Lehrbuches zu verstehen, wonach Gegenstand der Darstellung all das sei, „was durch Strafgesetze überhaupt begründet wird", genauer gesagt auch „begründbar"[84] sei. Damit trat neben den Modus der logischen Notwendigkeit jener der realen Möglichkeit in Form einer „Noch-nicht-Existenz". Neben wirkliche Rechte sind „mögliche" Rechte gestellt worden, so daß unter Hintanstellung jeglicher historischer Bindung ein idealer Gesamtrechtszustand als vollständiges, deontisches System entwickelt werden konnte.

Eine weitere konsequente redaktionelle Folge dieses leitenden Systemwillens war, daß im Lehrbuch um oberste Grundsätze nicht inventional gerungen wurde. Sie wurden vielmehr apodiktisch vorangestellt. Auffällig ist des weiteren, daß die den gesamten allgemeinen Teil prägende Straftheorie noch in der 11. Auflage von 1832[85] ohne ein Wort der Rechtfertigung oder ein Eingehen auf die partikularrechtliche Situation dargestellt worden ist, obwohl zwischenzeitlich offensichtlich geworden war, daß ihr als wissenschaftliche Hypothese längst konkurrierende Theorien gegenüberstanden und sie in der Praxis bereits gescheitert war.[86]

Damit läßt sich der Gegenstand des Lehrbuchs bei Feuerbach wie folgt zusammenfassen: Infolge der ausschließlichen Bezugnahmen auf Wertent-

---

[81] Vgl. die Titulierung im Lehrbuch zum 1. Buch, 1. Titel, I und §§ 23, 24.

[82] Feuerbach, Lehrbuch (1. Aufl.), S. VII.

[83] Vgl. auch Schubert, 210; zu den Kriterien sog. offener und geschlossener Systeme Näheres bei Canaris, 61ff.

[84] Feuerbach, Lehrbuch (1. Aufl.), 1f. Fn.; entsprechend bereits ders., Revision I, 159ff., 178 - 183.

[85] Siehe ders. §§ 13ff., Lehrbuch (11. Aufl.), 15 f.

[86] Zum Bayerischen Strafgesetzbuch von 1813, das von der Abschreckungstheorie Feuerbachs geprägt worden war (Näheres zu den Entwurfarbeiten, Radbruch, Feuerbach, 82f.), gab es bis zum Erlaß des Diebstahldekretes vom 25. März 1816 immerhin 111 abändernde Novellen (vgl. v. Savigny, ZGeschRW 1816, 15), nachdem bereits einige Monate nach dem Inkrafttreten eine Anwendung des Artikels 218 (Diebstahl) auf Holzdiebstahl per Reskript ausgeschlossen worden war (Mittermaier, Feuerbach, 511).

scheidungen überwiegen die Eigenschaften eines philosophischen Systems des Strafrechts. Gegenstand des Lehrbuchs sind die Philosopheme der Lehre Feuerbachs.

Infolge dieser thematischen Begrenzung der Darstellung auf Prämissen und daraus folgenden Deduktionen konnte das dogmatische System durch Geschlossenheit glänzen. Textpragmatisch folgt daraus, daß das Lehrbuch einerseits als „kristallin“[87] und die Lehre als transparent erscheint, andererseits aber das System als Folge der Abstraktion von den „wirklichen“ Normen des gemeinen Rechts sich fort zu philosophisch notwendig erscheinenden Idealnormen hin entwickelte. Diese ausgeklügelte, abgeschlossene Darstellung mußte indes als negativ zu wertende Folge in Kauf nehmen, nicht auf geänderte Kontextsituationen reagieren zu können, ohne daß ein Abgehen von wesentlichen Systembestandteilen einen weitreichenden Systemumbau nach sich ziehen würde. Wollte man also Systembrüche oder -lücken vermeiden, mußte man die deduktive Konzeption gänzlich unangetastet lassen.

2. Der Gegenstand der „Strafrechtswissenschaft“ bei Mittermaier

Hatte Feuerbach zur Zeit der Lehrbuchredaktion das Ziel der Rechtswissenschaft primär darin gesehen, Rechtssätze, die dem Vernunftrecht genügen, zu entwickeln, und hatte er ein System des Rechts exakt auf diese hin ausrichten wollen und daran angelehnt die Beantwortung der Fragen „Was ist gültig, was ist gewiß?“ in den Vordergrund gestellt[88], so stieß ein solches Wissenschaftsverständnis bei Mittermaier auf strikte Ablehnung. Eine solche Rechtssystemanalyse war ihm zu theoretisch und wurde als Produktion von bloßen „Subtilitäten und Unterabtheilungen“ angesehen, die für die Rechtspraxis so undurchschaubar wären, „daß man, wenn man konsequent und gerecht seyn wollte, nur mehr den Rechtsgelehrten bestrafen konnte.“[89] Nur dieser allein habe noch einen Überblick über ein derartig abstrakt ausdifferenziertes Normensystem.

Die Funktion der Jurisprudenz sollte sich nach Mittermaiers Ansicht gerade nicht auf einen philosophisch idealissierten Aufgabenbereich beziehen. 1810 hatte er ein Bekenntnis abgelegt, daß im Gegenteil „das ganze Criminalrecht ... eine practische Wissenschaft“ sei[90], und ergänzte seine Ausführungen zum Verständnis der Wissenschaft dann 1824 dahingehend, daß das Recht „als ein abstraktes (nicht) ... nur einem Häuflein Juristen zur Verarbeitung und zum Philosophieren darüber“ zustehe, sondern daß „das Recht zur Anwendung im

---

[87] Vgl. Radbruch, Drei Strafrechtslehrbücher, 9.
[88] Feuerbach, Über Philosophie, 65f., 70f.
[89] Mittermaier, NAdC 1820, 77.
[90] Ders., Handbuch I, 35.

Leben, zur Sicherung bürgerlicher Freiheit, zum Schutz glücklicher Familien- und genossenschaftlicher Verhältnisse und zur Begründung solcher Verhältnisse bestimmt sey, in welcher die Menschheit ihre Ideale am sichersten und besten realisieren kann."[91]

Damit ist ein wesentlicher Differenzpunkt gegenüber der Wissenschaftsauffassung Feuerbachs angedeutet worden. Während bei Feuerbach eine Relevanz der Philosophie für wissenschaftliche Fragestellungen zu erkennen ist, scheint sich bei Mittermaier eine Relevanz der Soziologie für die Rechtswissenschaft andeuten zu wollen. Bereits ein kurzer Blick auf die Menge empirischer Daten, mit denen die posthumen Lehrbücher gefüllt worden sind, verrät jedenfalls, daß hier ein Wechsel in der wissenschaftlichen Intention gegenüber jener Feuerbachs prägend geworden sein muß und die Wissenschaft sich einem geänderten Objektbereich gewidmet hat.

Sieben Dezennien vor v. Liszts programmatischer Bemerkung zu einer „gesamten" Strafrechtswissenschaft[92], die der Legislative nur zuarbeiten dürfe, wenn sie das Recht „in allen seinen Beziehungen, in seinem ganzen Zusammenhange versteht und würdigt"[93], scheint es, als ob schon Mittermaier Fragen nach sozialer Angemessenheit von Normen erhoben hatte und einen in diesem Rahmen über Probleme inhaltlicher Richtigkeit hinausgehenden Objektbereich der Kompetenz der Rechtswissenschaft unterstellen wollte. Wäre dem so, dann ließe sich die Frage nach seinem allgemeinen Wissenschaftsverständnis dahingehend eingrenzen, daß man in Mittermaier möglicherweise einen Dogmatiker sehen könnte, der es als seine Aufgabe angesehen hatte, die ontischen Bezugsobjekte der normativen Aussagen aufzudekken.[94] Ob es indes angemessen ist, Mittermaier als Dogmatiker zu bewerten, muß bezweifelt werden.

Während die historische Interpretation heute nahezu einheitlich in Feuerbach den kantisch geprägten Systematiker und Dogmatiker betont[95], macht gerade die Vielfalt der in allen Werken von Mittermaier aufgegriffenen Themenbereiche es schwierig, seine allgemeine wissenschaftliche Intention zu charakterisieren. Schon die Vielfalt der Objekte, insbesondere all die im Lehrbuch von ihm zitierten Kodifikationen lassen Zweifel entstehen, ob er überhaupt ein dogmatisches Anliegen hatte und ob die Fragestellung aus der Perspektive einer normativen Wertigkeit resultierte. Ihnen folgen die weiteren

---

91 Ders., HdJbLit 1824, 643f.

92 Vgl. v. Liszt, ZStW 1889, 452ff.; Stephanitz (199) will zwischen Mittermaier und v. Liszt eine direkte methodische Vergleichbarkeit sehen.

93 v. Liszt, a.a.O., 454.

94 Zur wissenschaftstheoretischen Differenzierung der Dogmatik nach ihrer funktionalen Dimension, vgl. Maiwald, Dogmatik, 120 - 122.

95 Vgl. Frommel, C. J. A. Mittermaiers Konzeption, 75, 89; Naucke, Kant, 62ff.; Lüderssen, Einleitung, 23, 35ff.; Döring, 17ff.; Schröder, 154; Gallas, Kritik, 6; kritisch aber Stühler, 201ff.

Zweifel, ob er etwa aus diesem Blickwinkel das in seiner konglomeraten Form auffällige Lehrbuch redigiert haben könnte. Betrachtet man jedenfalls sein Gesamtwerk, dann läßt sich Mittermaier zwar je nach Fragestellung und Objektbereich entweder als praktischer Strafrechts- und Kriminalwissenschaftler[96], als Strafprozessualist[97] oder als Strafvollzugswissenschaftler[98], auch als Wissenschaftler einer Rechtsvergleichung[99], Rechtstatsachenbetrachtung[100] oder überhaupt als rechtspolitischer Reformer[101] bezeichnen. Einigkeit, auch stillschweigende, scheint angesichts seines Gesamtwerkes in bezug auf seine wissenschaftliche Tätigkeit offenbar nur darin zu bestehen, ihm als Dogmatiker des Strafrechts ungenügende Fähigkeiten zusprechen zu können.[102] Hatte aber Mittermaier überhaupt ein dogmatisches Anliegen, mit dem er nach dem semantischen Inhalt der Normen fragte? Hatte er dies insbesondere bei der Lehrbuchredaktion?

Wie zahlreiche Zeitschriftenaufsätze dokumentieren, hatte sich Mittermaier jedenfalls zeitgenössischen Dogmatikdiskussionen nicht entzogen. Wenn aber die leitende wissenschaftliche Intention Mittermaiers, mit der von ihm das Feuerbachsche Lehrbuch der Dogmatik posthum herausgegeben worden war, dogmatischer Art wäre, warum wurde dann seitenlang über das Ergebnis der neuen Kodifikationsbewegung gesprochen, ohne inhaltlich zu klären, ob dadurch alte Wertungsprobleme gelöst oder neue geschaffen worden waren? Wenigstens ansatzweise müßten Bezüge erkennbar werden, wenn seine wissenschaftlichen Interessen dogmatischer Art waren. Sollten ihn aber etwa dogmatische Fragestellungen veranlaßt haben, darzustellen, wie der norwegische Entwurf eines Strafgesetzbuchs und nordamerikanische Strafvollzugssysteme ausgestaltet worden waren?[103] Angesichts der aufgenommenen Materialvielfalt sind Zweifel nicht auszuschließen. Die redaktionell-prägende besondere wissenschaftliche Intention kann nur auf dem Hintergrund von programmatischen Äußerungen über das allgemeine wissenschaftliche Anliegen, und zwar

---

[96] So Lüderssen, a.a.O. (vgl. Fn. 95), 17, 52ff. und ders., JuS 1967, 446; Naucke, Von Feuerbach zu Mittermaier, 95; Frommel, a.a.O. (vgl. Fn. 95), 73ff. und dies., Präventionsmodell, 13ff., 153ff.; Müller-Dietz, Der Strafvollzug, 111 und ders., Kriminalistik 1974, 157ff.; Kammer, 31.

[97] Schulz, 139ff.; Frommel, a.a.O. (Fn. 95), 76ff.

[98] Müller-Dietz, Der Strafvollzug, 109ff.; Kammer, 71ff.

[99] Jayme, Grußwort, 15ff.; Müller-Dietz, a.a.O. (Fn. 98), 116 Fn. 33; differenziert Constantinesco, 110ff., bei dem die politische Funktion im Wissenschaftsverständnis erkannt wird: „Die Anwendung der Vergleichung als Instrument der Gesetzgebungspolitik hatte ihre Probe bereits mit Mittermaier bestanden“, ders., 137.

[100] Müller-Dietz, a.a.O. (Fn. 98), 115, 119.

[101] Mußgnug, 51ff.; Györgyi / Vékás, 149ff.; vgl. auch Stegemeier, 93; kritisch Naucke, a.a.O. (Fn. 96), 102.

[102] Deutlich bei Naucke, a.a.O. (Fn. 96), 107, vgl. auch ebd., 93f. und Frommel, a.a.O. (Fn. 95), 82f., zu den Hinweisen auf Charakterisierungen Mittermaiers in der Vergangenheit.

[103] Vgl. Mittermaier, Lehrbuch (12. Aufl.), 140, 141.

unter dem Blickwinkel, den die Erwartungen an den posthumen Herausgeber stellen, erhellt werden. War Mittermaier Dogmatiker und handelte er aus dieser Perspektive auch als Herausgeber der Lehrbücher Feuerbachs?

a) Das allgemeine wissenschaftliche Anliegen Mittermaiers

Die herrschende Ansicht, die in Mittermaier vor allem den empirischen Wissenschaftler sieht, gründet ihre Feststellung insbesondere auf seine wiederholt vorgebrachte Kritik an intrasystematischer Arbeit und auf seine Forderung nach einer Folgenanalyse. Zuzustimmen ist ihr insoweit, als damit gesagt wird, daß Jurisprudenz als zetetische Wissenschaft[104] schlechterdings für Mittermaier nicht akzeptabel gewesen war und er bei dogmatischen Beiträgen neben immanenten Bezügen die Notwendigkeit einer Beachtung funktionalpragmatischer Wirkgesichtspunkte aus dem Umfeld der Normen betont hatte.[105] Daß das wissenschaftliche Anliegen Mittermaiers als das eines juristischen Empirikers allerdings angemessen umschrieben ist mit der Folge, ihn vage als Rechtspragmatiker oder als Nicht-Dogmatiker zu charakterisieren, erscheint nicht vertretbar.

aa) Zum wissenschaftstheoretischen Grundverständnis

α) Der philosophische Antipositivismus und die idealistische Ontologie

Für die Beurteilung der methodischen Perspektive, die die normative Materie im Zusammenhang mit der sozialen Lebenswelt sehen will, stellen sich mehrere Fragen, von denen sich die zentralen um die Problematik drehen, ob Mittermaier sein Werteverständnis überhaupt aus empirischen Gegenständen abgeleitet hatte. Darüberhinaus wäre zu fragen, an welchen Gegenständen Mittermaiers Begriff der Erfahrung überhaupt anknüpft, ob Mittermaier etwa im Sinne eines Gesetzespositivisten Wertungsfragen allein der politischen Kompetenz des Gesetzgebers unterstellt hatte und in diesem Sinne gesetzespositivistisch angepaßt ein wertrelativierender Pragmatiker war oder ob Mittermaier in eigener Kompetenz rechtsrelevante Werte ontisch zu begründen suchte[106]?

---

104 Zum Begriff der Zetetik siehe Wieacker, praktische Leistung, 312 m.w.N.

105 Hier wird man eine biographische Prägung vermuten dürfen, wonach Mittermaier in seiner Jugend ein gewisses Interesse an Naturphänomenen gehabt haben soll. Die etwa in der Familienbiographie erwähnte besondere Hinwendung zur Geologie (vgl. Mittermaier, K. u. F., 7) wird durch ein entsprechendes Attest gestützt, welches sich im Familiennachlaß befindet; zu erinnern sei indes aber auch an seinen frühen Wunsch, Medizin zu studieren, vgl. oben B I 1. Fn. 6.

106 Vgl. die Einschätzungen bei Hauck, MschrKrimPsych 1914, 658; Lüderssen, JuS 1967, 446; ders., Einleitung, 51ff.; Müller-Dietz, Kriminalistik 1974, 157ff.; Frommel, Präventionsmodelle, 13f., 153ff.; dies., C. J. A. Mittermaiers Konzeption, 79ff.; Kam-

Die heute herrschende Lehre sieht in Mittermaier vor allem einen rechtspositivistischen Pragmatiker, wenn auch teilweise mit Bedenken. Bei Naucke deutet sich hinsichtlich der Positivismusfrage immerhin Skepsis an, indem er bei Mittermaier „das Beharren auf einer durch und durch konstruierten Welt" entdeckt.[107] Dennoch wird ein Pragmatismus angenommen, wie sich aus der Feststellung entnehmen läßt, Mittermaier habe „zweckmäßig sein (wollen) und nur dies."[108] Ein vergleichbarer, hier aber kontextuell verkürzender Ansatz findet sich bei Frommel, nach der rechtsrelevante Wertvorstellungen Mittermaiers durch eine „Präferenz kleinbürgerlicher Tugenden" vorgegeben gewesen seien.[109]

1. Sowohl die Reduktion auf eine zweckhafte Denkweise als auch die Andeutung des Ideologems verkürzen die kritische Perspektive Mittermaiers und verkennen die Qualität seines Erkenntnisverfahrens und seiner Wertvorstellungen. Trotz aller Bekenntnisse Mittermaiers, die Wahrheit als „Ergebnis der Sinne"[110] würdigen zu sollen, ist nämlich ein nicht bloß gelegentliches Andeuten, sondern ein ständiges Bestreben erkennbar, sich als Erfahrungswissenschaftler von einem Rechtspositivismus, der nur den Aspekt einer Zweckhaftigkeit von Normen im Auge hat, aber die Werthaftigkeitsfrage in bezug auf die konkrete Lebenswelt hintanstellt bzw. relativiert, abzusetzen.

Zu einer Überinterpretation der empirischen und pragmatischen Elemente in der Theorie Mittermaiers mögen sein unüberhörbarer Ruf nach „Erfahrung", den leider keine vertiefende, verständnisfördernde Reflexion begleitet hatte[111], ebenso wie die bekannt gewordene Korrespondenz mit Vertretern des frankophonen Positivismus[112] beigetragen haben. Tatsächlich aber hatte sich Mittermaier wiederholt bemüht, sich von allen Theorien, soweit sich rechtspositivistische oder ontisch-utilitaristische Einschläge bemerkbar machten, erkennbar abzugrenzen; sie waren ihm suspekt.

Von zentraler Bedeutung und vehement war die Kritik Mittermaiers an Bentham, dessen Wertelehre er gerade wegen einer utilitaristischen Beliebigkeit als angemessene Methode sowohl für die Jurisprudenz als auch für die Legislation verworfen hatte. Bentham habe, so der Vorwurf, „einer höchst

---

mer, 31; weitere Nachweise auf ältere Interpreten bei Naucke, Von Feuerbach zu Mittermaier, 93 f.

[107] Naucke, a.a.O., 100.

[108] Ebd., 104.

[109] Frommel, C. J. A. Mittermaiers Konzeption, 85.

[110] Mittermaier, Beweis, 126.

[111] Resigniert auch schon Lüderssen, Einleitung, 45.

[112] Dazu Kammer, 47ff., 64ff. Zu einem Verständnis der ontischen Ansichten, die von Mittermaiers Korrespondenzpartnern vertreten worden waren, verhilft der frühe Überblick über die positivistischen Lehren der einzelnen Strafrechtsschulen des 19. Jahrhunderts in Europa bei Thót, ArchKrimAnthro 1914, 193ff.; ebd. 1915, 1ff., 113ff., 203ff. Vgl. auch Hering, Der Weg der Kriminologie, 1966.

unwürdigen Ansicht der menschlichen Natur“ angehangen; seine Theorie sei „empörender Materialismus.“[113] Die positivistischen Lehren insgesamt hätten zwar infolge ihrer Perspektive etwas „Verführerisches“, mußte Mittermaier gestehen. Er grenzte sich jedoch sofort ab, gerade diese Tatsache mache sie „aber gefährlich“.[114] Die Abneigung Mittermaiers ist also unüberhörbar. Was einer vom allgemeinen Positivismus abgeleiteten Rechtstheorie der „Materialisten“ nämlich fehle, insbesondere in strafrechtlicher Hinsicht, sei eine Integration der ethischen „Idee der Gerechtigkeit“. „Wo Nutzen das Prinzip seyn soll, wird jede noch so harte Strafe gerechtfertigt, wo die außerordentlichen Umstände den Nutzen dieser Strafe zu versprechen scheinen.“[115] Die utilitaristische Kategorie des Nutzens schaffe keine eindeutig ethischen Maßstäbe, „der Staat darf (danach) alles thun“, „Gewissen ist ... nur un mot vague et confuse.“[116] Ein derart verstandener Positivismus war ungeeignet, weil seine Methode keine materiale Erkenntnis lieferte.

Diese Bewertung des englischen Empirismus war auch nicht der bloß einmalige „Ausrutscher“ eines im Grunde doch als Empiriker zu charakterisierenden Juristen gewesen. Dahinter hatte eine konsequente Haltung gestanden. Noch 1838 verteidigte Mittermaier beispielsweise den belgischen Statistiker Quetelet - aber nicht etwa, weil sich Mittermaier selbst inzwischen als ontischen Positivisten einschätzte, sondern weil er bei jenem ein bestimmtes, den eigenen Vorstellungen entgegenkommendes philosophisches Denken wahrgenommen haben wollte. Quetelet habe seinen „scharfprüfenden mathematischen Sinn mit philosophischem Geist vereinigt.“[117] Zu akzeptieren war er deshalb, weil er die Erkenntnisse einer wertfreien analytischen Methode wertebewußt interpretierte. Gerade dieses Verfahrens sprach Quetelet vom Vorwurf frei, ein „Materialist“ zu sein. Hinter dieser Würdigung Quetelets verbirgt sich eine bestimmte philosophische Sehensweise Mittermaiers, mit der er nicht nur ontische Phänomene zu betrachten pflegte, sondern die auch rechtliche Grundwerte prägten, mit denen er gesetzlichen Normaussagen gegenübertrat.

2. Dem wissenschaftlichen Anliegen Mittermaiers hatte positiv eine philosophische Sichtweise zugrundegelegen, die schon im Erstlingswerk von 1807 „Über die Prinzipien des sogenannten Naturrechts“[118] deutlich gemacht wor-

---

113 Mittermaier, KritZfRwiss 1830, 346; zu Comte vgl. ebd., 433; zu Locke bereits ders., Über die Prinzipien, 175. Kurioserweise wird Mittermaier in Verkennung seiner Antipathie gegenüber den Empirikern von McDonell in „Great Jurists“ (S. X) in einem Atemzug mit Bentham genannt.

114 Mittermaier, KritZfRwiss 1830, 329.

115 Ebd., 346.

116 Ebd., 345f.

117 Ders., KritZfRwiss 1836, 323, 321.

118 Veröffentlicht in der Mittermaier-Festschrift, 167 - 243, vgl. dazu oben A III Fn. 5.

den war, vor allem aber in zahlreichen späteren Zeitschriftenaufsätzen inhaltlich aufgegriffen und so unter Zeitgenossen publik wurde. Die Ausführungen brillieren weniger durch die Begrifflichkeit einer präzisen Theorie, als durch Appelle an die rechtspolitisch verantwortlichen Instanzen, stellen gleichwohl aber in den Wertentscheidungen die Ursprünge der rechtsrelevanten axiomatischen Vorstellungen dar.

Rechtstheoretischer Kernpunkt war die rechtsanthropologische Annahme[119], daß jene Idee der Gerechtigkeit nur als Verbindung mit der Idee der Menschlichkeit zu sehen sei. Begrifflich bezogen sich die Theoreme „Idee der Gerechtigkeit" und „Idee der Menschheit" nicht auf Denkannahmen, sondern existierten als Phänomene und stellten dabei eine unlösbare Einheit dar.[120] Die reale Existenz der Gerechtigkeit ergebe sich folglich nicht schon bei immanent richtigen Gesetzen, sondern erst bei praktisch akzeptierbaren Regelungsergebnissen, in denen die Idee der Menschheit sich manifestiert zeige. Solche materialen naturrechtlichen Reflexionen führten zu Vorstellungen, die das Wesen der Menschheit als Sinnhaftes verstanden und mit dieser Bestimmung des Menschen eine Sinnhaftigkeit im Leben der Menschheit, mithin auch in ihren Gesetzen sahen.[121]

Ausgangspunkt dieser Sicht ist eine Philosophie[122], die sowohl humanistische Wertvorstellungen als auch soziale Bedingungen zugleich berücksichtigen wollte.[123] In ihrer Ontologie ist sie als objektiv-idealistische Identitätstheorie zu qualifizieren. Dies wird deutlich etwa in der Annahme Mittermaiers einer dualistischen Struktur anthropogener Phänomene, bei der es, grob gesprochen, immer eine äußere und innere Sphäre, das Reale und das Ideale als die zwei Seiten eines Dinges gebe.[124] In gesellschaftlicher Hinsicht bedeute dies

[119] Zu den anthropologischen Interessen in der Jurisprudenz zu Beginn des 19. Jahrhunderts vgl. die Darstellungen bei Mühlmann, 48ff., 62 - 73, 105; zum heutigen Interesse der Rechtswissenschaft an anthropologischen Fragen vgl. m.w.N. Büllesbach, 419.

[120] Mittermaier, Über die Prinzipien, 180, 204. Hier sei an die großen Diskussionen der vorfeuerbachschen Zeit erinnert, die die Fragen zum „richtigen" Recht aus naturrechtlichen Grundsätzen zu beantworten suchten und die in den Disput Stübel / Feuerbach mündeten, aus dem Feuerbach als Sieger hervorging.

[121] Mittermaier, Über die Prinzipien, 201.

[122] Der Mensch habe eine „künftige Bestimmung in moralischer, gesellschaftlicher und religiöser Hinsicht" (Mittermaier, KritZfRwiss 1844, 151).

[123] Zur Epoche der Aufklärung siehe den Überblick bei Schmidt, Eb., 222 - 228.

[124] Mittermaier, Über die Prinzipien, 190: „Reales und Ideales stellen für sich keine eigenen scharf getrennten Welten dar. Jedes lebt in dem Wesen des anderen, und jedes ergänzt sich wieder im anderen." Realität und Idee erscheinen als zwei Sphären eines einzigen Gegenstandes, zwei Pole einer Wesenheit. „... Ideales und Reales leben harmonisch nebeneinander ... wie 2 Sphären einer Einheit ..." (ebd., 218). Der ontische Dualismus von Realem und Idealem findet Entsprechungen im Verhältnis von Natur/ Geist (ebd., 218), außen/innen (ebd., 178, 214) und endlich/unendlich (ebd., 182f.). Die Manifestationen der Materie erscheinen nur als eine Besonderheit des unendlichen Lebens (vgl. ebd., 191); welches nach Erreichung der Vollendung als „reines Sein" gelebt wird (vgl. ebd., 181).

eine Diskrepanz zwischen einem realen und einem idealmenschlichen Zustand. Um Kongruenz zu erreichen, müßte die Menschheit noch zur Idee streben, und strebe auch, so daß sie sich in einem Zustand ständigen Fortschritts befinde; dies sei geschichtlich festzustellen.[125]

Mit diesen Annahmen stand Mittermaier tief in einer idealistischen Theorie, deren Zweige einerseits ein formelles Philosophem des entelechialen Fortschritts zum Ideal[126], andererseits ein materielles Philosophem des idealen Menschen bzw. Menschheitszustandes[127] erkennen lassen, die gemeinsam als sozialer Prozeß den Menschheitszustand prägen. Dem positiven Recht fällt in

---

125 Zur zeitgenössischen Identitätsphilosophie Schellings grundlegend Hollerbach, 152ff.; zur Beziehung Mittermaiers zu dem Kreis Landshuter Schellingianer vgl. Neh, 257.

126 Vgl. noch Mittermaier, germanisches Recht, 60f. Das soziale Geschichtsverständnis Mittermaiers ist maßgeblich durch ein Theorem des Fortschritts geprägt und damit im Grunde unhistorisch (zu geschichtlich interpretierenden Theorien vgl. Seiffert II, 64ff. m.w.N.). „Wir sind zum Glück über die Zeiten hinüber, wo man in der Geschichte nur einen blinden Zufall walten und eine äußere Notwendigkeit herrschen sah. Man erkennt allmählich den wehenden Odem der Gottheit, das freundliche Wandeln des Weltgeistes, der sich ausprägt in der Geschichte und reell sich anschaut in den Gebilden" (Mittermaier, Über die Prinzipien, 172). An diesem geschichtsphilosophischen Ansatz einer gesellschaftlichen Progression hat Mittermaier zeitlebens festgehalten (vgl. nur in den Spätwerken, ders., Strafgesetzgebung I, 2, 172 passim; ebd. II, 14; Mündlichkeit, 2f., 222; auch KritZfRwiss 1836, 323 und HdJbLit 1858, 36f.). Er findet sich selbst im Lehrbuch (vgl. §§ 5a, 5b Lehrbuch (12. Aufl.), 6ff.).

Mittermaier als Katholik, der mit dem Konstanzer Generalvikar Ignaz Heinrich v. Wessenberg korrespondiert hatte (vgl. A. Kleinschmidt, Deutsche Revue 1889, 2. Bd., 63ff., 175ff., 343ff.), geht in seiner naturrechtlichen Theorie trotz gelegentlicher thomistischer Philosopheme wie „Gottheit" und „göttliche Abstammung" (vgl. Mittermaier, Über die Prinzipien, 227 und 172f.) von einer vernunftgeprägten Weltordnung aus. Was sich in der Welt an Harmonie verwirkliche, „geschieht durch die Vernunft" (ebd., 172; vgl. auch ebd., 232 und ders., HdJbLit 1858, 38 und germanisches Recht, 59).

127 Die Menschheitsentwicklung betreffe sowohl Individuen als auch Sozietäten. Insbesondere wird wiederholt auf die Einheit „Volk" Bezug genommen (vgl. ders., Über die Prinzipien, 171f., 206, 211; germanisches Recht, 13, 37; Grundfehler, 127; Criminalgesetzgebung, 18; Behandlungsweise, S. V; Strafgesetzgebung I, 1f.; ebd. II, 57 und Gesetzgebung, 131ff.), wobei dieser Ausdruck sich auf das Phänomen einer Wertegemeinschaft bezieht (vgl. ders., Criminalgesetzgebung, 23). Volk erscheint als äußeres, soziales System mit den Normbereichen der Religiosität, sittlich-moralischer Ansichten und rechtlicher Bräuche (vgl. ders., germanisches Recht, 68; ders., Über die Grundfehler, 127; ders., Strafgesetzgebung I, 2 und ebd. II, 57; ders., Wirksamkeit, 749 und KritZfRwiss 1830, 348, ebd. 1831, 420, 428, 438), dem im inneren der Volksgeist als ein Setzer der Norminhalte korrespondiert (vgl. ders., Über die Grundfehler, 127; zur sog. Volksgeistlehre vgl. Rückert, 186 Fn. 186 m.w.N.). „Das Recht eines Volkes muß in dem innersten Wesen desselben ... wurzeln" (Mittermaier, Mündlichkeit, 334). Das Phänomen Volk zeichnet sich bei Mittermaier durch einen Konsens hinsichtlich aller Sozialwerte aus.

Im Zusammenhang mit dem Volksgedanken findet sich bei Mittermaier gelegentlich ein Organismustheorem – ähnlich wie Sprache und Wertvorstellung entwickele sich das Recht (vgl. Mittermaier, Versuch, 2 Fn. 2; ders., Über die Grundfehler, 127; ders., Wirksamkeit, 745) –, die philosophische Bedeutung dieser Überlegung ist aber wohl nur untergeordneter Art.

dieser Dynamik die Aufgabe zu, die Trennung der menschlichen Realität von der Idee überwinden zu helfen und sie zur Vollkommenheit zu führen. Zu diesem Zweck wurde der Gesetzgeber naturrechtlich verpflichtet, sich inhaltlich auf die durch jene Idee vorgegebenen Sinnelemente zu beziehen.

Gemessen an der Funktion der Fortschrittsgewährleistung zum Ideal der Menschheit konnte positives Recht auch „kein bloßes Erzeugnis der Sicherheit, keine Forderung unserer endlichen Natur“ sein[128] und auch „nie eindeutig als Produkt einer einzelnen tätigen Kraft des Menschen und nur als die Bedingung eines bloß äußeren, mechanischen Nebeneinanderlebens“[129] erscheinen. Wahres Recht harmoniere mit den Normen der Weltvernunft, daraus resultiere der Maßstab für den weltlichen Gesetzgeber. „Nie darf das Gesetzbuch der Vernunft vergessen werden, nie der menschliche Gesetzgeber es wagen, unabhängig von der Vernunft und dem Vernunftrechte seinen Willen niederzusetzen, wenn er nicht die Menschheit töten und seinen Staat zu einer niederen Maschine machen will.“[130] Dieses Vernunftrecht, dem in seiner Erdenferne etwas Heiliges anhaftet[131], zu normieren, wäre die einzige „Möglichkeit der Erreichung unserer Ideale, unserer vernünftigen Existenz und unseres einzig ewiglichen Seins.“[132] In dieser teleologischen Beziehung erschien richtiges positives Recht als bedingt durch eine „eigentlich höhere Natur des Menschen, seine Göttliche Abstammung und sein Streben zum hohen Ideale.“[133]

3. In dieser Theorie, die richtiges Recht nicht nur denknotwendig dem Menschheitsideale zuordnet, sondern das Ideal auch noch als objektiv-naturgebunden ansieht[134], sind die ontischen und deontischen konstruktiven Kategorien wesensmäßig identisch. Derartige Aussagen Mittermaiers verstärken nicht nur den Zweifel an einer Annahme, er sei bei der Analyse der sozialen Wirklichkeit Empiriker, sondern müssen notwendig die Vorstellung wecken, daß die zugelassene philosophische Deutung jede empirische Induktion erheblich beeinflussen, möglicherweise gar ersetzen könnte.

Zu erinnern ist daran, daß die Erfahrungstheorie Mittermaiers sich dem relativierenden Utilitarismus entgegenstellen sollte: Ontische Gegebenheiten, so die identitätsphilosophische Grundvorstellung, existierten nicht allein in kausalen Zusammenhängen, sondern stellen zugleich materialisierte Sinnrela-

---

128 Mittermaier, Über die Prinzipien, 203. Das wahre Recht lebt als Idee im Menschen (vgl. ebd., 229), kann gefühlt werden, wird aber nicht durch ein Gefühl erzeugt (vgl. ebd., 216, 230). Das Recht „lebt in uns, und eingeboren ist es uns mit unserer innersten Natur“ (ebd., 184).

129 Ebd., 227.

130 Ebd., 214, 230.

131 Ebd., 231f.

132 Ebd., 188.

133 Ebd., 227.

134 Ebd., 167, 226.

tionen dar. Sie erschienen nicht bloß als wägbar und meßbar, ihnen kam auch eine nichtquantifizierbare „innere“ Sphäre“, insbesondere „aus dem Sittengesetz“ zu.[135] Die Welt des Menschen erwies sich als eine durch transzendierbare Sinnprinzipien geformte Materie, die durch Anschauung – wie es scheint a posteriori – evident werden. Ethische Kriterien wurden greifbar.

Ein solches phänomenologische Interpretationsverfahren[136] steht nicht in der Erfahrungstradition Kants, es kommt einer Methode „verstehender Betrachtung“[137] bzw. einer „Anschauung“[138] der Romantik gleich, die in den Hegelianismus mündete. Im Gegensatz zur abschichtenden analytischen Methode oder dem synthetischen Schlußverfahren Kants, wonach immerhin eine intelligible Begriffsbildung und Regelbeachtung zur Erfahrung notwendig waren[139], wird hier, wo es um Fragen sozialer Belange geht, im Angesicht einer empirischen Materie gerade apriorisch Erkenntnis gewonnen, ohne daß es intelligibler Zwischenschritte bedurfte, welche Kant als Vorbedingung einer empirischen Erfahrung angesehen hatte.[140] Die Abweichung zu den Kantischen synthetischen Schlüssen liegt darin, daß Einzelobjekte als pars pro toto nicht nur quantitativ erkennbar oder zum Ganzen kausal in Bezug setzbar erscheinen – das galt als „äußeres“ Sein –, sondern als bestimmter Ausdruck eines „höheren“ Ganzen. Es interessierten nicht kausale Gründe, sondern Schöpfungszwecke. Das Sein existierte nach teleologischen Kriterien und war nicht bloße Realität, sondern erschien als sinntragendes Symbol. Der aposteriori-Ansatz ist bloß scheinbar, das Erkenntnisverfahren tatsächlich apriorisch. Entitäten fungierten als Evidenzbestandteile einer für wahr gehaltenen

135 Ders., Handbuch II, 253.

136 Phänomenologie als besondere hermeneutische Methode bezeichnet Seiffert II, 41ff., 50f.; zur Phänomenologie Husserls, Bochenski, 22ff.; wegen der „methodischen Verfremdung“ des Begriffs Hermeneutik vgl. Krüger, 14ff.

137 Zur „verstehenden“ Methode in der Jurisprudenz bei sozialen Normbezügen, vgl. Larenz, Methodenlehre, 187; desgl. allgemein für den sozialwissenschaftlichen Bereich, aber besonders in der Lehre Max Webers, Loos, 25ff.

138 Grundlegend zur romantischen „Anschauung“, Nörr, 613.
Man muß hierbei die Tendenz der von der Romantik beeinflußten idealistischen Philosophien bedenken, Reflexionsbegriffen Kants gewisse ontische Objektqualitäten zuzusprechen. Die Warnung Kants vor einer Verwechslung von „Phaenomenon“ und „Noumenon“ ist im Grunde nicht wahrgenommen worden (vgl. dazu Kant, Vernunft, 316). Das Absolute beispielsweise ist gewiß und ontisch begründet bei Fichte als „absolutes Ich“, bei Schelling als „Absolutes in der Natur“ und schließlich bei Hegel als „Absolutes des Geistes“. Ein Hinweis auf die synthetische Anschauung Schellings, der „neueren Philosophie, in deren Wesen die strenge zersplitternde Methode nicht gelegen war“, die Mittermaier also nicht unbekannt gewesen war, findet sich in NAdC 1820, 80f. Gadamer sieht in den romantisch geprägten Geistesströmungen eine Vorwegnahme der Phänomenologie Heideggers (Gadamer, Frühromantik, 256ff.).

139 Kant, Vernunft, 211f.: „Die Erfahrung hat also Prinzipien ihrer Form apriori zum Grunde liegen, nämlich allgemeine Regeln der Einheit in der Synthesis der Erscheinungen, der objektiven Realität als notwendige Bedingungen.“

140 Vgl. auch ebd., 230.

Theorie, deren Wahrheitsgehalt im Nachhinein geschaut wird. Was gesehen wurde, bestätigte das bereits aus „höheren" Einsichten Erkannte.

Läßt sich die sozialtheoretische Erkenntnis Mittermaiers nicht als empirisch qualifizieren, dann muß das Erfahrungstheorem Mittermaiers problematisch werden. Was bleibt substantiell überhaupt noch? Verwirrend ist zudem, daß es auch an einer in sich konsequenten Handhabe dieses Erfahrungstheorems zu fehlen scheint.

Gerade diese Inkonsequenz bei der Handhabung bietet aber möglicherweise einen Ansatz zu einer Differenzierung der Qualität des Erfahrungstheorems. Wie insbesondere die Abneigung Mittermaiers gegenüber einer utilitaristischen Philosophie gezeigt hat, ging es ihm vorrangig darum, politische Beliebigkeit, d.h. Willkür, auszuschließen und die rechtsrelevanten Wertbezüge sozialer Entitäten aufzuzeigen, um daran die Legitimationsforderung anzuknüpfen. Dazu sah er *in* sozialen Entitäten, was *für* sie bestimmt sein sollte. In Fragen politischer Zwecksetzung dominiert damit eindeutig die philanthrophische Philosophie, so daß in dieser Hinsicht Erfahrung funktional interpretiert worden war. Seine Qualität ist hier in der „Zweck"-Setzungen zwar objektiv bezugnehmend, aber unempirisch und eindeutig apriorisch. Sozialphänomene erscheinen als Anlaß für Überlegungen, sind aber nicht deren analytische Basis. Auf diesem Hintergrund dürfte es für die Frage zum Begriff der Erfahrung nicht unangemessen sein, diese Funktionsbezüge mitzubedenken und zwischen politischem „Zweck" und seinen „Mitteln" zu unterscheiden.

In dieser Perspektive politischer Zwecksetzung erscheint das Theorem „Erfahrung", falls nicht gar als bloße rhetorische Überzeugungsfloskel ohne Hinweis auf Erfahrungsgegenstände[141], in der Funktion, vorweggehende Behauptungen evident zu machen. Ein induktives Schlußverfahren wurde hier nicht angestrebt, es sollte vielmehr die Wertsetzung durch unmittelbar wirkende „sinnliche Evidenz"[142] bestätigt werden, indem der Betrachter sich nur „an die Erscheinung der Dinge" zu halten brauchte, „ohne an ihrem Daseyn zu zweifeln."[143] „Erfahrung auf dem Wege sinnlicher Evidenz ... (ist) sinnliche Überzeugung ..., (wobei) es gar keiner weiteren Schlüsse (bedarf)."[144] Sinnliche Evidenz wurde für geeignet gehalten, unmittelbar zu überzeugen und fungierte als psychologischer Appell an eine Gewißheit des in „Anschauung" geübten Subjekts. Zwischenzuschaltender Denkkategorien oder Erkenntnisbegriffe bedurfte es nicht.

---

141 Vgl. Mittermaier, Vier Abhandlungen, 18, 27, 44; Strafgesetzgebung I, 192 Fn. 3, 204 Fn. 27.

142 Ders., Handbuch II, 260; vgl. auch ders., Beweis, 125. Frommel, C. J. A. Mittermaiers Konzeption, 79, scheint dieselben vor Augen zu haben, soweit sie von „Alltagserfahrungen" spricht.

143 Mittermaier, Handbuch II, 249.

144 Ders., Handbuch I, 488.

Daß Mittermaier den Begriff der Erfahrung aber auch im strengen Sinne induktiver Erkenntnisgewinnung gebraucht hatte, zeigt sich in den Fällen unfraglich gewordener politischer Zwecke, wo er in bezug auf eine „Mittel"-analyse zum Einsatz kommt. Bei Fragen der Gesetzesanwendung, nachdem Wertentscheidungen zu normativen Zwecken gefällt und fixiert worden waren, hatte die induktive Anforderung objektiver und naturwissenschaftlicher Art zu sein.[145] Das normative Problem politischer Zwecksetzung trat in dieser Phase zurück hinter die Frage, was die Gesetze hinsichtlich solcher Zweckerreichung geeignet macht. Für die Frage der Eignung standen Erfahrungstatsachen deshalb empirisch-methodisch am Beginn der Würdigung, während Interpretation und Wertaussage nachfolgten.[146]

Die Problematik des Erfahrungstheorems ist also darauf zurückzuführen, daß, obwohl methodisch verschieden gehandhabt, sowohl beweisbare Sachverhalte als auch unbeweisbare Wertentscheidungen terminologisch gleichgesetzt wurden. Bei allen Bezugnahmen Mittermaiers zur sozialen Lebenswelt ist daher damit zu rechnen, daß in Fragen deontischer Wertschöpfung trotz einer Betonung der Erfahrung die Invention apriorisch ist. Insbesondere bei Philosophemen, die bereits der Frühphase seines Schaffens entsprungen sind, zeigen sich Prägungen durch die idealistische Methode der Anschauung.[147] Hinsichtlich aller wertenden Aspekte seines Objektbereichs sind Aussagen zu sozialen und anthropologischen Phänomenen daher unempirisch gewonnen.

Im letzten Lebensdrittel Mittermaiers, als die Teilnahme an der aktiven Politik zugenommen hatte[148], und Fragen der Rechtsvergleichung und Rechtsanwendung dringlicher geworden waren, sind Grundsätze, die man am ausgeprägtesten in der philosophischen Schrift „Über die Prinzipien des sogenannten Naturrechts" von 1807 findet, nur noch verkürzt als Schlagworte und Floskeln erkennbar[149], aber nicht ganz verschwunden. Das aber bedeutet, daß

---

145 Vgl. ders., Gefängnisfrage; S. III; ders., Strafgesetzgebung I, S. V, 127, 186.

146 Ders. Strafgesetzgebung I, S. VI; ders., KritZfRwiss 1847, 271.

147 Zur gesellschaftlichen Situation im „romantischen" Landshut während Mittermaiers Studienzeit, vgl. Neh, 242 - 258; im übrigen siehe Blühdorn, ZSRG RA 1973, 306ff. und Dilthey, Das 18. Jahrhundert und die geschichtliche Welt (Gesammelte Schriften, Bd. 3), 1927.

148 Die Zeit politisch aktiver Tätigkeit hatte von 1831 bis 1849 gereicht, von der Wahl eines Abgeordneten der Stadt Bruchsal in die 2. Kammer des Badischen Landtags (vgl. Arnsperger, 81; Kammer, 29 Fn. 48) und in den Gesetzgebungsausschuß (vgl. Landsberg, Geschichte/Text, 416), über die spätere Teilnahme an der Nationalversammlung in Frankfurt (vertiefend Bucher, 5ff., 50ff.) bis zu deren Teilung und Übersiedlung des Rumpfparlaments nach Stuttgart (vgl. Arnsperger, 86; Haag, 66). Dazu auch Mußgnug, 51ff.

149 Vgl. die spätere Verwendung des Begriffs der Gerechtigkeit, der definitorisch nicht erhellt wird, aber metaphorisch an die Vorstellungen von 1807 immer noch anknüpft, in KritZfRwiss 1830, 349: Über die „erhabene Idee der Gerechtigkeit". Erinnert sei auch an Mittermaiers spätere Stellungnahme zu Quetelet, in der seine objektiv-idealistische Ontologie noch einmal deutlich wird. Mittermaier geht in seiner Einschät-

Mittermaier sich in dieser Schaffenszeit nicht zu einem relativierenden Pragmatiker gewandelt hatte, sondern an seinen politischen Maximen festhielt. Auf Deutungen von Sinnrelationen wurde jetzt allerdings verzichtet; soweit Einzelfragen des Strafprozesses und des Strafvollzuges dringlicher geworden waren[150], wurde auf bereits deduzierte, aber offenbar mehr verinnerlichte als veröffentlichte Wertungen, zu denken ist eben an seine Schrift von 1807, zurückgegriffen; in der Frage der Normeignung wurden aus dem Blickwinkel eines Rechtsanwenders dagegen reine Nützlichkeitsbetrachtungen favorisiert. Ausschließlich in dieser Hinsicht kann Mittermaier als Empiriker bezeichnet werden, wegen des fehlenden Werterelativismus läßt sich indes eine Nähe zum Utilitarismus auch hier nicht herstellen.

β) Das Postulat der politischen Verantwortlichkeit der Jurisprudenz

Grund der Absage an den Positivismus und den Utilitarismus waren ethische Forderungen, die als von diesen Lehren unerfüllbar angesehen worden waren. Mittermaier hatte sie als politische Handlungstheorien begriffen und sie entsprechend an ihre politische Verantwortung gemahnt. Auch die zeitgenössische systematisierende Wissenschaft, die „Doktrin"[151], sah Mittermaier politischer Verantwortung eingebunden. Im Gegensatz zum Utilitarismus fehlte es ihr aber nicht an Wertbezügen, sondern an Realbezügen, sie galt deshalb als perspektivisch einseitig und erschien sozial zu risikoreich und damit zu „verderblich".[152]

Nur zu oft habe die Legislative „Wahrheiten der Lehrbücher" zu Gesetzesgeltung verholfen. „Was zuvor in den engen Sälen der Schule blieb, ging in das Leben über, und was sonst untergegangen wäre mit dem Buche, was unschädlich als ein Satz des Kompendiums im Leben geblieben wäre, weil es nie zur Ausübung hätte kommen können, machte jetzt als positiver Ausspruch eines Gesetzgebers sich geltend."[153] Das bisherige Problemverständnis der Doktrin, so der Vorwurf, vernachlässige Fragen zur Wirksamkeit von Gesetzen und kranke deshalb an faktischer Einseitigkeit.[154] Die Jurisprudenz habe keine um

---

zung der Statistik davon aus, daß ihre „wahre Benützung" lehre, „daß der Geist die materiellen Verhältnisse beherrscht, und daß nur eine harmonische geistige und moralische Ausbildung die Fortschritte der Menschheit sichert" (Mittermaier, KritZfRwiss 1836, 323). Dies kann man aber nur sagen, wenn man davon ausgeht, daß die moralische Welt nicht nur materialisiert, sondern in diesem Zustand sogar berechenbar ist (so denn auch ders., HdJbLit 1858, 36).

150 Näheres hierzu bei Kammer, 69ff.

151 Mittermaier, Über die Grundfehler, 106 f.

152 Ebd., 109.

153 Ebd., 108.

154 Ders., Strafgesetzgebung II, 1.

ihrer selbst willen bestehende Aufgabe zu erfüllen, ihre Funktion sei eine praktische: „Die Welt regiert sich nicht durch Theorien."[155]

In dieser Kritik deutet sich eine praktische Funktion des Wissenschaftsverständnisses an; die Tätigkeit von Gesetzgebung und Wissenschaft erschien verklammert. Während sich in der Theorie Feuerbachs, solange sie als Wissenschaft gesehen wurde, Bezüge zur Praxis eher gelegentlich gezeigt hatten und vielmehr ihre Reinheit hervorgehoben wurde, waren nach dem Verständnis Mittermaiers Theorie und Praxis funktional verbunden.[156] Hatte Feuerbach ab 1810 angesichts vernunftrechtlich geprägter Gesetze den autonomen, aber politisch enthaltsamen Strafrechtswissenschaftler propagiert[157], stellte Mittermaier diesem Typus einen politisch verantwortlichen Juristen entgegen.

Diesem Postulat einer politischen Verantwortung lag die Annahme zugrunde, daß die Gesetzgebung jegliche wissenschaftliche Erkenntnis und alle dargelegten Ergebnisse vollständig rezipiert und den Gesetzgebungsarbeiten zugrundegelegt habe.[158] Offenbar schien die Biographie Feuerbachs das beste Beispiel zu geben, hatte doch hier ein perfektes Lehrbuchsystem am Anfang gestanden, bevor dessen Verfasser den Kleinschrodischen Entwurf zu einem bayerischen Strafgesetzbuch kritisierte, danach im Gesetzgebungsressort der „Systematica" wirkte und zuletzt 1813 ein systematisches Gesetz maßgeblich redigierte.

Die legislatorische Rezeption wissenschaftlicher Erwägungen galt Mittermaier nicht bloß als ein gelegentlich vorkommendes historisches Ereignis, etwa wenn eine bestimmte Straftheorie politischen Absichten entgegenkam. Für Mittermaier war dies etwas alltägliches und folglich ein regelmäßiger Rückgriff: „Von jeher (hatte) der Gang der Kriminalwissenschaft den unverkennbarsten Einfluß auf die Kriminalgesetzgebung" und hielt diese in „beständiger Abhängigkeit von sich."[159] Aus diesem „ewigen Gesetz" resultierte die Forderung an die Wissenschaft, sich ein Bewußtsein über die eigene Funktion als Vorstufe der Legislative zu schaffen und sich am „Monopol der Rechtsbildung"[160] zu beteiligen und sich seiner rechtspolitischen Verantwortung bewußt zu werden.

---

155 Ebd., 11.

156 Ders., NAdC 1820, 79; vgl. auch Frommel, Präventionsmodelle, 189.

157 Siehe oben, C I 1. a).

158 Mittermaier, NAdC 1820, 159.

159 Ders., Über die Grundfehler, 103. Die Feststellungen Mittermaiers von 1819 zur Zugriffsproblematik, bei denen eine rhetorische Überspitzung in der Wortwahl unverkennbar ist, wurden im Kern jedoch auch später vertreten, wenngleich die Legislative nunmehr vor allem auf bloß „herrschende Systeme der Jurisprudenz" zurückgreife (ders., Criminalgesetzgebung, 3, 9).

Im übrigen sei es, schlimmer noch, zu Unterdrückungen gekommen. Diesem Vorwurf liegt der Umstand zugrunde, daß die bayerische Regierung jede Kommentierung ihres Strafgesetzbuches von 1813 verboten hatte. Hierin zeigt sich, daß Mittermaier nicht ohne Anlaß Theorie und Praxis als Einheit gesehen hatte.

γ) *Die Theorie einer rechtspolitischen Ethik*

1. Die so gesehene funktionale Einheit von Theorie und Praxis wurde durch eine ethisch geprägte rechtspolitische Handlungstheorie materiell untermauert, die in beiden Bereichen Adressaten sah und einerseits den Rechtswissenschaftler bei der Suche nach materiell-rechtlichen Grundsätzen, andererseits den Gesetzgeber in der Normierung rechtlicher Grundsätze verpflichten sollte. Sowohl hinsichtlich der kritischen Sätze der Wissenschaft als auch der Geltung beanspruchenden Normen der Legislative hatten sich die Aussageprämissen aus der Vernunftidee der Gerechtigkeit ableiten zu lassen.

Mittermaier knüpfte mit den Begriffen „Vernunft" und „Gerechtigkeit" inhaltlich bei den idealistischen Philosophemen seiner status-naturalis-Reflexion an. Auf den ersten Blick scheint die Theorie Mittermaiers nach Art und Ergebnis jener Feuerbachs zu gleichen.[161] Während Feuerbach jedoch auf hoher Abstraktionsebene Wertvorgaben in Rechtssätzen immanent klären wollte und in einem formellen Naturrechtsansatz verharrte[162], ist demgegenüber bei Mittermaier das Bemühen erkennbar, die Idee der Gerechtigkeit materiell auszufüllen und durch rechtspolitisches Handeln zu realisieren; Gerechtigkeit erschien als Ergebnis politischen Handelns, wobei die Frage der Erfüllung oder Erfüllbarkeit allein durch einen Blick auf die Praxis klärbar sein sollte.

Die Gegenstände der wissenschaftlichen Aussagen weichen infolgedessen wesentlich voneinander ab. Die Wissenschaft war bei Mittermaier grundsätzlich legislatorisch prospektiv[163], und seine Gerechtigkeitstheorie als politische Handlungstheorie mußte beide Adressaten gleichermaßen binden. Feuerbachs rechtpolitischer Ansatz, den Gesetzgeber in seiner „Urteilskraft" frei zu halten[164], war damit unvereinbar. Aus dem ethischen Maßstab ergab sich für Mittermaier eine doppelte Forderung: „... 1. die Ideale der Vernunft in vollendeten Worten aufzuzeigen, 2. die Verhältnisse unseres Lebens, den Charakter unserer Entwicklungen anzuschauen."[165]

2. Aus der Diskrepanz zwischen Ideal und Realität folgt die Handlungskompetenz des Gesetzgebers, dem Menschen zu seiner wahren Identität zu verhelfen, in der die „getrennten Sphären des Seins, das Wahre und das Gute, die Natur und der Geist in ihrer harmonischen Vereinigung" zusammenstehen.[166]

---

160 Ders., Über die Grundfehler, 127.

161 Müller-Dietz will darin nur einen Rekurs auf einen zeitgenössischen Trend sehen (vgl. Der Strafvollzug, 132).

162 Zum Naturrechtsansatz bei Feuerbach Gallas, Kritik, 30 und Stühler, 200ff.

163 Zur Funktion des Naturrechts im Rahmen einer Gesetzgebungslehre vgl. Noll, 22ff.; zum Problem „wahrer Gesetze" siehe auch Maiwald, ARSP 1988, 151ff.

164 Feuerbach, Über Philosophie, 68.

165 Mittermaier, Über die Prinzipien, 189.

166 Ebd., 195, vgl. auch ebd., 220f.

Das Bild der Idealität hatte Mittermaier wie folgt gezeichnet: Der Mensch als ein mit Geist begabtes Vernunftwesen, das sich darin vom Tier unterscheidet[167], vermag grundsätzlich ohne Hilfe des Gesetzgebers den Idealzustand zu erreichen. Einerseits sei ihm die Erkenntnis dieses Zustandes zugänglich[168], andererseits habe er auch den Willen zur Vollkommenheit[169]. Zwar fehle ihm als Einzelwesen noch die Kraft zur Idealbildung, dies kompensiere er jedoch dadurch, daß er zur Erstrebung der Vollkommenheit sich ins Gemeinwesen eingliedere.[170] „Sich selbst erkennend" werde er dies auch freiwillig tun und dabei sinnliche Bedürfnisse zugunsten der sittlichen zurückstellen[171]. Dies sei freier Vernunftwille[172], und gerade darin bekunde der Mensch seine hohe Abstammung und sein höheres Leben"[173]; dies sei Impuls der Sittlichkeit[174] und Grund eines sozialen, tugendhaften Verhaltens[175] gegenüber der Gemeinschaft.

Wozu nun aber brauchte es angesichts eines solchen sittlichen Triebes der Tätigkeit des strafenden Gesetzgebers? Mittermaier hielt dafür, daß der Zustand wahrer Identität eben noch nicht erreicht worden sei. Aus der Realität zeige sich, daß der sinnliche Trieb im Menschen noch Tribut fordere. „Endliche Bande halten uns noch fest, Leidenschaften bestürmen unsere Brust und stoßen uns weg vom unendlichen Ziel."[176] Deshalb, aber auch nur dann, bestehe die Eingriffsgebotenheit des Staates, dem Menschen zu seiner Zielerreichung zu helfen und äußere Schranken anstelle der fehlenden inneren Disziplin aufzubauen. In diesem Rahmen und aus diesem Grund dürfe staatlicher Zwang eine fehlende sittliche Freiheit ersetzen.

Aus diesem Ansatz folgt für die Rechtstheorie Mittermaiers, daß sich gleichermaßen Grund und Inhalt jeder Rechtsnorm aus dieser Substitutenrolle des positiven Rechts legitimieren, insbesondere aber auch Grund und Umfang des Staates, mittels Zwangsanwendung in die Freiheit des Individuums einzugreifen und zu strafen. Aus diesem anthropologischen Funktionalitätsansatz ergibt sich auch die rechtspositive Prämisse, daß das staatliche Recht zu strafen als bedingt anzusehen sei, und daß es an staatlicher Eingriffsbefugnis durchaus fehlen könne.[177]

---

[167] Ebd., 194ff., 226.

[168] Dies betrifft ein Leben in harmonischer Ordnung, voll „Schönheit und Liebe" (ebd., 167) bzw. „Liebe und Freundschaft" (ebd., 172).

[169] Zum Phänomen des sittlichen Triebes in der Philosophie Mittermaiers, vgl. Maiwald, Zu Mittermaiers Manuskript, 262.

[170] Mittermaier, Über die Prinzipien, 220, 221.

[171] Ebd., 167, 170, 172.

[172] Ebd., 234.

[173] Ebd., 222.

[174] Ebd., 222f.; 227.

[175] Ebd., 177.

[176] Ebd., 234.

3. Auch diese Prämissensetzung fügt sich schlüssig mit der Abneigung, die Mittermaier einerseits vor allem gegen den angelsächsischen philosophischen Positivismus, andererseits gegen die dogmatischen Systematiker gehegt hatte. In beiden Fällen sah er eine Werteneutralität hinter den Methoden stehen, die ihn zu der Abgrenzung veranlaßte. Die ethischen Forderungen an die politisch gemeinsam Handelnden in Theorie und Praxis werden durch die Ausführungen Mittermaiers um 1833 zu Bentham unterstützt und beweisen, daß seinen eigenen pragmatischen Überlegungen ein Werterelativismus der Positivisten[178] nicht unterlegbar ist. Seine Kritik an dem Utilitarismus und die juvenilen status-naturalis-Reflexionen, mit denen ethische Kriterien gewonnen wurden, ergänzen sich.

Als Theorie rechtspolitischen Handelns für die zusammengefaßte Institution Theorie/Praxis ergibt sich aus der naturrechtlichen Spekulation auch keine Kollision mit dem Konstitutionalitätsgrundsatz, den Feuerbach für den Bereich der Dogmatik und der richterlichen Rechtsanwendung formuliert hatte.[179] Die von Mittermaier vorgenommene Staatszwecküberlegung ist wesensmäßig vorpositiv und als Rechtsfindungstheorie von Einfluß auf erst noch zu setzende Normen, da durch sie der Gesetzgeber ethisch gebunden wird. Als materiellrechtlicher Grundsatz führt das Gerechtigkeitsaxiom etwa zu der dogmatischen Entwicklung einer täterschuldangemessenen Strafe.[180]

---

[177] Einerseits solle Strafe noch nicht geboten sein, wenn andere sittliche Korrektivmittel verfügbar seien, andererseits erscheine sie nicht mehr notwendig, sobald ein Zustand der menschlichen Vollendung erreicht sei. Mittermaier hatte sich, wenngleich nicht theoretisch zusammenhängend, diese beiden Möglichkeiten vorstellen können. So verweist er einerseits auf soziale Kleingruppen, wie Familie, Sippen oder kleinen Völkern, wo Gewährsmittel richtigen Handelns „mehr Gewohnheit und Sitte als Recht und stehendes Gesetz“ seien (Mittermaier, germanisches Recht, 62). Was rechtens sei, werde durch die Sitte und noch nicht durch das Gesetz gelebt. Andererseits wurde von ihm bei dem Gedanken an eine zunehmende Bildung geistigen und sittlichen Fortschritts erörtert, daß „dadurch milde Strafrechtsansichten sich bilden“ und folglich ein Staat „bei vermehrter Cultur ... gleichgültiger gegen manche Handlungen seyn (könne), welche durch ein geändertes Verhältnis von selbst unschädlicher werden“ (ders., KritZfRwiss 1830, 348; vgl. auch ders., Strafgesetzgebung I, 2 und ebd. II, 14). Außerdem scheinen Strafgesetze dann nicht geboten, wenn „ein wohlberechneter, auf ein genau zusammenhängendes Aktionssystem begründeter Ziviljustizzwang ... die rechtliche Ordnung“ bewähre (ders., Über die Grundfehler, 147). Selbst dieser Zwang sei aber unnötig, wenn in ferner Zukunft der Vernunftsstaat erreicht sein wird, wo alles Leben rein in der Idee ist (vgl. ders., Über die Prinzipien, 237, 206).

[178] Ideengeschichtliche Abrisse, soweit sie sich auch auf rechtsphilosophische Entwicklungen beziehen, vgl. bei Hirschberger, 527ff. und auch Jürgen Blühdorn (Hrsg.), Positivismus im 19. Jahrhundert, 1971; in geraffter Form bei Kleinheyer / Schröder, 15 f.

[179] Der „nulla poena sine lege“ – Grundsatz ist von Mittermaier auch nicht infrage gestellt worden (vgl. ders., Über die Grundfehler, 129; Lehrbuch (12. Aufl.), 48; Mündlichkeit, 66).

[180] Vgl. unter C I 2. b) bb) β) ββ) (II) (3).

4. Das politisch funktionale Verständnis mußte den wissenschaftlichen Objektbereich der Jurisprudenz maßgeblich beeinflussen. Infolgedessen mußte dieser neben dogmatischen Fragen auch „Materialien der Criminalpolitik“[181] mitumfassen. „Was unter dieser oder jener Voraussetzung und Bedingung, in diesem oder jenem Verhältnisse, in Ansehung dieses oder jenes Objektes“ als Norm zu gelten habe, hatte Feuerbach noch strikt der alleinigen Beurteilungssphäre des Gesetzgebers zugeordnet.[182] Mittermaier indes hob diese Exklusivität auf, um auch solche Materialien einer wissenschaftlichen Analyse zugänglich zu machen, und bezog sich zur Rechtfertigung auf eigene Erfahrungen. „Jeder, der am Arbeiten der Gesetzgebung Theil genommen hat, muß gestehen, daß man eben über die bedeutendsten Fragen, die auf Anwendung sich beziehen, in den strafrechtlichen Schriften am wenigsten Belehrung findet.“[183] Folglich war es notwendig, daß sich die Rechtswissenschaft solcher „Materialien der Criminalpolitik“ sammelnd, sichtend und ordnend annahm.

Die Blickrichtung Mittermaiers, die sich auch auf die Praxis der Rechtsanwendung bezogen hatte, umfaßte aus diesem Grund ein soziologisches Interesse. Dennoch darf dieser Umstand nicht zu der Annahme verleiten, Mittermaier habe allein die sozialen Folgen des Rechts ins Zentrum der Wissenschaft stellen wollen. Seine Intention blieb vielmehr auch weiterhin rechtlicher Natur und seine Wissenschaft sollte weiterhin Normprobleme behandeln, er selbst hob diesen normativen Aspekt hervor, indem er sie selbst als „Kriminalrechtswissenschaft“[184] bezeichnete. Der Unterschied zu Feuerbach liegt nicht darin, daß die Wissenschaft etwa nur noch kontextbezogene Wirkbezüge dogmatischer und legislativer Aussagen[185] sehen sollte, sondern daß Interessen an diesen Wirkbezügen hinzutreten. Das wissenschaftliche Interesse richtete sich auf den Normgegenstand in seinem gesamten Erscheinungsbild. Nach heutigem Verständnis ist Mittermaiers Objektbereich so zu charakterisieren, daß sich die Perspektive anstatt auf die immanenten Probleme der Normaussagen zu richten, auf den umfassenden Fragenkreis einer übergeordneten Rechtssatzebene bezogen hatte und neben die sinnbezogene semantisch-syntaktische innere Dimension des Sollens das äußere pragmatisch-funktionale Bild der Normgestalt und seiner Wirkungen getreten ist. In dieser Perspektive betrachtete er das geltende Recht daraufhin, ob es richtige oder falsche Regelungen enthielt, bzw. prognostizierte er, wann es solche enthalten könnte, und nahm eine kritische Position ein.[186]

---

[181] Mittermaier, Strafgesetzgebung II, 1, 11; vgl. auch ders., Über die Grundfehler, 131.

[182] Feuerbach, Über Philosophie, 83.

[183] Mittermaier, Strafgesetzgebung II, 2.

[184] Vgl. ders., Über die Grundfehler, 103; ders., NAdC 1820, 76 und KritZfRwiss 1830, 422; ders., Strafgesetzgebung II, 1.

[185] In NAdC 1820, 77, 83 wird dieser Aspekt „praktische Beziehung“ genannt.

bb) Die gesetzeswissenschaftliche Prägung der sog. „Kriminalrechtswissenschaft“

α) Der Objektbereich der „Kriminalrechtswissenschaft“

Entsprechend der Funktionserweiterung und der Einbindung der Rechtswissenschaft in eine politische Verantwortung konnte auch eine sachliche Umwidmung der Wissenschaft, fort vom traditionellen „Doktrin“-Verständnis, nicht ausbleiben. Als „neue Richtung“[187] läßt sich die „Kriminalrechtswissenschaft“[188] begrifflich nicht nur negativ fassen und als Nicht-Doktrin[189] bezeichnen, sondern stellt sich inhaltlich als Lehre von angemessenen Strafgesetzen dar.[190] Ihrer neuen Funktion gemäß hatte sie sich zwar einerseits als Rechtsfindungslehre[191] auch um Fragestellungen zu den Rechtsinhalten zu bemühen, aber darüberhinausgehend sollten von ihr andererseits auch Probleme von Auswirkungen bei der Anwendung von Rechtssätzen erörtert werden.[192] Die bisher den wissenschaftlichen Rahmen ausfüllende „Doktrin“ war in einem solcherart erweiterten Funktionsbereich bloß eingegliedertes Teilgebiet eines übergeordneten Zwecken gewidmeten Ganzen.[193]

Infolgedessen ging es auch nicht allein darum, die dogmatische Prämissensuche durch teleologische Erwägungen zu bereichern. In diesen Forderungen der „neuen Richtung“ lag eine völlige Neuakzentuierung des Wissenschaftsbegriffs. Rechtswissenschaft betraf nunmehr Erkenntnisschaffung hinsichtlich einer perspektivisch erweiterten Rechtssatzebene, also einer Gesetzesebene. Man mag zwar aus heutiger Sicht Mittermaier als einen praktischen Strafrechtswissenschaftler, Strafprozessualisten oder Strafvollzugsspezialisten ansehen oder ihn auch für einen Analytiker mit rechtsvergleichender Methodik oder mit Schwerpunkt bei den Rechtstatsachen halten wollen; dies betrifft indes nur spezielle Ausschnitte des rechtspolitisch-rechtstheoretischen Anliegens seiner „neuen Richtung“, sich um ein auf menschliche Belange abgestimmtes Rechtswesen bemühen zu müssen, und dürfte sein eigentliches Anliegen, ein solches Rechtswesen optimal zu organisieren, nur am Rande treffen. Sämtliche Spezialgebiete des Rechts schnitten sich aus seiner rechtspolitischen Forderung heraus in dem einen rechtstheoretisch allein relevanten Punkt, die Fragen nach Angemessenheiten von Rechtssätzen zu erörtern, ohne immanente Wertungsprobleme dogmatischer Art auszuschließen.

---

186 Vgl. zu dieser Terminologie Maiwald, Dogmatik, 121f.

187 Mittermaier, Strafgesetzgebung II, 6f.; aber auch ebd., 14ff.

188 Ders.: Über die Grundfehler, 103; NAdC 1820, 76; KritZfRwiss 1830, 422; Strafgesetzgebung II, 1.

189 Siehe oben C I 2. a) aa) β).

190 Von Mittermaier selbst gelegentlich als „Gesetzgebungswissenschaft“ bezeichnet, vgl. etwa AdC. NF 1834, 3.

191 Mittermaier, Über die Grundfehler, 127.

192 Vgl. ebd., 145, zur Frage eines „Gesetzbuches in seiner Anwendung“.

193 Ders., Strafgesetzgebung II, 14.

Man darf indes verlangen, daß ein wissenschaftliches Beschreiten der Rechtssatzebene auch sprachtheoretische Differenzierungen der Probleme nach sich zieht, die sich terminologisch und systematisch in den maßgeblichen Erörterungen niederschlagen. Wenigstens von der Sache her wäre deutlich zu machen, was die linguistische Terminologie heutzutage als semantisch-syntaktische und pragmatische Satzperspektive bezeichnet, daß also zwischen einer inneren Sphäre der Satzaussage und einer äußeren der Satzwirkung unterschieden würde. Für eine solche Differenzierung gibt es, wenngleich natürlich die Terminologie weder begrifflich gefestigt, noch nach modernen Kriterien ausgeprägt ist, bei Mittermaier immerhin deutliche Anhaltspunkte.

So differenzierte Mittermaier die Aspekte seines wissenschaftlichen Objekts immerhin dualistisch und sprach von zwei „Bestandteilen", die „absoluten, gebildet aus den Forderungen der Gerechtigkeit" und die „relativen ... (der äußeren) Verhältnisse und Bedürfnisse."[194] Eine Differenzierung nach Sinnbezügen und Wirkbezügen ist kenntlich gemacht worden. Gesetze wurden danach beurteilungsfähig, ob von ihnen einerseits die Richtigkeit des verkörperten Rechts durch Berücksichtigung unabänderbarer, absoluter Prinzipien betroffen war. Gleichberechtigt daneben wurden Feststellungen möglich, ob im Verhältnis zu sozialen Gegebenheiten eine relativ-abhängige Angemessenheit und Wirksamkeit zu gewährleisten war. Als Folge dieser Differenzierung muß etwa die Feststellung gelten, daß es „bei der Betrachtung des Strafsystems ... nothwendig (wird), überall die Frage über Rechtmäßigkeit einer Strafart von der über die Zweckmäßigkeit zu trennen"; wie man es selbst im Lehrbuch liest.[195]

Allein eine solche Orientierung an der konkreten Rechtssatzebene rechtfertigt es darüberhinaus überhaupt, sich wissenschaftlich Problemen der Sprache zu widmen, die ihrer Art nach textpragmatisch sind. In dieser Dimension etwa werden vom Inhalt abstrahiert Prinzipien und Begriffe des „inneren" Rechtssystems völlig außer Acht gelassen und allein das „äußere" System[196] betrachtet. Dementsprechend problematisierte denn auch Mittermaier gelegentlich allein einen gesetzlichen „Sprachgebrauch"[197] und forderte die „Vermeidung aller fremden Kunstwörter". Gesetzbücher hätten allgemeinverständlich zu sein, und da wäre es „wohl unpassend, wenn der Gesetzgeber in einem Deutschen Gesetzbuche vom dolus oder von der idealen Konkurrenz spricht." Es wäre Aufgabe des Gesetzgebers die „Sprache des Gesetzbuches" angemessen zu fassen.[198]

---

194 Ebd. I, 5.

195 Ders., Note zu § 143, Lehrbuch (12. Aufl.), 134.

196 Zur heute gängigen Kategorisierung nach innerem und äußerem System, vgl. Engisch, Studium Generale 1957, 180; Canaris, 19; auch Heine, ZSRG RA 1965, 244, 246.

197 Mittermaier, Strafgesetzgebung II, 10.

198 Ders., Criminalgesetzgebung, 17f.; vgl. auch ders., Vier Abhandlungen, 1.

Auf dieser sprachlichen Ebene wurde auch das „Generalisieren“[199] kritisiert, wobei allerdings die ebenfalls pragmatische Frage, zu welchem Zweck „generalisiert“ wurde, nicht erörtert wurde. Ein in diesem Zusammenhang geäußerter inhaltliche Hinweis, daß es hierbei um eine „Reihe sogenannter allgemeiner Rechtswahrheiten“ gehe[200], ist zwar unter dogmatischem Blickwinkel völlig ungenügend, von der hier eingenommenen textpragmatischen Interessenlage erscheint dieses Absehen jedoch zumindest verständlich. Inkonsequenz läßt sich Mittermaier bei solchen Themen nicht vorwerfen, entsprach dies doch dem geänderten, dogmatisch übergeordneten Objektbereich seiner „neuen Richtung“, die solche Aspekte neben Fragen inhaltlicher Art zuließ.

β) Die sog. „praktische Methode“ als ein gesetzeswissenschaftliches Verfahren

Angesichts der rechtspolitisch gegründeten Forderung an die Wissenschaft, legislative Probleme vorzudenken, und angesichts der Abkehr vom dogmatisch-systematischen Wissenschaftsverständnis kann bei Mittermaier auch bei der Charakterisierung des Erkenntnisverfahrens richtigerweise nicht mehr von Rechtsmethode in einem engeren Sinne gesprochen werden. Ein deontischer Problemkreis war nicht mehr alleiniger Gegenstand seiner Analysen, Entitäten traten vielmehr hinzu. Ziel war nicht, Erkenntnis über ein von inneren Widersprüchen befreites, richtiges Recht zu erlangen oder Wertungen hermeneutisch vertretbar aus Normen herzuleiten, denn es umfaßte auch eine Optimierung des positiven Rechts in pragmatischer Hinsicht, weil nur dadurch der Gesetzgebung im Sinne einer Gewährleistung des Fortschritts der Menschheit vorzuarbeiten war.[201] Solchen umfänglichen Fragestellungen rechtssatzbezogener Art kann aber allein eine solche Methode adäquat sein, die auch alle Problemfelder einer Setzung positiven Rechts miteinbezieht, d.h. auch die Methode Mittermaiers müßte auf sein geändertes Wissenschaftsverständnis antworten.

Um den deontischen und den ontischen Fragenkreis gleichermaßen erfassen zu können, hatte Mittermaier eine Methode entwickelt, die aus historisch-philosophischen[202] und rechtspragmatischen Elementen bestand. Er selbst bezeichnete sie als „praktische“ Methode[203], was die Perspektiven in ihrer

[199] Ders., Über die Grundfehler, 109ff.

[200] Ebd., 111.

[201] Ders., Strafgesetzgebung II, 12.

[202] Wie im Folgenden gezeigt wird, ist es auch in dieser Hinsicht zu eng, Mittermaier als Erfahrungswissenschaftler zu bezeichnen; zum Problem der Erfahrung vgl. oben C I 2 a) aa) α).

[203] Mittermaier, HdJbLit 1824, 643.

Gesamtheit zwar nicht namentlich zum Ausdruck zu bringen vermag, aber möglicherweise auch eher auf die hinzugekommene praktische Intention der Wissenschaft deuten sollte. Inhaltlich war diese Methode jedenfalls darauf angelegt, umfassend zum Tragen zu kommen und es dadurch möglich zu machen, die für die Gesetzgebung schädliche „Einseitigkeit“[204] der herkömmlichen systematischen Methode zu vermeiden.

Gelegentlich trifft man in den Schriften Mittermaiers auf eine sog. „historisch-philosophische“ Methode[205], bei der pragmatische Fragen offen gelassen und allein auf die Rechtsfindung abgestellt worden war. In der „praktischen“ Methode, die ihr gegenüber umfassender war, stellte dieses bezugsmäßig deontische Erkenntnisverfahren einen Bestandteil dar. Nach dieser Kategorisierung in eine innere, deontische und eine äußere, ontische läßt sich die „praktische“ Methode dichotomisch darstellen.

1. Seit Beginn seiner wissenschaftlichen Laufbahn hatte Mittermaier die Notwendigkeit geschichtlicher Analysen erklärt. So verriet er in seinem ersten rechtsgeschichtlichen Werk „Einleitung in das Studium der Geschichte des germanischen Rechts“ 1812, er hätte bereits vor drei Jahren, also 1809, die Überzeugung gewonnen, wie dringlich rechtsgeschichtliche Kenntnisse für ein Verständnis des geltenden Rechts seien[206]; aber bereits zuvor hatte Mittermaier am 9. September 1808 v. Savigny brieflich mitgeteilt: „Um das zu verstehen, was ausgebildet vor mir liegt und *ist*, muß ich den Gang der Fortbildung kennen, *wie* es so ward. Daher treibt mich ein heißes Sehnen vorzüglich zur Rechtsgeschichte.“[207]

Methodisch sollte Rechtsgeschichte dazu dienen, die semantische Dimension bestehender Rechtssätze zu öffnen, um Sinnbezüge bei den Normen der Gegenwart zu erhellen.[208] Sie erschienen als bedingt durch Rechtsvorstellun-

---

204 Ebd., 642f.; ders., KritZfRwiss 1830, 339; ders., Über die Grundfehler, 107.

205 Vgl. ders., KritZfRwiss 1830, 337, 347.

206 Ders., germanisches Recht, S. IV.

207 Universität Marburg: MrHs 725: 883.

Neben der Persönlichkeit Feuerbachs hatte zweifellos auch jene v. Savignys prägend auf Mittermaier gewirkt. Mit überschwenglichen Worten warb Mittermaier um Freundschaft mit v. Savigny, um dann am 8. Dezember 1808 ihm gegenüber zu bekennen: „Ich habe nun gewählt – und das ausschließende Studium meines Lebens soll Rechtsgeschichte sein“ (vgl. Universität Marburg, MrHs 725: 884). Einen persönlichen Kontakt verraten 22 Briefe Mittermaiers aus den Jahren 1808 bis 1821 im Savignynachlaß (Universität Marburg Hs 725 und Ms 925). So war es auch v. Savigny, demgegenüber er hinsichtlich der Schrift „Über die Grundfehler der Behandlung des Kriminalrechts in Lehr- und Strafgesetzbüchern“ von 1819 bekundet hatte, sie sei ein „negatives Glaubensbekenntnis über Criminalrecht und Gesetzgebung“ und zeige, „was ich nicht thun werde“ (vgl. Brief vom 31. März 1819, Universität Marburg MrHs 725: 893). Angeblich auf Veranlassung v. Savignys hatte es Mittermaier als Privatdozent an der Landshuter Universität auch übernommen, römische Rechtsgeschichte zu lesen (vgl. L. Goldschmidt, AcP 1867, 421).

208 Mittermaier, Criminalrechtswissenschaft, 82.

gen der Vergangenheit, was methodisch zu einer Gleichwertigkeit aller geschichtlichen Quellen führte. Infolge dieses hermeneutischen Auftrags galt es, Quellen vollständig zu ermitteln und exegetisch inhaltsgetreu auszulegen.

Aus dieser methodischen Vollständigkeitsprämisse hatte Mittermaier 1812 mit seiner „Einleitung in das Studium der Geschichte des germanischen Rechts" einen ersten Hinweis auf sein späteres umfängliches Quellenverständnis gegeben. Entsprechend auch mußte sich die historische Rechtsschule von Mittermaier vorhalten lassen, „daß sie auf halbem Weg stehen bleibt und nur mit der von Verbreitung des römischen Rechts in Deutschland ausgebildeten Ansicht sich begnügt, statt die Fortbildung unseres Rechts", wie implizit argumentiert ist, also des germanischen Rechts, zu entwickeln.[209]

Die Hinwendung zur historischen Materie und die Betonung der exegetischen Verfahrensweise ließ aus Mittermaier indes keinen Historiker werden. Trotz der betonten hermeneutischen Funktion der Quellen ist seine Methode unhistorisch. Als philosophischer Idealist und bewußt politisch denkender Jurist konnte er nicht dem „Bestehenden" verhaftet bleiben und es in seiner Entität allein würdigen. Die ontologischen Grundvorstellungen wurden auch angesichts der historischen Materie prägend und verstrickten historische Daten mittels der historisierenden Fortschrittstheorie mit Philosophemen der naturrechtlich-philosophischen Weltanschauung.

Von der hermeneutischen Deutung des Symbolsinnes bestehender Normen in ihrem geschichtlichen Kontext bis zu metaphysisch-deutenden Reflexionen aus einer Gesamtschau aller geschichtlichen „Bedingungen" war es bei Mittermaier nur ein kleiner Schritt. Aus dieser interpretierenden, naturrechtlich relevanten Sehensweise etwa folgte die Feststellung, daß rechtsgeschichtliche Daten auch zu dokumentieren vermochten, „wie ein Volk das Ideal des Rechts realisiert."[210] Dieses Ideal des Rechts war indes kein historisch zeitgebundenes, sondern ein absolutes. Historische und philosophische Überlegungen begegnen sich in einer Bezugnahme auf legitimatorische Fragen und münden in eine staatsrechtliche Legitimationsforderung, nach welcher politische Neuerungen sowohl der Tradition als auch dem Fortschritt zur Vernunft verpflichtet seien.[211]

---

209 Ders., Behandlungsweise, S. XVIII; vgl. auch ders., germanisches Recht, 25.

210 Ders., germanisches Recht, 14.

211 Vgl. ders., HdJbLit 1858, 37. Siehe aber auch ders., Strafgesetzgebung II, 9: „Wohl ist es weise, das Gute, was die Vorzeit uns als Erbgut ließ, sich anzueignen und nicht durch rasche Sprünge und Neuerungssucht oder Wohlgefallen an neuen Experimenten im Strafrecht das Volk irre zu machen und den Glauben voreiliger, durch keine Erfahrung verbürgter Einrichtungen sich auszusetzen."

Seine Legitimationsforderung hatte Mittermaier in ähnlich lautender Form bereits 1831 vor dem Badischen Landtag vorgetragen: „Das positive Recht, leider nicht immer im Einklang mit dem Vernunftrecht, ist das Produkt der Verhältnisse, aus denen es hervorgegangen." Näheres dazu Fickert, 62.

Als Resultat dieser ungeschichtlichen, vielmehr politisch relevanten Fortschrittstheorie konnte Mittermaier auch mit dem Verständnis und der Methode der historischen Rechtsschule nicht harmonieren. Der Vorhalt, sie habe „die Bedeutung des vernünftigen Rechts" verkannt[212], mußte notwendigerweise folgen. Die Differenzen waren tiefgehend und lassen sich an den wesentlichen Kategorien beider Ansätze verdeutlichen: Den Darstellungsgrundsätzen eines dualistischen Natur-Kunst-Schemas v. Savignys[213] hatte Mittermaier ein triadisches Natur-Kunst-Vernunft-Modell gegenübergestellt, ausgeprägt in den „Prinzipien" von 1807.[214] Dem Ursprünglichkeitsdogma v. Savignys von 1808/9: „Wahres Recht ist nur ursprünglich"[215], stand sein Vernunftsdogma von 1807 gegenüber: „Was Recht sein kann, ... ist das ewige Recht der Vernunft."[216] Der philosophische Einschlag ist bei Mittermaier unverkennbar.

So kann auch über die Aufgabe der sog. „historisch-philosophischen" Methode kein Zweifel bestehen; sie war das Verfahren der Wertfindung auf seiten der Wissenschaft und entsprach mit dem Rückgriff auf gelebte Sozialphänomene dem Postulat politischer Verantwortlichkeit. Mittels dieses Instrumentariums sollte die Jurisprudenz, an historische Daten anknüpfend, naturrechtlich reflektieren und die so aufgefundenen Werte vorsichtig revidieren, nicht umstoßend revolutionär, sondern anknüpfend evolutionär. Daraus resultierte die Forderung, daß nur das Zusammenfügen der „Wege der Geschichte und Philosophie" gewährleiste, „zu einer würdigeren Ansicht von dem Staate und Ursprung des Rechts" zu gelangen[217] und die menschliche Geschichte sowie die Ideale der Vernunft gleichermaßen zu berücksichtigen.[218] Nur die solcherart produzierten Werte durften politisch verantwortbar dem Gesetzgeber zur Konstituierung übermittelt werden; allein dieses Handeln lag im Rahmen der Legitimation, wie wiederholt deutlich gemacht worden war.[219]

2. Als sog. „praktische" Methode trat neben „historisch-philosophische" Erwägungen eine Betrachtung der Praxis. Mittermaier hatte die rechtspolitisch-pragmatische Problematik erkannt, wonach die inhaltlich beste Norm nichts nützt, solange sie nicht durchsetzbar ist, und erklärte, Normen hätten

---

212 Mittermaier, KritZfRwiss 1842, 413; vgl. auch ders., KritZfRwiss 1830, 338: Die historische Methode sei ohne philosophische Elemente dadurch einseitig, weil sie „ihren Maßstab für das, was seyn soll, in dem, was ist, findet".

213 Vgl. Näheres dazu bei Rückert, 338ff.

214 Mittermaier, Über die Prinzipien, 208ff.

215 Nach Rückert, 112f.

216 Mittermaier, Über die Prinzipien, 230.

217 Ders., KritZfRwiss 1830, 347; vgl. auch ebd., 338.

218 Ebd., 187; vgl. auch ders., Strafgesetzgebung I, S. IV und Todesstrafe, S. IV.

219 Vgl. nur ders.: Todesstrafe, S. IV; Strafgesetzgebung I, S. IV.

sich im Leben zu bewähren.[220] Es müßten daher als weitere methodische Komponente prospektiv „die Verhältnisse unseres Lebens“[221] angeschaut und legislatorisch berücksichtigt werden.

In dieser gesetzesredaktionellen Phase galt die Qualität der deontischen „höchsten vernünftigen Prinzipien“[222] bereits historisch-philosophisch als ermittelt und als Wertvorstellung vorformuliert.[223] Stand nun der Norminhalt fest, war endlich der Weg frei, um pragmatische Nützlichkeitserwägungen anzustellen.[224] Für den Rechtssatzwissenschaftler Mittermaier wechselte zu diesem Zeitpunkt die Perspektive vom inneren System der Wertigkeiten zum äußeren System sozialer Akzeptanz. Daß „Erfahrungen gesammelt, geordnet und benützt“[225] werden sollten, diente erklärtermaßen dem Ziel, „die zweckmäßigsten Mittel zu erkennen, durch welche der Gesetzgeber hoffen darf, seinen Zweck zu erreichen“[226], welcher nicht in politischer Willkür, sondern in Vernunftgemäßheit bestand. Aus der Notwendigkeit heraus, über „Trefflichkeit und Unausführbarkeit mancher Vorschläge und Ansichten“[227] Auskunft zu erteilen, folgte der methodische Erkenntnisweg einer „Erfahrung“[228] der historisch-philosophischen Wertbegründung nach.

Unabhängig von dem oben dargestellten Problem des Erfahrungsbegriffs bei Mittermaier stellt sich hier nun die Frage nach dem methodischen Verhältnis von rechtlicher Wertsetzung und der an einer Erfahrung orientierten pragmatisch-ontischen Ausrichtung. Festzuhalten ist jedenfalls, daß hinsichtlich der Sinnsetzung, Mittermaier in idealistischer Weise mittels „Anschauung“ der sozialen Phänomene Prämissen gesetzt hatte. Um diesen methodischen Aspekt geht es hier nun nicht mehr. Fraglich sind vielmehr die Folgen einer sozialen Rückwirkung auf ideal ermittelte Normen. Was zur Geltung gebracht werden sollte, stand in seinem ideellen Gehalt fest; was indes zur Geltung gebracht werden konnte, wenn eine für gerecht erkannte Norm sich als nicht durchsetzbar erweisen würde, bildete das noch zu lösende pragmatische Problem. Zu fragen ist, ob apriorisch erkannte Norminhalte etwa pragmatischen Bedingungen anzupassen und Werte positivistisch, wenn schon nicht zu gewinnen, dann zu modifizieren waren?

---

220 Mittermaier, HdJbLit 1824, 644.

221 Ders., Über die Prinzipien, 187.

222 Ebd., 642.

223 Zur Einheit von Theorie und Praxis, vgl. oben C I 2. a) aa) β).

224 Vgl. nur Mittermaier, Vier Abhandlungen, 5, 18, 24; ders., Strafgesetzgebung I, S. V.

225 Mittermaier, Wirksamkeit, S. IV.

226 Ders., Strafgesetzgebung I, S. III; ähnlich auch ders.: Gefängnisfrage, S. III f., 1 und Vorwort zu Scholz, Schäfereirecht, S. IX.

227 Mittermaier, HdJbLit 1824, 644.

228 Zum Problem der Mehrdeutigkeit der Erfahrungslehre Mittermaiers, vgl. die Erörterung, oben C I 2. a) aa) α).

Bedenkt man, daß die ontische Realität einerseits durch Naturgegebenheiten, andererseits durch soziale Umstände den Vollzug von positivem Recht bis zu seiner Unmöglichkeit hin beeinträchtigen kann, dann ahnt man Einflußmöglichkeiten der praktischen Perspektive. Mittermaier selbst hatte unter Beachtung der Differenzierung zwischen absoluter Gerechtigkeit und relativer Nützlichkeit diese Bezüge der pragmatischen zu philosophischen Fragestellungen nicht programmatisch einheitlich erörtert, gleichwohl lassen sich aber Indizien finden, wonach anzunehmen ist, daß Mittermaier die dogmatisch-politische Problematik, den Widerspruch zwischen philosophischem Ansatz und politischer Möglichkeit gespürt hatte.

Folgende Tendenz ist in seiner Lehre feststellbar: Während die sozialen Umstände noch den Gegenständen der Rechtswissenschaft zugeordnet wurden, rechnete er naturgesetzliche Bedingungen zu den Hilfswissenschaften[229] – eine Einteilung, die aber dennoch Mittermaier nicht daran gehindert hat, auch als Jurist Fragen der Psychologie und Psychiatrie zu erörtern.[230] Doch auch wenn die Erforschung ontischer Naturgegebenheiten anderen Disziplinen zuzuordnen waren, sollten deren Erkenntnisse für die Jurisprudenz eine erhebliche und beachtenswerte Relevanz haben, denn „eine einzige sichere Entdeckung der Medizin kann eine ganze Lehre des Kriminalrechts umbilden und Grundsätze vernichten, an deren Wahrheit kein Gesetzgeber und kein Richter bisher gezweifelt hat."[231] Allein dieses Beispiel zeigt, daß nach der Erkenntnis Mittermaiers rechtliche Wertentscheidungen mit unüberwindbaren Entitäten kollidieren konnten. Seitens des Rechts konnten solche Schranken nicht ignoriert werden.

Auch wenn Mittermaier das Problem des Verhältnisses ontischer und deontischer Gegebenheiten nirgends vertiefend reflektiert hat[232], so läßt sich

[229] Vgl. Mittermaier, Über die Grundfehler, 103f.

[230] Die medizinisch-psychologischen Interessen Mittermaiers erhellen namentlich seine Stellungnahmen zur gerichtlichen Medizin in NAdC ab 1845 und in Blgerichtl-Anthr ab 1856, sowie seine Rezensionen zwölf gerichtsmedizinischer Werke in HdJbLit 1861, 593ff.

[231] Ders., Über die Grundfehler, 104.

[232] Die Frage, wie Mittermaier aus Gegenständen der Erfahrung Rechtsgrundsätze ableitet, hat schon Lüderssen, Einleitung, 45, hervorgehoben. Eine unmittelbare Ableitungsmöglichkeit hatte Mittermaier nur im Rahmen seiner objektiv-idealistischen Wesensschau entwickelt. Wie seine Stellungnahme zur einseitig historischen Methode andeutet, ging er offenbar nicht davon aus, daß ein „Maßstab für das, was seyn soll, in dem, was ist", liege (vgl. Mittermaier, KritZfRwiss 1830, 338) – jedenfalls nicht in äußeren Manifestationen. Für eine Differenzierung von Sein und Sollen wurde damit vielmehr der identitätsphilosophische Ansatz prägend. Von seiner idealistischen Grundanschauung aus war es Mittermaier nicht möglich, an Kant anzuknüpfen, der zum Wesen von Sein und Sollen festgestellt hatte, daß das Sollen „eine Art von Notwendigkeit und Verknüpfung mit Gründen" ausdrücke, „die in der ganzen Natur sonst nicht vorkommt", „ja, das Sollen, wenn man bloß den Lauf der Natur vor Augen hat, hat ganz und gar keine Bedeutung" (Kant, Vernunft, 534).

Auch einer Sichtweise, die etwa mit der späteren Position Nikolai Hartmanns zur Relation zwischen Sein und Sollen vergleichbar wäre, muß der identitätsphilosophische anhand dieses Zitats immerhin so viel erkennen, daß ontischen Gegebenheiten eine Korrektivfunktion zukommen sollte, wie anders ist die Aussage, daß „sie Grundsätze vernichten", sonst zu verstehen. Entitäten konnten in der Eignungsbetrachtung der politischen Mittel zwar keine Grundsätze bilden, ihnen wurde aber eine Negativwirkung für eine Grundsatzdurchsetzung zugesprochen. Eine „Willkür" bei der Grundsatzbildung war damit dualistisch sowohl durch Vernunft-"Gegebenheiten", als auch durch Naturfakten begrenzt.

Einen weiteren Hinweis dafür, daß lediglich eine Korrektivwirkung angenommen worden war, wird man etwa in der Stellungnahme zur Straftheorie Feuerbachs erblicken können. Dieser Theorie habe, so Mittermaiers Einwand, ein realitätsfremdes mechanistisches Modell der menschlichen Psyche[233] zugrundegelegen und dadurch das Strafrecht an falsche Voraussetzungen geknüpft. Obwohl Feuerbach ein erstaunliches Einfühlungsvermögen für die Täterpsyche entwickelt hatte, wie er in seinen Täterbeschreibungen unter Beweis stellt[234], mußte er sich Einwendungen gefallen lassen. Das Ignorieren naturgesetzlicher Umstände schien für Mittermaier der schwerste Fehler Feuerbachs überhaupt gewesen zu sein; obwohl Mittermaier selbst etwa Daten der Geschichte bei der Prinzipienbildung idealisierend interpretiert hatte, wurden ontische Grundannahmen Feuerbachs als Fehleinschätzungen nicht verziehen.[235] Es wurde als legislatorische Pflicht angesehen, die Realität aller „möglichen Zustände, krankhafter Einflüsse, Verkettung von Umständen", die einen Tatentschluß mit verursachen, mitzubedenken[236], wollte man sich nicht dem Vorwurf der Willkür aussetzen.[237]

Ansatz Mittermaiers entgegenstehen. „Die Kategorien der niederen Schicht sind die stärkeren; sie können durch keine Macht der höheren Schicht aufgehoben werden. Das geistige Wesen vermag zwar geschickt mit den Naturprozessen umzugehen und sie zu Mitteln seiner Zwecke zu machen – aber nur unter der Voraussetzung, daß es die Gesetzlichkeiten der Natur versteht. Umzuschaffen vermag es die Gesetze nicht" (Hartmann, N., 131).

233 Dem mechanistischen Abwägungsmodell Feuerbachs liegt die Annahme eines Bewußtseins der Tatfolgen zugrunde (vgl. Feuerbach, Lehrbuch (1. Aufl.), 15f.): „Alle Uebertretungen haben einen psychologischen Entstehungsgrund in der Sinnlichkeit, inwiefern das Begehrungsvermögen des Menschen durch die Lust an der Handlung zur Begehung derselben angetrieben wird". Der Mechanismus für eine Hemmung scheint physikalischen Gesetzmäßigkeiten zu gehorchen. „Dieser sinnliche Antrieb muß, wenn die Tat unterbleiben soll, durch einen entgegengesetzten sinnlichen Antrieb aufgehoben werden." In früheren Auflagen hatte er diesen als „Unlust (Schmerz, Uebel), als Folge der begangenen Tat" konkretisiert.

Der Einwand Mittermaiers richtete sich gerade gegen dieses kognitive, dem sensualen Spüren der Tatfolgen vorangehende Phänomen: „Die Größe des Reizes zum Verbrechen (ist) eine nicht zu berechnende" (Mittermaier, § 20 a, Lehrbuch (14. Aufl.), 42) und im übrigen werde „nicht selten" ein Täter durch „augenblicklich einstürmende Lust zu dem verbrecherischen Entschlusse" bewegt (ders., Vier Abhandlungen, 3).

234 Vgl. Feuerbach, aktenmäßige Darstellung, 48ff.

235 Vgl. Mittermaier, Vier Abhandlungen, 5ff. und ders., Feuerbach, 509; vgl. aber auch ders., Über die Grundfehler, 107 f.

236 Ders., Vier Abhandlungen, 3.

3. Ergebnis der „praktischen" Methode war auch eine Berücksichtigung von Sprachregeln, was die Hervorhebung der pragmatischen Satzperspektive besonders deutlich macht. Sie betrafen die Geltungschance positiver Regelungen und wurden vor allem im Zusammenhang mit rechtsvergleichenden Materialien festgehalten. So wird der Adressatenkreis der Gesetze hervorgehoben, „theils das Volk, theils die Richter"[238], und deutlich textpragmatisch die kommunikative Forderung erhoben, auf den kleinsten, gemeinsamen Nenner abzustellen: der Sprache[239] und den Sitten[240] des Volkes und nicht dem Spezialwissen der Richter[241].

Im Bereich solch pragmatischer Nützlichkeitsanalysen war Mittermaier an die Grenzen der eigenen Erfahrung gestoßen und mußte auf Fremderfahrungen, etwa Zeugnisse, zugreifen. Deshalb seine Forderung, statistische Erhebungen zur Gewinnung von Erfahrungen aus der Rechtsanwendung anzustellen.[242] Daß Kriminalstatistiken zur Zeit Mittermaiers noch rar waren, dokumentiert die methodische Not des Gesamtwerks; die Forderungen nach statistischen Erhebungen übertreffen ableitende Bezugnahmen bei weitem.[243] Mittermaier war bei der Suche nach Ersatzmedien auf „Urtheilssprüche einzelner Länder und die Ansichten der Richter, welche die Gesetze angewendet hatten"[244], angewiesen. Die wissenschaftliche Funktion in pragmatischer Hinsicht ist indes bei all diesen Erfahrungsmitteln gleich: „Wir (anerkennen) die Bedeutung solcher Materialien für die Gesetzgebung."[245]

---

[237] Ausdrücklich betont wurde die Bindung des Gesetzgebers an reale Vorgegebenheiten bei der Wahl der Straftheorie (Mittermaier: Grundfehler, 143; AdC. NF 1855, 150f.), dem Regelungsbereich der Zurechnung (ders.: Criminalgesetzgebung, 104f.; Strafgesetzgebung I, 174f.; ebd. II, 15; Vier Abhandlungen 2f.; Disquisitio, 7) sowie prozeßrechtlich zur Stellung des Sachverständigen (ders., BlgerichtlAnthr 1861, 243ff.; ebd. 1867, 4f.).

[238] Ders., Mündlichkeit, 16.

[239] Ebd., 17: „Es ist unpassend, wenn der Gesetzgeber in einem Deutschen Gesetzbuch von dolus oder von idealer Concurrenz" spreche, alle „fremden Kunstwörter" gelte es zu vermeiden.

[240] Ebd., 18ff.; vgl. auch ders., AdC. NF 1837, 559.

[241] Vgl. auch oben C I 2.

[242] Ders., AdC. NF 1846, 147; ders., GS 1861, 23. Zu erinnern sei aber auch daran, daß in der Frühzeit eine gewisse Skepsis vor Statistiken bestanden hatte, vgl. ders., Strafrechtspflege, 64: „Criminalprozeß-Tabellen täuschen blos, ertragen geduldig, womit man sie ausfüllen will, erzeugen im Geschäftsgang eine verderbliche Nummernjagd und Oberflächlichkeit, und sind nur neue Papierhaufen".

[243] Ders., KritZfRwiss 1844, 150 und Strafgesetzgebung II, 54.

[244] Vgl. ders.: Strafgesetzgebung I, S. V, 127; KritZfRwiss 1843, 271; vier Abhandlungen, 19.

"Die Rechtsprechung, als die Anwendung der Gesetze, ist gleichsam die Rechnungsprobe über den Werth des Gesetzes und des Geistes derselben. Erst dadurch erhält das Gesetz Leben und Fortbildung" (ders., Mündlichkeit, 334).

[245] Ders., KritZfRwiss 1842, 354.

Grundsätzlich dokumentiert die sog. „praktische Methode", trotz Dürftigkeit des Materials und Vagheit der Kategorien den Charakter des allgemeinen Wissenschaftsverständnisses bei Mittermaier. In ihrer Eignung, semantisch-syntaktische und pragmatische Perspektiven von Rechtssätzen zu umschließen, stand sie im Einklang mit dem geänderten Objektbereich der Jurisprudenz. Von sämtlichen Inhaltsbezügen abstrahiert, geht es bei dieser Perspektive nur um die Problematik im Rahmen der Außenwirkung mit der Folge, daß sich aus dem für relevant erklärten Sozialbereich die Kriterien der Zweckmäßigkeit ergeben mußten. Auch sie indiziert eine wissenschaftliche Rechtssatzorientierung Mittermaiers. Jurisprudenz ist damit nicht auf dogmatische Fragen reduziert, sondern enthält einen gesetzeswissenschaftlichen Auftrag, deren Objekte Rechtssätze sind, die dualistisch erscheinen als Sprachsymbol einerseits, welches erkennbar gehalten werden sollte, und als Geltungsgeschehen andererseits, wenn deren Norminhalte akzeptiert und durchsetzbar werden sollten.

γ) Das Anwendungsgebiet der „praktischen Methode" in gesetzeskomparatistischer Hinsicht

Als prospektives Verfahren zur Optimierung legislatorischer Arbeit hatten der „praktischen Methode" nicht nur ungültig gewordene Normen der Rechtsgeschichte oder geltende Normen innerhalb des Gesetzgebungsterritoriums des Wissenschaftlers als Analyseobjekte gedient, also für den Heidelberger Ordinarius und das Mitglied der Gesetzgebungskommission etwa die Gesetze des Großherzogtum Badens. Zu gesetzgebungswissenschaftlichen Zwecken hielt Mittermaier gerade Normtexte unterschiedlicher Geltungsterritorien für vergleichbar.[246] Rechtssatzsysteme konnten infolge der Abstraktion vom Aspekt der Geltung als gleichwertige Modelle, um sie auf ihre Rezipierbarkeit für den Gesetzgeber zu prüfen, angesehen werden.[247]

Ratio der „praktischen Methode" war es, prinzipiell oder pragmatisch von der Vernunftidee eines Staates abwegig erscheinende Modelle ausscheiden zu können. Soweit bei Mittermaier die Komparatistik in diesem Rahmen betrieben wurde, war sie ihrer Funktion nach bereits dem ähnlich, was heutzutage

---

[246] „Unsere Regierungen senden, wenn Eisenbahnen gebaut werden sollen, in fremde Länder, in welchen bereits solche Bahnen bestanden, Sachverständige, um an Ort und Stelle sich über die gemachten Erfahrungen zu erkundigen und selbst mit der Technik vertraut zu werden. Warum befolgt man dies Verfahren nicht, wenn von neuen Gerichtsformen die Rede ist?" Mittermaier, Mündlichkeit, 224 Fn. 61.

[247] Diese rechtspolitische Funktion der rechtsvergleichenden Tätigkeit Mittermaiers wird auch von Constantinesco betont. Mittermaier habe „die Kenntnis ausländischer Rechte und die Rechtsvergleichung zu einer schlagkräftigen Waffe in seinem Kampf für rechtliche Reformen" gemacht (113) und sei „der erste, der die Rechtsvergleichung auf die praktischen Bedürfnisse ausrichtet, indem er sie zu dem Mittel der Gesetzgebungspolitik macht" (114).

als konkretisierende Komparation zum Zwecke einer rationalen Wertekritik sich ausdifferenziert darstellt.[248]

Gelegentlich wurde die „praktische Methode“ in ihrer Bezugnahme auf Gesetze, die in ihrem Territorium Geltung beanspruchen durften, „historisch“ genannt.[249] Tatsächlich blieb jedenfalls die Qualität dieses Verfahrens nicht auf eine Vergleichung der semantisch-syntaktischen Dimension, d.h. der inhaltlichen Wertigkeiten, beschränkt, sondern bezog darüberhinaus Erfahrungen der Praxis mit ein. Das Verfahren entsprach damit trotz der Attribuierung weder einem rein hermeneutischen, noch dem, was Mittermaier andernorts als „historisch-philosophisch“ bezeichnet hatte. Entgegen der terminologischen Festlegung bezog sich dieses Programm also vollständig auf die „praktischen Methode“: vollständige Sammlung und genaue exegetische Auslegung aller infrage kommenden Texte mit anschließender naturrechtlich-philosophischer Hinterfragung, unter hinzukommend kritischer Berücksichtigung der Erfahrungen aus der Anwendung.

In dieser methodischen Schwerpunktsetzung läßt sich die vergleichende Arbeit Mittermaiers an den Gesetzesmodellen nachvollziehen. So sollte es etwa ein Ziel sein, „durch die Vergleichung der Gesetzgebung sich die verschiedenen Durchbildungen der nämlichen Grundidee klar zu machen.“[250] In dieser Bezeichnung als „Durchbildungen“, die nicht erklärt worden ist, deutet sich immerhin an, daß nicht die leitenden deontischen Prinzipien, die als die „nämlichen“ bereits bekannten gleichgesetzt worden sind, betrachtet werden sollten, sondern die äußeren Wortgeschöpfe interessierten. Infolgedessen schien die Forderung nach einem Sichten und Sammeln der Texte, mit dem Ziel, einer „Unkenntnis“ vorzubeugen[251], als ausreichend.

Mit der Betonung des Sammlungsziels als wissenschaftliche Aufgabe der Komparatistik gerät notwendig die inhaltlich kritische Hermeneutik in den Hintergrund; Mittermaier geriert sich damit als ein Jurist, wie ihn Feuerbach für den Bereich der Rechtshistorie als „historischen oder sogenannten eleganten Juristen“ bezeichnet hatte, dem die „Phrase eines alten Klassikers weit lieber als ein eigener Gedanke“ sei[252], mit dem Unterschied, daß ihn Ausdrucksweisen legislativer Werke interessierten. Nach dem heutigen Methodenverständnis zu einer Rechtsvergleichung wäre die Erstellung einer solchen Gesamtübersicht von Normen eines fremden Rechtskreises „aus der Vogelperspektive“ als Makro-Vergleichung zu bezeichnen.[253]

---

248 Vgl. Noll, 127.

249 Mittermaier, Über die Grundfehler, 137.

250 Ders., Grundsätze I, S. IV; Jayme, Grußwort, 12, bezieht diese Aussage Mittermaiers auf gesuchte universelle Rechtssätze; diese Annahme übersieht m.E. das bewußt konkrete, politische Anliegen Mittermaiers.

251 Mittermaier, Gesetzgebung, 279.

252 Feuerbach, Über Philosophie, 62.

Die Forderung nach einer anspruchsvolleren, darüberhinausgehenden Analyse der sog. Mikro-Vergleichung[254], die sich auch immanenten Wertentscheidungen zu widmen hatte, deutet sich erst 1856 an, als Mittermaier auch die Herausarbeitung der sog. „nämlichen Grundidee" für notwendig hielt. Eine Kenntnis und Übereinstimmung mit bekannten Rechtsgrundsätzen war nunmehr ausgeschlossen worden. „Wir sind gewöhnt, von Mündlichkeit, Öffentlichkeit, von Anklageprinzip zu sprechen; aber alle diese Ausdrücke sind so vieldeutig, daß eine genaue Beachtung der Art, wie sie in verschiedenen Ländern durchgeführt sind, bald die größte Verschiedenheit in der Rechtsanwendung zeigt und daher auffordert, die wahre Natur und den Zweck einer einzelnen Einrichtung zu erforschen." Die Forderung nach bloßer Textdarstellung wurde nunmehr als ungenügend angesehen; Kenntnisverschaffung reicht nicht mehr. Das „Studium der vergleichenden Gesetzgebung" habe nicht bloß die Aufgabe, „nebeneinander die Einrichtungen der verschiedenen Länder zu stellen, sondern die tiefere Bedeutung der Grundsätze aufzusuchen, welche gemeinsam ... diesen Einrichtungen zu Grunde liegen."[255] Erst jetzt wurde ein Schritt getan, der eine kritisch-exegetische Analyse im Rahmen der Gesetzeskomparatistik zuließ.[256] Jayme gibt wieder, welche Grundsätze nach Ansicht des auf Mittermaier zurückgreifenden Begründers der Rechtsvergleichung Emerico Amari, der in Mittermaier „una bibliotheca vivente di leggi comparate" gesehen hatte[257], in diesem Vorgehen lagen: „Kein Gesetz aus dem man nicht etwas Nützliches lernen könne; die Gesetze aller Völker haben füreinander Bedeutung, von denen die besten früher oder später nachgeahmt würden; in der vergleichenden Geschichte des Rechts werde der durch die Providenz gelenkte Fortschritt deutlich."[258]

Mit diesen methodischen Anklängen deutet sich eine der im Spätwerk ausgeprägteren Arbeitsweisen Mittermaiers an, den systematischen Ort bestimmter Problemlösungsansätze in fremden Rechtsmodellen nicht zu übergehen und erst dann die pragmatische Wirksamkeit dieser Modelle zu erhellen. So etwa, als er festgestellt hatte: „Die bisherigen Erörterungen mögen zeigen, daß das französische System der Fragestellung keine Billigung verdient, indem die häufigen Nachtheile den möglichen Vortheilen gegenüber überwiegend sind, daß aber eine Nachbildung des englischen Systems, jedoch mit wesentlichen Verbesserungen, zu empfehlen ist."[259]

---

253 Zweigert / Puttfarken, 401; vgl. auch Constantinesco, 258f.

254 Vgl. Constantinesco, 258.

255 Mittermaier, Gesetzgebung, S. V.

256 Zur kritisch wertenden Vergleichung siehe Zweigert / Puttfarken, 404f.

257 Nachweis bei Jayme, Amari, 145.

258 Ders., Einleitung, S. XI f.

259 Mittermaier, Wirksamkeit, 726f.

Trotz aller Kritik wegen der fehlenden hermeneutischen Komponente im Rahmen der Gesetzeskomparatistik Mittermaiers ist als historischer Befund festzuhalten, daß auch bei dieser Materie methodisch die normativen Wertentscheidungen und die Ergebnisse der Rechtsanwender als gleichwertige Problembereiche angesehen wurden. Mit Hilfe der „praktischen Methode“ wurden sie als Modelle für noch zu konstituierende Rechtssätze auf ihre Problematik hin durchgesehen.

cc) Die Strafgesetzgebung als relevanter wissenschaftlicher Gegenstand

Versucht man, alle programmatischen Äußerungen Mittermaiers in philosophischer und methodischer Art miteinander in Einklang zu bringen, kann das strafrechtswissenschaftliche Anliegen nur als ein von rechtspolitischen Absichten geprägtes gesetzeswissenschaftliches angesehen werden. Dem aufmerksamen Leser begegnen nicht nur ständig die Ausdrücke „Gesetz“, „Gesetzgebung“ und „Gesetzgeber“, über die er nicht hinweglesen kann, sondern Erwägungen, Forderungen und Verfahrensweisen, die permanent auf die Ebene der Satzperspektiven zielen.

Natürlich läßt sich sagen: „Die Beschäftigung mit Mittermaier macht sichtbar, wie wichtig Feuerbach ist.“[260] Bei dieser Wertung verbleibt man indes in einer Sphäre der „Doktrin“. Mittermaiers allgemeines wissenschaftliches Anliegen läßt sich aber nur adäquat würdigen, wenn man diese Ebene verläßt und die Ebene der Rechtssatzproblematik betritt. Auf eben dieser Ebene wollte Mittermaier aus dem ihm eigenen ethischen Verständnis Theorie und Praxis, Dogmatik und Rechtsanwendung, Rechtsgeschichte und Rechtsvergleichung miteinander verknüpfen, um ein gerechteres Rechtswesen zu ermöglichen.[261] Wegen der besonderen Bezüge der strafrechtlichen Materie zu vitalen Interessen des Menschen konzentrierte sich der Blick auf diese juristische Disziplin, blieb indes hierauf nicht grundsätzlich beschränkt.[262]

---

260 Naucke, Von Feuerbach zu Mittermaier, 108.

261 Nach Hauck, MschrKrimPsych 1914, 655 soll Mittermaier das Amt eines Justizministers im Herzogtum Baden angetragen worden sein, das aber ausgeschlagen wurde, weil Mittermaier größere Wirkungsmöglichkeiten in rechtswissenschaftlicher Arbeit gesehen habe.

Daß die Frage des Verhältnisses von Dogmatik und Gesetzgebung auch heute noch aktuell ist, und daß in einer rationalen Gesetzgebung Erfahrungen aus dem Bereich der Rechtsanwendung die prinzipiellen Entscheidungen korrigieren müssen, vgl. Maiwald, Dogmatik, 133.

262 Daß Mittermaier in seinem zivilistischen Werk „Grundsätze des gemeinen deutschen Privatrechts“ umfassende Ausführungen zum Handels-, Wechsel- und Seerecht gemacht hätte, betonen schon Kleinheyer / Schröder, 183. Weniger bekannt ist aber wohl, daß Mittermaier auch zu den Initiatoren des ersten Deutschen Handelstages gehörte und als Lehrer des Handelsrechts 1830 in der Dissertation des später überaus erfolgreichen Handelsrechtlers Heinrich Thöl (1807 - 1884) dankend erwähnt wird, vgl. dazu Goldschmidt, L., In memoriam, 10 f.

Hierdurch wurde Neuland betreten, und hier hatte er Feuerbach hinter sich gelassen.

Dieses allgemeine strafrechtswissenschaftliche Anliegen Mittermaiers ergibt sich als prägende Intention deutlich für die Mehrzahl seiner wissenschaftlichen Werke und kann auch bei der Interpretation seiner Beiträge zum Lehrbuchs Feuerbachs nicht außer Betracht gelassen werden. Es stellt sich aber die Frage, ob neben dieser allgemein prägenden Absicht bei der Redaktion der posthumen Auflagen eine spezielle, eventuell davon abweichende zum Tragen gekommen ist; ob das allgemeine Anliegen zurückgehalten werden konnte, um dem vorgegebenen dogmatischen Anliegen Feuerbachs entgegenzukommen, oder ob auch der Lehrbuchtext durch die eigene gesetzeswissenschaftliche Intention entscheidend geprägt wurde.

b) Die Zusätze der posthum herausgegebenen Lehrbücher als Folgen einer kriminalpolitisch motivierten, gesetzeswissenschaftlichen Perspektive

Bereits die Einleitung zur 12. Auflage des Lehrbuchs konturiert in den dort vorgetragenen programmatischen Äußerungen eine Konfliktlage in bezug auf die übernommene Konzeption. Auf der Schwelle zum prägnanten System Feuerbachs erfährt die geneigte Leserschaft, was Mittermaier von einem idealen Kompendium in sachlicher Hinsicht hält. Auch wenn diese programmatischen Erklärungen in sich weder geschlossen noch geordnet wirken, lassen sich doch die Einzelforderungen in einen Zusammenhang bringen, der den Programmpunkten der „neuen Richtung" entspricht, Rechtsfindung und Rechtsanwendung gleichwertig zu berücksichtigen.[263] Wollte man die hier als maßgeblich erklärten Kategorien der „neuen Richtung" konsequent anwenden und den Stoff der „praktischen Methode" darstellen, wäre das System Feuerbachs im Ergebnis zu sprengen. Versucht man einmal die aufgeführten Punkte der Einleitung dementsprechend als semantisch-syntaktische und pragmatische Kriterien zu interpretieren, so zeigt sich folgendes Programmbild für ein ideales Lehrbuch:

Auf der Stufe der Wertfindung erscheinen Exegese und philosophische Invention als gleichberechtigt, was dem von Mittermaier favorisierten „historisch-philosophischen" Verfahren entspricht; gemäß Ziffer 7 wäre nach den „Quellen und ... Ansichten der Rechtsphilosophie" zu gehen, wobei als Ergebnis dieser Invention ein „richtiges Prinzip" des Strafrechts (Ziffer 1) entwickelt wäre. Die strafrechtlich leitende axiologische Prämisse, zu der inhaltlich hier nichts gesagt worden ist, wird man mit dem aus ethischen Handlungsprinzip entspringender materiell-rechtlichen „Grundsatz der Gerechtigkeit"[264]

---

[263] Siehe dazu Näheres, oben unter C I 2. a) bb) α).

[264] Zum rechtspolitischen Prinzip gerechten Handelns, siehe oben C I 2. a) aa) β) und zum materiell-rechtlichen Gerechtigkeitsgrundsatz, unten C I 2. b) bb) β) ββ) (II) (3).

in Verbindung zu setzen haben, da von ihm allein dieser Grundsatz als richtig angesehen wurde. Alle strafrechtlichen Einzeltatbestände müßten dann sowohl nach Gesichtspunkten der Strafbarkeit als auch der eigenen Natur (Ziffer 7), im übrigen aber „logisch, systematisch" (Ziffer 6) geordnet werden.[265]

Abgesehen von den exegetischen und pragmatischen Forderungen, scheint es zunächst, als ob es formal keine Differenz zum dogmatischen Objektbereich und seinem wissenschaftlichen System im Sinne Feuerbachs gebe, sondern nur zu einer Ausweitung der Bezugnahmen auf Rechtsquellen gekommen ist, denn dem lokal und temporär geltenden Recht sollten lediglich jene sozialen Bedingungen, die es geschichtlich beeinflußt haben, hinzugefügt werden. Konkret bedeutet diese Forderung, gemeinrechtliche Quellen gründlich zu analysieren (Ziffer 2) unter Berücksichtigung der damals herrschenden Lehrmeinungen (Ziffer 3, 4 und 5) bis hin zum Gerichtsgebrauch (Ziffer 5 und 9), und auch, daß auf die Ergebnisse der Praxis als Korrektiv Bezug zu nehmen ist (Ziffer 5, 6 und 9).[266]

Der Unterschied zum Konzept Feuerbachs wird aber augenfällig, soweit gefordert worden ist, eine „Vergleichung der Ansichten der verschiedenen neuen Gesetzgebungen" vorzunehmen (Ziffer 10) und selbst die Entscheidungen von „Gerichtshöfen einzelner Länder" (Ziffer 9)[267], d.h. anderer Länder als nur derjenigen eines bestimmten geltenden Rechts, zu beleuchten. Das ideale Lehrbuch hatte demnach auch lokal und temporär nicht oder nicht überall geltende Rechtssatzsysteme als relevant zu behandeln. Angesichts des zersplitterten Rechtszustandes in den deutschen Partikularstaaten nach 1806 könnte man diese Forderung als ein Gebot zur Förderung der Rechtseinheit halten, wenn es denn um partikularstaatliche Legislationen gehen sollte. Daran ist allerdings nicht gedacht worden.[268]

Mittermaier ging es, wie gerade der letzte Themenpunkt dokumentiert, gar nicht nur darum, das geltende Recht systematisch aufarbeiten zu wollen und kritisch zu hinterfragen, denn dazu hätte es weder einer Darstellung ausländischer Gesetze noch ihrer Anwendungsprobleme bedurft. Hier deutet sich vielmehr an, daß Mittermaier auch bei der Redaktion des Feuerbachschen Kompendiums einen Wechsel des wissenschaftlichen Objektbereichs von der Ebene des immanenten Rechts bestimmter Normen zu der Ebene, in der

---

265 Mittermaier, Lehrbuch (12. Aufl.), S. IV f.

266 Ebd., S. V.

267 Ebd., S. V.

268 Ohne hier vertiefend vorwegzugreifen, sei darauf hingewiesen, daß Darstellungen zum norwegischen Entwurf eines Strafgesetzbuchs (vgl. Lehrbuch (12. Aufl.), 140) mit den Erörterungen zu Normen des gemeinen peinlichen Rechts genauso unvereinbar erscheinen, wie Darstellungen zum Strafvollzugssystem der Vereinigten Staaten von Amerika (ebd., 141).

Rechtssätze in der Funktion austauschbarer Modelle stehen, vor Augen hatte und eine umfängliche Rechtssatz-, aber auch Lehrsatzkomparation betreiben wollte. Aus diesem Grund erscheint es als naheliegend, daß die redaktionelle Intention Mittermaiers bei der Abfassung der posthumen Auflagen mit seinem allgemeinen wissenschaftlichen Anliegen in Übereinstimmung gestanden hatte. Daraus ergeben sich berechtigte Zweifel, ob der von Feuerbach eingeschlagene dogmatische Weg eingehalten wurde; ob nicht vielmehr jenes allgemeine gesetzeswissenschaftliche Anliegen durchschlagend gewesen war.

Eine programmatische Einleitung ist indes zwar Zielvorgabe und weckt dadurch Erwartungen der Leserschaft[269], muß jedoch nicht notwendig den Haupttext in voller Konsequenz gestaltet haben.

aa) Thematische Schwerpunkte der Textvarianten Mittermaiers in quantitativer Hinsicht

Ob und wieweit die in der Einleitung zur 12. Auflage von Mittermaier für relevant erklärten Objektbereiche, auf die in den folgenden Auflagen einleitend Bezug genommen worden ist, im Haupttext tatsächlich thematisch erörtert worden sind, kann zunächst eine quantitative Analyse feststellen, bei der die textuellen Darstellungen nach typischen Merkmalen erfaßt werden. Die Klassifikation richtet sich nach den Merkmalen der programmatisch erklärten Objekte. Die quantitative Analyse trägt darüber hinaus auch dazu bei, den phänomenologisch verkürzten Blick zu ersetzen, der bei früheren Rezensoren nur zu bildhaften Beschreibungen der textuellen Besonderheiten geführt hatte.

α) Die 12. Auflage von 1836

Um es vorweg zu sagen: Die in der Einleitung vorgetragene programmatische Radikalität dringt zumindest in den Beiträgen der ersten posthumen Auflage noch nicht durch. Vielmehr wurde von Mittermaier die von Feuerbach vorgegebene historisch-positivistische Absicht genauso aufgegriffen, wie die vorgegebene dogmatisch-philosophische Ebene betreten wurde. Damit endet aber schon die Gemeinsamkeit mit Feuerbach, denn eine fehlende inhaltliche Übereinstimmung zeigt sich vor allem in einer wiederholten Kritik, mit der das übernommene System infragegestellt wurde.[270]

Demgemäß lassen sich die Merkmale der Lehrbuchbeiträge für die quantitative Analyse wie folgt charakterisieren: Die Materie der Rechtsquellen und historischen Rechtslehren erscheinen wegen ihrer exegetischen Bezüge als

---

[269] Siehe dazu das Zitat Gadamers, oben Fn. 2 dieses Abschnitts.

[270] Zur Kritik an Feuerbachs Rechtsverletzungslehre, siehe unten C I 2. b) bb) β) ββ) (I); zur Kritik an dessen Straftheorie, ebd. unter (II).

historisch; Bezugnahmen auf zeitgenössische Literatur, kritische oder ergänzende Stellungnahmen, insbesondere zu intrasystematischen oder axiomatischen Fragen, sind dogmatischer Art; aber auch bloße Hinweise auf notwendig erörterungsbedürftige Fallgestaltungen werden hier wegen ihrer Beziehung zu Wertungsproblemen als dogmatisch relevant eingestuft. In der Terminologie Mittermaiers bezieht sich indes die hier vorgenommene Differenzierung auf jene Materie, die als deontische Erörterungen dem „historisch-philosophischen" Fragenkreis zugerechnet werden.

In der 12. Auflage stehen historische und dogmatische Beiträge in gleicher Höhe nebeneinander. Bei den Zusatzparagraphen ergibt sich zahlenmäßig zwar ein Überhang der dogmatischen[271] gegenüber den rechtsgeschichtlichen[272] in einem Verhältnis von elf zu drei. Dieser Eindruck ändert sich jedoch, wenn man die insgesamt 476 Noten[273] der 12. Auflage in die Betrachtung miteinbezieht. Von ihnen befassen sich 179[274] mit dogmatischen, 176[275]

---

271 Vgl. im Lehrbuch (12. Aufl.), §§ 20a (Kritik an Feuerbachs Straftheorie), 90a (Zurechnungsunfähigkeit), 132a (Rückfall), 168a (Versuch des Hochverrats), 209a (Kausalität bei Tötungsdelikten), 238a (Verheimlichung der Schwangerschaft), 240a (Zurechnungsfähigkeit bei Kindestötung), 296a (Privatklagevoraussetzung bei Beleidigung), 315a (Unterschlagung), 364a (Anzündung eigener Sachen bei der Brandstiftung) und 416a (Bankrott).

272 Vgl. ebd., §§ 5a und 5b (Abriß einer Strafrechtsgeschichte), 162a (Entwicklung des Hochverrats).

273 Zur Dynamik in der Entwicklung der Noten vgl. oben C.

274 Im einzelnen sind dies die Noten bei den §§ 21, 22 (3), 23, 36, 40, 42 (1,2,4,5), 43 (1,2), 46 (1), 53, 63 (2), 74 (1,2), 84, 85, 88, 91, 96, 97, 137, 163 (1,2), 164, 168 (1,2), 169, 173, 174 (2,3), 177 (1,2,3), 182, 183 (1,2), 191, 193, 298, 203, 206 (1), 207, 215 (2), 222 (3,4,5), 236 (2), 237 (1,3,4), 243 (3), 244, 249 (2), 254, 256 (1,2), 257, 258 (3), 259 (1,2), 261 (2,3), 267 (1,2,3,4), 268 (1), 274 (2), 275, 277 (2,3), 278 (1,2), 280, 281, 284, 287 (2,3,4,5,7), 290 (1,2,3), 291, 300, 301 (2,3), 303, 314 (4,5), 315 (3,5), 316 (1,2), 319 (3), 230 (2), 327 (3,4), 332 (2,3), 335 (2), 337 (1), 347, 354 (1,2), 357 (1,2), 361, 362, 365, 369 (2), 371, 373 (1), 375, 377, 384 (1,4), 385 (1,3), 390 (3,5), 393 (1,2,3,5,6), 396 (1,2), 410 (3), 412 (1,2,5,6), 413 (1), 415 (2), 416, 418 (4), 419 (3,4), 420 (1,2,4,5), 422 (3,4), 425 (2), 427 (1,2), 430 (2), 432, 435, 437, 439 (1,2), 449, 451, 461 (3), 463 (2,3), 465, 466, 467 (2), 471 (2), 477, 479, 479a (1,2), 479c (4), 481 (2), 482 (3,4,5), 484 (2), 487 (1).

(Da in der 12. Auflage des öfteren eine Bezifferung bei den Noten Mittermaiers fehlt, gilt zu ihrer Lokalisierung als Schreibregelung, die auch in den nachfolgenden Fußnoten beachtet wird: Die in Klammern gesetzten Ziffern entsprechen der Bezifferung der Noten, soweit diese vorhanden sind; ansonsten dokumentieren sie die numerische Rangfolge. Paragraphen ohne Bezifferung ist nur eine einzige Note eigen, die regelmäßig unnummeriert ist).

275 Dies sind die Noten bei den §§ 5, 22 (1), 28, 32, 34, 38, 42 (3), 44, 45, 46 (2,4), 47, 49, 55 (1), 58, 65, 67 (1), 87, 94, 99 (1), 126, 131, 136, 153, 170 (1,2), 172, 174 (1), 179, 181, 186, 194, 196, 197, 198, 200, 205, 206 (2), 215 (1), 222 (1,2,6), 224, 226, 231, 232, 235 (2), 236 (1), 239, 241 (1,2), 243 (1,2), 245, 246 (2), 249 (1), 252, 253, 255 (1,2), 258 (1,2), 261 (1), 269 (2), 271 (1,2,3,4,5), 277 (1,4), 287 (1,6), 292, 295, 298, 310, 312, 313 (1,2), 314 (1,2,3), 319 (1), 322, 326, 327 (1,2), 329, 329a, 331, 332 (1), 334, 335 (1), 337 (2), 342 (1,2), 343, 348 (2,3), 349 (3), 351 (1,2), 353 (1,2), 358 (2), 360 (1,2), 367, 369 (1), 373 (2,3), 374, 376 (1,2), 379 (1,2,3,4), 382, 383 (1,2,3), 384 (2,3), 385 (2), 389 (1,2), 390 (1,2), 392 (1,2,3), 399 (1,2,3,5), 400 (1,2), 402 (1,2), 405 (1,2), 410 (1,2),

mit exegetischen Ausführungen, und 60 Noten sind doppelrelevant[276], d.h. beiden Themenbereichen zuzuordnen. In den Beiträgen der 12. Auflage einen dogmatischen Schwerpunkt zu sehen, rechtfertigt der quantitative Befund, wonach zusammengefaßt über 85% des eingefügten Textes den von Mittermaier sog. „historisch-philosophischen" Objektbereich der Rechts- oder Grundsatzfindung betreffen.

Überwiegen damit dogmatische Textanteile, so deutet sich doch bereits ein nicht bloß untergeordnetes und damit als beiläufig zu bewertendes pragmatisches Interesse an. Medizinische, psychologische, aber auch chemische Fragen werden nicht bloß aufgeworfen oder beiläufig erörtert. Immerhin widmen sich neben 16 Noten zwei Zusatzparagraphen diesem naturwissenschaftlich-ontischen Fragenkreis.[277] Gelegentlich werden daneben auch soziale Wirkbezüge, insbesondere im Rahmen der Erörterung zum Strafvollzug und zu den Strafarten skizziert.[278] In immerhin 17 Fällen interessieren daneben Fragen prozessualer Handhabbarkeit von Normen.[279]

Rechtsvergleichende Materialien allerdings, die eine ganz wesentliche Materie der „neuen Richtung" als Gesetzgebungswissenschaft darstellen und insofern im Text als thematischer Indikator wirken und die in den letzten beiden Ausgaben das Erscheinungsbild des Lehrbuchs um so deutlicher prägen, treten in der 12. Auflage kaum wahrnehmbar auf. Nur in 23 Noten lassen sie sich überhaupt nachweisen.[280]

β) Die 13. Auflage von 1840

Bereits die vier Jahre später folgende 13. Auflage weicht von dem dogmatischen Bild der Vorauflage erheblich ab. Charakteristisch ist eine wesentliche thematische Erweiterung; auf breiter Front finden sich nun im Text Hinweise auf zeitgenössische legislatorische Arbeiten. Insgesamt werden 191 Noten von Materialien geprägt, die als Manifestation eines Interesses an gesetzgeberi-

---

411 (1,2), 412 (7), 413 (2), 414, 415 (1,3,4), 418 (1,3), 419 (1,2), 420 (3), 422 (2), 429, 433, 456, 461 (1,2), 463 (1), 464, 467 (1), 468, 469, 471 (1), 473, 475, 479b, 479c (1,3), 481 (1).

[276] Vgl. die Noten bei §§ 31, 35, 54, 55 (2), 57, 60, 67 (2), 71, 81, 99 (2), 128, 161, 168 (3), 171, 176, 178, 190, 201 (1,2,3,4), 237 (2), 246 (1), 251, 263, 264, 265, 268 (2), 289, 297, 309, 315 (4), 317, 318, 321, 325, 336, 344 (1), 349 (1,2), 350, 360 (3), 387, 389 (3), 390 (4), 392 (4), 395, 398, 399 (4), 412 (3,4,8), 422 (1), 425 (1), 430 (1,3), 479c (2), 482 (1,2), 484 (1).

[277] Vgl. ebd., die Zusatzparagraphen 90a und 240a und die Noten bei §§ 58, 145 (3), 207, 222 (2), 237 (1,2,3), 243 (1), 267 (1,2), 268 (2), 368, 393 (1,2,6), 398.

[278] Vgl. ebd., Noten zu §§ 140, 143, 145 (1,2), 146, 148, 149 (1,2,3), 152, 153.

[279] Vgl. ebd., Noten zu §§ 58, 159, 193, 239, 243 (1), 249 (1), 269 (1), 301 (1), 307, 332 (4), 340, 345, 358 (3), 391a, 444, 460, 465.

[280] Vgl. ebd., Noten bei §§ 22 (2), 159, 182, 186, 191, 200, 201 (2,3), 215 (1,2), 236 (2), 241 (3), 255 (1), 274 (1), 301 (3), 303, 402 (2), 449, 456, 477, 487 (1,2).

schen Absichten, Entwürfen und Fertigstellungen charakterisierbar sind. Angesichts der Fülle dieses Materials liegt der methodische Schwerpunkt zunächst nicht auf dogmatisch-inhaltlicher Analyse, sondern auf einer deskriptiven Darstellung; das Vorgehen läßt sich damit als gesetzeskundlich charakterisieren.[281] Zwar sind auch noch im „historisch-philosophischen" Sinne der Vorauflage Beiträge neu hinzugekommen, allerdings kann bei 24 historischen[282] und 65 dogmatischen[283] kaum mehr von Dominanz gesprochen werden, auch wenn Doppelrelevanzen bei dieser Zählung unberücksichtigt geblieben sind.

Allerdings ist das statistische Ergebnis verzerrt, wenn nur die neuen „Zusätze" zugrundegelegt werden. Selbst bei einer Betrachtung von bloß modifizierten Noten, deren Basis also schon in der Vorauflage gelegt wurde, ist der Befund, insbesondere wegen der mengenmäßig hervorstechenden Texterweiterungen[284], kein anderer: Mit der 13. Auflage veränderte sich der Charakter des Feuerbachschen Lehrbuchs. Die in der Vorauflage noch vorhandene Anpassung an die dogmatische Widmung des Lehrbuches wurde durchbrochen; mit breiten Erörterungen zu Fragen der Gesetzgebung wurden neue

---

281 Vgl. Lehrbuch (13. Aufl.), die Noten §§ 31 II, 37 III, 38 III, 39, 42 II,VIII, 43 III, 44 I, 45 II,IV, 46 II,IV,VII,IX, 47 II,III,IV,V, 49 II, 52, 53 III, 54 II, 55 V, 58 I,II, 59, 60 II, 63 II,IV, 64 III,IV, 65 II,III, 66 I, 71 III,IV,V,VI,VII, 78 II, 85 II, 91 II,III,IV, 94 II,III,IV, 96 II, 97 II, 99 IV, 102b IV, 126 II, 128 II, 131, 132a k) - g), 136 II, 137 II, 143 II, 145 II,III, 146 II, 148 II, 159 II, 161 II, 162a bb), 164 I, 168 IV, 170 II, 171 II, 175, 176 II, 180, 181 II, 186 II, 190 II, 191 II, 196 II, 197 II, 198 II,IV, 201 II,III,IV, 207 I, 209a z), 222 VII, 224 II, 226 III, 231 III, 236 III, 238a g), 241 IV, 245 II, 246 I,II, 253 III,IV,V, 255 III, 263 II, 264 III, 271 VII, 280 II, 287 VIII, 289 III,IV, 291 II, 292 II, 294 I, 295 II, 296a h), 297 III, 298 II, 303 III, 309 II, 310 II, 314 VI,VII, 315a s), 317 II, 319 IV, 321 II, 323 IV, 328 I, 329a II, 332 V, 335 III, 336 II, 337 III, 342 III, 344 III, 349 IV, 350 II, 351 III, 353 II, 358 IV, 360 IV, 361 II, 364a g), 365 II, 369 III, 373 IV, 376 II, 381, 382 II, 383 IV, 384 V, 385 II, 389 IV, 391a II, 392 V, 399 VI, 405 III, 410 IV, 411 IV, 418 V, 419 V, 420 VI, 422 II, 423 II, 425 III, 430 VI, 433 III, 437 II, 441 II, 445, 446, 448, 449 II, 456 II,III,IV, 461 IV, 467 III, 471 III, 477 III,IV,V, 479 II, 479a V, 479b III, 479c I, 481 III, 484 III,IV.

282 Vgl. ebd., Noten §§ 37 II, 46 V,VI,VII, 54 IV, 56, 64 I, 71 II, 91 IV, 131, 170 I, 175, 198 IV, 231 II, 237 I, 318 II, 411 III, 414 III, 423 I, 441 I, 452, 479a I, 481 I, 484 III.

283 Vgl. ebd. Noten §§ 22 II, 24, 29, 34 I, 42 VIII,IX,X,XI, 45 III, 46 III, 47 III,IV,V, 52, 53 II, 54 III, 55 III, 59, 63 III, 66 I,II, 67 II, 71 II,IV, 77, 78 II, 81 II,III,IV, 91 I,III,IV, 94 III, 99 II, 131, 143 III, 159 II, 163 I, 164 II, 167, 168 III,IV, 174 II, 176 III, 109 III, 198 III, 207 I, 226 II, 234, 237 I, 264 II, 266, 289 II,III, 294 II, 302, 310 III, 328 II, 355, 357 II,III, 364, 376 II, 379 II, 385 II,III, 393 VII,VIII, 411 III, 413 II, 415 II,III,V, 419 IV,V, 420 VI, 425 II, 430 III,IV, 463 IV, 477 II, 479a III, 479c I,II.

284 Dogmatische Ergänzungen zeigen vor allem die modifizierten Altnoten der §§ 128 I, 215 III, 412 I,II,V-IX, 414 I, 420 V; exegetische Ausführungen bringen vor allem die modifizierten Altnoten §§ 176 I, 201 I, 215 I, 264 I, 314 I, 332 I, 353 I, 360 I,II, 412 IV, 461 II, 471 I.

Ihnen stehen gesetzeskundliche Ergänzungen gegenüber bei den modifizierten Altnoten §§ 58 III, 201 VIII, 215 II, 237 III, 315 IV,V, 348 I,III, 416a a), 419 III, 420 III,V, 456 I.

Akzente gesetzt. Erstmals hatten Normen vor allem in ihrer Modellhaftigkeit interessiert.

Thematisch noch nicht von Gewicht, obgleich nach Mittermaiers wissenschaftlicher Forderung durchaus zu erwarten, sind bei der 13. Auflage pragmatische Fragen der sozialen Beziehung von Rechtssätzen. Auch wenn erstmals mit statistischen Daten gearbeitet worden war, so wurden induktive Folgerungen daraus nicht abgeleitet.[285] Selbst bei Verwendungen gerichtlicher Entscheidungen ist es nur bei der Erwähnung des zugrundeliegenden konkreten Falles[286] oder einer Rechtsansicht[287] geblieben, ohne weitergehende eigene Erwägungen anzustellen.

γ) Die 14. Auflage von 1847

Spiegelt die 13. Auflage einen konzeptionellen Umbruch wider, so zeigt sich mit der letzten von Mittermaier herausgegebenen Auflage dieses Konzept als gefestigt. Die Beiträge der 14. Auflage haben ihren thematischen Schwerpunkt unverkennbar nicht mehr im Objektbereich der „historisch-philosophischen" Dogmatik, sondern werden ganz überwiegend von einer gesetzeskundlichen Materie beherrscht.

Betrachtet man die neueingefügten Noten, dann scheint sich dieser Befund auf dem ersten Blick noch nicht einstellen zu können, denn es gibt beispielsweise noch 158 neue Noten zu dogmatischen Problemen[288] und mit exegetischen Ausführungen immerhin 27[289], wohingegen nur 64[290] neue Noten geset-

---

[285] Vgl. ebd., Noten §§ 236 III, 237 I und die modifizierte Altnote bei § 371.

[286] Vgl. ebd., Note § 303 II.

[287] Vgl. ebd., Noten §§ 190 II, 191 II, 222 VII, 224 I, 238a g), 411 V.

[288] Vgl. im Lehrbuch (14. Aufl.) die Noten §§ 39 II, 43 IV, 45 III,V, 46 II,VI, 47 III,IV,V, 54 II, 56 I, 59 II, 65 IV,V, 66 III, 81 IV,VI,VIII, 85 II, 94 III, 126 III, 131 II, 163 V, 164 III, 167 I,II, 168 I, 171 II, 172 II,III,IV,V,VI, 177 IV,V, 178 II,IV, 190 II,III,VI, 193 III, 197 III, 198 V, 200 III, 201 VI,VII,X, 215 II, 222 IV, 226 IV, 237 VI, 245 III, 258 IV, 259 III, 264 III,IV, 266 II,III, 269 III, 274 III,IV, 275 I,III,IV, 278 III, 284 I,V, 286 II,III, 300 II, 301 II,VI,VII, 303 III, 304 I,II,III, 308, 309 II,III, 317 II,IV, 319 V, 327 VIII, 334 III, 335 I,V,VI, 336 I, 350 III, 351 III,V, 352, 354 IV, 355 II, 357 IV, 362 I,IV, 364 II,III, 374 III,IV,V, 377 II, 383 IV, 385 VI, 386, 389 IV, 390 V,VI,IX, 393 V, 399 V, 401 I,II, 411 II,VI, 412 III,IX, 415 II,III,VII,VIII,IX,XII,XIII, 419 IV, 420 III,IV,V,VI,VIII, 422 III, 430 (VII), (VIII), (IX), 463 VI, 466 II, 474 II,III,IV,V, VI,VII, 479 II,III, 479b II, 479c IV, 481 IV, 482 V,VI,VII,VIII,IX,X,XI, 484 II,VII. Bei § 430 liegt eine Fehlbezifferung der Absätze vor; die hier in Klammern gesetzten Zahlen entsprechen einer berichtigten numerischen Reihenfolge.

[289] Vgl. ebd., Noten §§ 43 IV, 44 I, 53 III, 54 V, 163 I, 200 I, 263 I,II, 251 III, 264 III, 284 I, 301 III, 303 II, 334 I, 335 I,II, 336 I, 352, 362 III, 375 II, 376 III, 405 V, 412 III, 415 XI, 463 I, 474 I, 482 V.

[290] Vgl. ebd., Noten §§ 39 II,III,IV, 43 IV, 47 IV, 54 II, 59 II, 65 III,IV,V, 66 II, 81 V, 131 II, 145 V, 164 III, 167 II,III,IV, 172 IV, 190 III,VI, 198 V, 201 IV,VI, 209a 23), 221, 222 III,IV, 251 II, 259 III, 264 IV, 274 III,IV, 275 IV, 284 IV,V, 301 VI,

zeskundlicher Art sind. Diese Werte relativieren sich jedoch, wenn man, wie bei der 13. Auflage, modifizierte Altnoten quantitativ miteinbezieht. Hier stehen 41 dogmatischen[291] und 45 exegetischen[292] immerhin 137 gesetzeskundliche Noten[293] gegenüber. Neben einer Neuschaffung von insgesamt 271 Noten[294] war vor allem der Ausbau alter Noten vorangetrieben worden, wie insgesamt 653 Modifikationen dokumentieren.[295]

Wen das Ergebnis der statistischen Addition noch nicht überzeugt, wer annimmt, das thematische Interesse Mittermaiers wäre bei der Erstellung der 14. Auflage sowohl dogmatisch als auch rechtsvergleichend annähernd gleich gewesen, der sei zum endgültigen Beweis auf das hinzukommende quantitative Kriterium der Notenlängen verwiesen. Neben der Häufigkeit prägt die räumliche Inanspruchnahme den Text. Viele der gesetzeskundlichen Noten weisen ein erhebliches Längenwachstum auf, so daß mit den hierin vorgenommenen Erörterungen weder Quantität noch Qualität der dogmatischen Erörterungen mithalten können. Allein bei 15 solcher Noten wird infolge gesetzeskundlicher Einfügungen – trotz der Zuordnung zur Allegatenebene – eine Länge von drei Seiten überschritten.[296] Der gesetzeskundliche Aufwand, der

---

309 V, 310 IV, 327 I,II,VIII, 348 V, 350 III, 351 III,V, 352, 362 IV, 367 II, 368 I, 374 II, 376 III, 379 VI, 382 III, 383 IV, 386, 405 VI, 411 VI, 413 II,V, 415 X,XI, 416b 1), 419 IV, 477 IV, 479c III.

[291] Vgl. ebd., die modifizierten Noten §§ 39 I, 46 V, 58 I,III, 60 I,II, 71 IV, 81 II,III, 88, 94 I,V, 168 V, 183 I, 267 I, 268 I, 277 IV, 278 II, 319 I,II,III, 327 VI, 342 I, 358 III, 361 I, 362 II, 365 I, 385 I, 387, 390 II,VII, 393 III,IV,VI, 410 III, 412 VI, 420 VII, 477 I,III, 481 II, 482 XII.

[292] Vgl. ebd., die modifizierten Noten §§ 31 II, 37 II, 42 III, 54 I, 58 I, 65 I, 84 I, 99 V, 143 II, 171 I, 176 I, 222 I, 237 III, 241 I, 249 II, 255 II, 261 II, 263 I, 271 II, 312, 313 I,II, 314 I, 315 VI, 319 II, 334 II, 342 I, 353 I, 360 I,II, 374 I, 384 II,III, 389 I, 392 I,II, 399 I, 405 I, 410 I,II, 418 I, 430 II, 452, 461 II, 467 I, 471 I, 481 I.

[293] Vgl. ebd., die modifizierten Noten §§ 22 III,IV, 31 III, 35, 36, 37 III, 38 I,II, 39 I, 42 V, 43 III, 44 IV, 45 VII, 46 IV,V, 47 II,VII, 49 II, 53 IV, 55 VI, 57 I,II, 58 I,II, 60 II, 71 III, 74 II, 85 IV, 91 II,IV, 94 VI, 99 III,VI, 102b II,IV, 126 II, 128a 12), 132a 14), 143 III, 149 II,IV, 159 II, 161 II, 162a 37), 163 IV, 164 I, 168 V, 171 III, 174 I, 176 II, 181 II, 183 I, 190 V, 191 II, 196 II, 197 II, 198 II, 201 V,IX, 215 III, 222 X, 226 III, 236 V, 237 I, 238a 8), 241 V, 243 II, 246 I, 253 III, 255 III, 263 III, 271 VII, 277 IV, 278 I, 280 II, 286 I, 289 IV, 297 III, 298 II, 303 V, 309 IV, 310 II, 314 VI, 315 II,IV,V,VI, 315a 6), 323 I, 328 I, 332 V, 335 IV, 336 III, 337 II,III, 342 III, 344 III, 348 III, 351 IV, 352 II, 360 IV, 364a 8), 365 I, 369 III, 373 IV, 384 V, 389 V, 392 V, 393 IV,VI, 396 I, 399 VI, 410 IV, 411 V, 416a 3), 418 V, 427 I,II, 430 VI, 433 III, 437 III, 448, 449 II, 456 IV, 461 IV, 467 II,III, 471 III, 477 III,VIII, 479 IV, 479a V, 479b III, 481 III, 484 IV,V,VI.

[294] Zur Aktualisierung, vgl. unten C II. Von 985 Noten der 14. Auflage existieren schon 734 in der Vorauflage, nur 18 der dort insgesamt gezählten 752 Noten sind nicht von Mittermaier übernommen worden.

[295] Eine derartige Zählung ergibt sich aus der Darstellung in der im Anhang der Originaldissertation beigefügten Synopse, die aus der Vorauflage übernommene Noten mit diakritischen Zeichen → oder = unter Zusatz des +-Zeichens kenntlich gemacht hat. Die Allegate, die sich auf Zusatzparagraphen Mittermaiers beziehen, sind dabei außer Betracht gelassen worden.

sich hinter solch einer Quantität verbirgt, ist nicht vergleichbar mit der Intensität der exegetischen oder den teilweise oberflächig gelassenen dogmatischen Erörterungen. Er ist nur erklärbar durch ein alles überwiegendes Interesse an der Gesetzeskomparation.

Thematisch zeigt die 14. Auflage noch eine andere bemerkenswerte Besonderheit. Pragmatische Fragen zur Wirksamkeit einer Norm[297] werden, wenngleich noch immer nicht zentral behandelt, so doch wesentlich häufiger angesprochen als in den Vorauflagen. Ein redaktioneller Durchbruch liegt darin zwar auch noch nicht, aber eine deutliche Neuerung wird man darin darin erkennen dürfen, daß eine Erörterung pragmatischer Probleme nun nicht bloß imperativ angemahnt, sondern selbst versucht wurde. Neben 12 neuen Noten[298] wurden zudem bei 23 Altnoten[299] Fragen mit sozialfunktionalen Bezügen aufgeworfen. Dies betrifft vor allem solche Noten, die im Zusammenhang mit rechtsvergleichenden Erwägungen stehen und legislative Vorschläge enthalten.

Wie zu erwarten, haben in diesem Bereich pragmatischer Fragestellungen reine Zweckmäßigkeitserwägungen Vorrang.[300] Dabei ist der Versuch erkennbar, Erkenntnisse durch empirische Daten zu objektivieren. Beispielsweise wurden bei der Erörterung des Problems der Todesstrafe nicht – was für Mittermaier infolge seiner anthropogenen Grundanschauung denkbar wäre, sinnbezogene Philosopheme der Menschenwürde bemüht, um hieraus deduktiv ein Verbot der Todesstrafe abzuleiten, sondern es wurde allein die Frage nach den Wirkungen gestellt, womit von Mittermaier nur auf die pragmatisch-funktionale Dimension gezielt wurde. Es wurde nicht die ethische Frage einer staatlichen Legitimation, um die Todesstrafe zu vollziehen, gestellt, sondern es interessierte die empirische Dimension eines solchen Rechtssatzes, ob Androhung oder Vollzug der Todesstrafe tatsächlich generalpräventiv wirken.

---

[296] Rein gesetzeskundliche Noten stellen im Lehrbuch (14. Aufl.) dar: §§ 126 II, 132a 14), 143 III, 162a 37), 176 II, 190 V, 201 IX, 323 I, 360 IV, 410 IV, 418 V, 481 III.

Als doppelrelevant, wenngleich durch gesetzeskundliche Erweiterungen deutlich angewachsen, erweisen sich die Noten zu §§ 161 II, 246 I, 271 VII. Längenmäßig beachtlich sind von den genannten Noten jene zu §§ 162a 37) (sechs Seiten lang) und 410 IV (elf [!] Seiten lang).

[297] Zur programmatischen Erörterung, vgl. oben C I 2. a) cc).

[298] Vgl. Lehrbuch (14. Aufl.), Noten §§ 172 IV, 186 V, 200 III, 269 II, 334 III, 342 IV, 350 III, 353 III, 374 V, 430 (VI), 463 VI, 479c III.

[299] Vgl. ebd., Noten §§ 55 (III), 59 I, 63 IV, 64 II, 71 I, 94 V, 99 V, 102b I,II, 132a 14), 143 I, 145 II, 146 I, 176 III, 190 I,II, 232, 332 V, 344 I, 368 II, 389 III, 405 IV, 416a 7), 461 III.

[300] Vgl. ebd., Noten §§ 167 II, 186 III,IV, 327 I,II, 379 VI, 437 II. Die Frage der Schuldangemessenheit klingt jedoch an bei den modifizierten Altnoten §§ 71 I, 99 IV, 102b I,II, 132a 14), 176 III, 332 V. Daß Mittermaier seine Naturrechtstheorie noch vertreten will, zeigt bei § 145 II der ablehnende Seitenblick auf die Urvertragstheorie.

Ohne auf eine normative Gebotenheit Bezug zu nehmen, stellte Mittermaier darauf ab, daß sich eine Notwendigkeit für das Beibehalten dieser Straffolge ergebe, wenn ein zahlenmäßiger Anstieg der mit der Todesstrafe bedrohten Verbrechen bei Fortfall dieser Rechtsfolge nachgewiesen werde, wenn also eine Nützlichkeit der Todesstrafe empirisch feststehe.[301] Dafür verlangte er einen Nachweis durch statistische Erhebungen.

Zweckmäßigkeitserwägungen an anderen Stellen klingen wie eine Sozialnormtheorie und fordern eine Beachtung des Rechtsbewußtseins bzw. des Rechtsempfindens im Volke.[302] Darüberhinaus beziehen sich auch in dieser Auflage Fragen der Wirksamkeit wieder auf die praktische Handhabbarkeit von Normen.[303]

bb) Thematische Schwerpunkte der Textvarianten Mittermaiers in qualitativer Hinsicht

Der statistische Befund dokumentiert, daß Mittermaier einen eigenen Weg bei den Redaktionsarbeiten zum dogmatischen Lehrbuch nicht nur vor Augen hatte, sondern seit der 13. Auflage konzeptionell mitschwingen ließ, so daß das bei Feuerbach noch rein dogmatische Konzept durch die Vielzahl der neuen Beiträge bis hin zur Unkenntlichkeit in eine räumliche Bedrängnis gesetzt wurde und durch die andersartige Qualität der thematischen Erörterung bis hin zur Unbeachtlichkeit verfremdet wurde. Dieser Entfremdungseffekt in den posthumen Ausgaben lenkt den Blick auf einen konkreten qualitativen Vergleich der Beiträge Feuerbachs und Mittermaiers und läßt die Frage aufwerfen, inwieweit die Beiträge Mittermaiers markante Aussagen zu der von Feuerbach abweichenden Ansicht enthalten und diese aus der Gegenüberstellung relativieren.[304] Diese thematischen Bezüge kann nur eine exemplarische Demonstration erhellen.

---

301 Vgl. ebd., die modifizierte Altnote § 145 II. Statistische Daten befinden sich im übrigen noch in den modifizierten Altnoten §§ 236 IV und 373 I.

302 So im Lehrbuch (14. Aufl.) die Noten §§ 186 V, 430 (VI), (vage bei 172 IV). Vgl. auch die modifizierten Altnoten §§ 55 (III), 64 III, 143 I, 145 II, 146 I, 190 I, 232, 344 I, 405 IV, 461 III.

303 Vgl. ebd., die modifizierten Altnoten §§ 102b I, 126 III, 152, 190 IV, 237 II, 310 II, 319 III, 467 IV.

304 Von einer ins einzelne gehenden Gegenüberstellung aller dogmatischen Differenzen zwischen Feuerbach und Mittermaier ist nach vorliegender Themenstellung abzusehen. Hier interessieren die wissenschaftstheoretischen Überlegungen, auf denen die Konzeption des Lehrbuchs in seinen Varianten beruht.

α) Die bereits bei der 12. Auflage latent existierende gesetzeswissenschaftliche Intention

Trotz der einleitenden Ankündigung Mittermaiers, auch Materialien von gesetzeswissenschaftlichem Wert aufnehmen zu wollen, liegt, wie die quantitative Analyse gezeigt hat, bei der 12. Auflage noch kein derartiger thematischer Schwerpunkt vor. Die dogmatische Ausrichtung Feuerbachs bleibt vorherrschend, ja wird sogar durch Einarbeitung historischer Quellen, wie es scheint, exegetisch unterstützt. Dennoch scheint diese Bereitschaft, auf die dogmatische Konzeption Feuerbachs einzugehen, eher widerwillig gewesen zu sein. Bereits die 12. Auflage ist nicht redigiert worden, ohne Spuren des gesetzeswissenschaftlichen Interesses Mittermaiers zu hinterlassen.

Diese gesetzeswissenschaftlichen Hinweise sind bereits so deutlich, daß sie auf dem Hintergrund des allgemeinen Interesses an Fragen der Gesetzgebungsmaterie nicht mehr als bloß randläufige, versehentlich in die Konzeption aufgenommene Bestandteile gesehen werden können. Einerseits verbietet dies schon die programmatische Ankündigung in der Einleitung zur 12. Auflage, andererseits aber die dann eindeutigere thematische Schwerpunktsetzung in den letzten beiden Lehrbuchausgaben.

Die quantitative Analyse hat die gesetzeswissenschaftlichen Erörterungen als untergeordnete Beiträge werten müssen, als historische Vorläufer und Ausgangspunkte späterer Erörterungen gewinnen sie Bedeutung für die Würdigung des redaktionellen Prozesses. Der statistische Befund ist immerhin zahlenmäßig so ausgeprägt, daß es möglich ist, ihn nach zwei Richtungen hin klassifizieren zu können: Einerseits in Beziehung zu legislatorischen Fragenkreisen direkt; hier werden neuere Gesetzgebungsarbeiten unmittelbar angeführt. Andererseits zeigen sich auch mittelbare Bezüge, z. B. in Formulierungen, bei denen die Erörterungsperspektive des Gesetzgebers eingenommen und seine Interessen wahrgenommen wurden. Konsequent erscheint dies als Resultat des Gedankens einer gemeinsamen politischen Verantwortung von Theorie und Praxis.[305]

Allein der Hintergrund des gesetzeswissenschaftlichen Interesses macht den Umstand erklärlich, daß neben den partikularen Gesetzen deutscher Staaten[306], denen man wegen ihrer lokalen Bedeutung eine wissenschaftliche Relevanz im Rahmen eines Lehrbuchs des gemeinen Rechts noch zugestehen kann, und dem französischen code penal[307], der durch seine Geltung in den

---

305 Siehe oben, C I 2. a) aa) γ).

306 Vgl. Mittermaier, Lehrbuch (12. Aufl.), vor allem zum Entwurf Hannovers, 175, 190, 271; zum sächsischen Gesetz, ebd., 236, 412, 415, 429, 445; zum bayerischen Gesetzbuch, ebd., 271, 416.

307 Ebd., 218.

Rheinbundstaaten deutsches Recht seit 1813 maßgeblich mitbeeinflußt hatte, sich auch Hinweise auf solche der Schweizer Kantone Waadt[308] und Zürich[309], auf Gesetze Österreichs[310], Großbritanniens[311], Italiens[312] und des Vatikans[313] finden. Als Gesetze ohne gemeinrechtlichen Bezug fehlt ihnen wesensgemäß jede Funktion zum dogmatischen System des von Feuerbach begründeten Lehrbuchs. Ihre Erwähnung erscheint aber als sinnvoll, wenn sie als Modelle semantischer Aussagen unter Rezeptionsgesichtspunkten betrachtet werden, denn hier haben sie für Gesetzgebungsarbeiten einen exemplarischen Wert.

Was die Darstellung dieser Legislationen in besagter 12. Auflage betrifft, so erscheinen sie noch eher als beiläufig.[314] Inhaltlich, in rechtsvergleichender Hinsicht sind sie wenig konkret, so daß man sich bei ihnen allenfalls daran erinnert fühlt, daß der Herausgeber der posthumen Auflagen sein legislatorisches Interesse, das seit der Begründung der „Kritischen Zeitschrift für Rechtswissenschaft und Gesetzgebung des Auslandes“ im Jahre 1828 der zeitgenössischen Leserschaft bekannt war[315], nicht ganz leugnen konnte.

Deutlicher verraten indes jene Passagen, die den Gesetzgeber ansprechen oder die eine Beurteilung aus seiner Perspektive enthalten, daß die gesetzeskundlichen Ausführungen offenbar allesamt mit Blick auf dessen Probleme gemacht wurden. Die Erwähnung des gesetzesproduzierenden Adressaten erfolgte teils in unmittelbarer Ansprache[316]; entweder wurde eine bestimmte Ausrichtung der Gesetze empfohlen, von einer geplanten Regelung abgeraten[317] oder es wurde zu bestehenden Gesetzen kritisch Stellung bezogen.[318] Die Qualität dieser Erörterungen ist nicht gesetzespositivistisch, sondern die Perspektive ist vorpositivistisch. So wurden etwa aus dieser legislativen Interessenlage heraus wissenschaftliche „Theorien“ als nicht praktikabel oder nicht effektiv in der politischen Zweckverfolgung angesehe.[319] Insbesondere wurde in einer Gleichsetzung mit dem Pragmatismus der philosophischen Positivisten vor einer Übernahme der Straftheorie Feuerbachs gewarnt. Sie hätte „die Fehler der Nutzenstheorie überhaupt“ und gewähre, da sie „relativ unbestimmt sei“, „kein Prinzip dem Gesetzgeber.“[320] Daß Theorien der Wissen-

---

308 Ebd., 173.

309 Ebd., 176.

310 Ebd., 189.

311 Ebd., 214.

312 Ebd., 204.

313 Ebd., 363.

314 Entschlußkräftiger wirkt indes die Note zu § 477, vgl. ebd., 429.

315 Zu dem wissenschaftlichen und politischen Wert dieser Zeitschrift nach der Einschätzung Constantinescos siehe oben B I 3. Fn. 98.

316 Zum Wesen eines Gesetzes und seinen Wirkungsbedingungen, siehe Lehrbuch (12. Aufl.), 78.

317 Ebd., 103, 112, 133, 143, 162, 324, 364.

318 Ebd., 204.

319 Ebd., 178, 271, 297.

schaft nicht mit dem Blick auf die Aussagengehalte, nicht mit der Fragestellung nach immanenten Wertungswidersprüchen oder teleologischen Differenzen, sondern aus der Perspektive einer Handhabbarkeit für den Fall einer Übernahme seitens der Praxis erörtert wurden, zeigt das legislatorisch-prospektive Interesse Mittermaiers, welches die strafrechtlichen Theorien in einer praxisbezogenen Funktion, als austauschbare Modelle für semantische Fragen definiert.[321]

All diese Passagen, die entweder den Gesetzgeber als Adressaten ansprechen oder die rechtsvergleichende Materialien enthalten, zielen bereits auf die übergeordnete Ebene der Rechtssatzproblematik, nach der dogmatische Fragestellungen den Teilaspekt der Satzimmanenz betreffen.[322] In der Tatsache, daß Beiträge dieser Qualität überhaupt aufgenommen wurden, zeigt sich, daß in der 12. Auflage schon verschämt auf das vorgegriffen wurde, was die 13. und 14. Auflage unverbrämt präsentierte. Es sind erste Manifestationen einer gesetzeswissenschaftlichen Intention.

β) Die vorherrschend dogmatische Prägung der 12. Auflage

Entsprechend der ihr zugewiesenen Funktion innerhalb der Gesamtdisziplin war auch Dogmatik an sich für Mittermaier nicht ohne politische Relevanz. Wie die „historisch-philosophische" Methode bzw. dieser Aspekt der „praktischen Methode" gezeigt hat, stellte sie ein rechtspolitisches Inventionsverfahren zur Prämissenfindung dar.[323] Als Ergebnis einer solchen dogmatischen Intention mit politischer Perspektive kam es zu Verbindungen von Exegesen und axiomatischen Erwägungen Mittermaiers auch in dem Lehrbuch der 12. Auflage; sei es negativ als Kritik an Feuerbach oder positiv durch Einbringung originärer Vorstellungen.

Neben einer ansatzweisen Diskussion zur Straftheorie, in der mit direkter Kritik die Theorie Feuerbachs angegangen worden war und die man als exemplarisch für das Verhältnis der dogmatischen Prämissen beider Juristen zu werten hat[324], wurde ergänzend auf den Komplex zeitgenössischer Theorien hingewiesen.[325] Eine Vertiefung fand nicht statt. Vor allem sind in den Beiträ-

---

320 Ebd., 30.

321 Ebd., 137ff., 140f., 219, 407.

322 Man wird wohl annehmen können, daß Mittermaier auch ohne ausdrückliche Erklärung selbst seine skizzenhafte Darstellung zeitgenössischer Straftheorien nur als Modelle, die aus der politischen Perspektive eines Gesetzgebers heraus sekundär sind, ansah. Wie sonst wollte man den Umstand erklären, daß hier an zentraler Stelle eine auseinandersetzende Stellungnahme im Lehrbuch fehlt (vgl. Mittermaier, Lehrbuch (12. Aufl.), 18f., 21 lit. q, 86f.).

323 Siehe oben, C I 2. a) bb) β).

324 Vgl. deshalb die Gegenüberstellung der Straftheorien unten C I 2. b) bb) β) ββ).

325 Vgl. Mittermaier zu § 7a, Lehrbuch (12. Aufl.), 18ff.

gen Mittermaiers jene „Mittelsätze im System des Kriminalrechts" erörtert worden, zu denen 1819 ausgeführt wurde, daß sie es gerade seien, „auf welche die Doktrin am wenigsten Wert legte", über die sie „mit einem oft kaum begreiflichen Leichtsinn ... hinweggeschlüpft" wäre, in „dem Glauben ..., daß mit einem Prinzipe des Strafrechts alles leicht geschehen sei".[326] „Mittelsätze" sind im Sinne Mittermaiers normrelevante Aussagen, die sich auf einer Ebene unterhalb prägender Grundsätze befinden.

Als wesentliche „Mittelsätze" gelten beispielsweise die Lehren zu den objektiven Bedingungen der Strafbarkeit, zur Zurechnung und Strafzumessung, zum Beginn der Versuchshandlung[327], sowie zur Rückfalltäterschaft[328], die dominierende Grundsatzfrage zum rechtstheoretischen Ansatz Feuerbachs über einen Rechtsverletzungsschutz durch das Strafrecht[329] eingeschlossen. Der gesamte Bereich des materiellen Strafrechts, sowohl in seinem allgemeinen als auch im besonderen Teil wird entsprechend dieser Forderung betrachtet. Für den besonderen Teil seien nur die dogmatischen Probleme des Hochverrats[330], der Unterschlagung[331] und des betrügerischen Bankrotts erwähnt[332]. Daneben existiert ein Heer weiterer Ergänzungen dogmatischer Fragen, die zum Teil auf Bewertung realer Gegebenheiten basieren[333], überwiegend aber denkmögliche Fälle[334] und deren wissenschaftliche Lösungsvorschläge hinterfragen[335].

Neben der inhaltlich-begrifflichen Problematik einzelner Tatbestände wurden gelegentlich die systematische Stellung bestimmter Delikte gerügt[336] und

---

326 Ders., Über die Grundfehler, 142.

327 Vgl. die Aufzählungen, ebd.; vgl. zur Zurechnungsproblematik den Zusatzparagraphen 90a (Lehrbuch (12. Aufl.), 94ff.) und Noten zu §§ 84ff. (ebd., 85ff.); zur Strafzumessungslehre Noten zu §§ 94ff. (ebd., 100ff.) und 102b (ebd., 112); zur Versuchsproblematik Noten zu §§ 38ff. (ebd., 45ff.); keine Ergänzungen erfolgten allerdings zu den objektiven Bedingungen der Strafbarkeit, vgl. §§ 106ff. (ebd., 114ff.).

328 Ders., im Zusatzparagraph 132a, im Lehrbuch (12. Aufl.), 126.

329 Vgl. Noten zu §§ 21ff. (ebd., 31), 34ff. (ebd., 42f.), 161 (ebd., 148f.), 274f. (ebd., 251), 303 (ebd., 271), 373 (ebd., 332), 449 (ebd., 407); ders. auch schon in: Über die Grundfehler, 119ff.

330 Ders., Lehrbuch (12. Aufl.), 158 (Zusatzparagraph 168a).

331 Ebd., 283f. (Zusatzparagraph 315a).

332 Ebd., 378 (Zusatzparagraph 416a).

333 So zur Frage des Brandstiftungstriebes ebd., 329 (Note zu § 368).

334 Zum Fall einer denkmöglichen Entführung zum Zwecke der Eheschließung, ebd., 239 (§ 259 Note 2) und zum Fall eines Kirchendiebstahls, bei dem ein Jude eine Monstranz stehlen würde, ebd., 312 (Note zu § 347).

335 Siehe vor allem die Noten zu §§ 85 (Zurechnungstheorien, ebd., 87f.), 145 (Diskussion um die Todesstrafe, ebd., 136f.) und Note 149 (3) (Strafvollzugssysteme, ebd., 141).

336 Allgemeines in der Note zu § 161 (ebd., 148), vgl. auch insbesondere die Noten zum Münzverbrechen § 176 (ebd., 168), zum Duell § 190 (ebd., 178), zur Gotteslästerung § 303 (ebd., 271) und Brandstiftung § 360 (3) (ebd., 323f.). Aufschlußreich auch schon ders., Über die Grundfehler, 119ff.

untypisiert gebliebene Fälle erörtert. Trotz aller Kritik am Systemgedanken und der noch 1819 erklärten Aussichtslosigkeit jeder Korrektur am System[337] war Mittermaier damit den Dogmatikdebatten, wenngleich vor allem als Exegetiker einerseits und politischer Dogmatiker mit dem prospektiven Blick auf pragmatische Probleme andererseits beigetreten.

αα) Historische Elemente

Exegetische Beiträge dienten vor allem der Ergänzung solcher Ausführungen Feuerbachs, die als unvollständig angesehen wurden; sie korrigierten aber auch, wenn etwas für falsch gehalten wurde.[338] Die Rechtsquellen, auf die dabei Bezug genommen wurde, sind neben römischem Recht vor allem gemeines deutsches Recht der Carolina und kanonisches Recht. Wiederholt wurde auch neben dem Katalog geschriebener Regelungen auf die ungeschriebenen Normen der Rechtspraxis verwiesen bzw. dieselbe zitiert. Als Gerichtsgebrauch nach Art. 105, 106 der Carolina käme denselben als „gute Gewohnheit" für die Praxis Bedeutung zu, für die Theorie könnten sie dagegen den Prozeß der Fortbildung des Rechts erhellen[339].

In diesem Sinne sind bereits Lehrbuchbeiträge mit historischem Charakter kritisch gegen Feuerbach gerichtet, da für ihn Exegesen, wie gezeigt, nicht Bestandteil des Systems waren. In dem Bemühen, positivistisch unmittelbar auf Rechtsquellen zuzugreifen, ergänzt Mittermaier in der 12. Auflage die Ausführungen Feuerbachs. Beispielhaft wegen der typischen Verknüpfung von geschichtlicher Exegese und anschließender dogmatischer Reflexion, aber auch hinsichtlich der Differenzen in methodischer und rechtstheoretischer Hinsicht sind etwa die Ausführungen Mittermaiers zum Betrug in § 410.

Feuerbach hatte im System aller Tatbestände den Betrug als Tatbestand eines crimen falsi im weiteren Sinne verstanden und dazu begrifflich prägnant eine Definition der Fälschung in ganzen vier Zeilen vorgetragen. Erst in den folgenden Paragraphen war auf bestimmte Einzelmerkmale – auch wieder streng begrifflich – eingegangen worden. Das Wesen des von Feuerbach gebildeten crimen falsi wird insbesondere bei § 410 in der Hervorhebung der inneren Tatseite verdeutlicht, wonach die Täuschung gemäß diesem Tatbestand zielge-

---

337 „Unverkennbare Wahrheit ist es auch, daß es ein fruchtloses Beginnen sei, die Erscheinungen des vielgestaltigen Lebens zu erschöpfen und die Formen, unter welchen menschlichen Leidenschaften sich ihre Befriedigung suchen, vorauszubestimmen". Boykottiert werde durch kasuistisch vollständige Klassifizierung die „Aufgabe des Richters ... jede einzelne Tat zu bestimmen, . . . vorzüglich aber die Strafwürdigkeit und das Maß derselben bei jedem Verbrecher zu finden." (Ders., Über die Grundfehler, 129).

338 Insofern zeigt sich hierin jene historische Leistung, die Loening, ZStW 1883, 345 bei Mittermaier vermißt hatte.

339 Mittermaier, Note zu 469 im Lehrbuch (12. Aufl.), 422.

richtet „zum Nachtheile der Rechte eines Anderen“ erfolge. Ein solches crimen falsi existiert nicht direkt positiv, sondern als deduzierter Gattungsbegriff infolge synthetischer, „umgekehrt deduktiver“ Herleitung aus den positiven Normen.[340]

Der Knappheit dieses Gattungsbegriffs einer Fälschung im weiteren Sinne hatte Mittermaier in den Noten zu § 410 allein 1½ Seiten entgegengesetzt, um den Tatbestand des crimen falsi zunächst einmal exegetisch zu erhellen, dann aber auch auf die spezifischen Funktionen der Einzeltatbestände zu verweisen.

Exegetisch ist gleichermaßen auf Quellen des römischen und germanischen Rechts Bezug genommen worden. Das dabei gewonnene Ergebnis hat einerseits die Gattungsbildung des crimen falsi im weiteren Sinne verworfen und andererseits als positiv existierend allein die Selbständigkeit der Tatbestände stellionatus und falsum anerkannt. Feuerbach mußte sich den Vorwurf gefallen lassen, mit der Bildung seines Oberbegriffs keine Grundlage in den historischen Quellen zu finden.

Darüberhinaus, so die weitere Kritik, lenke die Systematik von den Normzwecken der Tatbestände ab. Wesentlicher als anhand der Rechtsverletzungslehre gattungssuchend ein verletztes „Recht auf Wahrheit“ zu bilden, war Mittermaier das Bemühen, die Tatbestände am konkreten äußeren Handlungsbild auszurichten. Dazu erfolgte seinerseits ein Rückgriff auf das Theorem von der Verbrechens-„Richtung“.[341] Hatte er nun aufgrund exegetischer Analyse in die selbständigen Tatbestände stellionatus und falsum getrennt, was Feuerbach philosophisch synthetisierend dem Oberbegriff eines Betruges im Sinne einer Fälschung im weiteren Sinne untergeordnet wissen wollte, so erkannte er nunmehr als wesentliches Differenzierungsmerkmal der „Richtung“ der Verbrechen den rechtswidrigen erlangten Vermögensvorteil beim stellionatus.[342]

Obgleich die Kritik auf einer „historischen“ Basis steht, ist ihr Mittermaiers leitende methodische Grundüberlegung anzumerken, daß es für Normen nicht auf systematische Perfektion ankomme. Infolge ihrer politischen Funktion habe die Wissenschaft inhaltlich gerechte, darüberhinaus vor allem aber auch praktikable Erkenntnisse zu liefern.[343] Das kriminalpolitische Element der „historisch-philosophischen“ Methode Mittermaiers erschien hier mittelbar im Gewande methodischer Kritik und eines Rückgriffs auf historische Materialien, dennoch konnte die sozialfunktionale Einstellung nicht verborgen werden.

---

340 Zu den synthetischen Urteilen Feuerbachs, vgl. oben C I 1. a).

341 Siehe dazu Näheres unten C I 2. b) bb) β) ββ) (I) (3).

342 Mittermaier, Note 1 zu § 410 im Lehrbuch (12. Aufl.), 369 und Note 2 zu § 411, ebd., 370; siehe auch Note zu § 414, ebd., 374.

343 Ders., Note 1 zu § 412, ebd., 371.

ββ) Dogmatische kritikleitende Axiome und Theorien Mittermaiers

Das sozialfunktionale Wissenschaftsverständnis wird direkt erkennbar, soweit Mittermaiers Kritiken an Feuerbach ohne historische Bezugnahmen und exegetische Bestandteile erscheinen. Von zentraler Bedeutung sind dogmatische Einwände und ihre theoretischen Hintergründe in bezug auf die Rechtsverletzungslehre und die Straftheorie Feuerbachs, durch die das Lehrbuch systematisch und axiomatisch geprägt wird. Hinter den Kritiken werden jene naturrechtlichen Vorstellungen erkennbar, die auch die allgemeine politische Handlungstheorie geprägt haben und die auch auf die Dogmatik als Bestandteil der neu definierten wissenschaftlichen Disziplin wirken mußten.

Während die Kritik an der Rechtsverletzungslehre, die im Lehrbuch wiederholt erscheint, sich positiv auf ein Theorem von den „Grundrichtungen der Verbrechen" gründet[344], – das nicht bloß aus der Gegenüberstellung mit Feuerbach, sondern überdies historisch interessant ist, weil man in ihr eine Vorgängerin der heutigen Lehre von den Rechtsgutverletzungen sehen kann[345] – ist mit der Kritik an der Feuerbachschen Theorie vom psychologischen Zwang die Entwicklung von Mittermaiers Lehre einer individuellen täterschuldangemessenen Bestrafung, von ihm als „Gerechtigkeitstheorie" bezeichnet, verbunden. Wegen großer Begründungslücken im Lehrbuch sind beide Theorien außerordentlich vage geblieben, und vor allem die Straftheorie wurde dadurch beliebiger Interpretation zugänglich.[346] Kann schon nicht auf alle dogmatischen Lehren Mittermaiers eingegangen werden, so erscheint aber eine Darstellung dieser allgemeinen Lehren wegen ihrer Bezüge zu zentralen Grundsätzen Feuerbachs unverzichtbar – zu ihrer Deutung muß aber infolge der Lückenhaftigkeit des Lehrbuchtextes auch auf andere Quellen zurückgegriffen werden.

Anstelle einer eigenen Theorie, aus der Prämissen für die anschließenden Überlegungen herleitbar wären, beließ es Mittermaier bei schlagwortartigen Verweisen und in § 7a bei einer doxographischen Auflistung gängiger Strafrechtstheorien. So verwundert es nicht, daß dem Lehrbuchrezensent der 13. Auflage v. Stein dieses redaktionelle Vorgehen unbegreiflich und unhaltbar erschien.[347] Mit Blick auf das Gesamtwerk Mittermaiers gewinnen die dogmatischen Lehren, die hinter den Kritiken stehen, an Schlüssigkeit.

---

[344] Vgl. Mittermaier, Criminalgesetzgebung, 113ff. passim; ders., Lehrbuch (12. Aufl), 149.

[345] Vertiefend Amelung, 38ff.; dazu unten C I 2. b) bb) β) ββ) (I) (2).

[346] Darauf zielt der schroffe Vorwurf v. Steins, DJbWissKu 1842, 291, in den Worten „schlaffe Behandlung".

[347] „Es ist ferner klar, ... daß der Verfasser eines Lehrbuchs sich von seiner Theorie überzeugt halten wird, und daß daher auch der Herausgeber eines solchen auf das Recht Anspruch machen kann, die übrigen Theorien nicht zu berücksichtigen, wenn er die seines Verf. für die allein richtige hält .... Allein hält der Herausgeber vielleicht

(I) Die Kritik an der Rechtsverletzungslehre Feuerbachs

(1) Funktion der Lehre Feuerbachs sowohl zu Legitimations- als auch zu Klassifikationszwecken

Über das Wesen der Rechtsverletzungslehre Feuerbachs zu rechtsstaatlichen Legitimationszwecken ist in neuerer Zeit wiederholt dogmengeschichtlich berichtet worden.[348] Im Ergebnis ist diesen Erörterungen zu folgen, so daß vor allem zu Erinnerungszwecken deren Grundzüge, die auf die Sozialvertragslehren der Aufklärung zurückgehen[349], kurz angerissen werden sollen.

Ausgangspunkt dieser durch Feuerbach berühmt gewordenen, aber schon anderweitig vertretenen Verbrechenslehre[350] ist die klassifikatorische Differenzierung in Recht und Moral[351] und die Annahme, daß der Mensch als „freies Wesen"[352] zur wechselseitigen Garantie der Freiheit aller Mitmenschen in einer bürgerlichen Gesellschaft sich rechtlich organisiert, vereinigt und allein deshalb diesem Staatswesen untergeordnet habe.[353] Aus diesem Willen aller Bürger resultieren Wesen und Funktion des Staates als rechtliche Ordnung des fori externi, die Freiheit zu gewährleisten, und ergeben sich dessen Handlungsvollmachten, insbesondere hinsichtlich Zwangsmaßnahmen.[354] Die Dichotomie von „äußeren", staatsrelevanten Rechten und „inneren", die Tugend berührenden Rechten, die als bloße Pflichtwidrigkeiten und Immoralitäten neben den eigentlichen Rechtsverletzungen erscheinen[355], wird rele-

---

die Theorie Feuerbach's für die richtige? Keineswegs; er hebt sie gänzlich auf im § 20a. Nun – so giebt es vielleicht eine eigene selbständige Theorie, obwohl es schon ein Widerspruch ist, ein Lehrbuch herauszugeben, dessen Grundansicht man nicht theilen kann? Aber auch eine eigene Theorie des Herausgebers erscheint nicht. Was ist denn nun die wahre Strafrechtstheorie, um diesen Namen beizubehalten? Ist es nicht ein Unding, eine Wissenschaft des Strafrechts herauszugeben und stillschweigend zu erklären, man wisse nicht das Wesen der Strafe vernunftgemäß für das Erkennen zu begründen? Worauf bin ich, wenn ich das Lehrbuch Feuerbach's zur Hand nehme und über jene Frage Aufschluß suche, jetzt angewiesen? ... Jetzt habe ich ein Buch, in welchem das Buch selbst nur ein Incidentpunct, ein Theil ist; eine Strafrechtstheorie, die ... nun gleichsam in ihrem eigenen Bette vom Herausgeber todtgeschlagen wird" (v. Stein, DJbWissKu 1842, 289f.).

348 Grundlegend Amelung, 28ff.; vgl. aber auch Sina, 9ff.; aktuell Frommel, Präventionsmodelle, 151ff.

349 Ausführlich Amelung, 16 - 28.

350 Bereits Kleinschrod, Klein und v. Grolman bauten auf eine Rechtsverletzungslehre, Näheres Amelung, 29 m.w.N. und Sina, 10 m.w.N.

351 Feuerbach, Kritik des natürlichen Rechts, 35 - 39, 86ff.; ders., Revision I, 26ff.; 34 f. Nach Hartmann, R., 13f. habe Feuerbach diese Differenzierung bereits vor Ausbildung derartiger Kriterien bei Kant vorgenommen.

352 Feuerbach, Kritik des natürlichen Rechts, 256f., 269ff.

353 Ders., Lehrbuch (11. Aufl.), 13 f. Zu den zeitgenössischen Staatsvertragstheorien vgl. vertiefend Blau, 25ff.

354 Feuerbach , Revision I, 34: „Die rechtliche Ordnung soll der Staat durch Strafen zu befördern suchen; auf die sittliche können wir nur im Glauben hoffen."

vanzbestimmend und begrenzt rechtspolitisch die staatliche Strafgewalt.[356] An diese Relevanzkriterien der „äußeren“ Rechte anknüpfend erscheint auch die dogmatische Rechtsverletzungstheorie als vorpositive Legitimationslehre.

Mit Hilfe der Rechtsverletzungslehre wird der Verbrechensbegriff in seinem Wesen so bestimmt, daß er mit staatsphilosophischen Überlegungen harmoniert und dadurch legitimatorisch gebunden wird. Gemäß der Staatstheorie erscheint Rechtsverletzung zwar als Gattungsbegriff und bezeichnet Verbrechen im weitesten Sinne, differenziert diesen indes nach äußerem und innerem Forum in „Staatsverbrechen im engeren Sinne und Polizei-Vergehungen“. Beiden Verbrechensuntergattungen liegt somit gleichermaßen eine Rechtsverletzung zugrunde, allerdings werden „durch jene ... die absolut-nothwendigen Rechte verletzt; durch diese die bedingt-nothwendigen Rechte verletzt.“[357] Nur die ersteren sind notwendige Bedingung rechtsstaatlicher Existenz, die letztgenannten „entspringen aus Polizei-Verfügungen“ und betreffen Handlungen, durch die „der Zwecke des Staats nicht so sicher und leicht erreicht werden kann“[358], der Staat folglich nur mittelbar beeinträchtigt wird.[359]

---

[355] Ebd., 65, 159f. Fn.

[356] Siehe Amelung, 20ff.; Naucke, Von Feuerbach zu Mittermaier, 103.

[357] Feuerbach, Revision II, 223.

[358] Ebd., 226f.

[359] Der Zweig der Polizeiübertretungen läßt die Rechtsverletzungslehre, welcher als „vorpositive“ Kriterienlehre eine Willkür begrenzende Funktion zugedacht worden war, allerdings innerhalb des dogmatischen Systems problematisch werden. Die Hinweise Feuerbachs auf die Nützlichkeit zur Beförderung des Staatszwecks läßt den Wohlfahrtsgedanken der Frühaufklärer erkennen (vgl. dazu insbesondere Amelung, 36), hat aber wohl eher seinen Grund in dem methodischen Willen Feuerbachs, auch den vorgefundenen positiven Stoff zur Regelung sittlichen Verhaltens zu akzeptieren und „nicht das Positive (zu) übersehen“ und zu übergehen (Feuerbach, Über Philosophie, 65; vgl. auch ebd., 74f.).

Gerade bei den Polizeiübertretungen wird aber eine Kollision zwischen der Rechtsverletzungslehre als Legitimationslehre und dem empirischen Grundsatz deutlich. Die Kollisionslage ist jedoch zugunsten der Empirie gelöst worden mit der Folge, daß der insgesamt vorgefundene positive Stoff einer Analyse zugänglich gemacht wurde. Hierbei ist das Philosophem der Rechtsverletzung gerade nicht – etwa in den Fällen der Sittlichkeits- und Religionsdelikte – als Legitimationskriterium kritisch verwendet worden, sondern reduzierte sich auf die Funktion eines systematischen Kriteriums, um den gesamten historischen Stoff systematisieren zu können. Da die verletzten Rechte der Übertretungen ihrem Wesen nach gerade moralischen und sittlichen Normen entspringen, sind sie in konsequenter Anwendung der Legitimationstheorie nicht philosophisch staatsgrundvertraglich ableitbar.

Systematisch konsequenter als im wissenschaftlichen Modell hatte das unter der maßgeblichen Federführung Feuerbachs entstandene Bayerische Strafgesetzbuch von 1813 zunächst nur auf Verbrechen im engeren Sinne, also auf jene „absolut-nothwendigen Rechte“ (Feuerbach, Revision II, 223), abgestellt. Die Polizeiübertretungen waren dagegen zunächst einem besonderen Gesetz vorbehalten worden (vgl. Goldschmidt, J., 245). Als Feuerbach rechtspolitisch zugunsten seines Widerparts Gönner scheiterte (vgl. zu diesen Vorgängen oben B I 3.), war aber diese legislative Absicht hinfällig. Feuerbach blieb nur noch die verbitterte Kritik an dem neuen Entwurf und ein wieder-

Feuerbach läßt damit keinen Zweifel darüber aufkommen, daß die Rechtsverletzungslehre in staatstheoretischer Ableitung primär das „Ob" staatlicher Zwangsmaßnahmen legitimieren soll. Diesen Zusammenhang stellt Feuerbach für Rechtsverletzungen im äußeren Forum selbst her: „Jede rechtliche Strafe ist die rechtliche Folge eines, durch die Nothwendigkeit der Erhaltung äusserer Recht begründeten, und eine Rechtsverletzung mit einem sinnlichen Uebel bedrohenden Gesetzes."[360] Dieser Grundsatz war ihm so wichtig, daß das Legitimationsaxiom – wie § 20 des Lehrbuchs zeigt – an die Spitze aller Deduktionen über Strafrecht gestellt wurde.[361] Auch die dogmatische Differenzierung zwischen Rechtswidrigkeit und Gesetzeswidrigkeit verdeutlicht begrifflich, daß es bei Fragen zur „Rechtswidrigkeit" um noch vorpositive Grundsatzprobleme der Natur staatlicher Rechte zu strafen selbst geht[362]; diese Differenzierung ist hermeneutisch beachtlich und gemäß Feuerbachs eigenem, an anderer Stelle geäußerten Motto: „Jede Art trägt ... auch die Merkmale der Gattung"[363], kommt sie bei der Auslegung dogmatischer Theoreme zum Tragen, die wie Begriffe der Rechtsverletzung oder Rechtswidrigkeit einen vorpositiven Ableitungszusammenhang nahelegen.

Darüber hinaus bestimmt aber die Rechtsverletzungslehre auch das „Wie" der durch die Legitimation erlaubt werdenden Zwangsmaßnahmen. Die Stellung des Rechtsverletzungskriteriums als Axiom an der Spitze des Systems legt diese Funktion als Ordnungskategorie bereits nahe. Intrasystematisch ist das Kriterium der Rechtsverletzung maßgeblich einerseits für Unterscheidungen bezüglich der Schwere von Verletzungen und andererseits für die Wichtigkeit des verletzten Rechts; die Rechtsverletzungsgröße wird in dieser Differenzierung zur Ratio des Strafrahmens und erscheint in der Kategorie des „Rechtsgrundes"[364] als eine Bedingung „gerechter" Vergeltung für jeden Einzeltatbestand.

---

holter Verweis auf die rechtspolitische kritische Funktion der Rechtsverletzungslehre als Legitimationskriterium. „Sehr leicht kann die Polizeystrafgesetzgebung mißbraucht werden, um alle menschliche Freiheit in Fesseln zu schlagen und aus dem Bürger eine lebende chinesische Puppe zu machen, die kein noch so unschuldiges Schrittchen thun kann, ohne in Strafe zu fallen. Ein empörendes Muster dieser Art liefert der IIte Th. des Baierischen Entwurfs des Strafgesetzb. v. J. 1822" (Feuerbach, Lehrbuch (11. Aufl.), 21f.). Eine deutliche Abneigung gegenüber dem Wohlfahrtsstaatsgedanken, der Polizeistrafgesetze akzeptierte, ist darin nicht zu überhören.

Entgegen der Ansicht Frommels, Präventionsmodelle, 153, die die eben zitierte Lehrbuchpassage Mittermaier zuschreibt, stammt dieser Text gerade nicht von diesem, sondern von Feuerbach; vgl. den Bestand des Textes § 22 lit. b anhand der Synopse.

360 Feuerbach, Revision II, 214.

361 Ders., Lehrbuch (11. Aufl.), 19.

362 Ders., Revision I, 5, 24. Die Gesetzeswidrigkeiten finden sich im Lehrbuch unter §§ 432ff. (vgl. Feuerbach, Lehrbuch (11. Aufl.), 286ff., 298ff.); dort wird auch ausdrücklich der begriffliche Unterschied zu den Rechtsverletzungen hervorgehoben (ebd., 286). Zur Einschätzung als vorpositiven Verbrechensbegriff siehe auch Naucke, Von Feuerbach zu Mittermaier, 95.

363 Feuerbach, Revision I, 2.

Damit erscheint das Kriterium der Rechtsverletzung nicht nur legitimativ-funktional, sondern tritt darüberhinaus auch systematisch-funktional in Erscheinung.[365] Positiv gefundene Strafrechtsnormen können, so sie sich als Verletzungen subjektiver Rechte klassifizieren lassen, eine Ordnung für Zwangsmaßnahmen abgeben. Die Einzeltatbestände können in eine Ordnung der Zwangsbefugnisse, eben der Rechte zu strafen, gebracht werden. Daß strafbegrenzende Legitimationskriterien auch als Ordnungsmaßstab gewählt worden sind, offenbart in besonderem Maße die kritisch-politische, liberale Grundanschauung Feuerbachs.

„Allgemeine Classifikation" nach den „Gattungen von Rechten im Staate"[366] lautet dementsprechend eine Kapitelüberschrift im zweiten Band der Revision und verrät die zugrundeliegenden methodischen Erwägungen. Feuerbach selbst deutet dieses Vorgehen 13 Seiten später in „Allgemeine Anmerkungen" an: Die Rechtsverletzungslehre sei systematisch notwendig, denn „ehe wir die verschiedenen Grade der Strafbarkeit der einzelnen Verbrechen selbst bestimmen, (ist) vor allen Dingen das Verhältnis abzumessen, in welchem jene dem Begriffe nach verschiedenen Verbrechen zu einander stehen."[367] Der „Maasstab der Beurtheilung" nun ergebe sich aber „durch den Grad der Wichtigkeit des verletzten Rechts."[368] Die Rechtsverletzungslehre war damit nicht nur legitimatives Axiom, sondern betraf auch den „analytischen Aufbau"[369] des positiven Stoffes und war maßgebliches Kriterium der wissenschaftlichen Form des Stoffes. Den materiellen, staatsvertrags-relevanten Wertvorgaben folgte eine systematische Einteilung nach formal-wissenschaftlichen Kriterien von Genus und Species. Die weitere Spezifizierung der Rechte, im Lehrbuch bloß ausgeführt, im zweiten Band der Revision aber erläutert[370], folgt dem Gradationsschema, der klassifikatorischen Werteabwägung nach staatsvertraglichen Bezügen. So wurden auf der Seite unmittelbar rechtsbeeinträchtigender Verletzungen den Rechten der Gemeinschaft aller Bürger die Rechte der Individuen dichotomisch gegenübergestellt, in letztgenannter Klasse galt es dann, die Klasse der Repräsentantenrechte von der der „Privatperson in str. Vst."[371] abzugrenzen.

Insgesamt gesehen ist zweierlei beachtlich. Einerseits konnte die Prägung des Systems durch jene Rechtsverletzungslehre keiner Deliktsklassifizierung Vorrang geben, deren Kriterien sich aus dem umfänglichen Wertesystem vita-

---

364 Vgl. Feuerbach, Lehrbuch (11. Aufl.), 82ff. Zur Einschätzung des Rechtsverletzungssystems als ein Präventionssystem, vgl. Gallas, Kriminalpolitik, 23 f.

365 Feuerbach, Lehrbuch (11. Aufl.), S. IV f.

366 Ders., Revision II, 226.

367 Ebd., 240.

368 Ebd., 241.

369 Ders., Lehrbuch (11. Aufl.), 111.

370 Ders., Revision II, 226ff.

371 Ebd., 229.

ler Interessen der sozialen Lebenswelt ergeben würde. Dieses war in seinen Phänomenen begrifflich zu vage. Relevant für das begriffliche System der Deontik waren stattdessen die staatstheoretischen Grundsätze, also begrifflich fixierte Wertvorgaben aus der abstrakten Region der Rechtsphilosophie. Andererseits aber zeigt sich, daß durch die Betonung der subjektiven Rechte der zu gliedernde Stoff von Entitäten gelöst war und er sich nicht etwa auf deliktische Phänotypen nach Handlung und Erfolg bezog, sondern auf deren Unwert für die rechtsstaatliche Gesellschaft. Nicht Phänomene einer Tat und deren Rechtsfolge wurden geordnet, sondern der Unwert einer Tat in seinen staatsvertraglichen Bezügen und die Größe der legitimen Zwangsmaßnahme wurden in Einklang gebracht. Das System des Rechts war keines von Handlungstypen, sondern eines von Handlungsunwerten.

Zwar kennt auch Feuerbach, weit vor Binding, den Gattungsbegriff eines „Gutes“, hält es aber nicht für opportun, diesen Begriff zu problematisieren und systematischen Beziehungen dienstbar zu machen.[372] Er hatte nur darauf

---

[372] Nicht zugestimmt werden kann deshalb Frommel, die annimmt, durch die Rechtsverletzungslehre werde und solle nicht, „zumindest nicht nur“, das Angriffsobjekt eines Verbrechens bezeichnet werden. Immerhin habe Feuerbach, wie er im Zusammenhang mit der Notwehrdarstellung gezeigt hätte, den Begriff eines Guts gekannt (Frommel, Präventionsmodelle, 152).

Diese Ansicht unterschätzt m. E. den kritisch rationalistischen Ansatz in der Lehre Feuerbachs, Objekte nicht nur mit normativer Relevanz, sondern – und das ist für sein System wesentlich – mit normativem Wesen zum Gegenstand der Criminalrechtswissenschaft zu haben, nämlich subjektive Rechte. Allein die gelegentliche Verwendung des Begriffs Gut, der bei Feuerbach als Oberbegriff Entitäten, die ersetzbar oder unersetzbar (vgl. Feuerbach, Lehrbuch (11. Aufl.), 71) oder besessen, begehrt und verloren sein können (vgl. ebd., 98, 107), bezeichnet, führt noch nicht zu einer Reduktion der Rechtsverletzungslehre auf die Funktion vorpositiver Legitimation. Der Gutsbegriff erscheint als in ontischen Zusammenhängen und nicht in Systembezügen. Bei einer Feststellung von Handlungs- oder Erfolgsunwerten ist es notwendige Vorstufe, zugrundeliegende Phänomene zu klären; eine systematische Darstellung enthält solche Erörterungen nur bei Klärungsbedürftigkeit.

Soweit Feuerbach etwa im Zusammenhang mit der Notwehr ontische Bezüge hergestellt hatte, wurde die Ebene des Konkreten deshalb dargestellt, um ein Tatbestandsmerkmal im Vorfeld der Wertbetrachtung zu typisieren (vgl. zum Merkmal des Angriffs, ebd., 331f.; ähnlich für das Merkmal Gefahr beim Zurechnungsausschluß, ebd., 71). Selbst der Hinweis Feuerbachs auf das Objekt des „Angriffs“ durchbricht noch nicht die systematische Funktion der Rechtsverletzungslehre und das System der subjektiven Rechte. Im übrigen wirkt auch das Phänomen des „Angriffs“ selbst als rechtliche Erklärung für den Angreifer mit rechtsrelevanten Folgen und enthält damit Bezüge zu den subjektiven Rechten des Angreifers. Entsprechend ausdrücklicher Erklärungen zur Rechtsaufhebung (vgl. ebd., 30: volenti non fit injuria) sollen nämlich solche Handlungen, die fremdes Gut angreifen, ihrem Wesen nach als konkludente Verzichte eigene Rechte aufheben. Damit ist wieder ein Wertkriterium in den Vordergrund gestellt, sie erschaffen wegen des Verzichts eine Umwidmung, Verletzungen im Rahmen von Defensionen erscheinen als Nicht-Rechtsverletzungen.

Der Angriffene kann, da der Angreifer sich selbst rechtlos gestellt hat, wie „dessen Verletzung nothwendige Bedingung zur Erhaltung der eigenen Rechte des Angriffenen ist“ (ebd., 30), bereits begriffsnotwendig keine Rechtsverletzung begehen. Gerade diese Konstruktion des Rechtsverzichts ist der Grund, weshalb Feuerbach feststellt:

zurückgegriffen, soweit die den Handlungsunwert zuzuordnenden Phänotypen zu klären waren. Das System beruhte indes nicht darauf, leitend blieben für Feuerbach „Beziehung(en) auf den rechtlichen Zustand“[373] und eine Klassifizierung von „Rechtsverletzungen (nach) einer bestimmten Art oder Gattung.“[374]

Damit ist als materielles Charakteristikum des Systems Feuerbachs festzuhalten, daß es die Klassifikationen der Tatbestände als Klassifikationen von Rechtsverletzungen eines Gesellschaftsvertrages verstand und daß die Größe der Rechtsverletzung als ein tertium comparationis den systematischen Ort bestimmte. Die Rechtsverletzungslehre konnte so, an dem philosophischen Begriff eines Gesellschaftsvertrages anknüpfend, einen idealen, begrifflich klaren Maßstab abgeben.

(2) Die Kritikpunkte Mittermaiers

Dieses auf philosophischen Erwägungen basierende Systemkriterium einer Rechtsverletzung, das zunächst für die Lehre entwickelt, dann aber, über die Gesetzgebung in der Praxis eingeführt, sich auch dort zu bewähren hatte, mußte Mittermaiers Interesse finden. Es kann daher nicht verwundern, daß er sich sogleich nach Übernahme der Lehrbuchredaktion 1837 diesem Kriterium zugewendet und apodiktisch erklärt hatte: „Ob ein Verbrechen als Rechtsverletzung zu betrachten sei, ... (muß) verneint werden.“[375] Dies ist ein Signal für die folgende Kritik an der Rechtsverletzungslehre Feuerbachs.

Ursache der Unannehmbarkeit ist einerseits die am Konkreten ausgerichtete Denkweise Mittermaiers, die in dieser Form vor allem durch die programmatische Schrift von 1819 „Über die Grundfehler der Behandlung des Kriminalrechts in Lehr- und Gesetzbüchern“ bekannt geworden ist. Eine pragmatische Perspektive als wesentliches Merkmal der Kritik an der Rechtsverletzungslehre wird bereits von Frommel hervorgehoben[376], und dem wäre auch nichts hinzuzufügen, wenn die Methode Mittermaiers im Sinne einer Pragmatik, die beliebige Mittel-Zweck-Betrachtungen zuläßt und als politische Operationalisierungstechnik wertfrei ist, erscheinen würde. Eine derartige Perspektive war aber – wie vorliegend bereits dargelegt worden ist – gerade nicht seine Position, auch in der Lehre Mittermaiers wurde der Staatszweck philosophisch entwickelt.

„Rechtsverletzung aus Nothwehr ist also kein Verbrechen“ (ebd., 31). Der Exkurs auf die ontische Ebene ist davon zu unterscheiden und untergeordneter Art.

[373] Feuerbach, Lehrbuch (11. Aufl.), 82.

[374] Ebd., 47.

[375] Mittermaier, Lehrbuch (12. Aufl.), 33.

[376] Frommel, Präventionsmodelle, 158.

Wie schon die Darstellung des Verhältnisses Mittermaiers zum philosophischen Positivismus gezeigt hat, lag sein Anliegen gerade nicht darin, eine ideologiefreie Optimierung des Normensystems für beliebige Zwecke staatlichen Handelns zu fördern, sondern eine ganz bestimmte sinnorientierte Handhabung des Stoffes hatte auch er vor Augen[377], so daß er infolge seiner idealistischen Grundanschauung ethische Grundsätze konstituiert wissen wollte. Entsprechend differenzieren auch die Beiträge der 12. Auflage die „Philosophie des Criminalrechts“ als Frage nach der Begründung des Strafrechts und die „Criminalpolitik“ als Inbegriff der Rücksichten, nach welchem ... auf die zweckmäßigste Weise Strafgesetze gegeben werden sollten.“[378] So waren es nicht bloß praktische, sondern auch philosophische Erwägungen, die gemeinsam eine Zange bildeten, mit der die Rechtsverletzungslehre Feuerbachs angegangen wurde.

Damit aber wird man die Gründe für eine Unannehmbarkeit der Rechtsverletzungslehre sowohl in der philosophischen Staatszwecklehre Mittermaiers als auch in Praktikabilitätsgesichtspunkten, also staatstheoretischen Grundsätzen einerseits und Systemverständnis andererseits zu suchen haben. Spiegelbildlich zur Doppelfunktion der Rechtsverletzungslehre Feuerbachs konnte diese auch zweifach angegangen werden, und zwar als Legitimationstheorie einerseits und Klassifikationsbasis andererseits. In ihrer Angriffsrichtung beschränkte sich die Kritik Mittermaiers indes nicht nur auf den Rahmen des Lehrbuchs; sie galt auch nicht bloß der Person und dem Werke Feuerbachs, da die Rechtsverletzungslehre sich, insbesondere in den vollendeten Werken oder in legislativen Entwürfen der Gesetzgebung, schon längst von Person und Werk Feuerbachs verselbständigt hatte.[379]

1. Was zunächst die Kritik an der Rechtsverletzungslehre als Legitimationstheorie betrifft, so wurden philosophische Reflexionen prägend, die positiv im Lehrbuch leider gar nicht und negativ im Rahmen der Kritik nur ansatzweise erkennbar sind. Auf diesen redaktionellen Mangel zielt auch die Kritik v. Steins an Mittermaier: „Ist es nicht ein Unding, eine Wissenschaft des Strafrechts herauszugeben und stillschweigend zu erklären, man wisse nicht das Wesen der Strafe vernunftgemäß für das Erkennen zu begründen?“[380] Ein versteckter Hinweis im besonderen Teil der 12. Auflage bei den delicta carnis

---

[377] Siehe dazu oben C I 2. a) aa) γ).

[378] Mittermaier, Lehrbuch (12. Aufl.), 2. Die 14. Auflage rügt darüberhinaus, es sei ein Unglück, „wenn die Rücksichten der Zweckmäßigkeit als die vor Allen Leitenden mit Hintansetzungen oder Forderungen des Rechts betrachtet werden“ (ebd., (14. Aufl.), 2).

[379] Neben einer allgemein gehaltenen Kritik Mittermaiers in „Über die Grundfehler“ (119ff.) hatte er alle Gesetzgebungen vor Augen, die sich am bayerischen Strafgesetzbuch von 1813 angelehnt hatten (vgl. für das Strafrechtsgesetz des Königreichs Hannover Mittermaier, NAdC 1824, 3ff.; ders., HdJbLit 1824, 641f.; Näheres zum Verhältnis der Strafgesetzgebung Hannovers zu der Bayerns, vgl. Bloy, Bauer, 194ff.).

[380] v. Stein, DJbWissKu 1842, 289.

wurde in der Tat von Mittermaier als Begründung seiner eigenen Legitimationstheorie für ausreichend gehalten: „Betrachtet man die Wichtigkeit der Sittlichkeit für den Staat, indem ohne sie es an einer festen Grundlage der Legalität[381] fehlt; erwägt man die Pflicht des Staats, die im Staate verbundenen Bürger gegen die Angriffe auf Sittlichkeit zu schützen, so rechtfertigt sich die Bestrafung mancher Arten von Fleischesvergehen auch mit schwereren Strafen, als blos die Polizei erkennen darf."[382] Man erkennt an dieser Überlegung, daß die Ausgrenzungen der Sexualtatbestände durch die Rechtsverletzungslehre als unzureichend galt, insbesondere Sodomie, Inzest und Blutschande sollten als echte Verbrechen einzustufen und mit Kriminalstrafe zu ahnden sein.[383]

Die 13. Auflage bringt für die Erkenntnis der Legitimationslehre Mittermaiers immerhin zwei Aspekte, die den Schleier begrifflicher Vagheit ein wenig heben. „Die Staatsgewalt (ist) einerseits zur Anwendung aller Mittel berechtigt ..., welche zur Erreichung des Zweckes des Staats dienen"[384], und die Auswahl der Mittel dürfe andererseits nicht „die Forderungen der Moral ... verletzen."[385]. Trotz fehlender Prägnanz leuchtet hier immerhin der Gedanke Mittermaiers auf, daß die Funktion des Staats sich nicht bloß auf die Wahrung einer Ordnung subjektiver Rechte aller Bürger zu beschränken, sondern darüberhinaus auch eine moralische Ordnung, und zwar zu einem bestimmten Zwecke zu gewährleisten habe. Die Ausführungen in § 20b, die sich zum Problem der Strafzwecke äußern, lassen leider den philosophischen Begriff des Staatszweckes offen; auch die 14. Auflage, in der sich § 20b modifiziert zeigt, spricht eher orakelhaft davon, daß „Angriffe auf das Recht und seine Grundlagen" Gegenstände des Strafrechts sind, und nimmt Bezug auf die grund-

---

381 Die 13. Auflage korrigiert hier „Gesetzlichkeit", vgl. Mittermaier, Lehrbuch (13. Aufl.), 627; ebd. (14. Aufl.), 720.

382 Ebd. (12. Aufl.), 407.

383 Mehrdeutig ist in genannter Passage die Formulierung, daß es ohne die Sittlichkeit an einer festen Grundlage der Legalität fehle. Einerseits soll „Sittlichkeit" den tatsächlichen Zustand bestimmen geschlechtlichen Verhaltens bezeichnen – was noch deutlicher in der späteren 14. Auflage, 720, wird, wo das Phänomen eines „öffentlichen Anstandes" hinzutritt; andererseits hatte Mittermaier offenbar auch den (außerrechtlichen) Normenbereich sozialer Sitten im Auge, aus dem heraus geschlechtliches Verhalten beurteilt wurde. Verhaltensebene und Beurteilungsebene gehen hier ineinander über. In der 13. Auflage, 627, wird dann klargestellt, daß an ein Problem des Verhältnisses von Moral und Recht gedacht war und es darum gehen sollte, Normenkonkurrenz auszuschalten.

Sieht man in diesem Sinne Sittlichkeit auch als „Sitte", dann sind indes die Folgen offengelassen; entwickelt nun der sittliche Normenkatalog des Volkes für seinen Gesetzgeber Verbindlichkeitswirkung oder ist ein Zusammenhang nur unter rechtspragmatischen Akzeptanzgesichtspunkten nützlich? Die 13. Auflage hilft hier nicht weiter, sondern spricht nur vage davon, es sei ein „Unglück", wenn der Gesetzgeber die Regeln der Sitte nicht beachte (ebd., (13. Aufl.), 627).

384 Mittermaier, Lehrbuch (12. Aufl.), 42.

385 Ebd., 44.

sätzliche Erwägung, daß sich der wahre Rechtsgrund der Strafe aus der „durch Vernunft gebotenen Begründung und Erhaltung der rechtlichen Ordnung zur Erreichung des Zweckes des Staates" ergeben soll.[386]

Dieses Theorem, wonach der Rechtsstaat Bedingung eines „höheren Seins" sei, muß an Erwägungen erinnern, die bis ins Jahr 1807 zurückreichen.[387] Damals hatte Mittermaier deutlicher als hier im Lehrbuch das Wesen des Staates als „Garant der Freiheit"[388], aber darüberhinaus als Mittler „aller höheren Kräfte der Menschheit"[389] oder, wie noch 1830 ausgeführt wurde, als „notwendige Entwicklungsform der Menschheit"[390] bezeichnet. Eine Straflegitimation ergab sich damit im Gegensatz zu Feuerbach nicht allein aus einem freiheitswahrenden, sondern weitergehend aus einem fortschrittgewährenden Gesellschaftsvertrag. Der Staat müsse als Bildungsanstalt auf dem Weg zum Idealstaat fungieren, und die Menschheit habe sich im Staate gerade deshalb „vereint, (um) die hohen Ideale der Menschheit zu realisieren und in sich darzustellen ihre Idee."[391] Daraus ergeben sich „heilige" Ideale und ein entsprechendes materielles, ideales Recht, welches nicht bloß „Bedingung einer Leiblichkeit", sondern „Bedingung der Möglichkeit der Erreichung unserer Ideale, unserer vernünftigen Existenz und unseres einzig ewiglichen Seins"[392] sei. Wie die Gedankensplitter im Lehrbuch verraten, war diese Theorie zur Zeit der Lehrbuchredaktion nicht aufgegeben worden.

Die Funktionsfestlegung dieser Staatszwecklehre beschränkte staatliches Handeln nicht bloß auf den Auftrag, die sinnlichen Eigenschaften des Menschen, wo sie überzuschäumen drohen, in geordneten Bahnen zu bewahren, sondern ermächtigte den Staat darüberhinaus, die sittlichen Eigenschaften zu fördern. Seine Handlungsbefugnis beschränkte sich nicht auf Verhinderung von Verletzungen subjektiver Rechte, sondern bezog die Schaffung einer Gesellschaftsordnung nach Ideen eines harmonischen Zusammenlebens, nach ethischen Gesichtspunkten, mit ein.[393] Aus dieser Maxime ethischer Wohl-

---

[386] Ebd. (14. Aufl.), 43.

[387] Siehe dazu, oben C I 2. a) aa) α).

[388] Mittermaier, Über die Prinzipien, 236.

[389] Ebd., 227.

[390] Ders., KritZfRwiss 1830, 343.

[391] Ebd., 222f.; vgl. auch ebd., 230.

[392] Ebd., 190.

[393] Ders., Über die Grundfehler, 146: „Fand ein Gesetzgeber irgendeine Handlung, die ihn vielleicht moralisch empörte oder deren Vorkommen dem Staate gefährlich schien, so glaubte man das einfachste Mittel gefunden zu haben, man stempelte die Handlung zu einem Verbrechen und bestrafte sie hart", ohne zu merken, daß „durch diese Vervielfältigung der Verbrechen die heilige Scheu vor dem ernsten Gebiete des Kriminellen sich verliere". Gerade das Prinzip der höheren „Gerechtigkeit" schließe eine solche Willkür der Gesetzgebung aus – dazu vgl. ders., KritZfRwiss 1830, 353. In diesem Sinne handelte der Gesetzgeber sorgend wie ein „Arzt" und wirkten seine Straf-

fahrt des Staates folgte die Legitimation, auch für den Schutz von Moraltatbeständen gesetzlich und mit Zwangsbefugnissen ausgestattet zu sorgen. Die Zuständigkeit des Rechts zu strafen war damit gegenüber dem rationalistischen Ansatz Feuerbachs ausgeweitet. Aus diesem Ansatz heraus resultierte der Hinweis, die delicta carnis als echte Verbrechen zu bewerten.

Allerdings erfährt diese weitreichende Kompetenz durch eine Subsidiaritätsklausel eine Einschränkung. Staatliche Reaktion sei zwar notwendig, aber in Form einer Strafe erweise sie sich nur als mögliche Folge der normativen Übertretung. Strafe sollte Anwendung nur dort finden, „wo kein anderes Mittel dem Staate zu Gebote steht."[394] Der Ausweitung staatlicher Befugnis infolge seiner Wohlfahrtsaufgabe stand die Beschränkung gegenüber, nur in Ausnahmefällen zu den Mitteln der Strafrechtspflege greifen zu dürfen. Mithilfe der „Gerechtigkeitstheorie"[395] wurde somit die Handlung des Normanwenders von zwei Voraussetzungen abhängig gemacht; einerseits war die generelle Erlaubnis zu prüfen, ob die materielle Zielsetzung Berücksichtigung findet, nur zum Wohle der fortschreitenden Gemeinschaft zu handeln, andererseits war zu fragen, ob Strafe als Handlungsmittel auch pragmatisch geboten ist, oder ob mildere Mittel geeignet erschienen.

2. In ihrer systematischen Funktion wurde die Rechtsverletzungslehre sowohl aus methodischer als auch aus materiell-rechtlicher Sicht kritisiert. Insgesamt gesehen, lautete hier der gemeinsame Vorwurf: Willkür!

In methodischer Hinsicht ging es zunächst um eine Rüge analytisch-exegetischer Genauigkeit.[396] Die Rechtsverletzungslehre tue der Ordnung gemein-

---

gesetze wie „Heilmittel moralischer Gebrechen (ders.: Hitzigs Annalen 1829, 154; vgl. auch Criminalgesetzgebung, 22 und Strafgesetzgebung II, 14).

Aus dieser Perspektive heraus, ließ sich auch über die Rechtsverletzungslehre sagen, sie hänge „mit einer unrichtigen Grundansicht über das Verhältnis von Moral und Recht zusammen" (ders., Criminalgesetzgebung, 24). Aus diesem Grund konnte deshalb auch im Lehrbuch der Vorwurf gemacht werden, das von der Rechtsverletzungslehre abgeleitete System sei „theils ganz prinziplos", also materiell leer, „theils (beruhe es) auf einem irrigen Prinzipe" (ders., Lehrbuch (12. Aufl.), 148). Hatte Feuerbach die staatsvertragsbezogene Rechtsverletzungslehre für legitimatorisch ausreichend angesehen, aber im übrigen auf das „Urteil des positiven Gesetzgebers" vertraut (Feuerbach, Über Philosophie, 70), so mußte nach Mittermaier der Gesetzgeber materiell-naturrechtlich gebunden sein, nämlich durch das Kriterium einer den menschlichen Idealstaat prägenden Vernunft, die ideales Recht und ideale Moral als widerspruchsfreie Einheit einschließt, „wenn er nicht die Menschheit töten und seinen Staat zu einer niederen Maschine machen will" (Mittermaier, Über die Prinzipien, 234).

394 Ders., Über die Grundfehler, 147; vgl. auch ders., Criminalgesetzgebung, 23.

Allein hier ist der methodische Ort, wo eine auf statistische Daten gestützte pragmatische Beurteilung einsetzt (vgl. ders., Hitzigs Annalen 1829, 154) und etwa auch „steigende Bildung" (ders., KritZfRwiss 1830, 348) maßnahmedifferenzierend zu berücksichtigen ist.

395 Vgl. ders., KritZfRwiss 1837, 302.

396 So schon oben C I 2. b) bb) β) ausgeführt.

rechtlicher Straftatbestände Gewalt an, indem „ganz willkürlich gewählte“[397] Kriterien zur Neusystematisierung zugrundegelegt werden, die sich aus dem historischen Stoff nicht ergeben. So habe man beispielsweise die „den Gesetzen unbekannte(n) Klassen von Verbrechen, z.B. Polizeivergehen“ eingeführt.[398] Als Folge dieser historischen Verfremdung ergebe sich, daß Tatbestände in Positionen des Klassifikationsschemas stünden, nur weil sich infolge dieser Materialanordnung eine Lücke auftue. „Für sie mußte, man mochte wollen oder nicht, irgendein leeres Plätzchen benutzt werden.“[399] Von dem Vorwurf entfremdender Kategorienbildung war es nur ein kleiner Schritt bis zu dem Vorwurf eines Fingierens subjektiver Rechte, die es nach dem historischen Stoff nicht gebe, die indes aber herausgelesen worden seien, allein um dem Rechtsverletzungskriterium zu genügen. Beispielhaft führt das Lehrbuch die Tatbestände der Blasphemie[400], des Ehebruchs[401], der Bigamie[402] und des schon erwähnten Betrugs[403] an.

Hatte Mittermaier insoweit Einwände hinsichtlich einer exegetischen Genauigkeit, so findet man daneben auch Rügen in materiell-rechtlicher Hinsicht. Das Klassifikationsschema habe in bezug auf die Unwertverhältnisse bestimmter Taten nicht zu einer Klärung, sondern zu einer Verdeckung geführt. „Welche Inkonsequenz herrscht in unseren Strafsystemen! Wer ein Zollgesetz übertritt, leidet ein zweijähriges Gefängnis, wer im Winter Holz aus dem Forste stiehlt oder einen Hasen erschießt, ist Kriminalverbrecher; wer aber durch öffentlich getriebene, unnatürliche Unzucht in so jugendlich zarte Gemüter den Keim des Verbrechens legt, wer durch öffentliche Gotteslästerung allgemeines Ärgernis erweckt, wer als listiger Kuppler planmäßig ein unschuldiges Wesen verführt und den gebeugten Eltern ihren Seelenfrieden durch den Mord der Unschuld raubt – ist nur einer Polizeiübertretung schuldig, durch deren Aufstellung im Gegensatz der Verbrechen das Gesetz selbst ausspricht, daß es mit diesen Handlungen keine große Bedeutung habe! Dahin hat uns unser unseliges *Rechts*system geführt!“[404]

Eine Vielzahl fallorientierter Einwände im Lehrbuch rundet die Kritik an der Rechtsverletzungslehre als falsche Systematisierungsgrundlage in teleologischer Hinsicht ab. Soweit Tatbestände als Vergehen eingestuft worden waren, spreche die darin liegende „Geringfügigkeit ... Hohn der öffentlichen

---

[397] Mittermaier, Über die Grundfehler, 119.
[398] Ders., NAdC 1820, 78.
[399] Ders., Über die Grundfehler, 119.
[400] Ders., Lehrbuch (12. Aufl.), 271.
[401] Ebd., 332.
[402] Ebd., 342.
[403] Ebd., 370; dazu oben C I 2. b) bb) β) αα).
[404] Ders., Über die Grundfehler, 126 Fn. 20.

Moral."[405] Die dogmatische Kritik verbindet sich, wo die Auswirkungen auf den Rechtsfrieden[406] beton wurden, hier mit pragmatischen Überlegungen.

Daß auch bei den Einwänden gegen die Rechtsverletzungslehre die Rechtssatzebene im Auge behalten worden war, zeigen Feststellungen, in denen etwa eine Systemrezeption seitens der Legislative als „unselige Experimentalgesetzgebung"[407] bezeichnet wurde und die darauf hinweisen, daß das Deduktionssystem in den Ableitungszweigen Möglichkeiten neuer Tatbestände zeige, die politisch ausgenutzt würden, ohne daß es eine politische oder historische Notwendigkeit gebe. „Das Bedürfnis war einmal da, eine Lücke im System durfte nicht bleiben"[408], sie werde regelmäßig von dem „nach Vollständigkeit haschenden Gesetzgeber"[409] genutzt.

In diesem Sinne erschien die Rechtsverletzungslehre als wissenschaftliche Willkür mit verheerenden Folgen für die Praxis.[410] Demgemäß erinnerte Mittermaier auch im Lehrbuch an die Funktion der Rechtswissenschaft, die Rechtspraxis zu fördern. Systemkriterien mußten also „Gesichtspunkte" enthalten, nach welchen der Richter die „einzelnen vorhandenen Fälle richtig ... beurtheilen" könne.[411]

(3) Mittermaiers Reflexionen über die „Grundrichtungen von Verbrechen"

Ein konstruktiver Gegenvorschlag in bezug auf Kriterien, die anstelle der Verletzung subjektiver Rechte ein Rechtssystem prägen sollten, zeigt sich verhalten und versteckt sich mehr, als daß er sich hinter dem Terminus „Grundrichtung der Verbrechen" offenbart.[412] Wer zum Wesen der „Verbrechensrichtungen" Hinweise sucht, insbesondere unter der Perspektive bestimmter Typen oder einzelner Normfunktionen, muß den Rahmen des Lehrbuchs verlassen und zum hermeneutischen Rekurs den wissenschaftlichen Kontext

[405] Ders., Lehrbuch (12. Aufl.), 422.

[406] Ebd., 121 Fn. 17.

[407] Ders., NAdC 1820, 83; vgl. auch ders., Criminalgesetzgebung, 20: „Strafexperimente".

[408] Ders., Über die Grundfehler, 119.

[409] Ebd.

[410] Vgl. ders., Lehrbuch (12. Aufl.), 148 f.

[411] Ebd., 148.

[412] Mittermaier, Lehrbuch (12. Aufl.), 149.
Das 1836 im Lehrbuch verwendete Merkmal der „Verbrechensrichtung" geht zurück auf Criminalgesetzgebung, 113, 118, 124. Mit seiner Verwendung war Mittermaier dem eigenen, schon 1825 geprägten Begriff treu geblieben. Es hätte die Möglichkeit bestanden, sich der Terminologie seines Schülers Birnbaum anzupassen, der im Neuen Archiv des Criminalrechts 1834 zur Frage des Erfordernis einer Rechtsverletzung Stellung bezogen hatte, sie verwarf und stattdessen den Begriff eines „Gutes" prägte (Birnbaum, AdC. NF 1834, 149 - 194; dazu Sina, 20ff.).

betrachten. Eine eigene, gegen Feuerbachs Rechtsverletzungstheorie konkurrenzfähige Lehre zu entwickeln, wird Mittermaier wegen seiner gesetzeswissenschaftlichen Interessen kaum beabsichtigt haben, dazu war sein Augenmerk bereits zu sehr auf die Rechtssatzebene und die pragmatische Perspektive gerichtet. Aber selbst bei einem unausgereiften Terminus besteht die Möglichkeit, daß eine bestimmbare Tendenz erkennbar ist, aus der sich ableiten läßt, in welche Richtung eine Ausgestaltung gehen würde.

Die Überlegungen Mittermaiers zu den „Grundrichtungen der Verbrechen" hatten episodisch zwischen der Rechtsverletzungslehre Feuerbachs und der Güterlehre Birnbaums gelegen.[413] In dem Werk „Über den neuesten Zustand der Criminalgesetzgebung in Deutschland" von 1825 finden sich Ausführungen zu diesem als systematisches Kriterium dienenden Theorem. Mittermaier differenzierte zwei „Hauptabtheilungen" von Verbrechen. „In dieser Hinsicht finden sich Verbrechen, welche zunächst nur die Grundlagen des Staatslebens selbst angreifen ... Bey anderen Verbrechen spricht die Richtung unmittelbar gegen Privatpersonen."[414] Zu einer Charakterisierung wird die Funktionalität betont, allein eine Begrifflichkeit zugrundezulegen, habe nur untergeordnete Bedeutung und „wenig legislativen und doktrinellen Werth."[415] Nur als Begriff betrachtet, sei „Staatsverbrechen selbst so vieldeutig, je nachdem man Staat im engeren oder weiteren Sinne nimmt, so daß die technische Aufschrift im Gesetzbuche wohl richtiger ganz weggelassen wird."[416] Und hinsichtlich einer Klasse von Privatverbrechen werde vorgetäuscht, daß bei ihnen bestraft werde, weil ein „materieller Schaden und die Wichtigkeit des verletzten Privatrechts" im Vordergrund stehe, tatsächlich gehe es aber auch hier um den „nachtheiligen Einfluß auf das Wohl der ganzen bürgerlichen Gesellschaft."[417] Auf einen begrifflich „scharfen Gegensatz von Staats- und Privatverbrechen" komme es gar nicht so sehr an.[418] Als Kriterium für eine Wertentscheidung sei eine „Rücksicht auf die Wichtigkeit des Verhältnisses, ... welches durch das Gesetz geschützt werden soll und durch eine Handlung verletzt wird," wesentlicher.[419] War damit eine Differenzierung nach Wertigkeiten von Mittermaier nicht grundsätzlich abgelehnt worden, so sollte allerdings auf „Verhältnisse" abgestellt werden.

Die Bedeutung dieser begrifflich nebulösen Bezeichnung ist im Bereich der sog. Staatsverbrechen anhand der gebildeten Unterklassen, die sich auf den

[413] Zu Johann Michael Birnbaum (1792 - 1877), Schüler Mittermaiers und mit diesem Herausgeber des Neuen Archivs des Kriminalrechts, vgl. Gareis, in: Hess. Biographie, Bd. 2, 39.

[414] Mittermaier, Criminalgesetzgebung, 113f.

[415] Ebd., 118.

[416] Ebd., 115.

[417] Ebd., 117.

[418] Ebd.

[419] Ebd.

Bestand des Staates in seinen Institutionen und Werten beziehen, eingrenzbar. Daß Mittermaier in diesem Bereich Entitäten als schützenswerte Objekte strafrechtlicher Normen vor Augen hatte, legt eine Aufzählung nahe, die „die Existenz und die Verfassung des Staates, oder das Oberhaupt selbst" gemeinsam unter Schutz stellt. Objekt anderer Angriffe betreffen das Autoritätsverhältnis zwischen Bürger und Obrigkeit und „zerreißen das Band des Gehorsams" oder beziehen sich auf das öffentliche Verhältnis der Bürger untereinander, die „Grundlagen des bürgerlichen Verkehrs", wobei die „Grundlagen der Rechtsverfassung, ... Sittlichkeit und ... Religion" noch gesondert genannt werden.[420] All diese Phänomene erscheinen zusammengefaßt als schützenswerte „Grundlagen des Staatslebens"[421]; sie reduzieren sich nicht auf die Rechte eines Staatsgrundvertrages, sondern betreffen in diesem Sinne vitale Interessen einer sozialen Gemeinschaft. Diese stellen den Zielpunkt der „Richtung der Verbrechen" dar.

Die hier auf Entitäten bezogene Interpretation Mittermaiers steht in Einklang mit Ausführungen zur „Richtung der Verbrechen" in bezug auf Privatpersonen. „Hier bietet die Richtung des Verbrechens, das zunächst das Leben der Person oder die freye Persönlichkeit, Gesundheit und Freyheit, oder die Ehre oder das Eigenthum bedroht," nach der Vorstellung Mittermaiers „sehr einfache Abtheilungsglieder dar."[422] Auch hier wurden Gegenstände, Verhältnisse, Interessen und Wertvorstellungen des konkreten sozialen Lebens als Objekte der Klassifikation herausgestellt.

Dieser Katalog läßt die Qualität der zu klassifizierenden Objekte als ontische Phänomene erkennen und verweist auf eine Systemrelevanz von „äußeren" Merkmalen.[423] Das Theorem der Verbrechensrichtung ist zunächst mit den Konturen sichtbar, daß es nicht einer Kategorie „innerer Verwandtschaft"[424] angehören soll. Gegenüber der Lehre Feuerbachs wurde ausdrücklich betont, es gehe nicht um subjektive Rechte, sondern um Angriffe „gegen gewisse Aeußerungen der Rechtssphäre."[425] In diesem Sinne steht der Terminus „Grundrichtung" als ontisches Pendant dem Terminus eines „geschützten Gutes" gegenüber[426], deren Schutzwert aus der Anerkennung durch die bürgerliche Gesellschaft resultiert.[427]

---

420 Ebd., 114.

421 Ebd., 115.

422 Ebd., 114.

423 Ders., NAdC 1822, 16.

424 Mittermaier, Criminalgesetzgebung, 113.

425 Ebd., 115.

426 Ders., Lehrbuch (12. Aufl.), 149; vgl. auch die Ausführungen Mittermaiers zur äußeren Wesenhaftigkeit in „Über die Grundfehler", 129.

427 Ders., Lehrbuch (12. Aufl.), 253.

Damit ist der Terminus „Richtung des Verbrechens" zwar nicht begrifflich faßbar geworden, immerhin aber seiner Tendenz nach eingrenzbar. Als hermeneutisch hilfreich stellt sich dabei auch ein Zusammenhang mit dem Begriff des Gutes dar, wie ihn 1834 Birnbaum, ein Schüler Mittermaiers, entwickelt hatte. Daß ein Sachbezug von Mittermaier nicht ausgeschlossen worden war, ergibt der redaktionelle Zusammenhang im Lehrbuch. Die große gegen Feuerbach gerichtete Systemkritik auf den Seiten 148f. des Lehrbuchs von 1837 erwähnen zwar Birnbaum noch mit keinem Wort, daß dessen maßgeblicher Artikel in dem „Archiv des Criminalrechts. Neue Folge" indes Mittermaier bekannt und sogar erwähnenswert gewesen war, ergibt sich aber aus der Note zu § 21.[428]

Dort hatte Mittermaier immerhin, obgleich er andernorts nur von „Grundrichtungen" gesprochen hatte, unter Bezug auf Birnbaum den Terminus „schützenswertes Gut" verwendet. Die Theorie Birnbaums, die den Begriff eines Gutes als Objekt strafrechtlichen Schutzes in den Mittelpunkt systematischer Bewertungen stellte[429], ließ sich offenbar mit den eigenen Vorstellungen so sehr in Einklang bringen, daß trotz fehlender Auseinandersetzung mit dessen Lehre gerade im lokalen Zusammenhang mit dem zentralen Kritikpunkt an Feuerbach bei § 21, in dem für unrichtig geachtet wurde, ein „Verbrechen als Rechtsverletzung zu betrachten"[430], diese Abhandlung zitiert wurde – wenn auch nur unter anderen.[431]

---

[428] Ebd., 32.

[429] Vertiefend Sina, 19ff.; Amelung, 43ff. Birnbaum hatte sich indes hinsichtlich der Gütertheorie ausdrücklich auf ein französisches Werk berufen, und zwar Henrion de Pansey, De l'autorité judiciaire en France, chap. 20. 3e edition, Paris 1827.

[430] Mittermaier, Lehrbuch (12. Aufl.), 32.

[431] Es ist hier nicht der Ort, die Lehre Birnbaums vollständig auszubreiten, hierzu sei auf die vertiefende Darstellung Amelungs (43ff.) verwiesen. Amelung faßt die Abweichungen der Lehre Birnbaums zur Rechtsverletzungslehre in drei Punkten zusammen, nämlich „in der Schaffung des Begriffs des Gemeingutes, in der Erweiterung des Staatszweckes und – eng damit zusammenhängend – darin, daß er darauf verzichtet, die Lehre vom Verbrechensobjekt aus einer Theorie von den Bedingungen menschlichen Zusammenlebens abzuleiten, wie dies Aufklärer und Frühliberale getan hatten." (Amelung, 49)

Soweit Mittermaier sich gegen die Rechtsverletzungslehre als Legitimationstheorie gewendet hatte, lag der Ablehnungsgrund, wie oben gezeigt, in dem Rahmen des Sozialvertrags (siehe dazu oben, C I 2. b) bb) β) ββ) (I) (2)). Während hier aber Birnbaum relativierend darauf verwies, „wie man auch immer über Rechtsgrund und Zweck des Staates denken mag" (Birnbaum, AdC. NF 1834, 177), hatte sich Mittermaier philosophisch festgelegt. Daraus folgt ein Unterschied in der Schutzfunktion; wo nach Birnbaum die Erhaltung von Gemeingüters deshalb notwendig erschien, weil diese „den Menschen von Natur gegeben oder eben das Resultat ihrer gesellschaftlichen Entwicklung ... sind" (Birnbaum, a.a.O., 177), war dieser Gedanke einer Besitzstandswahrung bei Mittermaier teleologisch von dem höheren Menschheitszweck und dem Fortschrittstheorem verdrängt worden. Die legislatorische Verpflichtung sollte nicht materieller, sondern ideeller Verwirklichung, eben der „Erreichung der Vernunftideale" dienen (Mittermaier, Über die Prinzipien, 229).

Birnbaum wollte den Gutsbegriff auf Entitäten bezogen wissen, die mittels einer „natürlichen Vorstellung“ erkennbar seien, und zählte Leben, menschliche Kräfte, Ehre, persönliche Freiheit und das Vermögen dazu.[432] Diese Güter seien den „Menschen von Natur gegeben oder eben das Resultat ihrer gesellschaftlichen Entwicklung.“[433] Mittermaiers widerspruchslose Bezugnahmen deuten darauf hin, daß ihm eine derartige Gütertheorie zumindest als Argumentationsgrund gelegen kam.

Trotz aller Probleme einer naturalistischen Betrachtung[434] zeigt sich bereits ein dogmatischer Paradigmawechsel, den die Lehren Bindings, von Iherings und v. Lizts[435] letztlich übernahmen und ausdifferenzierten. Immerhin aber konnte aus dieser Sicht bereits Mittermaier feststellen, daß beispielsweise das Wesen des Betruges sich aus der Richtung dieses Verbrechens gegen das „Vermögen“[436] ergebe und nicht als Verletzung eines „Rechts auf Wahrheit“[437] aufzufassen sei. Sein Theorem der „Grundrichtung“ war somit schon zu seiner Zeit nicht ohne dogmatische Effizienz.

(II) Die Kritik der Straftheorie Feuerbachs

(1) Grundzüge der Theorie des psychologischen Zwanges

Der liberalen Staatszweckmaxime Feuerbachs, daß alle Bürger sich im Staate zum Schutze ihrer Freiheit zusammengefunden hätten, folgte das Strafziel, diesen Staat durch strafrechtliche Generalprävention zu gewährleisten. Durch den Staatsvertrag konstituiert, war der Staat wesensmäßig Sicherungsinstitut zur Erhaltung der Freiheitsrechte. Jeder Fall von Rechtsverletzung negierte dieses Wesen, also dürften in ihm erst „gar keine Rechtsverletzungen geschehen.“[438] Der Staat sollte um seiner selbst willen unnachgiebig sein und jeder Rechtsverletzung vorbeugen. Demgemäß erschien ein „zuvorkommender ... psychologischer Zwang“ als „schlechthin nothwendig.“[439]

Dieser Vorstellung eines psychisch wirkenden Zwangs durch Androhung lag ein psychologisches und damit ontisches Modell zugrunde, wonach das menschliche Handeln Ergebnis eines Kampfes sich gegenüberstehender psy-

---

432 Birnbaum, AdC. NF 1834, 180.

433 Ebd., 177.

434 Näheres Sina, 21ff.

435 Amelung, 87ff.

436 Mittermaier. Lehrbuch (12. Aufl.), 372.

437 Ebd., 371. Im Unterschied zum falsum, gehe es beim Betrug insbesondere um eine „betrügerischer Absicht, um an Vermögen oder Anderer Rechte jemanden zu täuschen“; davon zu unterscheiden sei die „Verletzung öffentlicher Treue und des Glaubens“ (ebd., 372).

438 Feuerbach, Lehrbuch (12. Aufl.), 14, 16.

439 Ebd.

chologischer Kräfte von Lust und Unlust sei. Diesen Waagemechanismus habe ein gegensteuernder Eingriff auszunutzen und der Lust an der Tatbegehung, am Taterfolg, eine Unlust in der Übelzufügung durch eine Strafe gegenüberzustellen, welche wirke, sobald der Täter Kenntnis von zu erwartenden staatlichen Zwangsmöglichkeiten habe. Der Abwägungsvorgang war intellektuelles Geschehen. Infolgedessen erschien es nötig, berechenbare gesetzliche Regelungen als Abwägungspunkte auszugestalten und Unrecht und Strafe in ihrem Verhältnis zu klären und gesetzlich zu fixieren. Daraus resultierte die weitere Forderung nach einer konsequenten Gesetzlichkeit hinsichtlich der Rechtsfolgen.[440]

(2) Die Kritikpunkte Mittermaiers

Dieses psychologische Modell mußte empirische Einwände Mittermaiers wecken, auch wenn seine Kritikpunkte im Ergebnis auf die daraus abgeleiteten Wertentscheidungen zielten. Diese Dimension miteinbezogen, werden zwei Angriffsrichtungen erkennbar, die sowohl das Axiom der Straftheorie als auch die Handhabbarkeiten davon abgeleiteter Sätze betreffen.

Die Annahme Feuerbachs, Verbrechen als „Produkt der Ueberlegung" anzusehen, so der eine Einwand, widerspreche der Erfahrung. Daraus wird gefolgert, daß eine derartige Annahme einerseits unrichtig sei, andererseits aber auch eine legislatorischen Rezeption dieser Straftheorie die entsprechenden Gesetze unzweckmäßig mache.[441] Nach dieser Skizzierung schweigt das Lehrbuch - nicht nur in der 12. Auflage - , insbesondere bleibt offen, woraus sich die angeführte Erfahrung ergebe. Auch die folgenden beiden Auflagen tragen nicht zur Konkretisierung dieses kritikbegründenden Erfahrungssatzes bei, so daß hier das Erfahrungstheorem als rhetorische Evidenzformel erscheint.[442]

Wie in einem Aufsatz von 1837 aber gezeigt wurde, war Mittermaier davon ausgegangen, daß der Vorwurf einer petitio principii bei dem liege, der das Gegenteil der Erfahrung „glaube". In der Lehre Feuerbachs sei ein durch nichts belegbarer, geradezu abwegiger Erfahrungssatz zugundegelegt worden, „daß der zum Verbrechen Entschlossene das gedrohte Strafübel mit der Lust zum Verbrechen vergleicht, und sich nach der Abwägung beider entscheidet".[443] Die Evidenz des Gegenteils ergebe sich aus „Geschichte, Erfahrung und ... Erkenntnis der menschlichen Natur."[444] Und Mittermaier führte

---

440 Dazu Naucke, WissZJena 1984, 479f.

441 Mittermaier, Lehrbuch (12. Aufl.), 30.

442 Zum problematischen Erfahrungstheorem bei Mittermaier, vgl. oben C I 2) a) aa) α).

443 Mittermaier, KritZfRwiss 1837, 300.

444 Ders., Über die Grundfehler, 143; vgl. auch ders., Vier Abhandlungen, 3.

gegen das ontische Modell Feuerbachs weiter aus: Der Gründer der Abschreckungstheorie „schien zu vergessen, daß den menschlichen Handlungen nur in seltenen Fällen ein kaltes Abwägen der Gründe pro et contra vorausgehe, daß die gegenwärtige Lust an der Befriedigung der Begierde, die zum Verbrechen antreibt, weit alle auch noch so großen Vorstellungen von einem künftig möglicherweise zu befürchtenden, durch Klugheit aber vermeidlichen Strafübel übersteige."[445] Der sinnlich getriebene, gleichwohl aber rational kalkulierende Täter[446] galt Mittermaier gerade als nicht typisch. Deontische Folgerungen aus einem solchen Modell, das psychologische Erfahrungen des täglichen Lebens unberücksichtigt lasse, entbehre jeder Grundlage und sei willkürliches Räsonnement; deshalb auch wurde gegen Feuerbach der persönliche Vorwurf der Realitätsferne vorgebracht.[447]

Der andere Einwand, der an die aus Gründen einer Rationalität genau vorherzubestimmenden Strafhöhe knüpfte, die zur Verschaffung der „Kenntnis der Bürger von dem einzelnen gedrohten Strafübel" notwendig war[448], bezog sich darauf, daß eine genau ausdifferenzierte Straffixierung im Gesetz vorzunehmen der Individualität des Täters unangemessen wäre. Bereits 1819 wurde dieser Punkt vor allem anhand des Bayerischen Strafgesetzbuches von 1813, das von Mittermaier bereits 1818 rezensiert worden war[449], näher ausgeführt. Es könne nicht angehen, „streng mathematisch, also nach Zahlen die Rücksichten der Strafanwendung zu bestimmen"[450] und dabei die Umstände des Einzelfalles zu übersehen. Anhand einer Auswahl ausgeklügelter Fälle wurde unterstützend demonstriert, daß die Umstände, von denen die Höhe des Strafmaßes abhänge, in der Realität häufig bloß Produkte des Zufalles seien.[451]

Die Einwände der vorpositiv-empirischen Argumentationsebene wurden ergänzt durch pragmatische Einwände einer überpositiv-legislativen Ebene zur Handhabbarkeit der Straftheorie Feuerbachs durch den Gesetzgeber.[452]

---

[445] Ders., Über die Grundfehler, 143.

[446] Vgl. auch die Feuerbachsche Tätertypcharakterisierung bei Naucke, WissZJena 1984, 481 f.

[447] Mittermaier, Vier Abhandlungen, 6: Feuerbach sei „mit lebhafter Phantasie begabt, die ihm schnell ein gewisses Bild vorspiegelte und ihn oft bestimmte, das, was er in schneller Auffassung sich vorstellte, für Wahrheit zu halten".

[448] Ders., Lehrbuch (12. Aufl.), 30.

[449] Vgl. Mittermaiers Stellungnahme im Deutschen Staatswörterbuch (Feuerbach), 511 Anm. 22 zur eigenen Urheberschaft in NAdC 1818, 54ff.

[450] Ders., Über die Grundfehler, 133; vgl. auch ebd., 131: „Jeder Verbrecher kann sich, wie der Käufer in der Bude, wenn die Polizeitaxe eingeführt ist, seine Strafe genau auf den Tag der Straftaxordnung berechnen. Der Gehilfe leidet dreiviertel von der Strafe, die den Urheber betrifft, das versuchte Verbrechen ein Sechstel oder ein Achtel weniger als das vollendete; sind zwei Qualifikationen da, so gibt es ein achtjähriges, bei drei ein zwölfjähriges Zuchthaus. Die Vorschrift ist einfach, und wenn der Richter nur gut rechnen kann, so ist er trefflich in seinem Amte ..."

[451] Ebd., 134.

[452] Ders., Lehrbuch (12. Aufl.), 30.

Mittermaier sah ein Problem darin, daß die Anknüpfung der generalpräventiven Forderung an psychologische Momente in der Tätersphäre eine Prognostizierbarkeit aller möglichen Motivlagen voraussetzen würde. Der Gesetzgeber habe beim wägenden Modell Feuerbachs prospektiv die „Summe der sinnlichen Antriebe" zu bedenken. Dies aber sei tatsächlich unmöglich. Bei den Vorgängen im Vorfeld der Verbrechensbegehung seien keine Regelmäßigkeiten festzustellen, sondern „das nämliche Verbrechen (könnte) aus verschiedenen Beweggründen verübt" werden.[453] Infolgedessen sei, wie die 13. Auflage warnt, der Gesetzgeber gehalten, diese psychischen Aspekte vereinfacht darzustellen und letztlich die Summe aller infrage kommenden „Reize" festzuschreiben. Dieses legislative Vorgehen machte in der Vorstellung Mittermaiers generalpräventive Strafen indes individuell zu hart und in dieser Härte für den konkreten Einzelfall unangemessen.[454]

Darüberhinaus müsse man bei dem Modell Feuerbachs mit Problemen in der Rechtsanwendung rechnen. Jeder wisse, „daß in die Länge ohne Grausamkeit solche Strafgesetze nicht gehalten werden können."[455] Einerseits würden die Richter „alle Mittel anwenden, um den Verbrecher dem Gesetz zu entziehen" – mit der ungewünschten Folge von Rechtsunsicherheit.[456] Andererseits könnten sich in der Gesellschaft eine größere Vorsicht bei der Tatbegehung, um Entdeckungen zu entgehen, und eine Solidarität mit dem Gesetzesbrecher zeigen.[457] Angesichts des menschlichen, gesellschaftlichen Ideals, das es zu verwirklichen galt, war ein solches Verhalten gleichfalls nicht zu billigen.

(3) Das täterschuldangemessene Gerechtigkeitsprinzip Mittermaiers

Die Art der Ablehnung der Rechtsverletzungstheorie, die dem Strafmaß eine Tatunwertbeurteilung zugrundelegt, deutet auf einen Bezugswechsel. Als theoretischer Ausgangspunkt erscheint bei Mittermaier die Individualität der Tätersphäre. Angesprochen und verworfen wurde damit das feste psychologische Axiom Feuerbachs, und ein variables Täterbild der eigenen Theorie zugrundegelegt.

Dementsprechend knüpften die eigenen Vorstellungen gar nicht an psychologisch-ontischen Modellen an, sondern greifen auf den naturrechtlich begründeten Gesichtspunkt einer Gerechtigkeit im Einzelfall zurück. Die Philo-

[453] Ebd. Wie fortschrittlich Mittermaier mit diese Ansicht war, zeigen etwa die kritischen Ausführungen zur Straftheorie Feuerbachs bei Jacobs, 15 Rn. 30.

[454] Mittermaier, Lehrbuch (13. Aufl.), 42.

[455] Ebd., 143.

[456] Ebd., 144 Fn. 46.

[457] Ebd., 144.

sopheme der status-naturalis-Reflexion zu dem hohen Zweck des Staats[458] wurden als geeignetes Axiom angesehen.

Zwar sucht man ein deutliches Gerechtigkeitstheorem als festen Begriff in der 12. Auflage vergebens, erkennbar wird es mit einigen Wesensmerkmalen aber immerhin kontrapunktisch in Abgrenzungen zur Theorie Feuerbachs. Daß hinter Skizzen gedankliche Ausgestaltungen stehen, zeigen erst Bezüge zur 13. Auflage und modifizierten 14. Auflage, wo sich unter dem Stichwort „Gerechtigkeitsprinzip" und „Gerechtigkeit" ergänzende Ausführungen finden, die auf das leitende Prinzip deuten[459]; so haben die strafbegründenden Prinzipien dem Gesetzgeber einen „gerechten Maßstab" zu geben und sich an einer bestimmbaren „Größe" auszurichten.[460] Zur Klärung dieses dunklen Problems der „Größe" eines gerechten Maßstabs ist es wieder einmal notwendig, einen Blick über den Rand des Lehrbuchs, etwa auf Äußerungen von 1825 zu richten.

Strafe sei nicht dem Reiz zur Tat, so hatte Mittermaier gefordert, sondern „der inneren Verschuldung", die in der Tat zum Ausdruck komme, anzupassen. Sie sei ungerecht, wenn sie „den Grad der Strafwürdigkeit übersteigt."[461] Die straftheoretische Prämisse orientierte sich wesentlich an der individuellen „inneren" Schuld, deren Rahmen als Grenze der Strafwürdigkeit erschien. Im Gegensatz zu Feuerbach lag darin ein täterschuldbezogener Ansatz. Er war 1847 im Lehrbuch aufgegriffen worden, indem festgestellt wurde, daß Strafe „ein größeres Uebel" als mit der „Verschuldung des Uebertreters im Verhältnis (stehend)" nicht enthalten dürfte; zwar gilt diese Verschuldung als eine „bürgerliche", so daß sich infolge dieser Attribuierung weitere Fragen aufdrängen; ob ihr etwa eine moralische Verschuldung benachbart sei. Zweifelsfrei erscheint jedoch die Umorientierung an einer „inneren" Größe aus der Tätersphäre.[462] Die Strafe von der Verschuldung anstelle von Tathandlung und Tatfolgen abhängig zu machen, konnte der Praxis Raum für die im Rahmen der Individualgerechtigkeit notwendige Beurteilung individueller Umstände lassen.[463] Als normimmanenter Grund der Strafe war sie ein Aspekt „innerer Gerechtigkeit der Strafandrohung."[464]

---

458 Noch im Lehrbuch (14. Aufl.), 247 erhebt sich der Vorwurf „irriger Annahme von einem Urvertrage bei dem Eintritt in den Staat".

459 Mittermaier, Lehrbuch (13. Aufl.), 43 und ebd. (14. Aufl.), 43.

460 Ebd. (12. Aufl.), 30.

461 Ders., Criminalgesetzgebung, 86, 135ff.; ders., KritZfRwiss 1837, 301.

462 Ders., Lehrbuch (14. Aufl.), 42.

463 Zur „Spielraumtheorie" Mittermaiers siehe ders.: Über die Grundfehler, 129, 132; Criminalgesetzgebung, 21, 135ff.; vier Abhandlungen, 10f.; Strafverfahren II, 383, 411; Mündlichkeit, 11; KritZfRwiss 1831, 424; AdC. NF 1839, 161ff.

464 Ders., Lehrbuch (14. Aufl.), 42.

Damit hatte auch in der dogmatischen Vorstellung der anthropogene Ansatz einen Niederschlag gefunden und den Menschen zur Grundlage des rechtlichen Maßstabes gemacht. Genau wie bei Feuerbach bestand ein axiologischer Zusammenhang zwischen Staatszweck und Straftheorie. Waren bei diesem die Systemlinien vom Axiom des Staatsvertrages als Rechtsgewährleistung ausgegangen und wurde so die Größe der Rechtsverletzung Maßstab der angedrohten Strafe, so liegt indes nach der Orientierung Mittermaiers die Annahme nahe, daß die wohlfahrtsstaatliche Fortschrittstheorie nicht ohne Einfluß auf die Prämissen zur Straftheorie gewesen war. In seiner fördernden Funktion auf das Ziel der Menschheit hin galt es, den Reifestand des Einzelnen abzuwägen, und war insofern der Staat verpflichtet, die konkrete Individualität seiner Mitbürger auch in der Strafrechtspflege zu berücksichtigen. Daß ein Rückgriff auf die philosophische Staatszwecklehre erfolgt sein könnte, legt die terminologische Andeutung Mittermaiers in der 14. Auflage nahe: „Die Gerechtigkeit aber, welche der Staat handhabt, ist in ihrem Wirken durch den Zweck des Staates begrenzt.“[465] Maßgebliche Reflexionen zu diesem Staatszweck hatte Mittermaier nun aber gerade in seinen „Prinzipien über das sogenannte Naturrecht“ vorgenommen.

Mittermaier betonte nicht nur diesen strafrechtlichen Grundsatz, er sah vielmehr auch, daß jede Norm mit „verschiedenen Merkmalen“ behaftet ist, die ihre „Wirksamkeit ... bestimmen“[466], daß also neben dem Strafgrund Normwirkungen folgenrelevant waren. Perspektivisch war mit dieser Fragestellung die strafrechtliche Prinzipienbildung als abgeschlossen angesehen worden. Dem philosophisch leitenden Prinzip der Vernunft gesellte sich als Ergebnis dieses auf Wirkungen bezogenen, hinzukommenden Blickwinkels ein pragmatisches „Klugheitsprinzip“[467] hinzu, das mitzubedenken sein sollte. Als Grundbedingung einer Wirksamkeit beim Einzelfall müßten Normen allerdings dem immanenten Kriterium genügen, welches abstrakt die überhaupt gerechte Strafe betraf. Denn nur bei einer gerechten „Drohung des Strafmaßes“ könne „auf Wirksamkeit“ gerechnet werden.[468] Dieses Strafmaß war die Schuldangemessenheit.

Bei näherer Betrachtung dieser Argumentation zu dem dogmatischen Thema zeigt sich, daß Mittermaier als Rechtssatzwissenschaftler gesprochen und auf Rechtssatzperspektiven abgestellt hatte, indem er Normaussagen und -wirkungen in Beziehung gesetzt hat. Bei den Erwägungen zu dem Verhältnis der einzelnen Strafzwecke zueinander wurde der Wirkungsaspekt neben einen Inhaltsaspekt gestellt. So waren die Festlegungen der „inneren Gerech-

---

465 Ebd. (14. Aufl.), 43. Zum Problem dieses axiomatischen Topos für die Verständlichkeit der Straftheorie Mittermaiers siehe auch Hepp, 272.

466 Mittermaier, Lehrbuch (13. Aufl.), 43.

467 Ebd., 44 zu lit. b.

468 Ebd., 43.

tigkeit" wegen Folgen der Normen aus der Außenwirkung, im Wirkungsbereich sozialer Realität, zu ergänzen. „Strafe als Selbstzweck" oder zum „Zweck der Ausgleichung, Wiedervergeltung" galt als zu engsichtig und wurde abgelehnt. Strafbestimmungen waren Normen in Anwendung. Sie erzielten immer „Totalwirkung".[469]

Dieser zum Strafgrundsatz der täterschuldbezogenen Gerechtigkeit hinzutretende pragmatische Wirkrahmen wurde unter Aspekten erörtert, die sowohl die Wirkungen auf den Einzelnen als auch auf die Gemeinschaft miteinbezogen. Die Argumentation verrät auch hier eine legislatorisch-prospektive Sicht. Strafbestimmungen müßten „in ihrer Totalwirkung auf die Bürger, auf den zu Bestrafenden" und rückwirkend „auf die Achtung des Gesetzes mit ihrer sühnenden Natur aufgefaßt werden."[470] Entsprechend hatte Mittermaier bereits 1820 festgestellt, daß „die Strafe mit allen ihren Merkmalen sichernd und abschreckend, vergeltend und bessernd" vom Gesetzgeber zu berücksichtigen sei, „ohne durch ein Hervorheben eines einzelnen Merkmals ... sich selbst zu einer eisernen Härte, oder zur Anwendung fruchtloser Besserungsversuche zu nöthigen."[471] Deshalb auch der Ausruf: „Eine Straftheorie, eine fürchterliche Konsequenz!"[472] und die Feststellung: „Wir sind noch weit von derjenigen Humanität und Criminalpolitik entfernt, welche jeden Strafgesetzgeber leiten muß. Die alten Vorurtheile des Abschreckungsprinzips sitzen tief."[473] Mittermaier schlug deshalb vor, „das Prinzip der Gerechtigkeit ... mit dem wohlverstandenen Nutzensprinzip zu verbinden"[474], d.h. bei den Maßnahmen aus Gründen des Menschheitswohls Sinn des Strafgebots und Normwirkungen gleichwertig in legislative Überlegungen miteinzubeziehen.

Ob ein Problem darin gesehen wurde, die verschieden Strafzwecke in Harmonie bringen zu können, muß bezweifelt werden. Zwar deutet sich in dem Ansatz, zwischen Grundsatz und Wirkungen zu differenzieren, ein Versuch zur Harmonisierung an. Dabei wurde sogar nach den Modalitäten von Notwendigkeit und Möglichkeit differenziert, etwa soweit betont wurde, daß der Grundsatz der Gerechtigkeit wegen des übergeordneten Staatszieles notwendig, die sozialen Wirkungen aber, wie die ausgeformte 14. Auflage des Lehrbuchs festhält, ihrem Modus nach bloß „möglich" wären.[475] Doch diese Differenzierung nach Modalitäten ist wenig fruchtbar, weil letztlich weder eine Trennung von ontischer und deontischer Ebene konsequent eingehalten wurden, noch die Beziehungen zueinander geklärt wurden. Im Ergebnis ist die

---

469 Mittermaier, NAdC 1820, 96.
470 Ebd.
471 Ebd., 96f.
472 Ders., Über die Grundfehler, 140.
473 Ders., NAdC 1847, 459.
474 Ders., Strafgesetzgebung I, 3.
475 Ders., Lehrbuch (14. Aufl.), 42.

Straftheorie Mittermaiers in ihrer Täterbezogenheit bei gleichzeitiger Ablehnung einer begrifflichen Tätertypisierung ohne irgendwelche Bezüge zu individuell erkennbaren Tätern inhaltlich nicht faßbar. Die Theorie erschöpft sich in einer Handlungsermächtigung an eine ethisch-handlungsbewußte Rechtsprechung. Andererseits erscheinen Begriffe wie „Besserungswirkung", wie im folgenden ausgeführt wird, auch nicht bloß in pragmatischer Dimension etwa als Möglichkeit einer normativen Anpassung. Sie haben deutliche Bezüge zur philosophischen Idee Mittermaiers und damit zu idealistischen, ontischen Philosophemen. Besserung war damit kein empirisches Phänomen.

In den Spätwerken, in denen Mittermaier immerhin als Ziel des Strafvollzugs, dem er sich infolge des in den letzten Lebensjahren gewandelten Interesses verstärkt widmete, eine Besserung zu favorisieren schien[476], war 1860 geäußert worden: „Nach richtiger Ansicht muß die Strafe als Sanktion des Gesetzes ... durch Beraubung von Vortheilen und Befugnissen, die er sonst genießt, ... dem Bestraften sein Unrecht und das Leiden, das ihn trifft, als selbstverschuldetes fühlen lassen. Dadurch aber, daß das Strafübel im gerechten Verhältnis mit der Größe der Verschuldung steht und von jeder Grausamkeit entfernt ist, soll es in dem Bestraften das Rechtsgefühl beleben ... Die ganze Strafvollstreckung aber muß ... die moralische Umgestaltung des Betroffenen bewirken."[477] In diesem Spätwerk wurde das Ziel der Besserung konkretisiert; es war nicht als psychologisches Phänomen Endzweck, sondern als philosophisches, um die Identität des Menschen mit seinem „höheren" Sein zu erreichen. Aus wohlfahrtsstaatlicher Perspektive hätte man „den Verbrecher nicht mehr als einen für immer verlorenen zu betrachten, sondern als Menschen, der ... zur sittlichen Freiheit wieder gesunden kann."[478] Die sittliche Förderung mit dem Ziel der Besserung entspringe einer grundsätzlichen „Pflicht aus höherer Rücksicht."[479]

Bis zur Erreichung eines solchen Zieles galt es im Sinne der Philosophie Mittermaiers die historisch gewachsene, aber funktional festgelegte „Rechtsordnung aufrecht zu erhalten[480] ... durch möglichste Aufhebung des durch das Verbrechen für die bürgerliche Gesellschaft entstandenen Schadens sowie

---

[476] Daß in der Besserung nicht der einzige Strafzweck liegen sollte, verdeutlicht auch das Unbehagen Mittermaiers hinsichtlich einer unbestimmten Strafe (vgl. ders., Gefängnisfrage, 71, und HdJbLit 1861, 834f.).

[477] Ders., Gefängnisfrage, 60.

[478] Ebd., 63 Fn. 7.

[479] Ebd., 58.

[480] Aufrechterhaltung der Rechtsordnung ist nicht mit sichernder Bestandserhaltung vergleichbar. Sicherung sollte ausdrücklich als Strafzweck ausscheiden (vgl. ders., Lehrbuch, (14. Aufl.), 44). Anstelle eines zu schützenden status quo sollte entsprechend dem Fortschrittstheorem der Rechtsstaat in seiner Funktion als Fortschrittsbedingung unter Schutz gestellt werden. 1844 noch war idealisierend die „künftige Bestimmung" des Menschen „in moralischer, gesellschaftlicher und religiöser Hinsicht" (ders., KritZfRwiss 1844, 151) betont worden.

durch Verstärkung der Achtung des Gesetzes bei allen Bürgern und bessernde Wirkung auf den Betroffenen zu erreichen".[481]

Bei einer derartigen Durchdringung von Straftheorie und praktizierter Ehtik, von Wirkung und Lebensziel ging es hauptsächlich um Lebensprobleme. Die Antinomie als dogmatisch-logisches Problem wurde irrelevant. Daher wurde aus der Lebensperspektive heraus die Harmonisierungsfrage auch nicht problematisiert, sondern die Forderung erhoben, zur Erreichung des Staatszieles bei „Drohung und Anwendung der Strafe" eine flexible Handhabung „mit allen übrigen Einrichtungen des Staates" beim konkreten Einzelfall vorzunehmen.[482]

γ) Die gesetzeskomparatistische Prägung der 13. und 14. Auflage

Trotz historisch-exegetischer und dogmatischer Ergänzungen in diesen letzten Auflagen, auf deren Umfang und sachliche Bedeutung bereits hingewiesen worden ist, werden die beiden letzten Auflagen des Feuerbachschen Lehrbuches von 1840 und 1847 so wesentlich durch gesetzeskundliche Darstellungen beherrscht, daß diese den Charakter des Lehrbuchs nunmehr nachhaltig verändern. Die Anführung von allen zugänglichen Legislationen in einem Lehrbuch, welches dem geltenden gemeinen Recht gewidmet ist, stellt eine thematische Abweichung dar.

Einen Überblick über die Bandbreite der aufgenommenen Kodifikationen hat Mittermaier selber im letzten Teil des neuen Zusatzparagraphen 5d gegeben.[483] Außer den aktuellen deutschen Partikulargesetzen werden dort internationale Gesetzeswerke angeführt, wie beispielsweise das brasilianische Strafgesetzbuch von 1830 und der Entwurf eines Strafgesetzbuches für Indien. Das allgemeine wissenschaftliche Anliegen, der Gesetzgebung rechtsvergleichend zuzuarbeiten, bricht sich hier Bahn und führt zu der Angliederung einer komparatistischen Thematik. Darin liegt der redaktionelle Bruch der wissenschaftlichen Intentionen zwischen der 13. und ihrer vorhergehenden Auflage.

Fragt man nach dem methodischen Anspruch bei diesem neu hinzugetretenen Objektbereich, so wird man als Maxime ein Bestreben zu möglichst vollständiger Sammlung erkennen. Wenn Mittermaier grundsätzlich auch die rechtsvergleichende Forderung erhoben hatte, rechtliche Grundsätze und Probleme bei der Rechtsanwendung aufzuzeigen[484], so ist ein solch kritischer Maßstab bei den letzten beiden Auflagen des Lehrbuchs noch keinesfalls zu erkennen. Der Anspruch in der 13. Auflage von 1840 beschränkte sich trotz

---

481 Mittermaier, Lehrbuch (14. Aufl.), 43.

482 Ebd.

483 Ebd. (13. Aufl.), 16f.

484 Siehe oben, C I 2) a) bb) β).

des Hinweises inhaltlich auf eine „vergleichende Darstellung“[485] verschiedener Gesetzessysteme, wobei man den Schwerpunkt der Betonung auf das Substantiv legen muß. Die angeführten Normen sind weder systematisiert, noch kritisch analysiert worden. Eine Strukturierung etwa nach bestimmten Rechtsprinzipien unterblieb ebenso wie eine Abwägung einzelner Begriffe unter einem bestimmten dogmatischen Blickwinkel; ob bestimmte partikular-rechtliche Normen alte dogmatische Probleme beheben oder gar neue schaffen, wurde nicht vertieft; ein tertium comparationis für die Vergleichung wurde nicht angezeigt.

Das Interesse reduzierte sich auf die äußeren „Durchbildungen“ und eine Betrachtung ihrer Verschiedenheiten. Anlaß für Erörterungen bot schon die Tatsache der Novellierungen an sich, und war Grund, diese zur Ergänzung dem dogmatischen System gegenüberzustellen. Wer die theoretischen Ausführungen zum Strafrecht las, sollte auch sehen, was geltende Gesetze darstellten. Die Komparatistik des Kompendiums begnügte sich mit formalen Gegenüberstellungen sich ähnelnder Bestimmungen, inhaltliche Bezugnahmen fehlen. Man kann eine beliebige gesetzeskundliche Note herausgreifen: Auffallend, weil wiederkehrend, sind floskelhaften Einleitungen wie „das ... Gesetzbuch droht dem, der...“, „nach dem ... Gesetzbuch wird...“ und „das ... Gesetzbuch stellt darauf ab ...“. Diesen Formulierungen folgen reine Deskriptionen. Mittermaier betreibt sozusagen „Auslandsrechtskunde“.[486]

Das Interesse an der bloßen äußeren Form zeigt sich darüberhinaus in dem Fehlen einer konsequenten Gliederung nach sachlichen Gesichtspunkten und inneren Bezügen. Feste Topoi, die methodische Konstanz verraten könnten, fehlen in der Darstellung. Nicht einmal der systematische Ort kann als Topos gelten. Stattdessen zeigt sich auch hier eine formelle Gliederung bei der Darstellung von Gesetzesnovellen durch eine arabische und römische Bezifferung[487], gelegentlich unter Hinzunahme von Majuskeln[488].

Dieser Kundgabecharakter ist keineswegs auf die 13. Auflage beschränkt, sondern prägt erkennbar noch die 14. Auflage – gemäß der Ankündigung im Vorwort, die interessierte Leserschaft „mit den neuen Gesetzgebungen ... vertraut zu machen.“[489] Wie insbesondere die 11-seitige Note IV zu § 410[490] markant verdeutlicht, wird der Leser selbst vor ausdauernder Deskription nicht bewahrt. Mittermaier stellte dort zum Stichwort Betrug (falsum) nach-

---

485 Mittermaier, Lehrbuch (13. Aufl.), S. XIII, XVI.

486 Zum Begriff sog. Auslandsrechtskunde vgl. Braga, 100f., für den ein solches Verfahren nicht außerhalb einer Rechtsvergleichung steht. Anders Zweigert, Studium Generale 1960, 198, der darin eine Vorbereitung der eigentlichen Vergleichung sieht.

487 Vgl. nur zu § 31 Note III (Mittermaier, Lehrbuch (13. Aufl.), 56ff.) und zu § 55 Note (VI) (ebd., 104f.).

488 Vgl. nur zu § 126 Note II (ebd., 212ff.).

489 Ebd. (14. Aufl.), S. XV.

490 Ebd., 650ff.

einander die Regelungen der Gesetzbücher Österreichs, Preußens, Bayerns, Sachsens, Württembergs, Badens, Hessens, Braunschweigs, Hannovers, Frankreichs und Sardiniens sowie die Entwürfe und Rechtsansichten Englands und Hollands[491] vor und machte seitenfüllend mit darin aufgeführten Regelbeispielen bekannt. Der Leser erfährt von Grenzsteinverrückung, falschem Karten- und Würfelspiel, aber auch von doppelter Taufe, Mißbrauch des Aberglaubens durch Schatzgräberei, sowie Geisterbeschwörung und ähnlichen Untaten mitsamt ihren jeweiligen Strafandrohungen. Für Fälle größeren Interesses wurde auf spezielle Kommentierungen verwiesen.[492] Auch ein eigenes Werk erschien als maßgeblich, so wurde auf das zweibändige Werk von 1841 und 1843 „Die Strafgesetzgebung in ihrer Fortbildung geprüft nach den Forderungen der Wissenschaft und nach den Erfahrungen über den Werth neuer Gesetzgebungen" verwiesen.[493]

Gelegentlich zeigt sich in der 14. Auflage die Darstellung der vergleichenden Beiträge komparatistisch anspruchsvoller und wenigstens ansatzweise auch systembezogen. So wurde beispielsweise die Darstellung der verschiedenen legislativen „Modelle" zum Rückfall durch den eigenen Zusatzparagraphen § 132a eingeleitet. In ihm wurden dogmatisch wesentliche Merkmale vorangestellt und als systematische Gesichtspunkte dienstbar gemacht, indem zu ihnen allegatorische Bezugnahmen hergestellt wurden.[494] Dadurch ergeben sich immanente Sachbezüge wenigstens zwischen Haupttext und Noten, also zwischen dogmatischen Kriterien und rechtsvergleichenden Materialien. Auf einzelne Differenzierungen zu bestimmten Merkmalen der Modelle konnte aufmerksam gemacht werden, etwa daß Rückfall teils von vorhergehenden Urteilsverkündungen oder teils von Strafverbüßung abhängig gemacht oder teils begrifflich auf das Merkmal einer Gleichartigkeit der Taten abgestellt wurde.[495] So werden auch Rechtsfolgen erörtert und u.a. an die politische Verantwortung erinnert, daß der Staat bei fehlgeleiteter Strafvollstreckung „nicht selten ... selbst ... die Schuld trägt", wenn Rehabilitation nicht gelinge.[496]

---

[491] Damit sind bereits die meisten Staaten aufgezählt, deren Straf oder Polizeistrafgesetzbücher bzw. Entwürfe Mittermaier bei der Abfassung seiner Lehrbuchbeiträge vorgelegen hatten. Zu ergänzen wäre diese Liste um Gesetzbücher der Schweizer Städte und Kantone Basel, Zürich, Luzern, St. Gallen, Thurgau und Waadt, sowie um die Rußlands, Ungarns, Griechenlands, Belgiens und Norwegens sowie des deutschen Partikularstaats Oldenburg (vgl. ebd., 17ff.).

[492] Hier seien nur die am häufigsten benutzten erwähnt: Helie / (Chauveau), théorie du code penal, 8 Bde, Paris 1836 – 1842; Hepp, Commentar zum württembergischen Strafgesetzbuch, Tübingen 1839; Breidenbach, Commentar, Darmstadt 1842; Bauer, Entwurf eines Strafgesetzbuch für das Königreich Hannover, Göttingen 1826. Im übrigen siehe die Übersicht, Lehrbuch (14. Aufl.), 18ff.

[493] Vgl. nur Mittermaier, Lehrbuch (14. Aufl.), 18ff. die Fußnoten 4, 6, 8, 10, 15, 17, 18 und 23ff.

[494] Ebd., 225.

[495] Vgl. die Fußnote 16, ebd., 227.

In diesem Fall wird das Bemühen deutlich, die Vielfalt der gesetzlichen Tatbestände anhand sachlicher Kriterien zu strukturieren und an das System des Strafrechts, wie es sich im Lehrbuch darstellt, anzuknüpfen. Ähnlich versucht auch der Zusatzparagraph 90a (Aufhebungsgründe der Zurechnungsfähigkeit) die gesetzesvergleichende Materie nach Problemkriterien vorzustrukturieren, die, wenngleich in den Fußnoten dargestellt, dadurch transparenter erscheint.[497]

Eine derartige komparatistische Strukturierung ist indes die Ausnahme. Die fehlende Differenzierung wird bereits dadurch augenfällig, daß ein komplexer Problemkreis in einer einzigen Fußnote beschrieben worden ist; offenbar erschien dies für Mittermaier als ausreichend.[498] Aber auch die differenzierteste Problemstrukturierung in einem Haupttext kann sich unmöglich bei solch einer Kumulation des Stoffes auswirken, wenn er auf der Allegatenebene plaziert wird.

3. Zusammenfassende Darstellung der thematischen Besonderheit des posthumen Lehrbuchs

Es ist nicht zu übersehen, daß sowohl die Ausrichtung an politischen Maßstäben als auch an einer Rechtssatzperspektive bereits in der ersten posthumen Ausgabe des Feuerbachschen Lehrbuchs anklingt. Trotz dieser gesetzeswissenschaftlicher Elemente zeigt sich jedoch in weiten Bereichen noch eine geschichtspositivistische Dogmatik. Sowohl exegetische Erkenntnisse als auch teleologische Erwägungen, die trotz aller Darlegungs- und Begründungslükken mit Hilfe einer hermeneutischen Ausdeutung deutlich geworden sind, haben aber Mittermaier bereits kritisch an das dogmatische System Feuerbachs herangehen lassen.

Insbesondere das wichtige „Gerechtigkeitsprinzip“[499] ist in der dogmatischen Vorstellung Mittermaiers mehr als ein bloßer Rückgriff auf einen wissenschaftlichen Trend.[500] Die Vorstellungen dazu sind originär, resultieren aus einer idealistischen Staatszwecktheorie und sind Bestandteil der allgemeinen politischen Handlungstheorie Mittermaiers. Konsequente Folge dieser auf Funktionalität bezogenen Grundanschauung ist dabei nicht bloß jene Theorie individueller Gerechtigkeit, mit der an der Diskussion um die Präventionstheorie Feuerbachs und damit zusammenhängend um absolut bestimmte Strafbestimmungen teilgenommen wurde[501], oder die Vorstellung von den

---

496 Ebd., 225.

497 Ebd., 165ff.

498 Vgl. etwa § 162a mit der sechsseitigen Fußnote 37, die der Gesetzesvergleichung gewidmet ist, ebd., 275ff.

499 Ebd. (13. Aufl.), 43.

500 So aber Müller-Dietz, Der Strafvollzug, 132.

„Grundrichtungen der Verbrechen". In diesen Problemkreis gehört darüberhinaus auch das hier nicht erörterte Interesse Mittermaiers an Fragen subjektiver Zurechenbarkeit.[502]

Im Kern sind die dogmatischen Theorien sozial-funktional, inhaltlich beherrscht durch das philanthropische Anliegen Mittermaiers und methodisch geprägt durch die Annahme einer begrifflich-systematisch unfaßbaren Individualität von Tat und Täter infolge ihrer „Vielgestaltigkeit". Die konkrete Gerechtigkeitsmaxime mußte zu einem unvereinbaren Gegensatz mit der begriffsabhängigen Straftheorie Feuerbachs führen; in ihren Individualität ignorierenden generalpräventiven Folgen wurde diese gar politisch auf eine Stufe mit den ethikfreien utilitaristischen Abwägungen gestellt[503], die die politische Vernunft verführe. „Unter dem Schutz des politischen Friedens und der Eintracht zwischen Volk und Regierung wird ... die erhabene Idee der Gerechtigkeit und des gerechten Maßes der Strafe ... herrschend werden. ... Die Regierung bedarf kein Mittel des Schreckens."[504]

Eine analytische Leistung im Bereich der Komparatistik ist trotz der thematischen Modifikation nicht erreicht worden. Das Ziel dieser Berichterstattung über Gesetzesnovellen war wissenschaftlich höher gesteckt, als – zumindest in den Lehrbuchbeiträgen – tatsächlich ausgeführt worden war, jedenfalls soweit es darin liegen sollte, ein „Studium der Gesetzgebungskunst" zu ermöglichen.[505] Ein solches Studium war in einer Zeit, wo rechtspolitisches Handeln mit Gesetzesnovellierungen gleichgesetzt wurde, Grundvoraussetzung jedes politisch vernünftigen Verhaltens überhaupt.[506] In dem Vorwort der bereits wesensveränderten 13. Auflage wurde dieser Bezug hergestellt: „Die Kenntnis der Vorschriften der Carolina und der Auslegungsversuch der Stellen des gemeinen Rechts genügt nicht mehr."[507] An diesen publizierten Grundsatz knüpft die 14. Auflage an, wenn die Forderung laut wird, der interessierte Leser solle sich „mit den neuen Gesetzgebungen vertraut ... machen."[508]

Interessiert an einer legislativen Enzyklopädie konnte indes kaum ein Dogmatiker, noch weniger ein an die Problematik des Rechts heranzuführender Student sein; Interesse an einem Stoff dieser Art und Güte hatte vor allem ein juristischer Reformpolitiker, dieser muß daher als der eigentliche Adressat der Beiträge Mittermaiers angesehen werden. Inhaltlich erweist sich das Feuerbachsche Lehrbuch in seinen posthumen Auflagen thematisch widersprüch-

---

501 Siehe Köstlin, Neue Revision, 865ff. m.w.N.
502 Vgl. Mittermaier, § 90a, Lehrbuch (12. Aufl.), 94ff.
503 Ders., Strafgesetzgebung I, 3.
504 Ders., KritZfRwiss 1830, 349.
505 Ders., Gesetzgebung, 38.
506 Ebd., 279.
507 Ders., Lehrbuch (13. Aufl.), S. XIII.
508 Ebd. (14. Aufl.), S. XV.

lich als ein dogmatisch-gesetzeswissenschaftliches Konglomerat. Von einem konsequenten Systematiker des Strafrechts thematisch vorgeprägt, wurde es von einem topisch denkenden Rechtspolitiker und Gesetzeswissenschaftler thematisch modifiziert.

II. Die Aktualität der erörterten Objektbereiche

Neben der sachlichen Relevanz, mit der ein Thema sich auf einen bestimmten Objektbereich bezieht, ist pragmatisch Rücksicht zu nehmen auf ein zeitliches Moment, auf die Aktualität des gewählten Themas. Eine Veröffentlichung wird kaum Beachtung finden, wenn sie nicht auf der Höhe der Zeit ist. Nur eine Bezugnahme auf Anliegen, die kommunikativ relevant sind, eine Auseinandersetzung mit zeitgemäßen Themen, läßt einen Text Gehör und Verwendung finden und ihn als einen Beitrag sozialer Kommunikation erscheinen. Bei der Aktualität geht es um Wahrung und Wahrnehmung intersubjektiver Problemidentität. Daraus resultiert redaktionell eine Forderung nach Anpassung und Eingrenzung eines Themas an seine kontextuellen Bezüge. Aktualität ist folglich ein Kriterium im Spannungsfeld zwischen sozialer Akzeptanz und sachlicher Adäquanz; nicht notwendig zeigt sich das intersubjektive Problembewußtsein auf die subjektiv für erörterungswürdig gehaltenen Fragen des jeweiligen Textverfassers eingestellt.

Von dieser textpragmatischen Bedingung ist auch der Bereich der Wissenschaft nicht ausgenommen. Die spezifische Aktualität eines wissenschaftlichen Werkes liegt darin, den Funktionszusammenhang zwischen dargestellten Aussagen und Forschungsinteressen der angehörenden Disziplin zu beachten. Der Grundsatz der Aktualität wird darüberhinaus für Kompendien beachtlich, denn sie dienen infolge ihrer Breitenwirkung nicht nur als argumentative Basis den Theoretikern und als Erkenntnisförderungsmedien dem fachlichen Nachwuchs, sondern auch als Auslegungshilfe dem Praktiker. Sie sind infolgedessen einer Beziehung zur Aktualität im besonderen Maße verpflichtet.

Geprägt durch die jahrzehntelange Verwendung in der Strafrechtswissenschaft war das Konzept Feuerbachs zum Inbegriff eines dogmatischen Lehrbuchs überhaupt geworden und verkörperte Lehrmeinung und systematische Konsequenz des Erstherausgebers. Der Kontext dieses Kompendiums zeigt sich nun aber zwischen den ersten Auflagen zu Beginn des 19. Jahrhunderts und den letzten Auflagen zu dessen Mitte sowohl durch rechtspolitisch als auch wissenschaftlich neue Theorien erheblich verändert. Als Marksteine zu nennen sind der Geltungsverlust gemeinrechtlicher Normen und der zunehmende Einfluß der Hegelschule.

Unabhängig davon, daß ein Indiz für eine bestehende Aktualität auch von posthum veröffentlichten Lehrbüchern Feuerbachs darin gesehen werden kann, daß der Verlag Heyer aus einem gewissen wirtschaftlichen Interesse heraus an Mittermaier den Veröffentlichungswunsch herangetragen hatte[1], wird sich Mittermaier neben wissenschaftlichen Überlegungen die Frage nach einer Aktualität gestellt haben. Hinsichtlich des beibehaltenen Feuerbachschen Konzepts war etwa konkret zu klären, ob nach 1833 überhaupt ein Bedürfnis der Jurisprudenz an einer Darstellung des gemeinen Strafrechts Deutschlands in systematisierter Form bestand, oder ob thematische Modifikationen notwendig erschienen, so daß gegebenenfalls infolge eines gewandelten Probleminteresses alter Ballast abzuwerfen und Neues aufzugreifen war.

1. Die rechtspolitische Lage gegen Mitte des 19. Jahrhunderts

Seit 1806 schon war das alte deutsche Reich zerschlagen und waren die deutschen Einzelstaaten souverän geworden. Damit hatte sich die politische Lage gemeinrechtlich grundlegend verändert. Mit Demontage von Kaiser und Reich verloren vormals bestehende Normen, selbst wo sie nur subsidiär galten, ihre Gültigkeit.[2] Das alte legale Geltungsterritorium bestand nicht mehr und war in der entstehenden staatenbündischen Verfassungsstruktur des anschließenden Deutschen Bundes auch nicht wieder installiert worden.

Der Partikularismus war, geschichtlich gesehen, ein politischer Mechanismus, der die autonome rechtspolitische Entwicklung förderte und eine Rechtseinheit organisatorisch zumindest erschwerte, da der Bund keine Gesetzgebungsgewalt in bezug auf die ihm angeschlossenen Mitgliedsländer zugesprochen bekam; dies hatte der machtstaatliche preußisch-österreichische Dualismus zu verhindern gewußt.[3] Selbst gemeinsame Beschlüsse mußten zur landesrechtlichen Geltung per Gesetz rezipiert werden.[4] Nach 1806 wurden daher neue Gesetze notwendig, es wurde aber bis zu ihrem Inkraftreten auch nötig, infolge dieses Umbruchs entstandene Gesetzeslücken zu füllen. Diese rechtspositivistische Lücke der Interimsphase ab 1806 bis zu neuen Rechtsetzungen schloß praktisch der sog. Gerichtsgebrauch, ein Phänomen gewohnheitsrechtlichen Charakters, das dem gemeinen Recht eine faktische Geltung verschaffte.[5]

Durch diese faktische Geltung aufgrund der Praxis des Gerichtsgebrauchs kam allein 1840 das gemeine Recht noch in 33 Einzelstaaten zur Geltung[6], und

---

[1] Dazu siehe oben C.

[2] Zur Strafgesetzgebung des Habsburger und des Preußischen Reiches, sowie Bayerns und des Erzbistums Bamberg-Würzburg, die schon 1806 gemeinrechtliche Regelungen vollständig ersetzt hatten, vgl. Wächter, 155 - 165.

[3] Zur politischen Situation bei der Gründung des Deutschen Bundes, siehe Schieder, 11f.

[4] Näheres Wächter, 233.

[5] Vgl. Abegg, Lehrbuch, 46f.; Wächter, 238f.

[6] Heffter, 21.

1844, also kurz vor Veröffentlichung der 14. Auflage des Lehrbuchs, galt es noch in 26 Territorien. Dennoch ist bei dem letzten Datum zu bedenken, daß die faktische Geltung damit nur noch eine Fläche von weniger als einem Zehntel des gesamten Bundesgebietes betraf.[7] Diese statistischen Werte erhellen den Geltungsverlust des gemeinen Rechts, es hatte also zusehends an Bedeutung verloren und war im 5. Jahrzehnt neuen partikularen Gesetzen offenkundig untergeordnet und Sonderrecht einiger weniger Staaten.

2. Reformerische Impulse und konservative Orientierungen in der Strafrechtswissenschaft

Die Frage der Aktualität allein aus der allgemeinen rechtspolitischen Situation zu beurteilen, heißt, nur den Praxisbezug sehen zu wollen, obgleich die Interimsphase sich doch auch in den Auseinandersetzungen der Jurisprudenz widerspiegeln muß. Auch in wissenschaftlichen Erörterungen müssen sich Spuren finden lassen, welcher Stellenwert dem gemeinen Recht einerseits und dem partikularen Recht andererseits eingeräumt worden war.

Für den besagten Zeitraum sind in der Strafrechtswissenschaft exponierte Reaktionen vor allem nach zwei Richtungen hin zu erkennen. Einerseits ist das Aufkommen der Hegelianer bemerkenswert, die die Wertvorstellungen der Dogmatik an den Gedanken der Hegelschen Philosophie neu ausrichten wollten. Ihnen lassen sich andererseits solche Rechtswissenschaftler gegenüberstellen, die sich trotz neuer partikularer Gesetze noch traditionell ausrichteten und, am gemeinen Recht festhaltend, darin eine Funktion für die Wissenschaft sahen; vorliegend werden sie aus diesem Aspekt heraus als Traditionalisten bezeichnet und den Hegelianern gegenübergestellt.

a) Die wissenschaftlichen Impulse der Hegelianer

Daß die Angriffsrichtung der Hegelschule gegen den kantisch geprägten Rationalismus in der Rechtswissenschaft und seine legislativen Folgen ging, hatte unübersehbar deutlich 1845 Köstlin in seinem Werk mit dem an Feuerbach angelehnten Titel „Neue Revision der Grundbegriffe des Criminalrechts“ proklamiert: „Wenn nun aber gleich selbst diese neuen Gesetzbücher, nach denen fortan eine neue Praxis sich bilden wird, noch als Niederschläge Feuerbachischer Gedanken zu betrachten sind, so muß doch anerkannt werden, daß die von Feuerbach begründete Epoche ihr Ende erreicht hat. Und eben darin liegt der Grund, warum jetzt eine neue Revision der Grundbegriffe am Platze sei. ... Zeigt sich somit die Feuerbachische Periode ... als eine vollständig erschöpfte ..., so entspricht nun andererseits diesem Vergehen ein

[7] Wächter, 239.

Entstehen. Die Wissenschaft nämlich hat die gedachte Periode der Erschöpfung nicht abgewartet, sondern schon ziemliche Zeit vorher für eine neue positive Geburt gesorgt, welche in Hegels Rechtsphilosophie hervortrat."[8]

Die Reformabsichten zielten nicht darauf ab, wie die Bezugnahme auf die „Grundbegriffe" zeigt, die systematischen Leistungen zu schmälern, sondern vielmehr, die zugrundeliegenden Werte zu revidieren. Die empirisch-gesetzes-positivistische Methode, die auch Feuerbach zu installieren half, erschien angesichts des geschichtlich gewordenen gemeinen Rechts und der geltenden, wenigstens teilweise voneinander abweichenden Partikulargesetzgebungen[9] wenig geeignet, feste dogmatische Kriterien zu bieten. Im übrigen wurden die Wertvorstellungen des Rationalismus, vor allem der Rigorismus Feuerbachs, abgelehnt. Es ging Hegel und den Hegelianern um eine neue Seinsinterpretation durch Hinwendung zur absoluten Idee. „Das aber steht fest, daß das in der Geschichte gewordene Recht wesentlich nicht anderer Natur seyn kann, als das, welches jeder finden kann, wenn er in seinen Busen greift", konstatierte Köstlin[10], um dadurch eine neue vorpositive Argumentation zu legitimieren. Konsequent stellte er fest, daß man zwar positives Recht empirisch beschreiben, die Idee in ihrer Absolutheit als wesentliches Begriffsmerkmal des Rechts aber nicht erfassen könne, da die empirische Erscheinungsform niemals ihrem Wesen selbst entspreche, sondern nur eine bestimmte Entwicklungsstufe derselben sei.[11] Die Losung des Tages hieß deshalb: hin zu einer überpositiven Erkenntnis, zum Philosophieren.[12] Mit diesem Bekenntnis galt es, Feuerbach an konsequenter Haltung zu übertreffen und seine methodische Inkonsequenz zu entlarven.[13]

---

8 Köstlin, 3 - 5; Biographisches zu Christian Reinhold Köstlin (1813 - 1856) siehe in NDB 12 (1980), 408f.

9 Dazu existiert eine Spaltensynopse bei Heffter, 577ff.

10 Köstlin, 15.

11 Ebd., 16; vgl. auch Berner, Lehrbuch (1. Aufl.), 72: „Die heutige Philosophie führt uns auf einen Standpunkt, von dem aus die philosophische Idee als das innere Wesen der Geschichte selbst erscheint."

12 Nicht ganz so radikal offenbarte sich der Reformwille bei Abegg, der schon der Geltungsperiode des gemeinen Rechts zeitlich näher stand. Er hielt es noch für notwendig, eine „gemischte Methode" als „einzig wahre Methode" zu empfehlen, die sowohl das positive Recht als auch geschichtliche Elemente umfassen sollte (Abegg, Lehrbuch, 50). Dieses Programm hat auch sein Lehrbuch geprägt, vor allem zeigt der besondere Teil eine Strukturierung bei den einzelnen Deliktsbeschreibungen, die mit einer geschichtlichen Darstellung beginnt. Trotz dieses Methodenunterschieds zur Hegelschule soll nicht die dogmatische Hinwendung Abeggs zum Hegelianismus verkannt werden (vgl. Näheres zu Abegg, aber auch der gesamten Hegelschule v. Bubnoff, 52ff.).

13 Auch Köstlin vermerkte übrigens die methodische Inkonsequenz Feuerbachs, seinen allgemeinen Teil im Lehrbuch entgegen der Ankündigung nicht induktiv aus positivem Stoff, sondern deduktiv und philosophisch erstellt zu haben (Köstlin, 14, 16). Die Grundsätze seines Positivismus hätten Nachteile gebracht und offenbarten eine geradezu „destruktive" Haltung in der Bewertung der Wirklichkeit (ebd., 13).

Eine vergleichbare Grundhaltung offenbaren die Ausführungen v. Steins, als er 1842 die erneute Herausgabe des Feuerbachschen Lehrbuchs durch Mittermaier rezensierte. Der im Vergleich zu Köstlins Bemerkungen aggressivere Unterton zeigt, daß v. Stein die posthumen Veröffentlichungen als überlebten Anachronismus empfunden hat. „Feuerbach und das Recht seiner Zeit gehören gegenwärtig der Geschichte an; was er lehrt, ist Recht gewesen."[14] v. Stein wurde deutlich und forderte offen eine Distanzierung der Wissenschaft von gemeinem Recht, erschienen ihm doch bereits jene unter der Federführung Feuerbachs herausgebrachten Ausgaben als problematisch. Schon die Zeit ab Beginn des 19. Jahrhunderts galt ihm als „Übergangsperiode".[15] Der im Vergehen begriffene Rechtszustand war ihm bloßes Provisorium und seine wissenschaftliche Aufarbeitung ein vergeudeter Aufwand. v. Stein behauptete sogar, dies sei Feuerbach selbst bewußt gewesen, und er verwies zur Begründung auf die Bemerkung Feuerbachs in seiner „Kritik des Kleinschrodschen Entwurfs" von 1796, wobei diese als eine auf die Lehrbuchherausgabe von 1801 bezogene Redaktionsabsicht gewertet wurde[16]: „Hoffen wir keine gemeinsame strafrechtliche Gesetzgebung. Diese ist ein frommer Wunsch und muß es bleiben. Auf die einzelnen Staaten in Deutschland sehen jetzt die Freunde des Bessern mit ihrer Hoffnung. Nur das Gute, was diese sich schaffen, wird in Deutschland werden, nur das Böse, dem sie mit eigener Kraft entgegenwirken, das wird vergehen".[17]

Den Zeitpunkt rechtspolitischer Stabilisierung definierte v. Stein dahingehend, daß „alle bedeutendern Staaten Deutschlands wirklich selbständige Gesetzgebungen" besitzen.[18] Angesichts des rechtspolitischen Ergebnisses, wie es sich in den Novellierungen zur Zeit der Rezension v. Steins spiegelt, ist seine Ansicht verständlich. Sich in einen Gegensatz zu dem rechtspolitischen Trend zu stellen und auf den vorgehenden statt auf den gegenwärtigen oder besser noch einen künftigen Rechtszustand zu beziehen, so sein Einwand, sei ein eklatanter „innerer Widerspruch" und müsse „jedem denkenden Juristen ... auf das Klarste einleuchten."[19] Bereits die Gegenwart, erst recht aber die Zukunft in Deutschland verlange keine Darstellung und Rechtfertigung der Strafverschärfungsgründe, wie „Ohren abschneiden, Zunge abschneiden, mit glühenden Zangen zwicken usw." Es sei nicht Aufgabe der Wissenschaft, sich mit diesen antiquierten Rechtsproblemen zu beschäftigen. Vorrang habe die theoretische Aufarbeitung aller neuen Probleme, wie beispielsweise die einge-

---

[14] v. Stein, DJbWissKu 1842, 284; Biographie zu Lorenz v. Stein (1815 - 1890), der vor allem als Staatsrechtler bekannt wurde und dessen frühe strafrechtliche Erörterungen, soweit ersichtlich, bisher keine Würdigung erfahren haben; bei Kleinheyer / Schröder, 279ff.

[15] v. Stein, a.a.O., 280.

[16] Ebd., 280.

[17] Feuerbach, Kritik I, S. IX.

[18] v. Stein, a.a.O., 282.

[19] Ebd., 283.

führte Sanktion der Zuchthausstrafe.[20] Über die Funktion eines Lehrbuches der Jurisprudenz läßt v. Stein keinen Zweifel, sie liege darin, ein aktuelles Rechtsbewußtsein zu schaffen und Spiegel der Zeit zu sein.[21] In diesem Sinne aber, so sein niederschmetterndes Urteil, habe das Lehrbuch, welches schon zu Lebzeiten Feuerbachs als problematisch erschien, in den posthumen Auflagen eindeutig versagt.

Dieser reformerische Impuls der Hegelianer, 1842 in der Kritik v. Steins mit Vehemenz und mit Bezug zu dem Feuerbachschen Lehrbuch vorgetragen, 1845 durch Köstlin konstruktiv, aber mit Blick auf die gesamte Lehre Feuerbachs vertieft, gipfelte letztlich 1857 in dem Lehrbuch Berners.[22] Der neue werteprägende Impuls belebte die dogmatische Diskussion, sorgte aber daneben durch die Inthronisation einer empirisch enthaltsamen Philosophie auch für eine wissenschaftliche Verselbständigung historischer Fragestellungen und zu deren Abkoppelung vom dogmatischen Objektbereich.

Es ist nicht zu übersehen, daß parallel zu dem Aufkommen der Hegelschen Lehre im Strafrecht die Rechtsgeschichte einen neuen Impuls erhielt. Hier wäre v. Wächter mit seinen 1845 erschienenen „Beiträgen zur Deutschen Geschichte, insbesondere zur Geschichte des Deutschen Strafrechts“ zu nennen[23], auch müssen Wilda, dessen „Strafrecht der Germanen“ 1842 erschien, und Biener hinzugezählt werden.[24] Dogmatik und Geschichte beherrschten gleichberechtigt, aber mit unterschiedlicher wissenschaftlicher Funktion das Feld der Strafrechtswissenschaft. Die Annahme einer hermeneutischen Funktion rechtsgeschichtlicher Daten für geltendes Recht verlor sich. Die Kritik v. Steins an der 13. Auflage ist bereits Bestandteil dieser Entwicklung und muß als Stimme eines dogmatischen Hegelianers gewürdigt werden.[25]

---

20 Ebd., 283.

21 Ebd., 285.

22 In Übereinstimmung mit Lüderssen (HRG I, 1122) läßt sich sagen, daß mit dem Erscheinen des Bernerschen Lehrbuchs sich ein neuer Typus durchsetzen konnte, der das gemeine Recht dogmatisch unberücksichtigt ließ, d.h. es zwar als etwas Abgeschlossenes geschichtlich darstellte, aber ansonsten ohne funktionalen Bezug beließ. Die Geschichtlichkeit als eine der Entwicklungsstufen des Geistes bot nach Ansicht der Hegelschule die Möglichkeit einer Anschauung, konnte aber nicht die Idee selbst zeigen, dies oblag der Philosophie. „Die heutige Philosophie führt uns auf einen Standpunkt, von dem aus die philosophische Idee als das innere Wesen der Geschichte selbst erscheint“ (Berner, Lehrbuch, 72). Sich bei „positiven Einzelheiten“ aufzuhalten, verrate einen Sinn der Dürftigkeit“ (ebd., S. V; zur Hegelschen Methodik vgl. auch v. Bubnoff, 38 und zur Person Berners einschlägig: I. Engisch, Das strafrechtliche Lebenswerk Albert Friedrich Berners, Diss. Heidelberg 1952).

23 Eb. Schmidt, 295, nimmt an, daß erst mit v. Wächter die historische Rechtsschule im Strafrecht Einfluß gewonnen habe.

24 Ebd., 286ff.

25 Als konkurrierender neuer Typus kann noch nicht das 1836 erschienene Lehrbuch des Hegelianers Abegg angesehen werden, da er selbst noch gemeinrechtlich orientiert war und eine auch empirische Elemente enthaltende Methode vertritt (vgl. Abegg, Lehrbuch, 50).

Der neue Trend, überpositive, von Partikulargesetzen abstrahierte grundsätzliche Elemente des Rechts philosophisch-dogmatisch zu erfassen, forderte also zu selektieren, anstatt zu sammeln. Für Köstlin war die divergierende Vielfalt positiven Stoffes „ein Zeichen dafür, daß eine wissenschaftliche Periode zum Abschluß reif ... ist. Eben dann aber tritt die Nothwendigkeit ein, den gesamten Stoff der fraglichen Wissenschaft gründlich vorzunehmen und nachzusehen, was daran haltbar, was verwerflich und wie das Haltbare gedankenmäßig zu begründen ist."[26]

Diese wissenschaftlichen Fanfarenklänge einer neuen dogmatischen Orientierung konnte kein Strafrechtsdogmatiker folgenlos ignorieren. Das Lehrbuch, das von Feuerbach der Dogmatik gewidmet worden war, hätte als dogmatisches weiterhin gelten können, wenn seine posthumen Auflagen den durch die Hegelschule geprägten Lesererwartungen angepaßt worden wären, etwa indem der Stoff reduziert und eine gestraffte dogmatische Neukonzeption vorgelegt worden wäre.[27]

b) Traditionalistische Konzepte

Mit dem Festhalten an einem Konzept auf der Basis des gemeinen Rechts, das dem wissenschaftlichen Appell der Hegelschule zum Abwerfen alten Ballastes widersprach, hatte Mittermaier indes nicht allein gestanden. Er befand sich damit auf der die Jahre zuvor herrschenden methodischen Linie der Traditionalisten.[28]

Das gemeinsame Anliegen dieser konservativen Richtung bestand darin, in der rechtspolitischen Umbruchphase ein normatives continuum zu erhalten, und das geltend erlebte gemeine peinliche Recht lag nahe. Welch starke Stel-

---

[26] Köstlin, 12.

[27] Bemerkenswert ist, daß Mittermaiers inhaltliche, materiellrechtliche Kritik an den Grundsätzen Feuerbachs bei Köstlin auf Zustimmung getroffen war. Seine konkrete Theorie der Gerechtigkeit hat sogar einen derartigen Beifall gefunden, daß Mittermaier in einem Atemzug mit Abegg und Luden genannt wurde (Köstlin, a.a.O., 9; vgl. auch die Dankesbekundung an den „Vertheidiger des Gerechtigkeitsprincipes, Mittermaier" bei Abegg, Strafrechtstheorien, 169). Köstlin bemängelte jedoch die heutzutage wieder geäußerten Kritikpunkte (vgl. dazu oben C I 3.), daß Mittermaier sein Prinzip der Gerechtigkeit regelmäßig nur als Schlagwort präsentierte, anstatt, wie man es erhoffte, es aus Grundsätzen zu deduzieren (vgl. Köstlin, 768 Fn. 1). Hier hatte Mittermaier die wissenschaftliche Relevanz seines eigenen Werkes zum Naturrecht offensichtlich verkannt, welches sein Gerechtigkeitsprinzip überhaupt erst aus dem Ruch der Floskelhaftigkeit zu bringen geeignet ist. (Zum Gerechtigkeitsprinzip Mittermaiers siehe oben, C I 2. b) bb) β) ββ) (II) (3)). Daß Mittermaier die „Revision" Köstlins kannte, zeigt die häufige Zitierung in der 14. Auflage des Lehrbuchs. Hegel wird erstmals und alleinig ebd., 34 Fn. 8 erwähnt, was zeigt, welchen Stellenwert er dem neuen Trend in der Dogmatik eingeräumt hatte.

[28] Den ausbildungsrelevanten Stellenwert des gemeinen Rechts in Preußen seit der Kodifikation des Allgemeinen Landrechts erwähnt Hattenhauer, JuS 1989, 517.

lung dem gemeinen Recht in der Wissenschaft noch beigemessen wurde, zeigt beispielhaft die Äußerung Roßhirts in seinem Lehrbuch von 1821, in der das aufkommende Partikularrecht geradezu als normative Konkurrenz empfunden wurde, das in die Sphäre der wissenschaftlichen gemeinrechtlichen Grundsätze einbräche. Roßhirt hatte die methodischen Prioritäten deutlich gemacht mit dem Hinweis, daß er die neuen Gesetze an all jenen Stellen anführen wolle, wo die „Darstellung des römischen oder gemeinen deutschen Rechts gewinnen würde." Es ist nicht zu verkennen: Ein Studium der neueren Gesetzgebungswerke empfehle er zwar, zum Nachteil der Lehre gemeinrechtlicher Normen dürfe dies jedoch nicht gehen.[29]

Als Rechtsquelle war zumindest nach Auffassung der Traditionalisten das gemeine Recht noch nicht wegzudenken. Nun gehörte zwar Roßhirt nach eigener Einschätzung wegen der strengen Hintanstellung des Partikularrechts nicht zur überwiegenden Meinung, die diesem eine angemessenere Funktion einräumte. Doch auch ohne diesen konservativen Standpunkt stimmte er mit anderen Traditionalisten in der Funktionseinschätzung überein, daß das gemeine Recht weiterhin wissenschaftlich dienlich sei. Trotz eines zunehmenden Funktionsverlustes dieser Materie in der Praxis sollte am historischen Recht als Maßstab für die Theorie noch festgehalten werden.[30] In diesem Sinne hatte Marezoll etwa eine „Schutzrede" verfaßt mit dem Hinweis auf den Gerichtsgebrauch, welcher Indiz dafür sei, daß das gemeine Recht nicht „bloß geschichtlich", also als etwas Vergangenes, zu werten sei.[31]

3. Die Reaktion Mittermaiers auf die veränderten kontextuellen Umstände

Angesichts dieser Ambivalenzen in der Frage der Aktualität des gemeinen Rechts lag die Wiederherausgabe des Lehrbuchs Feuerbachs mit den exegetisch-dogmatischen Ergänzungen Mittermaiers zwar nicht in jenem fortschrittlichen Trend der Hegelschule, entsprach aber noch der Erwartungshaltung der Traditionalisten und war damit nicht ohne wissenschaftliche Funktion. Befand es sich dennoch in einer existenziellen Krises, die in seiner endgültigen Einstellung gipfelte, so lag das nicht an der fehlenden dogmatischen Anpassung Mittermaiers, etwa gemäß dem Trend der Hegelschule, von neuen Prämissen ausgehend, ein anderes Wertesystem zu gestalten. Zum Exitus kam es aus ganz anderen Gründen, denn bereits die 13. Auflage hatte unübersehbare Spuren der anders gearteten wissenschaftlichen Intention Mittermaiers hinterlassen, die sich in der 14. Auflage endgültig manifestierten und die mit dem

---

29 Roßhirt, S. III.

30 So bei Martin, S. XIVff.; Luden, 106ff.; Marezoll, S. IV; Wächter, 241; Bauer, 3 Fn. d; aber auch Abegg, Lehrbuch, 11, und Anonymus, ALZErgBl 1828, 141.

31 Marezoll, S. IIIff.; vgl. auch Luden, 107; Heffter, S. VII f.

dogmatischen Wesen des Systems unvereinbar zeigen und daher auch kaum als Reaktion auf jene dogmatischen Zeitimpulse verstanden werden können.

Zwar waren die dogmatischen Erörterungen Mittermaiers inhaltlich so gestaltet, daß sie selbst unter den Hegelianern Anerkennung fanden, wie den gelegentlichen Äußerungen zu seinem Gerechtigkeitsprinzip entnommen werden kann; desweiteren kamen die hermeneutischen Bezugnahmen der methodischen Auffassung der Traditionalisten entgegen. Doch diese Übereinstimmungen waren unbeabsichtigt und zufälliger Art. Die Gerechtigkeitstheorie, die ihre Wurzeln in der idealistischen Staatstheorie Mittermaiers aus der Zeit der Landshuter Romantik hatte, war bereits vor der Entstehung der Philosophie Hegels entstanden, und die Ausführungen zum gemeinen Recht dienten im Rahmen der „historisch-philosophischen" Wertfindungsmethode einem über die bloß textpositivistische Sinndeutung hinausgehenden Zweck. An dem Konzept der Dogmatik zeigte der Verfasser nur ein schwaches Interesse.

Die kontextuellen Bezüge für die von Mittermaier gewählte Thematik ergaben sich aus einem rechtspolitischen Gesichtswinkel, seine Darlegungen waren Reaktionen auf Fragen der Rechtspolitik, insbesondere der Kriminalpolitik. Die Beiträge Mittermaiers im Lehrbuch erblicken in Fakten der Geschichte und ausländischer Gesetzessysteme nicht bloß interessante Beiläufigkeiten. Sie stehen deutlich unter der funktionalen Forderung legislatorischer Dienstbarkeit, sind Ausdruck einer, an anderer Stelle geäußerten Hoffnung auf ein „neues gemeines Recht"[32] und stellen den Versuch einer angemessenen Reaktion auf die Fragen der staatlichen Rechtspolitik der gemeinsam Verantwortlichen in Theorie und Praxis dar. Allein dafür war das Lehrbuch mit diesen rechtsvergleichenden Materialien aktualisiert worden, es sollte in einer Phase des rechtspolitischen Umbruchs Antworten für diesen rechtspolitisch verpflichteten Adressatenkreis bieten. Mittermaier sprach hier als Bundesgenosse der politisch engagierten Rechtswissenschaftler im Deutschland des 19. Jahrhunderts wie Zachariae, zu deren Methode eine Gesetzesvergleichung gehörte.[33] In diesem Sinne war Mittermaier nicht bloß zeitgemäß, sondern er galt infolge seiner Kenntnisse als Autorität, da man ihn sonst wohl kaum neben v. Savigny an die neu installierte Universität München gerufen hätte.[34]

Es ist von den Rezensenten in der Reaktion auf die Veröffentlichung des Kompendiums auch keineswegs das traditionelle Gewand allein infragegestellt worden, sondern das umhüllte Geschöpf, das nicht mehr als das altbekannte erkennbar war. Statt des erwarteten reinen Wesens, an dem jede Akzeptanz zu messen gewesen wäre, stieß man auf einen „unerträglichen Wechselbalg"[35],

---

32 Mittermaier, Strafgesetzgebung II, 9, 57.

33 Vertiefend Constantinesco, 110, vgl. auch 91.

34 Vgl. oben B I 3. Fn. 152. Aus diesem Grund hatte man ihn auch keineswegs „überschätzt", wie Landsberg, Geschichte/Text, 433 annimmt.

also auf einen Text, dem man anmerken konnte, daß er in seiner Art die Perspektive der Dogmatik nicht mehr angemessen repräsentierte, aber gleichwohl diese Repräsentantenrolle nicht aufgeben wollte. Die Metaphern der Rezensoren können nicht vom wahren Aussagekern ablenken: Soweit Mittermaier Feuerbachs Aussagen zum gemeinen Recht übernommen hatte, wurde das Lehrbuch als historisches Dokument akzeptiert. Soweit es indes durch die gesetzeswissenschaftliche Intention im Sinne der „neuen Richtung" Mittermaiers[36] geprägt worden war und thematisch als Vorläufer eines eigenen Kompendiums erscheint[37], wäre es akzeptabel gewesen, wenn Mittermaier wie in anderen Werken seine Thematik und sein Anliegen verdeutlicht und den Gesamttext entsprechend der veränderten Sachrelevanz umgewidmet hätte.

In der Beibehaltung des Konzepts trotz eines Wechsels der Thematik liegt der Grund, weshalb die posthumen Lehrbücher nicht akzeptiert werden konnten. Ohne diese Umstrukturierung in ein System neuer Kategorien aber erkannte man diese thematische Schieflage, und man vermutete zu Recht, daß es sich „hier um nichts Geringeres, als um die Umgestaltung der ganzen Criminalrechts-Wissenschaft" handelte.[38]

III. Methodische Darstellung

1. Die Funktionalität eines wissenschaftlichen Textes und ihr Einfluß auf die Textdisposition

1. Texte stehen als Makrosymbol nicht bezugslos in Raum und Zeit; sie dienen der Erreichung von bestimmten Zielen und Zwecken, die ihre Produzenten setzen und aus denen heraus sich Thema und Aktualität ergeben. Diese textuelle Funktionalität zeigt sich bei wissenschaftlichen Schriften, insbesondere Lehrbüchern, in einem besonders auffälligen Maße und führt zu erhöhten Anforderungen an pragmatische Eigenschaften. Wissenschaftliche Schriften nehmen zu umfänglichen Sachkomplexen unter besonderen, fachspezifisch ausgerichteten Perspektiven Stellung, weshalb es nicht ausreichend ist, redaktionell, bloß Sprachverständnis sichernd, Regeln einer Sprachordnung[1] zu befolgen. Die Intention, Sachverhalts- und Problembeschreibungen sowie Problemlösungsmodelle vermitteln zu wollen, verlangt dem angemessene Texteigenschaften.

---

[35] Landsberg Geschichte/Noten, 63 Note 26.

[36] Mittermaier, Strafgesetzgebung II, 6f.

[37] Zur Absicht Mittermaiers, ein eigenes Lehrbuch abzufassen, siehe unten C III 3. c).

[38] v. Stein, DJbWissKu 1842, 295.

[1] Näheres zur allgemeinen Sprachintentionalität Seiffert I, 96ff.; vgl. auch Eco, 118ff.; Bense, 16.

Zuvörderst ist Sachangemessenheit zu verlangen. Angesichts der Komplexität der für erörterungswürdig gehaltenen Thematik wird es notwendig, Übersicht zu bewahren, das aber heißt, eine „methodische" Darstellung nach sachangemessenen Kriterien vorzunehmen und dadurch Ordnung und Nachvollziehbarkeit zu schaffen. Andernfalls wären derartig komplexe Darstellungen unwissenschaftlich „rhapsodisch" und durch Zufälligkeiten gestaltete Aggregate.[2]

Die Notwendigkeit einer Methodik bei sprachlichen Darstellungen wird deutlich, wenn man sich die Wirkungen tatsächlicher Demonstrationen vergegenwärtigt. Während ein Text auf geistiger Ebene Vorstellungen von Sachverhalten wecken muß, präsentiert die Vorlage „natürlicher" Beweise (probationes inartificalis) bereits unmittelbar Sachverhalte und schafft sinnliche Evidenz.[3] Was in der konkreten Kommunikationssituation eines mündlichen Vortrags, sei es als Lehrveranstaltung oder als Gerichtsverhandlung, ein vorgeführtes Demonstrationsobjekt aus sich heraus leistet, muß in der Symbolsprache eines Textes durch eine hinreichende sprachliche Eindeutigkeit ersetzt werden. Es ist sprachliche Konsequenz gefordert. „Methodisch" ist eine Darstellung folglich dann, wenn maßgebliche Sachverhalte nachprüfbar dargestellt werden und Sachbewertungen und Problembewältigungsmodelle auf gedanklicher Ebene verständlich und nachvollziehbar gehalten werden.

Um diese Symbolrationalität zu gewährleisten, haben sich in den Wissenschaften bestimmte formale Kriterien als geeignet erwiesen.[4] Sachverhalte werden klassifiziert und typisiert, Merkmale nach Relevanzkriterien bestimmt. Bedeutungen werden fixiert und als Begriffe eindeutig gehalten. Sprunghafte Assoziationen werden zugunsten vollständiger Ableitungszusammenhänge fallengelassen, sei es, um induktive oder deduktive Schlüsse in einem abstrakten System von Aussagen zu ziehen oder um konkrete Klassifikationsschemata zu erstellen.[5]

Damit erscheint Schlüssigkeit nicht bloß als konventioneller Stil der wissenschaftlichen Autorenzunft, um etwa einer tradierten ästhetischen Ausdrucksform zu entsprechen. Schlüssigkeit ist eine formale Eigenschaft, die gerade jene ungeordneten „rhapsodischen" Texteigenschaften vermeidet, die dann vorliegen, wenn die Frage nach relevanten Ordnungskriterien nicht gestellt und beantwortet wird, sondern stattdessen etwa unreflektiert assoziativen Gedankengängen Raum gelassen wird, wenn bildhafte Vorstellungen in ihren zufälligen Erscheinungsformen als Bezugs- und Erörterungspunkt eines Problems auftreten.[6]

---

[2] Kant, Vernunft, 607, 748f.

[3] Hentschel / Steinbrink / Ueding, 197.

[4] Zu den methodischen Grundsätzen als Wissenschaftskriterien Wolffscher und Kantscher Prägung in der Jurisprudenz Näheres bei Schröder, 148ff.

[5] Herberger, 348 - 356.

Untersuchungen zu Lehrwerken früher Epochen zeigen eine Entwicklung von assoziativen bis an praktischen Problemfällen angemessenen, konkreten Darstellungsformen.[7] Die Strukturierung des Lehrstoffes der klassischen oder ramistischen Epochen folgten etwa feststehenden, selbständigen Topoi-Katalogen, die in der Scholastik weiter ausdifferenziert wurden und Resultate des theoretischen Unterrichts waren.[8] Angesichts der sachunabhängigen Topoi blieben Prinzipienbildungen und Deduktionen aus der „Natur der Sache“ bloß rudimentär.[9]

Ein maßgeblicher Entwicklungssprung für die methodische Darstellung wissenschaftlicher Werke wurde um die Wende des 19. Jahrhunderts aufgrund der Lehren Wolffs und Kants getan, die den Blick auf Kategorien der Objekte richteten und eine Ermittlung sachbezogener Relevanzkriterien für eine ordnende Darstellung möglich machten. Die breite enzyklopädische Darstellungsweise konnte dank der Erkenntnis, daß sich Materie unter funktionalen Gesichtspunkten für bestimmte Zwecke reduzieren und besser ordnen ließ, durch systematische Konzeptionen ersetzt werden.

Im Zuge dieser Entwicklung differenzierten sich nicht bloß die einzelnen Wissenschaftsdisziplinen aus, eine wesentliche Differenzierung bestand auch in der Trennung der Aufgaben von Theorie und Praxis[10] – eine Sichtweise, die gerade Mittermaier aus rechtspolitischer Motivation für nicht vertretbar hielt und der er sich vehement widersetzte.[11]

Entsprechend dieser Aufgabenteilung hatte indes noch Feuerbach differenziert. Allein aus dieser Perspektive konnte er der Praxis „Kunstregeln“ zuordnen und die Wissenschaft als „Reich des höheren Wissens“ adeln. Des praktischen Juristen „Gelehrsamkeit ist – was andere wußten; seine höchsten Gründe sind Präjudizien, Gerichtsgebrauch, Praxis; die Zierden seiner Werke sind – die Sandhaufen allegierter Doktoren.“ Den Praktikern stellte er die wahren Gelehrten der „Wissenschaft“ gegenüber, deren Erkenntnis sich abstrakt an Prinzipien orientierte und die vorgefundene Stoffe in einem System zu ordnen vermochten.[12] Der Gedanke der Funktionalität zeigt sich besonders ausgeprägt in der Feststellung Feuerbachs, daß Texte der Wissenschaft als Schriften über Prinzipien und Grundsätze „rein“ sein mußten.[13] Hin-

[6] Beispiele bei Fuhrmann, 16 f.

[7] Kaser, ZSRG RA 1953, 139; Heine, ZSRG RA 1965, 246; Beyerle ZSRG GA 1952, 10, 13ff.

[8] Heine, 242; Reuper, 67f.; zu den Regeln der dispositio vgl. Hentschel / Steinbrink / Ueding, 206 - 223.

[9] Zur Rhetorik ad Herenium vgl. Fuhrmann, 42ff.; zur trichotomischen Klassifikation nach persona, res und actio in den Institutionen des Gaius, ders., 106; im übrigen vgl. ebd., 43, 107, 159; zu ramistischen Konzeptionen auch Neusüß, 21.

[10] Ausführlich Schröder, 51ff. m.w.N.

[11] Vgl. die Ausführungen oben C I 2. a) aa) β).

[12] Feuerbach, über Philosophie, 62 f.

sichtlich solcher gereinigter Darstellungen orientierte er sich an dem Systembegriff Kants[14], wonach zur Vermeidung tumultuarischer Darstellungen ein System als „Vernunfteinheit" darzustellen wäre, welches „kein bloß zufälliges Aggregat", sondern den Gesetzen der Notwendigkeit folgend, „die Bedingungen enthält, jedem Teile seine Stelle und Verhältnis zu den übrigen a priori zu bestimmen."[15]

Unter funktionalen Gesichtspunkten wurde erstmals zu Beginn des 19. Jahrhunderts auch eine Differenzierungsmöglichkeit darin gesehen, die vorgefundene Materie von einem nach Relevanzkriterien reduzierten und in eine wissenschaftliche Form gebrachten Stoff unterscheidbar zu machen. Man konnte sich dadurch auf Wesentliches beschränken. Die Schwierigkeit, eine enzyklopädische Vielfalt zu begrenzen, zeigt etwa die Bemerkung des Göttinger Systematikers Pütter, dem es schwergefallen war, „eine ... Ordnung ausfindig zu machen, worin die Menge Sachen, die das Römische Recht in sich fasset, nach ... einem vollständigen Systeme" vorgetragen werden konnte.[16]

Infolge der spezialisierten Lehraufträge der Fachdisziplinen stellte sich die Frage nach der Wissenswürdigkeit, und in dieser Zweckausrichtung erschienen Systeme zunächst als dem Lehrstoff nach sachbezogenen Kriterien angemessene Darstellungen. Die Gegenstände orientierten sich am Lehrvortrag und wurden als „System" zusammengefaßt und geordnet, um diesem Lehrzweck zu dienen. System galt zu der Zeit als Synonym für Lehrbuch.

Die Überlegungen zur Funktionalität, zum pragmatischen Kontext von Kompendien führte damit zu einer Stoffbegrenzung, eröffnete aber darüberhinaus Möglichkeiten einer zweckbezogenen Abstimmung und einer Systembildung des funktional reduzierten Stoffes. Insofern erweisen sich auch systematische Darstellungen als Folge textpragmatischer Überlegungen.[17] Insbesondere bei Lehrbüchern, die ihrem Wesen nach auch als „Einstiegslektüre" für einen komplexen Sachbereich dienen, ergeben sich infolge ihrer Funktion weitere Redaktionsüberlegungen, denn sie stehen in einem pragmatischen Spannungsverhältnis, den wissenschaftlichen Stoff sachangemessen, aber auch personenangemessen darzustellen. Personenbezogene Gesichtspunkten können dabei den Verlust einer Deckungsgleichheit von rein sachbezogenem System und Darstellung zur Folge haben, indem nicht Systemkriterien, sondern rhetorischen Kriterien ein redaktioneller Vorrang eingeräumt wird.

---

13 Ders., Lehrbuch (11. Aufl.), 5.

14 Näheres Schröder, 94ff., 99ff.

15 Kant, Vernunft, 607.

16 Pütter, 81.

17 Vgl. insofern auch Viehweg, 32ff., 38, 74f.; vertiefend auch Hentschel / Steinbrink / Ueding, 214 - 220.

2. Die besondere Funktionalität eines wissenschaftlichen Lehrbuchs, insbesondere nach den Intentionen Feuerbachs und Mittermaiers

1. Ein wissenschaftliches Lehrbuch läßt sich als ein didaktisches Medium auffassen, welches Gegenstand, Verfahrensweisen und Grenzen der Fachdisziplin erörtert, aber besonders dem Verwenderkreis des noch unspezialisierten Studierenden gilt. Es steht als Lehrstoffvermittler in einem Spannungsfeld, das sich aus dem fachspezifischen Lehrziel und dem unspezifischen Basiswissen des Lernenden ergibt. Diese doppelte Beziehung schafft nicht nur Anforderungen in sachlicher, sondern zusätzlich in pragmatischer Hinsicht: ein wissenschaftliches Lehrbuch sollte bei der Darstellung nicht bloß sachbezogene, sondern auch didaktische Gesichtspunkte berücksichtigen.[18] Auch Rücksichten auf einen Lehrerfolg prägen die Eigenheiten eines Lehrbuchs. So kann es beispielsweise von Nutzen sein, eine Berücksichtigung von Vorwissen und Erlebnishorizont der Studierenden[19], die einen Ausgangspunkt für einen hermeneutisch fortschreitenden Lernprozeß darstellen, besonders bei den facheinführenden propädeutischen Werken – den Einführungen, Anleitungen und Übersichten – vorzunehmen.

Erfolgversprechend vermag darüberhinaus eine Berücksichtigung rhetorischer Stilmittel sein, um anstelle einer nüchternen, sachlichen Darstellung eine emotionale „Ansprache" zu erhalten. Ausgehend von dem rhetorischen Lehransatz, daß die formallogischen Grundsätzen folgende „argumentatio" als beweisführender Bestandteil der Darstellung nur eine aller möglichen Überzeugungsmittel ist[20] und ihr etwa das veranschaulichende „exemplum" oder als elokutionäres Ausdrucksmittel die affekterregende „evidentia" beigeordnet wird[21], erscheinen auch strukturelle Abweichungen von systematischen Konzepten aus didaktischen Gründen gerechtfertigt. Allein unter Wirkungsgesichtspunkten betrachtet, bedarf ein Lehrbuch nicht notwendig des Merkmals einer strenglogischen inneren Ordnung. So haben denn vor allem psychologische Einsichten in die menschliche Lernfähigkeit, wonach es eine konzentrierte Aufnahmefähigkeit von nur begrenzter Dauer gebe, in neuerer Zeit zu der Tendenz geführt, den Lehrstoff in kleinen Lehreinheiten aufgeteilt anzubieten.[22] Praktische Gründe sind es auch, die dazu führen, Variationen im Schriftbild vorzunehmen, Textteile einzurücken oder Texttypen zu verändern.

---

[18] Paulsen, 403; Brezinka ZPäd 1966, 58; Herschel, BB 1966, 792.

[19] Herschel, BB 1966, 792; Petersen-Falshöft, 19.

[20] Hentschel / Steinbrink / Ueding, 214 - 220.

[21] Ebd., 218ff., 260f.

[22] Vgl. dazu die kasuistisch aufgebauten Reihen der Rechtsfälle in Frage und Antwort („Prüfe dein Wissen"), die induktiven, fallorientierten Darstellungen (insb. Krey, Strafrecht. Besonderer Teil, Bd. 1 + 2, 6. Aufl. 1986) und der rückkoppelnden-redu-

Die Zielausrichtung des Lehrerfolges ist, wie die Ausrichtung der Thematik, geschichtsabhängig und durch die zeitlich vorherrschenden didaktischen Maßstäbe bedingt, d.h. sie hängen von den jeweils für zeitgemäß gehaltenen Bildungsidealen ab. Was heutzutage unter das Stichwort „produktives“[23] oder konstruktives Lernen fällt und die Heranbildung eines selbständigen, kritischen Umgangs mit der fachlichen Materie meint[24], erscheint ideengeschichtlich als eine unter anderen denkbaren Möglichkeiten, didaktische Medien zu prägen.

Hinsichtlich einer Einschätzung der textpragmatisch-methodischen Anforderungen des Feuerbachschen Lehrbuchs ist an die historischen Schul- und Hochschulbedingungen um die Wende des 18. zum 19. Jahrhunderts für das Kurfürstentum Bayern zu erinnern.

2. Zur Zeit der Erstellung von Feuerbachs Kompendium war es üblich, daß bereits auf den Lyzeen durch einen philosophischen Unterricht eine Verständigungs- und Verständnisgrundlage geschaffen worden war, auf die an der Hochschule aufgebaut werden konnte. Der lyzeale Unterricht galt nach dem Selbstverständnis der Kultusbehörde[25] bewußt als Vorbereitungsstudium für den Übergang zur Universität.[26] So war etwa am Kurfürstlichen Lyzeum zu München, der Schule Mittermaiers, welche von dem Kantianer Cajetan Weiller als Rektor geleitet wurde[27], für alle Akademiker, soweit sie nicht Theologie studieren wollten, eine zweijährige philosophische Grundausbildung obligatorisch.[28] Der Lehrplan differenzierte nach theoretischer und praktischer Philosophie[29] und führte so an das Kriteriendenken der Wissenschaft heran. Besondere didaktische Rücksichten, wie sie heute aus hermeneutischen Gründen erörtert und berücksichtigt werden, brauchte der universitäre Lehrbetrieb nicht zu nehmen. Philosophische Propädeutika spielten zumindest im partikularen Bayern, woher der überwiegende Teil der Studenten Landshuts sich rekrutierte, keine maßgebende Rolle. Aber auch in Jena, wo Feuerbach erstmals nach dem eigenen Kompendium gelesen hatte[30], war es nicht notwendig, das Werk lediglich als Propädeutikum zu erstellen. Wer zu jener Zeit nach Jena kam, den zog bereits die Philosophie.[31]

---

zierten Systemabschnitte (insbes. Kienapfel, Strafrecht. Allgemeiner Teil in programmierter Form, 4. Aufl. 1984).

23 Petersen-Falshöft, 18, 27 f.

24 Ders., 29, 39; Schulze, 20.

25 Zur aufgeklärten Kulturpolitik des Grafen Montgelas siehe oben B I 1.

26 Nachweis bei Ebner, 25.

27 Zur Schulsituation Mittermaiers in München und zur Person Cajetan Weillers vgl. auch Neh, 245ff.

28 Beschreibung Münchens II, 340. Für Theologen war eine dreijährige philosophische Grundausbildung vorgesehen.

29 Ebd., 340.

30 Vgl. Radbruch, Feuerbach, 43 f.

31 Ausführlich ebd. 11ff.

Der Ursprung des Lehrbuchs hatte in Feuerbachs Idee gelegen, sich „einen Leitfaden" für die eigenen kriminalrechtlichen Vorlesungen zu schaffen.[32] Angesichts der öffentlichen Erwartungen, die aus den vorhergehenden Veröffentlichungen, insbesondere der zweibändigen „Revision der Grundsätze", resultierten, entstanden für Feuerbach schließlich die besonderen „Pflichten gegen seine Wissenschaft", seine Ansichten in einem schlüssigen System darzustellen. Waren einerseits propädeutische Rücksichten unnötig, so wurde auch von einer Aufzeichnung mit dem privaten Charakter eines Vorlesungsbehelfs abgesehen. Der philosophische Ehrgeiz gewann in der Planung die Oberhand, das Lehrbuch war als Manifestation der Lehre Feuerbachs gedacht. Es hatte folglich den „höheren Anforderungen der Wissenschaft und des Publikums", d.h. der wissenschaftlichen Öffentlichkeit[33], zu genügen, denn „Hauptrücksicht war ... die Wissenschaft."[34]

Nach den Kriterien der Wissenschaft allein aber galt es, „etwas Vollendetes zu bieten." Das peinliche Recht wurde folglich „in dem strengsten wissenschaftlichen Zusammenhange ... nach allen Forderungen der systematischen Einheit" dargestellt.[35] Die anfängliche Absicht Feuerbachs, zur „Zeitersparnis" ein Konzept zu erstellen, wurde zweitrangige „Nebenabsicht".[36] Daraus ergibt sich als Anforderungsmaßstab an die Eignung des Textes, daß er weder als Stoffsammlung ausreichen konnte, noch besondere textpragmatisch-didaktische Rücksichten bei der Erstellung des Kompendiums genommen zu werden brauchten.[37]

3. Mittermaier hatte damit ein für die Wissenschaft erstelltes Konzept übernommen und erkannte auch dessen Wesenszüge: den logischen Aufbau, die genaue Begrifflichkeit und den hohen Abstraktionsgrad.[38] Die Hervorhebung dieser Eigenschaften geschah nun aber nicht aus Wertschätzung; dies waren jene Punkte, an der sich seine Kritik entzündete, die regelmäßig mit dem Schlagwort vom Generalisieren einherging.

Motive dieser Kritiken waren, wie oben dargestellt, allerdings nicht etwa didaktische, sondern wissenschaftsmethodische Grundsätze. Zwar hatte auch

---

32 Feuerbach, Lehrbuch (1. Aufl.), S. VI.

33 Ebd.

34 Ebd., S. X.

35 Ebd., S. VI.

36 Ebd., S. X.

37 Es ist aber anzunehmen, daß der Lehrvortrag sie gebührend erfuhr. Eine rhetorische Abstinenz wird man bei Feuerbach kaum annehmen können. Einerseits stellt die gedruckt erschienene Landshuter Antrittsrede von 1804 ein beredtes Zeugnis derartiger Fähigkeiten Feuerbachs dar, wo Metaphern, Hyperbeln und begrifflicher Scharfsinn den Text in der rhetorisch mittleren Stilart des genus medium vorantreiben. Die Antrittsrede wird als rhetorische Leistung bereits von Naucke, Vorwort, S. VIIIff. herausgestellt. Andererseits berichten auch die Biographien wiederholt von der Impulsivität Feuerbachs, die ihm den Namen „Vesuv" eintrug. Exemplum und evidentia werden daher im Vortrag ihre Orte gehabt haben.

38 Mittermaier, Über die Grundfehler, 109; ders., KritZfRwiss 1843, 462.

Mittermaier gewisse didaktische Vorstellungen, etwa, daß „kurze Sätze“[39] und eine „klare Einleitung“[40] einen Lehrerfolg optimieren könnten. Für das Feuerbachsche Lehrbuch waren diese Grundsätze indes irrelevant, er hatte ihr Fehlen weder bemängelt, noch die eigenen Beiträge auf Kürze und Klarheit durchgesehen; selbst Hinweise auf eine Verdeutlichung des Gesagten und Erklärung durch Beispiele[41] im Sinne der rhetorischen Begriffe evidentia und exemplum sind in seinen Lehrbuchzusätzen nicht feststellbar. Das Kompendium galt auch ihm als ein System zu wissenschaftlichen Zwecken. Allein die politisch-praktischen Forderungen Mittermaiers bildeten die Grundlage, weshalb die Vermittlung des Kriminalrechts in „Kompendienform“ angegriffen wurde.[42]

Ein didaktischer Wert wurde in einem allgemein kommunikativen Beitrag als Medium im wissenschaftlichen Erkenntnisprozeß gesehen. Insofern sollte das Lehrbuch „Materialien“ bringen und ein „gründliches Quellenstudium“ ermöglichen[43] oder etwa auch historische Nachprüfbarkeit und aktuelle Meinungen wiedergeben[44]. Mit diesen textuellen Eigenschaften galt es, ein studentisches Selbststudium[45] und eine Weiterbildung[46] zu ermöglichen. Primäre Zwecke lagen aber gleichwohl, wie die erste posthume Ausgabe des Lehrbuchs durch Mittermaier zeigt, nur in der Förderung von Wissenschaft und Praxis.[47]

In dieser Wissenschaftsgebundenheit des Konzeptes besteht eine Übereinstimmung mit Feuerbach. Beide Redaktoren hielten propädeutische Rücksichten für irrelevant.

3. Die Lehrbuchdispositionen nach den wissenschaftlichen Funktionsfestlegungen der beiden Herausgeber

Aus vorgenannten Gründen hatten daher ausschließlich sachbezogene Darstellungskriterien die Lehrbuchredaktion geleitet. Schon die äußere Gliederung der Konzeption Feuerbachs deutet auf einen klassifikatorischen und ableitenden Sachzusammenhang. Die Gliederung läßt eine hierarchische Textabfolge erkennen; sie wird nach „Buch“, „Titel“, „Abschnitt“ formal untergliedert, woraus zu schließen ist, daß diese Passagen nicht beliebig auswechselbar sein sollten. Von dieser konsequenten Disposition ist allerdings in den

---

39 Ders., KritZfRwiss 1843, 462.
40 Ders., Vorwort, S. VIII.
41 Ebd.
42 Ders., Über die Grundfehler, 109.
43 Ders., HdJbLit 1825, 326.
44 Ebd., 324.
45 Ders., Vorwort, S. VIII.
46 Ders., HdJbLit 1861, 597, 607.
47 Ders., Lehrbuch (12. Aufl.), S. XX.

Angaben, die Mittermaier redigiert hatte, mit jeder weiteren Ausgabe immer weniger zu sehen. Die Konzeption Feuerbachs verschwindet in dem kaum überschaubaren Anmerkungsapparat mit zuletzt 985 Noten der 14. Auflage[48] gleichsam als „Buch im Buche"[49].

a) Die Systemdisposition des Lehrbuchs als Folge der Axiomenfindung in der „Revision" bei Feuerbach

v. Stein hatte das ursprüngliche Lehrbuchkonzept mit den Worten umschrieben, er habe hier „den wahren, seiner selbst gewissen Feuerbach, der seine Gedanken hinstellt, ihn durch alle Zweifel hindurch festhält und selbstbewußt weiß, wo er beginnt und wohin er gelangen will und wird."[50] Ein solches Selbstbewußtsein Feuerbachs ist tatsächlich nicht zu übersehen. Das System stellt ad hoc im „Ersten Buch" bei § 8 das philosophische Zweckaxiom an die Spitze der Aussagen.[51] Ein hermeneutischer Anfang bleibt verdeckt, ebenso Stellungnahmen zu Fragen der Richtigkeit dieses Grundsatzes oder seiner intersubjektiven Akzeptanz. Vermieden werden auch exegetisch-induktive Ermittlungen der Aussagen aus positiven Bestimmungen. Obgleich Feuerbach in den Prolegomena bei § 5 noch auf die Quellen juridischer Erkenntnis verwiesen hatte, zeigt sich das streng prämissenorientierte System des Haupttextes frei von jeglichem positivem Stoff und konkurrierenden Meinungen: „I.) die Philosophie des Strafrechts, soweit diese in ihrer Anwendung nicht durch positiv gesetzliche Bestimmungen beschränkt wird; II.) die positiven Strafgesetze des ehemaligen deutschen Reichs"[52] und als Hilfskenntnis in § 6 die „Criminalrechtswissenschaft"[53] angeführt. Feuerbach ist „seiner selbst gewiß": Um oberste Prinzipien wird nicht gerungen, sie werden den Deduktionen als unanzweifelbar, richtig vorangestellt.

Das Lehrbuch erweist sich als stringentes System deontischer Aussagen. Im Vordergrund der Darstellung steht nicht eine Wiedergabe positiver Norminhalte, sondern ein vom Positiven abstrahiertes System von Vernunftbegriffen.

---

[48] Siehe oben C.

[49] Vgl. v. Stein, DJbWissKu 1842, 289.

[50] Ebd.

[51] Feuerbach, § 8 im Lehrbuch (11. Aufl.), 14: Staatszweck ist „die Errichtung eines rechtlichen Zustandes, d.h. das Zusammenbestehen der Menschen nach dem Gesetze des Rechts".
Die nächsten wichtigen logischen Ableitungsschritte lieferte § 9 (ebd.): „Rechtsverletzungen jeder Art widersprechen dem Staatszwecke (§ 8), mithin ist es schlechthin nothwendig, daß im Staate gar keine Rechtsverletzungen geschehen", der Staat ist daraus legitimiert, „Rechtsverletzungen überhaupt unmöglich" machen zu lassen und kann nicht nur, sondern muß deshalb bereits psychisch-präventiv zwingen, um Manifestationen eines Rechtsverletzungswillens zu verhindern.

[52] Ebd., 3.

[53] Ebd., 5.

Aus der Vielzahl der sog. „analytischen“ Aussagen seien nur Feuerbachs Feststellungen zu dem Begriff des Lebens[54], zu dem Wesensmerkmal der Ehre[55], der kirchlichen Integrität[56] und zu dem Gesichtspunkt der Staatsverpflichtungen eines Bürgers, denen er sich nicht durch Selbstmord entziehen dürfe[57], genannt. Die Aufzählung könnte weiter fortgesetzt werden, aber eines macht diese Auswahl schon deutlich. Die angeführten Erörterungspunkte werden durch Aussagen zu rechtlichen Beziehungen, zu Zusammenhängen einzelner Tatbestände mit dem Systemkriterium eines subjektiven Rechts, geprägt. Alle darauf bezogenen Begriffe[58] werden nach logischen Kriterien dichotomisch[59] oder mehrgliederig[60] weiter unterteilt, und so die weitere Rechtstypenbildung vorangetrieben, bis zuletzt der Text ein System deontischer Aussagen dokumentieren kann.

Daß auf eine Axiomenfindung im Inventionsverfahren verzichtet werden konnte, weil allein diese dispositio als angemessen erschien, stellte für Feuerbach keine Frage dar. Die Grundsteine des dogmatischen Systems, die Basis des sogenannten allgemeinen Teils, hatte er bereits 1799 und 1800 in der zweibändigen „Revision der Grundsätze und Grundbegriffe des positiven peinlichen Rechts“ gelegt. Er brauchte sich nur darauf zu beziehen. Textuell gesehen, erscheint damit das zweibändige Grundlagenwerk der „Revision“ wegen der dort vorgenommenen teleologischen Abwägungen zu Streitfragen und der Stellungnahmen zu intersubjektiver Akzeptanz als ein systemvorlaufendes Werk, in dem die ars inveniendi vorherrschend ist. Lehrbuch und Revision lassen sich infolgedessen in eine textuelle Relation setzen, wobei das Lehrbuch als gereinigtes System und die Revision als problemorientiertes topisches Inventionsgeschenen erscheint.[61]

---

[54] Vgl. § 206, ebd., 143.

[55] Vgl. § 271, ebd., 181.

[56] Vgl. § 303, ebd., 197f.

[57] Vgl. § 241, ebd., 163.

[58] Von Feuerbach selbst bei § 177 zugestanden, vgl. ebd., 125.

[59] Vgl. nur ebd., die §§ 211, 213, 215, 323, 388.

[60] Siehe auch ebd., §§ 165, 432.

[61] Die inventio bezeichnet nach der ars rhetorica den ersten redaktionellen Arbeitsgang einer Textgestaltung überhaupt, der die Ausforschung des Redegegenstandes nach seinem Problemgehalt sowie die Ausarbeitung eigener Lösungswege und ihrer Überzeugungsmittel betrifft. Das Inventionsverfahren ist grundsätzlich noch vorsystematisch und topisch, denn es folgt weniger Ordnungskriterien als am Sachverhalt und Interesse ausgerichteten Abwägungskriterien, mit denen jene Ordnungskriterien auf ihre vorgesehene Funktionseignung erst geprüft werden (zum Funktionswert von Prinzipien bei Normtexten siehe Viehweg, 53). Charakteristisch für die inventio sind parteiische Nützlichkeitserwägungen (ausführlich Hentschel / Steinbrink / Ueding, 196ff.). An diese Phase anschließend erfolgt die rhetorisch günstige Anordnung der zu publizierenden Textfassung in der dispositio. Hier erst zeigt sich die gewählte Textanordnung nach bestimmten Kriterien festgelegt, hier werden Fragen nach Stilform und Systematik eines Textes sinnvoll.

Dieser Zusammenhang ergibt sich zunächst aus der zeitlichen Nähe von Kompendium und „Revision", wobei nicht die zwei Jahre, die zwischen der Veröffentlichung des ersten Bandes der Revision und der ersten Auflage des Lehrbuchs lagen, beachtenswert sind. Bereits die temporäre Beziehung ist erheblich enger, Feuerbach hatte 1801 bekannt: „Schon vor einigen Jahren war dieses Lehrbuch entworfen und in seinen Havpttheilen ausgeführt"[62], mithin reicht die Planungszeit des Systems in die Erstellungszeit der Grundsatzerörterung. Darüberhinaus fußen die Lehren des Kompendiums nicht nur beiläufig auf die früher gemachten Erörterungen[63], sondern Feuerbach hatte bewußt und wiederholt im Lehrbuch auf die Diskussion in der „Revision" verwiesen und damit auch einen inhaltlichen Zusammenhang hergestellt.

Das peinliche Recht hatte in systematischer Vollendung als etwas „Gereinigtes" gerade deshalb dargestellt werden können, weil die Grundüberzeugung dem Publikum im Zusammenhang mit seiner Revidierung „fremder Meinungen" bereits vorgelegt worden war.[64] Beide Werke stehen in einem sachlogischen, textuellen Zusammenhang. Die „Revision" ist also, inhaltlich gesehen, hermeneutisch klärender Vorläufer des Systems und stellt, rhetorisch gesehen, die inventio dieser Systemdisposition dar.

Daß Feuerbach eine solche textpragmatische Unterscheidung zwischen „System" und „Revision" auch selbst getroffen hatte, zeigen seine Vorstellungen der Textgattungen als „System" und „Revision": „Ich glaube, daß ein jeder, der neue, von der bisherigen abweichende und in die ganze Wissenschaft einfließende Behauptungen zu besitzen glaubt, dieses der Wahrheit schuldig ist. Die systematische und wissenschaftliche Form, welche von Prinzipien ausgeht, und an diese schulgerecht ihre Folgerungen reiht, setzt voraus, daß diese Prinzipien schon gewiß und aufgefunden sind. Wer aber an den bisherigen Prinzipien zweifelt, und Grundsätze, die entweder diesen entgegengesetzt, oder doch von denselben abweichend sind, für wahr und nothwendig hält, der muß sich ausführlich und zwar auf dem Wege der Untersuchung rechtfertigen, muß nicht blos das, was er für Wahrheit hält, aus richtigen Gründen ableiten, sondern muß auch die entgegengesetzten Argumente abwägen, und eben so sorgfältig nach den Quellen der Irrthümer forschen, als er die Quellen der Wahrheit sucht." Diese Axiomensuche geschehe angemessen „in der Form einer Revision".[65] Ein „System" hingegen sollte auf solche

[62] Feuerbach, Lehrbuch (1. Aufl.), S. V.

[63] Vgl. § 10, ebd., 13, wo – wie bei den meisten Prämissen zum allgemeinen Teil des Strafrechts – eine Kurzform des in der Revision (Bd. I, 39) umsichtig und mit Rücksicht auch auf andere Ansichten entwickelten Grundsatzes vom Staatszweck dargestellt worden ist, wonach „die Freiheit aller Bürger –, (ihre) Rechte ausüben" zu können, gewährleistet werden muß (zum Prinzip der konkurrierenden Individualfreiheiten vgl. Revision I, 26 und §§ 21, 32 im Lehrbuch (1. Aufl.), 18f., 26.

[64] Feuerbach, Lehrbuch (1. Aufl.), S. VIII f.

[65] Ders., Revision I, S. XXX.

Erörterungen allenfalls der Vollständigkeit halber, und dann auch nur „kurz" und untergeordnet „in den Noten" eingehen.[66]

Die immanente Konsequenz des „Systems" Feuerbachs resultierte aus textbegrifflichen Vorüberlegungen über eine methodische Darstellung nach textpragmatischen Anforderungen. Erst infolge der vorweggenommenen Axiomenklärung erschien es Feuerbach legitim, die Kompendiendarstellung auf die systemwesentlichen Aussagen zu beschränken und das „äußere" System eng diesem Thema, diesem „inneren" System, anzupassen und äußeres Darstellungs- und inneres Aussagensystem kongruent zu gestalten. Wer das Lehrbuch las, sollte gewiß sein, sich allein mit der reinen Lehre Feuerbachs zu befassen; für Fragen zur Axiomatik war dagegen die „Revision" einschlägig.

b) Die inkohärente Disposition der posthumen Lehrbuchauflagen

1. Dem Leser ist es in den Ausgaben Mittermaiers nicht mehr vergönnt, sich auf der „gereinigten" Ebene des deontischen Systems zu bewegen und in den semantischen Bezügen der Aussagen über das Strafrecht zu verweilen. Zwar ist jeder Einzelabschnitt Feuerbachs unangetastet geblieben.[67] Die festgelegten Begriffe wurden weder in ihrer Eindeutigkeit berührt, noch wurden Teile des Ableitungszusammenhangs zurückgenommen. Inhaltlicher, schematischer Art ist die Störung daher nicht. Die Gestaltung des „äußeren" Systems ist durch Mittermaier so angelegt, daß die Einzelaussagen Feuerbachs erhalten

---

[66] Ders., Lehrbuch (1. Aufl.), S. IX.

[67] Eine Modifikation durch Eingriffe direkt in den Urtext ist im Anmerkungsapparat Feuerbachs, den Litera, festzustellen. Da sie keine Zeichen der Urheberschaft Mittermaiers tragen, erscheinen diese Eingriffe rein äußerlich als Veränderungen Feuerbachs. Gelegentlich wurden in späteren Auflagen diese verdeckten Operationen als eigene Anmerkungen wieder hergestellt. Vgl. in der Synopse die Allegate zu den §§ 4, Annex; 37 lit. a; 42 lit. b; 78 lit. b; bei allen wurde die verdeckte Operation der 12. Auflage in der 13. Auflage offengelegt. Die Novation zu § 78b ist besonders bemerkenswert, da sie als eine Ausnahme unter den verdeckten Modifikationen sich sogar gegen Feuerbach richtet. Die kritische Bemerkung, vereint mit der im übrigen textunterstützenden Anmerkung Feuerbachs, konterkariert nicht nur den gesamten Textteil, sondern erweckt den Eindruck, als habe Feuerbach seinerseits unvollkommene redaktionelle Arbeit geleistet.

Im übrigen vgl. die verdeckte Urheberschaft zu den Paragraphen:

a) (in der 12. Auflage): 1 lit. a, lit. b; 4, Annex; 5 lit. b; 6 lit. a; 7 lit. d, lit. g; 24 lit. a; 37 lit. a; 42 lit. b; 44 lit. a; 62 lit. b; 64 lit. a, lit. c; 65 lit. b; 66 lit. a; 68 lit. b; 75 lit. b; 78 lit. b; 83 lit. a, lit. b; 90 lit. k; 505 lit. d; 506 lit. a; 508 lit. a; 510 lit. a; 512 lit. a; 513 lit. b; 516 lit. c; 520 lit. a, b; 524 lit. a; 530 lit. a; 536 lit. a; 537 lit. a, lit. b; 539 lit. a; 540 lit. a; 570 lit. a; 574, Annex; 575 lit. a; 577 lit. a; 582 lit. a; 583 lit. a; 590 lit. c; 596 lit. a; 598 lit. a; 617 lit. a; 624 lit. a; 632 lit. a; 633 lit. d; 651, Annex.

b) (in der 13. Auflage): 1 lit. c; 5 lit. c; 6 lit. a; 7 lit. d, lit. e; 44 lit. a; 64 lit. a; 177 lit. c; 188 lit. b; 495 Anm.; 505 lit. d; 506 lit. a; 508 lit. a; 510 lit. a; 512 lit. a; 516 lit. e; 520 lit. a, lit. b.

c) (in der 14. Auflage): 5 lit. c; 6 lit. a; 7 lit. c, lit. d, lit. e, lit. f; 495, Anm.; 506 lit. a; 508 lit. a; 510 lit. a; 512 lit. a; 516 lit. e; 520 lit. a, lit. b.

geblieben sind. Mit Ausnahme von einigen Zusatzparagraphen, die überdies zur Kennzeichnung noch mit Minuskeln versehen wurden, erscheinen alle Beiträge Mittermaiers auf der Allegatenebene, und zwar bei allen drei posthumen Ausgaben.[68] Die Aussagen beider Urheber liegen damit auf zwei unterschiedlichen Ebenen getrennt voneinander.

Problematisch ist aber der Wirkbereich des Urtextes geworden. Der Leser wird durch die breiten Allegationen regelmäßig in seinem „Lesefluß" unterbrochen; Deduktionszusammenhänge verlieren trotz inhaltlicher Unversehrtheit ihre lokale und sachbezugnehmende Unmittelbarkeit. Die sich ständig abwechselnden Texte Feuerbachs und Mittermaiers verändern auch ständig die Thematik, so daß historische, gesetzeswissenschaftliche oder gegen Feuerbach gerichtete, kritisch dogmatische Erörterungen das System durchbrechen.

2. Die dispositive Besonderheit der Ebenentrennung bildet indes den Grund, auf dem das textpragmatische Problem der Kohärenzstörung überhaupt erst entstehen konnte. Mit ihr war zwar dem Text Feuerbachs die dominierende Ebene zugebilligt und der Anschein erweckt worden, mit den Zusätzen auf jener Ebene sich auch dem Konzept unterzuordnen. Typischerweise kommt einer Allegatenebene auch eine textfunktionale Unselbständigkeit zu, was sich aus dem gegenseitigen Sinnbezug ergibt, wonach Haupttexte für Allegationen notwendige Vorbedingungen sind, ohne welche jede Anmerkung sinnentstellt dasteht und als bezuglose Textansammlung erscheint, während andersherum ein Haupttext ohne Anmerkungen sinnvoll bleiben kann.

In dieser untergeordneten Funktion ist mit Allegationen an sich eine geschlossene Darstellung nicht zu sprengen, da sich daraus die wesensmäßige Beschränkung ergibt, dem Haupttext zu dienen und Nachprüfbarkeit der den Erörterungen zugrundeliegenden Sachverhalte zu ermöglichen, deren Hinweis als solcher genügt. Feuerbach selbst hatte mit Allegaten gearbeitet, ohne daß das System textpragmatisch darunter gelitten hat. Der Erfolg des Lehrbuchs bei der Leserschaft spricht für die Wahl dieses Konzeptes.[69] Die Kohärenzstörung unter der Redaktion Mittermaiers war aber gerade Folge einer untypischen Ausgestaltung der Noten.

Textpragmatisch einschneidende und damit nicht zu übergehende Störungen ergeben sich einerseits bei auffällig langen[70] und andererseits bei solchen Einschüben, bei denen mehrere Zusätze hintereinandergeschaltet worden sind.[71]

---

[68] Siehe oben C.

[69] Daß diese textpragmatische Eigenschaft auch heute noch Wirkung zeigt, beweist der Hinweis Frommel, Strafjustiz, 173, 194, wo der „juristisch-ästhetische Genuß" betont wird.

[70] So umfaßt beispielsweise § 90a samt seines Anmerkungsapparates in der 12. Auflage vier Seiten, während in der 14. Auflage bereits 11 Seiten überschritten sind. Ähnlich verhält sich der Zuwachs bei § 132a.

[71] Vgl. nur §§ 5a - 5d im Lehrbuch der 13. und 14. Auflage.

Exemplarisch läßt sich das Ausmaß des störenden Eingriffs in kohärente Texte bereits auf den ersten Seiten der posthumen Ausgaben demonstrieren. Umfaßt der Haupttext bei § 2 ganze 6½ bzw. nach Veränderung der Drucktype in der 14. Auflage 5½ Zeilen, stellte Mittermaier ihm in kleiner Drucktype bereits Anmerkungen von über einer Seite gegenüber.[72] Dadurch ist die Konsequenz in der methodischen Darstellung Feuerbachs, wonach dem Haupttext, der das innere System repräsentiert, thematische Priorität zukommt und die wenigen Noten dem untergeordnet und dienend fungieren, durchbrochen. Textpragmatisch überwiegt hier die Wirkung, die von den Zusätzen Mittermaiers ausgeht. Durch ihre Länge und Aneinanderreihung zerreißen die Zusätze den deduktiven Zusammenhang der Aussagen in den durch begriffliche Prägnanz auffallenden Einzeltexten Feuerbachs.

3. Es drängt sich die Frage auf, ob ein kohärenter Zusammenhang, wenngleich nicht durch ein systemförderndes Eingliedern, vielleicht durch sonstige materielle Bezogenheit besteht, ob etwa zwischen den Zusätzen Mittermaiers und dem Haupttext gleichartige materiale Ordnungskriterien dispositionsprägend waren; ob solche eventuell im Verhältnis der Zusätze untereinander erkennbar sind.

Die Zusätze Mittermaiers gliedern sich vor allem in der ersten posthumen Ausgabe von 1836 immerhin noch sinnbezogen dem vorgegebenen Thema und Systeme an. Eine inhaltliche Ungebundenheit ergibt sich indes bereits aus divergierenden oder infragestellenden Erörterungen, bei denen ein sachlicher Zusammenhang zwar über die Negation besteht, in der Negation sich aber gerade die Selbständigkeit der Beiträge Mittermaiers manifestiert; ein Befund, der aus einer sprachtheoretischen Perspektive erklärbar wird, wonach Aussagen, die selbst Gegenstand der Erörterung geworden sind, ihre Subjektqualität verlieren und zu operablen Gegenständen der Objektsprache werden. Die Dominanz der kritisierenden Aussagen Mittermaiers, die in dieser Qualität über die Aussagen Feuerbachs befinden und sie zu gutachterlichen Gegenständen werden lassen, kehren den texthierarchischen Standpunkt von Anmerkungen, dem Haupttext zu dienen, textfunktional trotz thematisch gleicher Materie in sein Gegenteil um.

Verrät sich aber hier eine Selbständigkeit des Standpunktes, so müssen sich Zweifel aufdrängen, ob auch da, wo Sachaussagen einen gemeinsamen dogmatischen Themenkreis berühren und insbesondere Verweise auf weiterführende Literatur oder historische Quellen einen fördernden Eindruck hinterlassen[73], inhaltliche Gemeinsamkeit und textuelle Zusammengehörigkeit gewollt sind. Daß textuelle Bezugnahmen nicht als Ergebnis einer textfunktionalen

---

[72] Ebd. (12. Aufl. / 14. Aufl.), 2 f.

[73] Vgl. beispielsweise den „Zusatz des Herausg." bei § 6 im Anschluß an lit. c, ebd. (12. Aufl.), 11f. oder die „Note des Herausg." bei § 22 im Anschluß an lit. b, ebd., 33.

Zusammengehörigkeit zu werten sind, obgleich Mittermaier bei seinen umfangreichen exegetischen Ausführungen stellenweise zu gleichen Ergebnissen wie Feuerbach kommt, zeigen etwa unabhängig von den Aussagen Feuerbachs entwickelte Ausführungen. Hier erscheint jegliche thematische Übereinstimmung eher zufällig[74], und man wird den wahren Grund für die dogmatische Problemerklärung besser dem eigenen Wissenschaftsverständnis Mittermaiers zuzuschreiben haben, welches diese Materie mitumschließt.

Die rechtsvergleichenden Erörterungen der beiden letzten Auflagen dokumentieren die thematische und damit auch textfunktionale Selbständigkeit zuletzt deutlich. Jede textuelle Angleichung erscheint infolge der eigenen, anders gelagerten thematischen Intention als zufällig. Das System Feuerbachs dient lediglich als Transportmittel für die Materie der „neuen Richtung".

Gemäß der Erkenntnis, daß jedes System seine Stoffauswahl nach bestimmten Relevanzgesichtspunkten darstellt[75], hätte Mittermaier ein anderes wissenschaftliches System als Feuerbach wählen und eine Anlehnung an Kriterien der Rechtssatzperspektiven durchführen müssen. Aufgrund der Tatsache, daß Mittermaier andere wissenschaftliche Relevanzkriterien favorisierte als Feuerbach, war die Herstellung eines hierarchisch abhängigen Textstufenverhältnisses zur Darstellung Feuerbachs schon sprachtheoretisch unmöglich.

4. Auch hinsichtlich der Beiträge Mittermaiers untereinander ist indes kein semantischer Sinnbezug hergestellt worden. Sowohl in horizontaler Richtung, die der fortschreitende Haupttext Feuerbachs vorgibt, als auch in vertikaler Richtung der Noten eines Paragraphen untereinander sind keine Bezüge typisierbar, aus denen sich Ordnungskriterien ableiten lassen.

Während etwa in der 13. Auflage die neun Noten zu § 412 dogmatischen Einzelproblemen des Betruges[76], wie der Frage nach einem Recht auf Wahrheit, gelten, wird dieser vorgegebene dogmatische Themenkreis auch noch bei den zwei hinzutretenden neuen Noten in der 14. Auflage beibehalten.[77] Diese thematische Geschlossenheit bildet indes schon die Grenze einer Regelmäßigkeit. Bei näherer Betrachtung dieser Noten läßt sich feststellen, daß das Problem des Rechtsgutes beim Betrug an den Anfang gestellt worden ist, dem dann schon Erörterungen zur Strafwürdigkeit bestimmter Einzelfälle folgt, wobei jedem Einzelfall eine Note gewidmet wurde. Nach systematischen Gesichtspunkten würde eine an den Anfang gestellte Begriffsbildung diesen Einzelfallbetrachtungen subsumtiv Grenzen gesetzt haben; dies wurde indes

[74] Vgl. nur in der 14. Auflage die Noten bei §§ 170, 172 I, 196!, 201 VIII, 226 I, 243 I, 255 I, 263 II, 264 I, 268 II, 321 I, 334!, 337 I, 369 I, 379 II, 415 I, 466 I, 469, 475, 484 I.

[75] Näheres Canaris, 112ff.

[76] Mittermaier, Lehrbuch (13. Aufl.), 577ff.

[77] Ebd. (14. Aufl.), 665ff.

unterlassen. Aber auch, wer jetzt die Umrisse eines bestimmten Topoikataloges für die getroffene Auswahl der Fälle sucht, wird enttäuscht; die Darstellung macht den Eindruck einer zufallsbedingten Aneinanderreihung.

Diese textuelle Einschätzung ändert sich auch nicht bei solchen Zusätzen, in denen sachlich die gesetzeswissenschaftliche Intention rechtsvergleichendes Material hat einfügen lassen. Beispielhaft verdeutlichen die neun Noten zu § 201 über den Aufruhr in der 13. Auflage fehlende Ordnungskriterien.[78] Während der Tatbestand sich zunächst gesetzes- und dogmengeschichtlich darstellt, folgen drei Noten rechtsvergleichender Art, woraufhin sich dann dogmatische und rechtsvergleichende Einzelfragen ablösen. Auch in der 14. Auflage zeigen die nun auf dreizehn angewachsene Zahl der Noten keine Strukturierung.[79]

Allein die strenge Ordnung des Feuerbachschen Konzepts konnte die Darstellung eigener Beiträge nicht strukturieren. Bei textfunktionaler Abhängigkeit der Allegationen wäre eine abgeleitete Ordnung immerhin denkbar, die textfunktionale Gebundenheit war aber gerade aufgegeben worden. Die Darstellung der Beiträge in der Allegatenebene erweckt allerdings fatalerweise den Anschein einer Unterordnung unter die Dispositionsgesichtspunkte Feuerbachs. Tatsächlich ermöglichte die Funktionsentfremdung eine Zweigleisigkeit. So entstanden zwei Textebenen und damit die Möglichkeit der Erstellung eines anderen, parallelgelagerten Darstellungsbereiches.

c) Die Disposition des Lehrbuchs unter Mittermaier als Resultat eines textfunktionalen Wertungswiderspruchs

1. Die textuellen Probleme der posthumen Lehrbuchausgaben entspringen nicht einem fehlenden Systemwillen Mittermaiers. Trotz aller Kritik an den Systematisierungsbestrebungen in Wissenschaft und Legislative hatte Mittermaier Systeme nicht grundsätzlich in Frage gestellt. Allerdings sprach er Systemen keinen materialen Erkenntniswert zu, da richtiges Recht als erlebte Gerechtigkeit erschien. Systemen wurde eine Funktion zur Lösung rechtlicher Probleme versagt, sie waren allerhöchstens Handlungsbehelf für eine zu praktizierende Gerechtigkeit.

Systeme waren „Gewand“[80], somit formelles Ordnungsschema und bloß mögliche, aber nicht notwendige Form für Aussagen: „Vorzüglich erhält der zerstreute Stoff leicht eine Vereinigung durch die Art der Behandlung. ... Sobald jedem Institut in dem Systeme der gehörige Platz angewiesen, dadurch eine allgemeine Übersicht der einzelnen Lehre unter erläuternden Gesichts-

[78] Ebd. (13. Aufl.), 295ff.
[79] Ebd. (14. Aufl.), 342ff.
[80] Mittermaier, Über die Grundfehler, 119.

punkten gegeben und jeder Rechtssatz so angeführt wird, daß er mit dem in der Lehre vorherrschenden Rechtsgrundsatze im Zusammenhang steht, so wird wenigstens wissenschaftliche Einheit erreicht."[81] Trotz der am konkreten Problem ausgerichteten topischen Denkweise und trotz aller Systemkritik wird man daher nicht annehmen dürfen, Mittermaier habe grundsätzlich auf Systeme verzichten und Rechtssätze nur topisch erfassen wollen.[82] Mittermaier hatte Systembildungen bejaht, allerdings folgte aus seiner auf die konkrete Lebenswelt ausgerichteten Perspektive die Forderung, daß Systeme sich durch Variabilität und Anpassungsfähigkeit auszeichnen sollten.[83] Dies ergibt sich daraus, daß die Kritiken nicht radikal die Abschaffung eines Systemdenkens betonen, sondern einen „Mut zur Lücke" und zur Unbestimmtheit von Rechtsbegriffen hervorheben[84], um eine dem sozialen Wandel und wissenschaftlichen Fortschritt angepaßte Erkenntnis Berücksichtigung finden zu lassen.[85]

Eine derartige wissenschaftstheoretische Forderung nach Flexibilität für Rechtssysteme begründet auch die pragmatischen Bestandteile seiner dogmatischen Lehren, wie etwa der Lehre zur richterlichen Begriffsausfüllung bei der Zurechnung und der Spielraumtheorie zum Strafmaß.[86] Jene Bedenken Feuerbachs, daß sich in solchen Fällen der Gerichtsgebrauch von dem Willen des Gesetzgebers entfernen könnte, lassen sich bei Mittermaier nicht antreffen; gelegentlich findet man allerdings eine Forderung nach einem schriftlichen Begründungszwang bei richterlichen Entscheidungen.[87]

2. Infolge dieser grundsätzlichen Systembefürwortung hätte eigentlich erwartet werden dürfen, daß das Konzept Feuerbachs, wenngleich nicht gefördert, doch wenigstens nicht gestört wird. Für die Bewertung der redaktionellen Intention erscheint der Umstand beachtlich, daß Mittermaier nicht aus eigenem Anlaß die Wiederherausgabe des Lehrbuchs nach dem Tode Feuerbachs betrieben hatte, sondern der Verleger es war, der an Mittermaier herantrat und ihn um inhaltliche Betreuung der posthumen Auflagen bat.[88]

Angesichts der Popularität schien zunächst ein bloßes Fortführungsinteresse vorgeherrscht und ein Eigeninteresse Mittermaiers noch hintan gestanden haben. „Mein Wunsch ist nur, daß meine Zusätze die Brauchbarkeit des Feu-

---

[81] Ders., Versuch, 28.

[82] Vgl. auch Kammer, 35, 53 m.w.N.

[83] Dies hat möglicherweise auch Lüderssen, Einleitung, 46 vor Augen gehabt. Zu variablen Systemen Näheres bei Canaris, 74ff.

[84] Mittermaier, Handbuch II, S. IV; ders., Über die Grundfehler, 119, 128 f.

[85] Ders., Über die Grundfehler, 129.

[86] Vgl. ders.: Über die Grundfehler, 129, 132; Criminalgesetzgebung, 21, 135ff.; Einleitung, 10f.; Strafverfahren II, 383, 411; Mündlichkeit, 11; NAdC 1839, 161ff.

[87] Vgl. ders.: Mündlichkeit, 9, 102, 131 Fn. 1, 137, 404f.; Strafverfahren I, 525f.; ebd. II, 471.

[88] Mittermaier, Lehrbuch (12. Aufl.), S. X.

erbachschen Lehrbuchs vermehrt ... haben“[89], bekundete Mittermaier. Hier dringt durch, daß Mittermaier die eigenen Redaktionsmöglichkeiten fremdnützig zugunsten des Erhalts des alten Konzeptes hatte einschränken wollen. Dementsprechend wurde an die Maxime der Brauchbarkeitsanpassung der Hinweis geknüpft, mit den eigenen Beiträgen „die Ordnung der Paragraphen“ nicht stören zu wollen.[90]

In beiden redaktionsrelevanten Äußerungen, die sich auf eine künftige Struktur des Lehrbuchs und auch auf die Funktion der Zusätze beziehen, liegen redaktionelle Wertigkeitsfestlegungen. Denn gerade wegen der Erhaltung der „Ordnung der Paragraphen“ sollten die eigenen Beiträge als Noten auf der Allegatenebene erscheinen und in der Erhöhung der „Brauchbarkeit“ lag eine Funktionsbestimmung, nach der die eigenen Beiträge sich unter die redaktionellen Maximen des Werkbegründers unterordnen sollten. Beide Zielvorgaben charakterisieren eigene Beiträge als fremdnützig.

Trotz dieser Absichtserklärungen konnte eine Unterordnung der Beiträge jedoch nicht zustandekommen. Mittermaier hatte eine weitere Zielsetzung verkündet, aus der heraus sich ergibt, daß er den Urtext zwar erhalten, ihn aber nicht fördern wollte. War einerseits geäußert worden, die „Brauchbarkeit“ zu vermehren, so wurde diese Maxime dadurch relativiert, daß – wie bereits die Einleitung des Lehrbuchs zweifelsfrei erkennen läßt – er die Ansichten Feuerbachs für nicht unterstützenswert hielt. So dünkte Mittermaier etwa die Straftheorie mangelhaft[91], aber auch „viele bedeutende Streitfragen waren gar nicht oder nur ungenügend in dem Lehrbuch berührt.“[92] Er machte von seiner Einschätzung keinen Hehl: Feuerbach war zu korrigieren.[93]

Die Funktion der Allegatenebene auf fremdnützige, untergeordnete Förderung des Haupttextes war keineswegs so eindeutig, wie auf den ersten Blick vermutet werden könnte. Trotz hinzutretender Bekundung, die Brauchbarkeit erhöhen zu wollen, war die textuelle Funktion der Noten vielmehr ausgeweitet, so daß die typische Eigenschaft von Anmerkungen, den Haupttext zu unterstützen, nicht zur Entstehung kam. Im Vordergrund stand zwar eine Erhaltung des weiterhin in Ansehen stehenden Textes Feuerbachs, dies aber nur soweit, daß eine urheberschaftliche Vermischung der Aussagen beider Redaktoren durch die Ebenentrennung verhindert werden konnte. Nur dies sollte die Gestaltung der voneinander getrennten Textebenen gewährleisten.

Darüberhinaus wurde von Mittermaier angesichts seines anders gearteten wissenschaftlichen Verständnisses die Notwendigkeit gesehen, ein eigenes

---

[89] Ebd., S. IX.
[90] Ebd., S. VI.
[91] Ebd., S. III.
[92] Ebd., S. IV.
[93] Ebd., S. VI.

„Lehrbuch des Strafrechts in diesem Sinne zu bearbeiten.“[94] Mit diesem Hinweis steht aber fest, daß neben der Erhaltung des Urtextes aus Popularitätsgründen den Noten die zusätzliche, und zwar sogar eigennützige Funktion zukam, ein eigenes Lehrbuch vorbereiten zu helfen. Zu diesem Zwecke galt es „Materialien ... in den Noten zu Feuerbach sammeln.“[95] Eine solche eigennützige Zwecksetzung bedeutet aber textuelle Selbständigkeit und Unabhängigkeit der eigenen Beiträge von dem mitveröffentlichten übrigen Text.

Damit wurde der Hinweis auf eine Aktualisierung durch Erhöhung der Brauchbarkeit und Strukturerhaltung durch Einfügung von Noten als redaktionelle Zielsetzung problematisch, denn diese Ankündigung steht nicht nur in einem Widerspruch zur Fortschreibung des inhaltlichen Konzeptes Feuerbachs und Erhaltung des stringenten Systems, sondern bot darüberhinaus die gedankliche Legitimation, die zu seiner Gefährdung führen mußte. In bezug auf die „Materialsammlung“ hinsichtlich eines eigenen Lehrbuchs lag eine Umwidmung des dogmatischen Systems Feuerbachs zu eigen Zwecken; dieses bot eine gelegen kommende Struktur zur Angliederung eigenen noch zu ordnenden Textes.

3. Damit ist folgender Befund festzuhalten: Zwei Intentionen haben den markanten Notenbereich entstehen lassen und geprägt. Aus der Absicht, den Text Feuerbachs inhaltlich unangetastet wieder zu veröffentlichen, erwuchs das strukturelle Konzept, infolge der Absicht aber, ein eigenes Lehrbuch herauszugeben, gestalteten sich die Beiträge Mittermaiers inhaltlich.

Die Strukturmaxime, das Feuerbachsche Konzept dadurch zu erhalten, daß Anmerkungen auf die untergeordnete Allegatenebene verwiesen wurden, kann daher für sich allein noch nicht diese textpragmatische Störung verursachen. Dies lag vielmehr an der zusätzlichen Funktionsfestlegung, wonach die Noten zur Vorbereitung eines eigenen Lehrbuchs dienen sollten, denn hieraus resultierte die thematische Selbständigkeit und die Unmäßigkeit ihrer Ausgestaltung.

Im Zusammenspiel beider Redaktionsmaximen wurden die Zusätze quantitativ und qualitativ so markant, daß die Rezensoren von einem „Buch im Buche“ sprachen und damit den konkurrierenden Charakter der Beiträge treffend umschrieben. Die neue Thematik, die zunächst nur gelegentlich angesprochen worden war, konnte aufgrund der zweiten Maxime ihren Platz im Lehrbuche beanspruchen und strebte nach Dominanz. Mittermaier selbst mußte erkennen, „wie schwierig ein Anpassen der Anmerkungen an das Werk eines Verfassers ist, mit dessen Grundprinzip der Herausgeber nicht einverstanden ist.“[96]

---

94 Ebd., S. V.

95 Ebd., S. VI.

96 Ebd. (14. Aufl.), S. XIV f.

Tatsächlich war ein Anpassen nicht nur schwierig, sondern wegen des wertmäßigen Widerspruchs, der in beiden Redaktionsmaximen liegt, unmöglich. Entweder hätte Mittermaier sich dem Interesse Feuerbachs unterordnen sollen mit der Folge, daß er auch den forcierten inhaltlichen Ausbau der Zusätze hätte unterlassen müssen, den die Zweigleisigkeit des Konzeptes ermöglicht hatte, oder er hätte sich vom Eigeninteresse leiten lassen und ein eigenes Konzept bilden sollen mit der anderen Folge, daß das System Feuerbachs hätte aufgegeben werden müssen. Die Beibehaltung aber beider Maximen mußte zu einer Disposition des Lehrbuchs führen, die man inkonsequent nennen könnte, die unter linguistischen Gesichtspunkten als Kohärenzstörung zu bezeichnen ist.

Einen Vergleich mit dem System Feuerbachs hält der textuelle Zustand der posthumen Ausgaben keinesorts stand. Selbst gegenüber der systemvorgelagerten topischen „Revision" sind erhebliche qualitative Unterschiede erkennbar. Während an diesem Ort Feuerbachs Auseinandersetzung mit anderen Ansichten stattgefunden hatte und deutlich um die Axiome als Grundlagen des Systems gerungen wurde, lassen die Texte Mittermaiers vergleichbare inhaltliche Auseinandersetzungen mit anderen Ansichten oder eigene axiomatische Überlegungen, die einer Systembildung vorgelagert sind und es vorbereiten könnten, missen.

Die Noten hatten als Lager der „Materialsammlung" nicht bloß den Charakter eines vorläufigen Werkes, sondern Mittermaier hatte sich, rhetorisch gesehen, noch in einem konzeptlosen Inventionsstadium befunden, wo Relevanzkriterien noch nicht sichtbar und eine unwissenschaftlich-rhapsodische Darstellung die Folge waren. Die eigenen Beiträge erscheinen als jene von Kant so bezeichneten, durch Zufälligkeiten zustandegekommene Aggregate.[97]

[97] Vgl. Kant, Vernunft, 607.

D. Ergebnis

I. Gesamtbeurteilung des posthumen Konzepts

Mittermaier hatte mit der Einfügung der Zusätze in das Lehrbuch Feuerbachs zwischen 1836 und 1847 kein endgültiges Konzept geschaffen, es aber auch nicht schaffen wollen. Das Werk, das in der Konzeption Feuerbachs zweifellos zu den einflußreichsten Kompendien der Jurisprudenz zu zählen ist, erhielt vier Jahre nach Feuerbachs Tod unter Mittermaier einen neuen Charakter durch die beiden redaktionellen Maximen, einerseits den Text Feuerbachs zu erhalten und andererseits ein eigenes Kompendium vorzubereiten. Gerade wegen des Festhaltens an beiden Grundsätzen entstand eine Struktur, die das Lehrbuch zu einem Dilemma machte.

Mittermaier, der durch die Beteiligung an Aktualisierungsmaßnahmen unter der Federführung Feuerbachs das Kompendium bestens kennen gelernt hatte, bezog bereits vor der eigenverantwortlichen Redaktionsübernahme in Lehrveranstaltungen und durch Veröffentlichungen zu diesem Kompendium Position. In seiner Haltung überwog kritische Distanz; er hatte zwar bei Überarbeitungen mitgewirkt, er hatte auch das Lehrbuch Feuerbachs seinen Vorlesungen zugrundegelegt, er hätte es indes niemals selbst geschrieben. Mit der Redaktionsübernahme war es seinem überzeugten Kritiker schutzlos ausgeliefert worden, seine Misere vorprogrammiert.

Was Mittermaier dazu motivierte, sich der Erhaltung des Feuerbachkonzepts verpflichtet zu fühlen, ob dieses Tabu aus dem Ansehen der Person des Verfassers oder der Verbreitung des Werkes resultierte, muß letztlich offen bleiben. Festzustellen ist aber, daß eine Neukonzeption dieses Lehrbuchs, das das „Ganze der Wissenschaft“[1] widerspiegeln sollte, angesichts geänderter Umstände in Rechtsordnung und Wissenschaft, die längst nicht mehr das gemeine Recht zugrundelegten, zu rechtfertigen gewesen wäre.

Einem einheitlichen Konzept, welches die Ansichten Feuerbachs durch Förderung fortgeführt hätte, stände entgegen, daß dies gegen alle publikgemachten Prinzipien Mittermaiers verstoßen müßte. Aus ihnen ergab sich nicht bloß eine Unvereinbarkeit in dogmatischen Teilproblemen; sie war grundsätzlicher Art und betraf das Wissenschaftsverständnis sowohl in funktionaler, als auch in erkenntnistheoretischer und methodischer Hinsicht. Bereits hierin waren

[1] Zu diesen Sachwidmungen beider Lehrbuchherausgeber siehe oben C I.

die Unterschiede so groß, daß nicht nur die Fortführung, sondern auch ein neues Konzept auf der Basis des alten Systems zum Scheitern verurteilt gewesen wäre.

Die sachliche Unvereinbarkeit wird zwar augenfällig bei den axiomatischen Grundsätzen des dogmatischen Systems; über die vielfältigen kritischen Äußerungen und Abgrenzungen läßt sich schlechterdings nicht hinwegsehen und die hier dargestellten dogmatischen Positionen zur Rechtsverletzungs- und zur Strafzwecklehre dokumentieren dies beispielhaft. Im Falle der Rechtsverletzungslehre, die ihrer systematischen Funktion gemäß[2] das System der Verletzungstatbestände Feuerbachs geprägt hatte, hätte ein neues dogmatisches Konzept nach Kriterien der „Richtung der Verbrechen" entwickelt werden müssen; im Falle der Strafzwecklehre, wo pragmatische Fragen nach den Rechtsfolgen dominierten, hätte sich eine Konzeption an der einzelfallbezogenen „Gerechtigtheorie" in Verbindung mit Grundsätzen zum „richterlichen Ermessen" ausrichten müssen. Beide Theorien Mittermaiers dokumentieren erhebliche Unterschiede im dogmatischen Denken und andere Relevanzkriterien als bei Feuerbach für ein System des Strafrechts. Allerdings war das wissenschaftliche Anliegen Mittermaiers ja gerade nicht auf den Bereich der Dogmatik beschränkt, sondern auf den der Gesetzeswissenschaft bezogen. Das aber bedeutet für jede Systemkonzeption, daß übergeordnete, rechtssatzbezogene Gesichtspunkte die Disposition hätten leiten müssen; bei dieser Sachlage muß jede Annäherung an das System Feuerbachs zwangsläufig scheitern.

Das in sich widersprüchliche Konzept der posthumen Lehrbuchausgaben avancierte schließlich zu einem Rätsel[3], weil Mittermaier seine konträren Ansichten überwiegend bloß schemen- und fragmenthaft zum Ausdruck gebracht hatte. Dies mußte die Kritiker und die Rezensenten der von ihm herausgegebenen Lehrbücher bei ihren Ausführungen beflügeln; und zwar vor allem deshalb, weil Mittermaier auch in anderen Werken mehr angedeutet als ausgeführt hatte.[4] Ein interpretationsbefähigtes Vorverständnis ist unter diesen Umständen kaum zu erwarten. So konnte bei den Kritikern nur Betroffenheit aus Unverständnis die Feder führen.

Die fehlende Problematisierung in Mittermaiers Zusätzen zu Feuerbachs Lehrbuch läßt sich zwar angesichts der geplanten Eigenkonzeption auf eine Vorläufigkeit der Ausführungen zurückführen. Allerdings kann die Veröffentlichung eines solchen, unfertigen Konzepts nicht entschuldigt werden, denn Mittermaier selbst hatte die konzeptionellen „Schwierigkeiten" angesprochen.[5] Er war sich also des Dilemmas bewußt, das die Folge seiner beiden

[2] Zu diesem Aspekt der Rechtsverletzungslehre vgl. oben C I 2. b) bb) β) ββ) (I).

[3] v. Stein, DJbWissKu 1842, 294.

[4] Landsberg, Text, 434 betont daher auch zu Recht, Mittermaier habe „die Gabe der Anregbarkeit im höchsten Maße besessen."

[5] Mittermaier, Lehrbuch (14. Aufl.), S. XIV.

Redaktionsmaximen war. Von einer solchen Erkenntnis ist es nur ein kleiner Schritt bis zu der Überlegung, ob solch unfertige Darstellungen ein abgerundetes Werk wie das Lehrbuch Feuerbachs nicht auch beeinträchtigen würden; und wenn ja, in welchem Ausmaße. Diese Überlegung hätte man von Mittermaier überdies erwarten können, weil gerade ihm, wie seine wissenschaftlichen Appelle zur Rechtsanwendung zeigen, die pragmatische Perspektive der Wirkbezüge grundsätzlich nicht unbekannt geblieben waren. Die mißliche Disposition der posthumen Lehrbücher erweist sich somit als Resultat einer unbedachten Redaktion.

II. Die Bedeutung der Konzeption für eine Einschätzung von Wirken und Werken Mittermaiers

Die Gegensätzlichkeit von Feuerbach und Mittermaier, die in personaler Hinsicht metaphorisch mit dem Vergleich von „Feuer" und „Wasser" umschrieben worden ist[1], betrifft auch die Lehre. Für einen diesbezüglichen Vergleich erhält das Lehrbuch Feuerbachs mit den Zusätzen Mittermaiers eine zentrale Stellung. Auf den ersten Blick scheint es auf der einen Seite die logischen Fähigkeiten des Systematikers Feuerbach und auf der anderen Seite die empirische Emsigkeit des Erfahrungswissenschaftlers und Systemkritikers Mittermaier zu verkörpern.

Daß trotz aller Mängel, die der Konzeption der posthumen Lehrbuchausgaben anhaften, aus ihr keine übereilten Schlüsse auf das Wissenschaftsverständnis Mittermaiers gezogen werden dürfen, haben die vorhergehenden Erörterungen versucht zu beweisen. Zugegebenermaßen stehen sich ein axiologisches System und eine tumultuarische Sammlung gegenüber, das eine ist indes ein endgültiges, das andere ein bloß vorläufiges Konzept. Ein direkter Vergleich der äußeren Konzepte verbietet sich also, genau wie ein direkter Vergleich der wissenschaftlichen Systeme infolge der Fragmenthaftigkeit der Lehren Mittermaiers nicht möglich ist, vielmehr erst durch eine hermeneutische Vervollständigung konzeptionelle Konturen sichtbar werden, die das „Ganze der Wissenschaft" seines Lehrbuch betreffen und widerspiegeln. Wagt man sich aber auf diesen Weg, dann sind Veränderungen im Mittermaierbild der Gegenwart die Folge. Während sich Feuerbach im Lehrbuch als strenger Systematiker erweist, werden die Lehrbuchbeiträge Mittermaiers, den man wegen seiner erfahrungsbezogenen Publikationen vor allem als Pragmatiker kennt und für einen Praktiker hält, erst angemessen verständlich, wenn die anklingenden systematischen Forderungen und axiomatischen Vorstellungen berücksichtigt werden. Vor allem diesem Aspekt axiomatischer Grundsatzbildung ist in den bisher publizierten rechtshistorischen Erörterungen leider zu wenig Beachtung geschenkt worden.

---

[1] Radbruch, Feuerbach, 92.

Dies resultiert allerdings nicht aus dem Interpretationsvermögen der gegenwärtigen Rechtshistoriker, sondern aus dem allseits bedauerten Umstand, daß es Mittermaier auf der Höhe seiner wissenschaftlichen Laufbahn unterlassen hatte, ein Grundsatzprogramm über sein Wissenschaftsverständnis zu veröffentlichen, und viele seiner Theorien in der unübersichtlichen Breite seines Gesamtwerkes in floskelhaften Erwähnungen untergehen. Daß sie gleichwohl nicht bloß als rhetorische Arabesken gemeint waren, dürfte die Veröffentlichung seines Frühwerkes von 1807 gezeigt haben, wo sich Sinnbezüge eröffnen[2] und eine philosophische Begründung seiner „neuen Richtung" zu finden ist. Auch wenn dieses Werk von Mittermaier weder einer Veröffentlichung in überarbeiteter Fassung, noch einer Verbreitung in der vorläufigen Form für würdig befunden worden war, weil er es möglicherweise für unausgereift gehalten hatte, so ist es doch für ein Verständnis seiner Wertvorstellungen hermeneutisch wichtig und ergänzt die späteren naturrechtlichen Erwägungen.

Während Feuerbach funktionell zwischen der Tätigkeit eines Rechtswissenschaftlers und eines Gesetzgebers unterschieden hatte und so letzlich in seinem Lehrbuch das rechtswissenschaftliche Konzept eines abstrakten, „reinen" Systems manifestierte, war diese Trennung von Theorie und Praxis nach dem funktionalen Anspruch des Wissenschaftskonzepts Mittermaiers gerade aufzuheben. Die Wissenschaft lebte für und von der Praxis. Eine derartige Widmung hat Folgen für den wissenschaftlichen Objektbereich. So mußten aus diesem funktionalen Gesichtspunkt heraus Fragen der Rechtsanwendung genauso ins Blickfeld geraten wie Überlegungen zu Wertentscheidungen. Dabei verlagerte sich allerdings der Schwerpunkt der Betrachtung von Bezügen eines geltenden Rechtssystems zu Rechtssystemfragen überhaupt. Unter dem Gesichtspunkt einer Rezipierbarkeit interessierten diese gerade in ihrer Modellhaftigkeit. Mit dieser Perspektive hatte ein erheblicher Wechsel des wissenschaftlichen Objektbereichs, gemessen an dem Feuerbachs sozusagen eine Kopernikanische Wende, stattgefunden. Mittermaier analysierte auf einer Satzebene letztlich Probleme der Rechtssatzoptimierung in semantisch-syntaktischer und pragmatischer Hinsicht. Auf dieser Ebene wurden Fragen zu Systemgrundsätzen gestellt und zu beantworten versucht. Zu erinnern sei an den sich dabei ergebenden Grundsatz einer Flexibilität von Rechtssätzen und die Forderung einer Möglichkeit, trotz Wertfixierungen Korrekturen im Lichte der Rechtsanwendung für die Zukunft anbringen zu können.[3]

Das wissenschaftliche Anliegen einer Ausgewogenheit von Theorie und Praxis, einer Einheit aller staatlichen Maßnahmen, ließ, wie die Erörterungen oder Bemerkungen zu Sinnfragen zeigen, deontische Wertfragen nicht hintanstellen, fügte aber Fragen der Pragmatik hinzu. Die Wertungsfragen ergaben

---

[2] Siehe oben C I 2. a) aa) α).

[3] Mittermaier, Über die Grundfehler, 103f.; vgl. oben C III 3. c).

sich dabei nicht positivistisch aus bestehenden Rechtssätzen, sondern aus rechtspolitischen Erwägungen, die philosophisch-überpositiver Art waren. Die posthumen Lehrbuchausgaben deuten diesen gegenüber Feuerbach wesentlich veränderten wissenschaftlichen Ansatz in den Beiträgen zwar nur an, dieser ist aber trotz aller Schemenhaftigkeit immerhin so prägnant, daß seinerzeit schon v.Stein gespürt hatte, daß ihm damit eine grundlegend umgestaltete Kriminalrechtswissenschaft gegenüberstand.[4]

Daß die Zusätze Mittermaiers die Perspektive der Rechtssatzebene nicht vollkommen widergibt, sie vielmehr wissenschaftlich unausgewogen erscheinen, hat nicht prinzipielle, sondern praktische, tatsächliche Ursachen. Die Anfang des 19. Jahrhunderts maßgeblich durch Feuerbach bewirkte Reform der Strafrechtswissenschaft - und ihr folgend die Reform der Strafgesetzgebung - konnte gelingen, weil Feuerbach als philosophisch besonders geschulter und befähigter Jurist positiv an das Systemdenken Wolffs und das Kategoriendenken Kants angeknüpft hatte, als er daran ging, den „Stoff" in eine gereinigte „Form" zu bringen. Wäre es Mittermaier nur um den Fragenkreis der Rechtspragmatik gegangen, hätte er immerhin an die auch ihm bekannten Lehren der Utilitaristen anknüpfen können. Ihre Methode erschien ihm indes als ethisch nicht ergiebig, ihre Wertvorstellung als nicht akzeptabel. Für sein Vorhaben der „neuen Richtung" sah er daher keine Vorbilder, denen er hätte nacheifern, fehlten ihm grundsatzbildende wissenschaftliche Erfahrungen, auf denen er hätte aufbauen können.

Darüberhinaus stand Mittermaier auch aufgrund seines philosophisch-ethischen Anspruchs in dem Dilemma, einen Tätigkeitsschwerpunkt setzen und sich entscheiden zu müssen, ob die wertsetzende Praxis oder die vorbereitende Theorie, ob direktes politisches Handeln oder Wertanalysen in dogmatischer oder pragmatischer Hinsicht seine Mitarbeit erforderten. Infolge seiner Maxime war ihm beides gleichwertig und gleich wichtig, aber das rechtspolitische Geschehen in Deutschland, die Kodifikationsbewegung des 19. Jahrhunderts, mußten diesen Ansatz überfordern. Mittermaier konnte auf das politische Geschehen nur angemessen wissenschaftlich dadurch reagieren, daß zunächst einmal Material gesammelt wurde und hinsichtlich des Gesamtzusammenhangs der breiten Perspektive nur tagespolitisch brennende Einzelpunkte erörtert wurden. Der Entwurf einer umfassenden, geschlossenen Theorie blieb dadurch verhindert, und alle Versuche, seine Ideen geordnet darzustellen, mußten schon deshalb skizzenhaft bleiben.

Das Resultat der Redaktion an den posthumen Lehrbüchern impliziert daher weniger dogmatische Unsicherheit, als vielmehr eine wissenschaftliche Suche auf der Metaebene der Rechtssätze. Mittermaier wollte mit seinen Lehrbuchbeiträgen und nach seinem Wissenschaftsverständnis überhaupt nicht die strafrechtliche Dogmatik fördern; insofern war er Nicht-Dogmatiker.

---

4 v. Stein, DJbWissKu 1842, 295.

Hätte Mittermaier bereits eine Ordnung für seine „neue Richtung“, dann wäre es ihm ein Leichtes gewesen, in der Zeit von 1836 bis 1847 das Kompendium als ein System in seinem Sinne umzustrukturieren. Die Tatsache, daß dies gerade nicht geschehen ist, dokumentiert, daß Mittermaier nicht bloß textuell, sondern auch wissenschaftstheoretisch noch in der Phase der inventio stand und sich angesichts der Komplexität des Stoffes hierin geradezu festgefahren hatte. 1847 verblieb ihm nur noch die resignierende Konzeptaufgabe und der Wechsel des Handlungsschwerpunktes von der wertsuchenden Theorie zur wertsetzenden Praxis. Nachdem Mittermaier schon 1846 und 1847 an den Germanistenversammlungen in Frankfurt a.M. und Lübeck mitgewirkt hatte, wurde er 1848 Präsident des Frankfurter Vorparlaments und danach Abgeordneter in der verfassungsgebenden Nationalversammlung.[5] In den an diese politisch aktive Phase anschliessenden wissenschaftlichen Schaffensjahren wurde der Kompendiengedanke dann nicht mehr aufgegriffen[6], obgleich, wie vereinzelte Bemerkungen aus dieser Zeit deutlich machen, sich das Wissenschaftsverständnis vom Grundsatz her nicht gewandelt hatte.

[5] Vgl. Haag, 62, Mittermaier gehe „nach Frankfurt mit dem Bewußtsein einer großen Aufgabe.“

[6] Vgl. auch den Befund zu dem Handexemplar Mittermaiers von der 14. Auflage des Lehrbuchs, oben C II 3.

E. Quellenverzeichnis

Den Quellen liegen die Abkürzungen nach
Kirchner, H. / Kastner, F.: Abkürzungsverzeichnis der Rechtssprache, 3. Aufl., Berlin 1983,
und wegen älteren Zeitschriften ergänzend
Kirchner, H.: ebd., 2. Aufl., Berlin 1968,
zugrunde.[1] Darüber hinaus ergeben sich folgende Lesarten:

ALZErgBl	Allgemeine Jenaische Litteratur Zeitung, Ergänzungsblätter
BlgerichtlAnthr	Blätter für gerichtliche Anthropologie
DJbWissku	Deutsches Jahrbuch für Wissenschaft und Kunst
HdJbLit	Heidelberger Jahrbücher für Literatur
IntSchBF	Internationale Schulbuchforschung
KritZfRwiss	Kritische Zeitschrift für Rechtswissenschaft und Gesetzgebung des Auslandes
WissZJena	Wissenschaftliche Zeitung Jena
ZPäd	Zeitschrift für Pädagogik

I. Archivalien

a) Universitätsbibliothek Heidelberg, Handschriftenmagazin *(HdHs)*:

aa) *3716 II D 20 Nr. A 6* . . . . Nachlaß G. Radbruch
bb) *3716 II D 20 Nr. A 10* . . . . Nachlaß G. Radbruch
cc) *2711* . . . . Kollegmitschrift SS 1828
dd) *2502* . . . . Kollegmitschrift SS 1834 od. 1835
ee) *3718 16 c 1* . . . . Kollegmitschrift SS 1844
ff) *2746* . . . . Brief Thibauts an Mittermaier vom 25. März 1812
gg) *459* . . . . Mitschrift Mittermaier einer Vorlesung Gönners
hh) *Mittermaieriana 1869* . . . . mit autographen Anmerkungen versehenes Handexemplar Mittermaiers vom Lehrbuch Feuerbachs (14. Aufl.)

b) Universitätsbibliothek Marburg, Handschriftenmagazin (*MrHs*):
Briefe Mittermaiers an v. Savigny

aa) *725 : 883* . . . . vom 9. September 1808
bb) *725 : 884* . . . . vom 8. Dezember 1808
cc) *725 : 885* . . . . vom 28. April 1809

[1] Der übrige Text folgt insoweit den Vorgaben des Duden, Bd. 1, Rechtschreibung der deutschen Sprache.

dd) *725 : 888* .... vom 24. März 1811
ee) *725 : 893* .... vom 31. März 1819
ff) *725 : 894* .... vom 17. März 1819
gg) *MrMs 925/45 (Bl. 367 – 378)* .... Werksentwurf Mittermaiers zur „Einleitung in das Studium der Geschichte des germanischen Rechts"

c) Universität München, Archiv: .... *Personalakte Mittermaier*

d) Akademie der Wissenschaften der (ehemaligen) DDR, Archiv *(AdW – DDR)*: Briefe Mittermaiers

aa) *Nl – Arndt Nr. 13* .... an E.M. Arndt vom 24. August 1821
bb) *Nl – Niebuhr* .... an Niebuhr vom 22. Januar 1827

e) Landesbibliothek Karlsruhe:
52 A 5671 .... (1802 gedrucktes) „Reisetagebuch K.J.A. Mittermaier von 1796"

f) Bay. Staatsbibliothek München (*BayStBibl.*):
Briefe Mittermaiers

aa) *Schragiana I* .... an Buchhändler Schrag vom 11. August 1811
bb) *Neue Autographen Mittermaier* .... an Hufeland vom 22. Juni 1816

g) Bay. Hauptstaatsarchiv München (*BayHStA*):
M Inn 23433 .... Akte Mittermaier

h) Staatsarchiv München (*StA*):

aa) *Wilhelmgymnasium Nr. 133, 137, 138* .... Schuldokumente
bb) *AR I M-S 747 – 1019* .... Akten des LG München
cc) *RA Nr. 16429* .... jur. Ausbildung

i) Archiv des Erzbistums München und Freising:

aa) *Trauungsbuch Hofkuratie Nymphenburg, Bd. 438, fol. 9*
bb) *Sterbebuch St. Peter, Bd. 160, fol. 369; Bd. 162. fol. 127.*

j) Privatbesitz:

aa) Familie Mittermaier .... Mitschrift Mittermaiers der „Criminalrecht"-Vorlesung Knülls
bb) Familie Feuerbach .... Brief Mittermaiers an Feuerbach vom 7. Dezember 1822
cc) Verein „Feuerbachhaus Speyer" .... Brief Feuerbachs an Mittermaier vom 29. August 1813

II. Literatur[2]

Abegg, Julius Friedrich Heinrich: *Lehrbuch* der Strafrechtswissenschaft, Neustadt a.d. Orla 1836.

– Die verschiedenen *Strafrechtstheorien* in ihrem Verhältnis zueinander, Neustadt a.d. Orla 1835.

Amelung, Knut: Rechtsgüterschutz und Schutz der Gesellschaft. Untersuchungen zum Inhalt und zum Anwendungsbereich eines Strafrechtsprinzips auf dogmengeschichtlicher Grundlage, Frankfurt 1972.

Anonymus: Rezension: Lehrbuch des gemeinen in Deutschland gültigen peinlichen Rechts. Von Anselm Ritter von Feuerbach, 9. Ausgabe 1826, in: ALZErgBl 1828, 129 - 136, 137ff.

Anzeige der Vorlesungen, welche im Sommerhalbjahre *1808* auf der Großherzoglich Badischen Ruprecht-Karolinischen Universität zu Heidelberg gehalten werden sollen, Heidelberg (o.J.).

Anzeige der Vorlesungen, welche im Winterhalbjahre *1808/09* auf der Großherzoglich Badischen Ruprecht-Karolinischen Universität zu Heidelberg gehalten werden sollen, Heidelberg (o.J.).

Arnsperger, L.: Karl Josef Anton Mittermaier, in: Badische Biographien, Bd. 2, Heidelberg 1875, 80 - 87.

Bauer, Anton: Lehrbuch des Strafrechts, 2. Aufl., Göttingen 1833.

Beaugrande, Robert-Alain *de / Dressler,* Wolfgang Ulrich: Einführung in die Textlinguistik, Tübingen 1981.

Belke, Horst: Gebrauchstexte, in: Grundzüge der Literatur- und Sprachwissenschaft, Bd. 1, Literaturwissenschaft (hrsg. von Heinz Ludwig Arnold und Volker Sinemus), 3. Aufl., München 1975, 320 - 341.

Bense, Max: Semiotische Prozesse und Systeme, Baden-Baden 1975.

Berner, Albert Fr.: Lehrbuch des deutschen Strafrechts, 1. Aufl., Leipzig 1857.

Beschreibung der kurbaierischen Haupt- und Residenzstadt München, 2 Bde., München 1803 (zit: *Beschreibung Münchens I/II*).

Beyerle, Franz: Das frühmittelalterliche Schulheft vom Ämterwesen, in: ZSRG GA 1952, 1 - 23.

Bezold, Friedrich v: Geschichte der Rheinischen Friedrich-Wilhelms-Universität von der Gründung bis zum Jahre 1870, Bd. 1, Bonn 1920.

Birnbaum, Michael: Ueber das Erforderniß einer Rechtsverletzung zum Begriffe des Verbrechens, mit besonderer Rücksicht auf den Begriff der Ehrenkränkung, in: AdC.NF 1834, 149 - 194.

[2] Die Zitierweise der Literatur folgt den Verfassernamen, bei mehreren Titeln unter Angabe des jeweils einschlägigen Werkes, deren Zitatform sich vorliegend aus der Kursivsetzung bzw. gelegentlich aus einer dann besonders angeführten Kurzfassung ergibt. Zeitschriftenaufsätze sind als solche kenntlich gemacht.

Blau, Günter: Paul Johann Anselm Feuerbach, Berlin, Leipzig 1948.

Bloy, René: Anton *Bauer* (1772 - 1843) und seine Mitwirkung an der Entstehung des Criminalgesetzbuches für das Königreich Hannover von 1840, in: Rechtswissenschaft in Göttingen. Göttinger Juristen aus 250 Jahren (herausgegeben von Fritz Loos), Göttingen 1987, 190 - 208.

— Johann Georg *Duttlinger* als Kriminalist, Heidelberg 1990.

Blühdorn, Jürgen: „Kantianer" und Kant. Die Wende von der Rechtsmetaphysik zur „Wissenschaft" vom positiven Recht, in: ZSRG RA 1973, 305 - 345.

Bochenski, Ioseph Maria: Die zeitgenössischen Denkmethoden, 6. Aufl., München 1973.

Boehm, Laetitia: Die Universität in festlichem Gewand. Streifzug durch fünf Jahrhunderte, in: Ludwig-Maximilians-Universität Ingolstadt-Landshut-München (1472 - 1972) (hrsg. von Laetitia Boehm und Johannes Spörl), Berlin 1972, 11 - 84.

Bohnert, Joachim: Paul Johann Anselm Feuerbach und der Bestimmtheitsgrundsatz im Strafprozeß, Heidelberg 1982.

Braga, Sevold: Zur Methode der rechtsvergleichenden Arbeit, in: Rechtsvergleichung, Europarecht und Staatenintegration. Gedächtnisschrift für Léontin-Jean Constantinesco (hrsg. von Gerhard Lüke u. a.), Köln u. a. 1983, 99 - 108.

*Breuer, D*ieter: Einführung in die pragmatische Textheorie, München 1974.

*Breuer, J*oseph: Die politische Gesinnung und Wirksamkeit des Kriminalisten Anselm von Feuerbach. Diss. jur. Straßburg 1905.

Brezinka, Wolfgang: Die Krise der wissenschaftlichen Pädagogik im Spiegel neuer Lehrbücher, in: ZPäd 1966, 53 - 88.

Bubnoff, Eckhart v.: Die Entwicklung des strafrechtlichen Handlungsbegriffes von Feuerbach bis Liszt unter besonderer Berücksichtigung der Hegelschule, Heidelberg 1966.

Bucher, Ewald: Die Juristen in der Frankfurter Nationalversammlung, Diss. jur. München 1941.

Büllesbach, Alfred: Rechtswissenschaft und Sozialwissenschaft, in: Einführung in Rechtsphilosophie und Rechtstheorie der Gegenwart (hrsg. von Arthur Kaufmann u. a.), 5. Aufl., Heidelberg 1989, 392 - 420.

Canaris, Claus-Wilhelm: Systemdenken und Systembegriff in der Jurisprudenz, Berlin 1969.

Constantinesco, Léontin-Jean: Rechtsvergleichung, Bd. I, Einführung in die Rechtsvergleichung, Köln u. a. 1971.

Dickerhof, Harald: Aufbruch in München, in: Ludwig-Maximilian-Universität Ingolstadt-Landshut-München (1472 - 1972) (hrsg. von Laetitia Boehm und Johannes Spörl), Berlin 1972, 215 ff.

Döring, Oskar: Feuerbachs Straftheorie und ihr Verhältnis zur Kantischen Philosophie, in: Kantstudien, Ergänzungsheft 3, 1907, 1 - 48.

Dressler, Wolfgang Ulrich: Über *linguistische Ansätze* für die Rechtswissenschaft, in: Rechtstheorie und Rechtsinformatik (hrsg. von Günther Winkler), Wien 1975, 14 - 21.

– *Einführung* in die Textlinguistik, Tübingen 1972.

Ebner, Eduard: Geschichte des Realschulwesens in Bayern von 1774 - 1833, München 1924.

Eco, Umberto: Zeichen. Einführung in einen Begriff und seine Geschichte, Frankfurt 1977.

Engisch, Karl: Sinn und Tragweite juristischer Systematik, in: Studium Generale 1957, 173ff.

Feuerbach, Ludwig (Hrsg.): Anselm Ritter von Feuerbach's Biographischer Nachlaß, 2 Bde, 2. Aufl., Leipzig 1853 (zit.: Biogr. Nachlaß I/II).

Feuerbach, Paul Johann Anselm v.: *Aktenmäßige Darstellung* merkwürdiger Verbrechen, 3. Aufl., Frankfurt 1849.

– *Anti-Hobbes* oder über die Gränzen der bürgerlichen Gewalt und das Zwangsrecht der Unterthanen gegen ihre Oberherren, Gießen 1798.

– *Betrachtungen* über den Geist des Code Napoléon, in: Themis oder Beiträge zur Gesetzgebung, Landhut 1812, 3 - 73.

– *Blick* auf die deutsche Rechtswissenschaft. Eine Vorrede zu Karl August Dominik Unterholzner, Juristische Abhandlung, München 1810 (Sonderdruck, o.J.).

– *Kritik* des Kleinschrodischen Entwurfs eines peinlichen Gesetzbuchs für die baierischen Staaten. 3 Theile, Gießen 1804.

– *Kritik des natürlichen Rechts* als Propädeutik zu einer Wissenschaft der natürlichen Rechte, Altona 1796.

– *Lehrbuch* des gemeinen in Deutschland gültigen peinlichen Rechts, *1. Aufl.,* Gießen 1801.

– desgl., *5. Aufl.,* Gießen 1812.

– desgl., *7. Aufl.,* Gießen 1820.

– desgl., *9. Aufl.,* Gießen 1826.

– desgl., *11. Aufl.,* Gießen 1832.

– *Über Philosophie* und Empirie in ihrem Verhältnis zur positiven Rechtswissenschaft. Eine Antrittsrede (1804), in: Theorie der Erfahrung in der Rechtswissenschaft des 19. Jahrhunderts (hrsg. von Klaus Lüderssen), Frankfurt 1968, 59 - 100.

– Die *Revision* der Grundsätze des peinlichen Rechts, Bd. I, Erfurt 1799.

– desgl., Bd. II, Chemnitz 1800.

– *Über die Strafe* als Sicherungsmittel, Chemnitz 1800.

Fickert, Artur: Montesquieus und Rousseaus Einfluß auf den Vormärzlichen Liberalismus Badens, Leipzig 1914.

Fischer, Wolfram: Staat und Gesellschaft Badens im Vormärz, in: Staat und Gesellschaft im deutschen Vormärz. 1815 - 1848 (hrsg. von Werner Conze), Stuttgart 1962, 143 - 171.

Forker, Armin: Nachwort, in: P. J. Anselm Ritter von Feuerbach. Erkenntnisse über Kaspar Hauser (Nachdruck der Originalausgabe 1832), Leipzig 1983, S. I - XIX.

Frommel, Monika: *C. J. A. Mittermaiers Konzeption* einer praktischen Strafrechtswissenschaft, in: Carl Joseph Anton Mittermaier, Symposium 1987 in Heidelberg. Vorträge und Materialien (hrsg. von Wilfried Küper), Heidelberg 1988, 73 - 90.

— *Präventionsmodelle* in der deutschen Strafzweck-Diskussion, Berlin 1987.

— *Strafjustiz* und Polizei, in: Akten des 26. Deutschen Rechtshistorikertages (hrsg. von Dieter Simon), Frankfurt 1987, 169 - 196.

Früh, Werner: Inhaltsanalyse, München 1981.

Fuhrmann, Manfred: Das systematische Lehrbuch, Göttingen 1960.

Gadamer, Hans-Georg: *Frühromantik,* Hermeneutik, Dekonstruktivismus, in: Die Aktualität der Frühromantik (hrsg. von Ernst Behler u. a.), Paderborn 1987, 251 ff.

— *Wahrheit* und Methode, 4. Aufl., Tübingen 1975.

Gagnér, Sten: Die Wissenschaft des gemeinen Rechts und der Codex Maximilianeus Bavaricus Civilis, in: Wissenschaft und Kodifikation des Privatrechts im 19. Jahrhundert, Bd. 1 (hrsg. von Helmut Coing und Walter Wilhelm), Frankfurt 1974, 1 - 118.

Gallas, Wilhelm: P. J. A. Feuerbachs „*Kritik* des natürlichen Rechts", Heidelberg 1964.

— *Kriminalpolitik* und Strafrechtssystematik unter besonderer Berücksichtigung des sowjetrussischen Rechts, Berlin u. a. 1931.

Gareis, Karl v: Birnbaum, in: Hess. Biographien, Bd. 2, Darmstadt 1927, 39 - 45.

Geisel, Karl: Der Feuerbachsche Entwurf von 1807, Diss. jur. Göttingen 1929.

Glaser, Horst Albert: Texte – Literatur – Dichtung, in: Grundzüge der Literatur- und Sprachwissenschaft, Bd. 1, Literaturwissenschaft (hrsg. von Heinz Ludwig Arnold und Volker Sinemus), 3. Aufl., München 1975, 23 - 30.

Goldschmidt, James: Das Verwaltungsstrafrecht, Berlin 1902.

Goldschmidt, Lewin: Zum Andenken an Karl Joseph Anton Mittermaier, in: AcP 1867, 417 - 442.

— Heidelberger Rechtslehrer. *In memoriam,* Stuttgart 1886.

Graven, Jean: Pellegrino Rossi. Grand Européen, Genève 1949.

Grebing, Gerhardt: Die Strafrechtsreform Frankreichs im Vergleich mit der Strafrechtsreform der Bundesrepublik Deutschland, in: Strafrechtsreform und Rechtsvergleichung (hrsg. von Hans Lüttger), Berlin 1979, 86 - 114.

Gülich, Elisabeth / *Raible,* Wolfgang: Linguistische Textmodelle, München 1977.

Györgyi, Kalman / *Vékás,* Lajos: Mittermaier und das ungarische Rechtsleben, in: Carl Joseph Anton Mittermaier, Symposium 1987 in Heidelberg. Vorträge und Materialien (hrsg. von Wilfried Küper), Heidelberg 1988, 149 - 164.

Haag, Ferdinand: Die Universität Heidelberg in der Bewegung von 1848/49, Diss. jur. Heidelberg 1934.

Haft, Fritjof: *Recht* und Sprache, in: Einführung in Rechtsphilosophie und Rechtstheorie der Gegenwart (hrsg. von Arthur Kaufmann u. a.), Karlsruhe 1977, 233 - 255.

– Juristische *Rhetorik,* 3. Aufl., Freiburg u. a. 1985.

Hahn, Wolfram W.: Die Entwicklung der Laiengerichtsbarkeit im Großherzogtum Baden während des 19. Jahrhunderts, Berlin 1974.

*Hartmann, N*icolai: Einführung in die Philosophie, 4. Aufl., Hannover 1956.

*Hartmann, R*ichard: P. J. A. Feuerbachs politische und strafrechtliche Grundanschauungen, Berlin/Ost 1961.

Hauck, H.: C. J. A. Mittermaiers kriminalistische Lehren als Beitrag zur modernen Kriminalistik, in: MSchrKrimPsych 1914, 655 - 686 und 1917, 23 - 33, 65 - 76.

Hattenhauer, Hans: Juristenausbildung – Geschichte und Probleme, in JuS 1989 513 - 520.

Heffter, August Wilhelm: Lehrbuch des gemeinen deutschen Criminalrechts, 2. Aufl., Halle 1840.

Heine, Joachim Fr.: Zur Methode in Benedikt Carpzovs zivilrechtlichen Werken, in: ZSRG RA 1965, 227 - 301.

Hempfer, Klaus W.: Zur pragmatischen Fundierung der Texttypologie, in: Textsortenlehre – Gattungsgeschichte (hrsg. von Walter Hinck), Heidelberg 1977, 1 - 26.

Hentschel, Günther / *Steinbrink,* Bernd / *Ueding,* Gerd: Einführung in Technik und Methoden der Rhetorik, in: Einführung in die Rhetorik (hrsg. von Gerd Ueding), Stuttgart 1976, 196 - 287.

Hepp, Ferdinand C. Th.: Darstellung und Beurtheilung der deutschen Strafrechtssysteme. Ein Beitrag zur Geschichte der Philosophie und der Strafgesetzgebungs-Wissenschaft. Erste Abtheilung. Die Vergeltungs- oder Gerechtigkeitssysteme, 2. Aufl., Heidelberg 1843.

Herberger, Maximilian: Dogmatik. Zur Geschichte von Begriff und Methode in Medizin und Jurisprudenz, Frankfurt 1981.

Herberger, Maximilian / *Simon,* Dieter: Wissenschaftstheorie für Juristen, Frankfurt 1980.

Herschel, Wilhelm: Gefahren der systematischen Auslegung, in: BB 1966, 791 ff.

Hettinger, Michael: Das Fragerecht der Verteidigung im reformierten Inquisitionsprozeß, Berlin 1985.

Hirschberger, Johannes: Geschichte der Philosophie, Bd. 2, 9. Aufl., Freiburg 1976.

Hollerbach, Alexander: Der Rechtsgedanke bei Schelling, Frankfurt 1957.

Hruschka, Joachim: Das Verstehen von Rechtstexten, München 1972.

Huber, Max: Ludwig I von Bayern und die Ludwig-Maximilians-Universität München (1826 - 1832), Diss. phil. München 1939.

Index praelectionum auspiciis augustissimi et potentissimi regis Friderici Guilelmi III in academia borussia rhenana recens condita per menses aestivos a CI) I) CCCXIX, Bonn (o. J.).

– desgl., aestivos a 1820, Bonn (o. J.).

– desgl., aestivos a 1821, Bonn (o. J.).

Jacobs, Günther: Strafrecht, Allgemeiner Teil. Die Grundlagen und die Zurechnungslehre. Berlin, New York 1983.

Jahrbuch der Preußischen Rhein-Universität Bonn, Bd. 1, Bonn 1821.

Jammers, Antonius: Die *Bibliothek* des Heidelberger Juristen Karl Joseph Anton Mittermaier (1787 - 1867) und ihre Eingliederung in die Universitätsbibliothek Heidelberg, in: Bibliothek und Wissenschaft, Bd. 3 (hrsg. von Siegfried Joost), Wiesbaden 1966, 156 - 218.

– Die Heidelberger Juristenfakultät im 19. Jahrhundert als Spruchkollegium, Heidelberg 1964 (zitiert: *Heidelberger JurFak*).

Jayme, Erik: Emerico *Amari* (1810 - 1870) und die Begründung der Rechtsvergleichung als Wissenschaft, in Festschrift für Karl Firsching zum 70. Geburtstag (hrsg. von Dieter Henrich und Bernd von Hoffmann), München 1985, 143 - 163.

– *Einleitung,* in: C. J. A. Mittermaier. Italienische Zustände, 1844. Neudruck Heidelberg 1988, S. V - XIII.

– *Grußwort* des Dekans der Heidelberger Juristischen Fakultät – Mittermaier und Italien, in: Carl Joseph Anton Mittermaier, Symposium 1987 in Heidelberg. Vorträge und Materialien (hrsg. von Wilfried Küper), Heidelberg 1988, 7 - 20.

Kammer, Jürgen Friedrich: Das gefängniswissenschaftliche Werk C. J. A. Mittermaiers, Diss. jur. Freiburg 1971.

Kant, Immanuel: Kritik der *Urteilskraft* (Nachdruck der 6. Aufl. von 1924, hrsg. von Karl Vorländer), Hamburg 1974.

– Kritik der reinen *Vernunft* (hrsg. von Raymund Schmidt nach der ersten und zweiten Original-Ausgabe), Hamburg 1976.

Kaser, Max: Gaius und die Klassiker, in: ZSRG RA 1953, 127 - 178.

Kipper: Johann Paul Anselm Feuerbach, Köln 1969.

Kleinheyer, Gerd / *Schröder,* Jan: Deutsche Juristen aus fünf Jahrhunderten, 3. Aufl., Heidelberg 1989.

Kleinschmidt, Arthur: Aus dem ungedruckten Briefwechsel Wessenbergs mit Mittermaier, in: Deutsche Revue 1889, 63 - 76, 175 - 185, 343 - 354.

Köstlin, Christian Reinhold: Neue Revision der Grundbegriffe des Criminalrechts, Tübingen 1845.

Krüger, Lorenz: Über das Verhältnis der hermeneutischen Philosophie zu den Wissenschaften, in: Hermeneutik und Dialektik I. Festschrift für Hans-Georg Gadamer zum 70. Geburtstag (hrsg. von Rüdiger Bubner u. a.), Tübingen 1970, 3 - 30.

Küper, Wilfried: Mittermaier – Miszellen – Zur Eröffnung des Heidelberger Mittermaier-Symposiums, in: Carl Joseph Anton Mittermaier. Symposium 1987 in Heidelberg. Vorträge und Materialien (hrsg. von Wilfried Küper), Heidelberg 1988, 41 - 50.

Kutschera, Franz v.: Sprachphilosophie, 2. Aufl., München 1975.

Lampe, Ernst-Joachim: Juristische Semantik, Bad Homburg v.d.H. 1970.

Landsberg, Ernst: Die *kriminalistischen Fächer* (Strafrecht und Strafprozeß) an der Universität Bonn 1818 - 1819, in: Festgabe der Bonner Juristischen Fakultät für Karl Bergbohm zum 70. Geburtstag, Bonn 1919, 13 - 15.

– Geschichte der Deutschen Rechtswissenschaft, 3. Abt., 2. Halbband – Text und Noten, München u.a. 1910 (zit. *Geschichte/Text; Geschichte/Noten*).

Landwehr, Götz: Karl Joseph Anton Mittermaier (1787 - 1867). Ein Professorenleben in Heidelberg, in: Heidelberger Jahrbücher, Bd. X, Berlin u.a. 1966, 29 - 55.

Larenz, Karl: Methodenlehre der Rechtswissenschaft, 3. Aufl., Berlin 1975.

Liepmann, Moritz (Hrsg.): Von Kieler Professoren. Briefe aus 3 Jahrhunderten zur Geschichte der Universität Kiel, Stuttgart 1916.

Lilienthal, Karl *v.* / *Mittermaier,* Wolfgang: Karl Joseph Anton Mittermaier als Gelehrter und Persönlichkeit, in: ZStW 1922, 157 - 181.

Liszt, Franz v.: Kriminalpolitische Aufgaben, in: ZStW 1889, 452 - 498.

Loening, Richard: Über geschichtliche und ungeschichtliche Behandlung des deutschen Strafrechts, in: ZStW 1883, 219 - 375.

Loos, Fritz: Die Wert- und Rechtslehre Max Webers, Tübingen 1970.

Luden, Heinrich: Handbuch des teutschen gemeinen und partikularen Strafrechts, Erster Band, Jena 1847.

Lüderssen, Klaus: *Einleitung,* in: P. J. A. Feuerbach, C. J. A. Mittermaier. Theorie der Erfahrung in der Rechtswissenschaft des 19. Jahrhundert. Zwei methodische Schriften (hrsg. von dems.), Frankurt 1968, 7 - 57.

– Paul Johann Anselm von *Feuerbach,* in: Handwörterbuch zur Deutschen Rechtsgeschichte (HRG), Bd. I (hrsg. von Adalbert Erler u.a.), Berlin 1971, Sp. 1119 - 1124.

– Karl Joseph Anton Mittermaier und der Empirismus in der Strafrechtswissenschaft. Betrachtungen aus Anlaß seines 100. Todestages, in: JuS 1967, 444 - 448.

Maiwald, Manfred: *Dogmatik* und Gesetzgebung im Strafrecht der Gegenwart, in: Gesetzgebung und Dogmatik (hrsg. von Okko Behrends und Wolfram Henckel), Göttingen 1989

– Der Heidelberger Kriminalist *Martin* und die Strafrechtswissenschaft seiner Zeit, in: Semper apertus. Sechshundert Jahre Ruprecht-Karls-Universität Heidelberg (1386 - 1986). Festschrift in sechs Bänden, Bd. 2, (bearbeitet von Wilhelm Doerr), Berlin u.a. 1986, 197 - 221.

– *Zu Mittermaiers Manuskript* „Über die Prinzipien des sogenannten Naturrechts", in: Carl Joseph Anton Mittermaier, Symposium 1987 in Heidelberg. Vorträge und Materialien (hrsg. von Wilfried Küper), Heidelberg 1988, 263 - 269.

– Der Sinn der „Humanisierung" des Rechts, in: ARSP 1988, 149 - 158.

Marezoll, Theodor: Das gemeine deutsche Criminalrecht als Grundlage der neueren deutschen Strafgesetzgebungen, 2. Aufl., Leipzig 1847.

Marquardsen, Heinrich v.: Mittermaier, in: Allgemeine Deutsche Biographie (ADB), Bd. 22 (Neudruck der 1. Aufl. von 1885), Berlin 1970, 25 - 33.

Martens, Gunter: Textdynamik und Edition, in: Texte und Varianten (hrsg. von Gunter Martens und Hans Zeller), München 1971, 169 - 201.

Martin, Christoph: Lehrbuch des Teutschen gemeinen Criminalrechts, II. Hauptabschnitt, Heidelberg 1825.

Die *Matrikel* der Universität Heidelberg, 5. Teil (1807 - 1846) (bearbeitet von Gustav Toepke), Heidelberg 1904.

– desgl., 6. Teil (1846 - 1870) (hrsg. von Paul Hintzelmann), Heidelberg 1907.

Das *Matrikelbuch* der Universität Ingolstadt-Landshut-München (hrsg. von Franz Xaver Freninger), München 1872.

McDonell, John: Introduction, zu: Great Jurists of the world (hrsg. von John McDonell u. a.), London 1913, S. IX - XVI.

Mittermaier, Carl Joseph Anton: *Vier Abhandlungen* aus dem Strafrechte. Als Einleitung zu: Paul Johann Anselm von Feuerbach, Aktenmäßige Darstellung merkwürdiger Verbrechen, 3. Aufl., Frankfurt 1849, 1 - 47.

– *Anleitung* zur Verteidigungskunst im Criminalprozesse, 1. Aufl., Landshut 1814.

– Blick auf den Zustand der Ausbildung des Criminalrechts im Auslande, insbesondere in Italien, Frankreich, England, Spanien, Portugal und den Niederlanden, in: KritZfRwiss Bd. 2, 1830, 328 - 360; KritZfRwiss Bd. 3, 1831, 414 - 44.

– Der französische compte générale de l'année 1827, in: Hitzigs Annalen 1829, Bd. 3, 154 - 180.

– *Disquisitio* de alienationibus mentis quatenus ad jus criminale spectant, Heidelberg 1825.

– Über die Einführung des Baierischen Strafgesetzbuches in Weimar mit Betrachtungen über den Werth dieses Gesetzbuches, in: NAdC 1818, 54 - 64.

– Einleitung in das Studium der Geschichte des germanischen Rechts, Landshut 1812 (zit: *germanisches Recht*).

– Welche ergänzende Einrichtungen fordert die Einführung des Besserungssystems? mit Beziehung auf das neueste Werk von Bonneville über diesen Gegenstand, in: AdC.NF 1847, 447 - 460.

– Entwurf eines Strafgesetzbuchs für das Königreich Hannover. Allgemeiner Teil 1824; Besprechung in: HdJbLit 1824; 641 - 677.

– Der neue Entwurf des Strafgesetzbuchs für das Königreich Baiern, in: NAdC 1824, 173 - 226.

– Erfahrungen über die *Wirksamkeit* der Schwurgerichte in Europa und Amerika über ihre Vorzüge, Mängel und Abhülfe, Erlangen 1865.

– Ergebnisse statistischer Arbeiten, in: KritZfRwiss Bd. 16, 1844, 147 - 152.

– Praktische Ergebnisse der Criminalstatistik zur Aufhellung wichtiger Fragen des Strafrechts und Strafverfahrens, in: GS 1861, 23 - 42.

– *Feuerbach,* in: Deutsches Staats-Wörterbuch, Bd. 3, Leipzig 1858, 503 - 513.

– Neue psychiatrische Forschungen und Erfahrungen in ihrer Anwendung auf die beste Art in Straffällen zuverlässige Materialien zur Beurtheilung der Frage über Zurechnungsfähigkeit zu erhalten, in: BlgerichtlAnthr 1867, 3 - 37.

– Fortschritte des Auslandes in Bezug auf Statistik in ihrer Anwendung auf Staatsverwaltung und Rechtspflege, in: KritZfRwiss Bd. 14, 1842, 353 - 368.

– Über die Fortschritte der Criminalgesetzgebung in Deutschland, mit besonderer Beziehung auf die neuesten Strafgesetzbücher für Basel und St. Gallen, in: NAdC 1824, 1 - 44.

– Die Fortschritte der Gesetzgebung in England, in Bezug auf die Aufhebung der Todesstrafe, mit statistischen Nachrichten über die Anwendung dieser Strafart in England, Schottland und Irland in der neuesten Zeit, in: KritZfRwiss Bd. 15, 1843, 267 - 274.

– Ueber die Fortschritte der juristischen Literatur und den Zustand des Rechtsstudiums in Italien, in: KritZfRwiss Bd. 14, 1842, 136 - 169, 398 - 426, 556 - 584 und KritZfRwiss Bd. 15, 1842, 453 - 475.

– Über die neuesten Fortschritte der Strafgesetzgebung, in: AdC.NF 1837, 537 - 560.

– Die *Gesetzgebung* und Rechtsübung über Strafverfahren nach ihrer neuesten Fortbildung dargestellt und geprüft, Erlangen 1856.

– *Über die Grundfehler* der Behandlung des Kriminalrechts in Lehr- und Strafgesetzbüchern (1819), in: Theorie der Erfahrung in der Rechtswissenschaft des 19. Jahrhundert. Zwei methodische Schriften (hrsg. von Klaus Lüderssen), Frankfurt 1968.

– *Grundsätze* des gemeinen deutschen Privatrechts mit Einschluß des Handels-, Wechsel- und Seerechts, Bd. I, 5. Aufl., Landshut 1837.

– *Handbuch* des peinlichen Processes mit beständiger vergleichender Darstellung des gemeinen deutschen Rechts und der Bestimmungen der französischen, österreichischen, preussischen und baierischen Criminalgesetzgebung, Erster Band, Heidelberg 1810.

– desgl., Zweiter Band, Heidelberg 1812.

– *Lehrbuch* des gemeinen in Deutschland gültigen peinlichen Rechts von Dr. Anselm Ritter von Feuerbach. Mit vielen Anmerkungen und Zusatzparagraphen herausgegeben, *12. Aufl.,* Giessen 1836.

– *Lehrbuch* des gemeinen in Deutschland gültigen peinlichen Rechts von Dr. Anselm Ritter von Feuerbach. Mit vielen Anmerkungen und Zusatzparagraphen und mit einer vergleichenden Darstellung der Fortbildung des Strafrechts durch die neuen Gesetzgebungen herausgegeben, *13. Aufl.,* Giessen 1846.

– desgl., *14. Aufl.,* Giessen 1847.

– Die Lehre vom *Beweis* im deutschen Strafprozesse nach der Fortbildung durch Gerichtsgebrauch und deutsche Gesetzbücher in Vergleichung mit den Ansichten des englischen und französischen Strafverfahrens, Darmstadt 1834.

– Die *Mündlichkeit,* das Anklageprinzip, die Öffentlichkeit und das Geschworenengericht in ihrer Durchführung in den verschiedenen Gesetzgebungen dargestellt und nach den Forderungen des Rechts und der Zweckmässigkeit mit Rücksicht auf die Erfahrung der verschiedenen Länder, Stuttgart, Tübingen 1845.

– Die Nachteile der Vernachlässigung des Studiums der Natur des Menschen und der Fortschritte der Naturwissenschaften bei Abfassung der neuen Gesetzbücher, in: BlgerichtlAnthr 1861, 243 - 260.

– *Über die Prinzipien* des sogenannten Naturrechts, in: Carl Joseph Anton Mittermaier. Symposium 1987 in Heidelberg. Vorträge und Materialien (hrsg. von Wilfried Küper), Heidelberg 1988, 167 - 243.

– Rezension: Betrachtungen über die Öffentlichkeit und Mündlichkeit der Gerechtigkeitspflege von Anselm Ritter von Feuerbach. Gießen 1821, in: HdJbLit 1822, 161 - 184.

– Rezension: Feuerbach über Oeffentlichkeit und Mündlichkeit der Gerechtigkeits-Pflege, Bd. II, in: HdJbLit 1825, 529 - 547.

– Rezension: Corpus Juris Germanici, bearbeitet von Gustav Emminghaus, in: HdJbLit 1825, 318 - 326.

– Rezension: Neueste juristische Literatur des Auslandes. Nr 6 Sur l'homme et le développement de ses facultés par Quetelet. Paris 1835. 2 vol, in: KritZfRwiss Bd. 8, 1836, 320 - 323.

– Rezension: 12 Bücher der Gerichtsmedizin, in: HdJbLit 1861, 593 - 606.

– Über den neuesten Stand der Ansichten in England, Nordamerika, Frankreich, Italien und Deutschland, betreffend die Aufhebung der Todesstrafe, in: AdC.NF 1834, 1 - 33.

– Das neue russische Strafgesetzbuch, in: KritZfRwiss Bd. 19, 1847, 267 - 278.

– Über die relativ unbestimmten Strafgesetze in den neuesten Strafgesetzbüchern und die richtige Ausmessung der darin befindlichen Strafen, in: AdC.NF 1839, 161 - 184.

– Die *Strafgesetzgebung* in ihrer Fortbildung geprüft nach den Forderungen der Wissenschaft und nach den Erfahrungen über den Werth neuer Gesetzgebungen, und über die Schwierigkeiten der Codification, mit vorzüglicher Rücksicht auf den Gang der Berathungen von Strafgesetzgebung in constitutionellen Staaten. Erster Beitrag, Heidelberg 1841.

– desgl., Zweiter Beitrag, Heidelberg 1843.

– Die öffentliche mündliche *Strafrechtspflege* und das Geschworenengericht in Vergleichung mit dem deutschen Strafverfahren, Landhut 1819.

– Das deutsche *Strafverfahren* in der Fortbildung durch Gerichtsgebrauch und Landesgesetzbücher und in genauer Vergleichung mit der englischen und französischen Strafverfolgung, Teil I, Heidelberg 1845.

– desgl., Teil II, Heidelberg 1846.

– Die *Todesstrafe* nach den Ergebnissen der wissenschaftlichen Forschungen, der Fortschritte der Gesetzgebung und der Erfahrung, Heidelberg 1862.

– Das Verbrechen des Totschlags im Zusammentreffen mit anderen Verbrechen und Vergehen, in: AdC.NF 1855, 145 - 161.

– *Versuch* einer wissenschaftlichen Behandlung des deutschen Privatrechts, mit einem Grundriß zu Vorlesungen, Landshut 1815.

– *Vorwort,* in: August Schiebe, Lehrbuch des Handelsrechts mit Ausnahme des Seerechts. Frei bearbeitet nach Pardessus, Cours de Droit Commercial, Leipzig 1838, S. V - X.

– Über den praktischen Wert der richtigen *Behandlungsweise* des deutschen Rechts, in: Julius Scholz, Das Schäfereirecht nach gemeinem Rechte und mit besonderer Rücksicht auf die Gesetze mehrer deutschen Staaten für Juristen und Landwirte, Braunschweig 1837, S. V - XXXII.

– Die Wissenschaft der vergleichenden Gesetzgebung (Rezension von E. Amari, Critica di una scienza delle Legislazioni comparale), in: HdJbLit 1858, 31 - 39.

– Über den neuesten Zustand der *Criminalgesetzgebung* in Deutschland. Mit Prüfung der neuesten Entwürfe für die Königreiche Hannover und Sachsen, Heidelberg 1825.

– Über den neuesten Zustand der Criminalrechtswissenschaft in Deutschland, in: NAdC 1820, 76 - 106, 400 - 428.

– Der gegenwärtige Zustand der *Gefängnißfrage* mit Rücksicht auf die neuesten Leistungen und Erfahrungen über Gefängnißeinrichtung mit besonderer Beziehung auf Einzelnhaft, Erlangen 1860.

– Über den gegenwärtigen Zustand des Gefängniswesens in Europa und Nordamerika, in: AdC.NF 1846, 133 - 160.

– Über den neuesten Zustand der Strafrechtswissenschaft in Frankreich, England, und Italien, mit prüfender Vergleichung der neuesten in diesen Ländern erschienen strafrechtlichen Werke und der juristischen Zeitschriften, in: KritZfRwiss Bd. 9, 1837, 284 - 308, 424ff.

Mittermaier, Franz: K. J. A. Mittermaier, in: Ruperto-Carola. Illustrirte Fest-Chronik der V. Säkularfeier der Universität Heidelberg, Heidelberg 1886, 201 - 204.

Mittermaier, Karl / *Mittermaier,* Franz: Bilder aus dem Leben von K. J. A. Mittermaier, Heidelberg 1886.

Morris, Charles: Zeichen, Sprache und Verhalten, Düsseldorf 1973 (Originaltitel: Signs, Language and Behavior, New York 1946).

Mühlmann, Wilhelm E.: Geschichte der Anthropologie, 4. Aufl., Wiesbaden 1986.

Müller-Dietz, Heinz: Das Leben des Rechtslehrers und Politikers Karl Theodor *Welkker,* Freiburg 1968.

– Karl Joseph Anton Mittermaier. Ein führender Kriminalpolitiker und Pönologe des 19. Jahrhunderts, in: Kriminalistik 1974, 157 - 161.

– Der *Strafvollzug* im Werk Mittermaiers, in: Carl Joseph Anton Mittermaier Symposium 1987 in Heidelberg. Vorträge und Materialien (hrsg. von Wilfried Küper), Heidelberg 1988, 109 - 137.

Mußgnug, Reinhard: Carl Mittermaier als Politiker, in: Carl Joseph Anton Mittermaier, Symposium 1987 in Heidelberg. Vorträge und Materialien (hrsg. von Wilfried Küper), Heidelberg 1988, 51 - 71.

Naucke, Wolfgang: *Von Feuerbach zu Mittermaier*: ein Fortschritt in der Strafrechtswissenschaft, in: Carl Joseph Anton Mittermaier. Symposium 1987 in Heidelberg. Vorträge und Materialien (hrsg. von Wilfried Küper), Heidelberg 1988, 91 - 108.

– Zu Feuerbachs Straftatbegriff, in: WissZJena 1984, 479 - 485.

– *Kant* und die psychologische Zwangstheorie Feuerbachs, Hamburg 1961.

– *Vorwort* zu Paul Johann Anselm Feuerbach, Über Philosophie und Empirie in ihrem Verhältnis zur positiven Rechtswissenschaft (Neudruck), Darmstadt 1969.

Neh, Siegfried W.: Mittermaiers Schrift „Über die Prinzipien des sogenannten Naturrechts" - der Zustand des Textes und sein Entstehungszeitraum, in: Carl Joseph Anton Mittermaier, Symposium 1987 in Heidelberg. Vorträge und Materialien (hrsg. von Wilfried Küper), Heidelberg 1988, 245 - 261.

Neusüß, Wolfgang: Gesunde Vernunft und Natur der Sache, Berlin 1970.

Nörr, Knut Wolfgang: Naturrecht und Zivilprozeß, Tübingen 1976.

Noll, Peter: Gesetzgebungslehre, Reinbek bei Hamburg 1973.

Parthey, Gustav: Jugenderinnerungen (hrsg. von Ernst Friedel), 2. Teil, Berlin 1907.

Paulsen, Friedrich: Die deutschen Universitäten und das Universitätsstudium, Hildesheim 1966.

Permanender, Michael: Annales almae literarum universitatis Ingolstadii (olim conditae inde autem prima huius seculi initio Landishutum posteaque landishuto Monachium), München 1859.

Petersen-Falshöft, Günter: Wissenschaftstheorie und Didaktik, Kastellaun 1979.

Plett, Heinrich F.: Textwissenschaft und Textanalyse, Heidelberg 1975.

Prantl, Karl v.: Geschichte der Ludwig-Maximilians-Universität in Ingolstadt, Landshut, München, Bd. 1 (München 1872), Neudruck Aalen 1968.

Pütter, Johann Stefan: Beyträge zum Teutschen Staats- und Fürsten-Rechte, Bd. 1, Göttingen 1777.

Radbruch, Gustav: Paul Johann Anselm *Feuerbach.* Ein Juristenleben (hrsg. von Erik Wolf), 3. Aufl., Göttingen 1956.

– *Drei Strafrechtslehrbücher* des 19. Jahrhunderts, in: Festschrift für Ernst Heinrich Rosenfeld zu seinem 80. Geburtstag, Berlin 1949, 7 - 28.

– Feuerbach als Kriminalpsychologe, in: MSchrKrimPsych 1910, 1 - 9.

Reinhardstöttner, Oskar v.: Beiträge zur Geschichte der bayerischen Verfassungsurkunde, Diss. jur. Erlangen 1905.

Reithofer, Franz Dionys: Geschichte und Beschreibung der Königlich-Baierischen Ludwig-Maximilians Universität in Landshut, Landshut 1811.

Reuper, Ulrich: Die Rhetorik im Mittelalter, in: Einführung in Technik und Methoden der Rhetorik (hrsg. von Gerd Ueding), Stuttgart 1976, 61 - 78.

Rieg, Alfred: Die modernen Tendenzen des französischen Strafrechts, in: ZStW 1969, 411 - 424.

Ritsert, Jürgen: Inhaltsanalyse und Ideologiekritik, Frankfurt 1972.

Roßhirt, Conrad Eugen Franz: Lehrbuch des Criminalrechts nach den Quellen des gemeinen deutschen Rechts, Heidelberg 1821.

Roth, Carl-Ludwig: Das Gymnasial-Schulwesen in Bayern zwischen den Jahren 1824 - 1843, Stuttgart 1845.

Rückert, Joachim: Idealismus, Jurisprudenz und Politik bei Friedrich Carl von Savigny, Ebelsbach 1984.

Rust, Holger: Methoden und Probleme der Inhaltsanalyse, Tübingen 1981.

Santos, Marino Barbero: Kurze Darstellung der kriminalpolitischen Grundlagen des Sanktionensystems des spanischen Strafrechts seit 1848, in: Strafrecht und Strafrechtsreform (hrsg. von Kurt Madlener), Köln 1974, 47 - 62.

Savigny, Friedrich Carl v.: Stimme für und wider neue Gesetzbücher, in: ZGeschRW 1816, 1 - 52.

Schärl, Walter: Die Zusammensetzung der bayerischen Beamtenschaft von 1806 - 1918, Kallmünz/Opf 1955.

Scheibe, Siegfried: Zu einigen Grundprinzipien einer historisch-kritischen Ausgabe, in: Texte und Varianten (hrsg. von Gunter Martens und Hans Zeller), München 1971, 1 - 44.

Schieder, Theodor: Vom Deutschen Bund zum Deutschen Reich, Bd. 15 des Handbuchs der deutschen Geschichte (hrsg. Bruno Gebhardt, neu herausgegeben von Herbert Grundmann), 10. Aufl., München 1985.

Schlüter, Hermann: Grundkurs der Rhetorik, 9. Aufl., München 1985.

*Schmidt, E*berhard: Einführung in die Geschichte der deutschen Strafrechtspflege, 3. Aufl., Göttingen 1965.

*Schmidt, Ra*iner: Landshut zwischen Aufklärung und Romantik, in: Ludwig-Maximilians-Universität, Ingolstadt-Landshut-München (1472 1972) (hrsg. von Laetitia Boehm und Johann Spörl), Berlin 1972, 195 ff.

*Schmidt, Ru*dolf: Deutsche Buchhändler. Deutsche Buchdrucker. 3 Bd., Berlin 1905.

*Schmidt, S*iegfried *J.*: Texttheorie, 2. Aufl., München 1976.

Schröder, Jan: Wissenschaftstheorie und Lehre der „praktischen Jurisprudenz" auf deutschen Universitäten an der Wende zum 19. Jahrhundert, Frankfurt 1979.

Schubert, Gernot: Feuerbachs Entwurf zu einem Strafgesetzbuch für das Königreich Bayern aus dem Jahre 1824, Berlin 1978.

Schulz, Joachim: Mittermaier und die freie Beweiswürdigung, in: Carl Joseph Anton Mittermaier, Symposium 1987 in Heidelberg. Vorträge und Materialien (hrsg. von Wilfried Küper), Heidelberg 1988, 139 - 148.

Schulze, O.: Über Unterrichtshilfsbücher, Langensalza 1928.

Seifert, Fedor: Schöne Literatur und Feuerbach, in: NJW 1985, 1591 ff.

Seiffert, Helmut: Einführung in die Wissenschaftstheorie, Bd. 1, 10. Aufl., München 1983.

– desgl., Bd. 2, 8. Aufl., München 1983.

Sellert, Wolfgang: Ein unbekannter Brief des Paul Johann Anselm von Feuerbach, in: ZSRG GA 1978, 170 - 185.

Sessar, Klaus: Die Entwicklung der Freiheitsstrafe im Strafrecht Frankreichs, Bonn 1973.

Sina, Peter: Die Dogmengeschichte des strafrechtlichen Begriffs „Rechtsgut", Basel 1962.

Spoerri, Theodor: Genie und Krankheit. Eine psychopathologische Untersuchung der Familie Feuerbach, Basel 1952.

Stegemeier, Ludwig: Die Bedeutung Karl Joseph Anton Mittermaiers für die Entwicklung des reformierten Strafprozesses, Diss. jur. Göttingen 1948.

Stein, Lorenz v.: Zur Charakteristik der heutigen Rechtswissenschaft. Rezension: Lehrbuch des gemeinen in Deutschland gültigen peinlichen Rechts von Anselm Ritter von Feuerbach. Mit vielen Anmerkungen und Zusatzparagraphen ... von Dr. C. J. A. Mittermaier. Dreizehnte Originalausgabe, Gießen 1840, in: DJbWissKu 1842, 277 - 296.

Stephanitz, Dieter v.: Exakte Wissenschaft und Recht. Der Einfluß von Naturwissenschaft und Mathematik auf Rechtsdenken und Rechtswissenschaft in zweieinhalb Jahrtausenden, Berlin 1970.

Stühler, Hans-Ulrich: Die Diskussion um die Erneuerung der Rechtswissenschaft von 1780 - 1815, Berlin 1978.

Taschenbuch der Zeitrechnung des deutschen Mittelalters und der Neuzeit, (hrsg. von Th. Ulrich), 11. Aufl., Hannover 1971.

Thòt, Ladislaus v.: Die positivistische Strafrechtsschule, in: ArchKrimAnthr 1914, 193 - 258; ebd. 1915, 1 - 65, 113 - 174, 203 - 342.

Verzeichnis der an der Königlichen Ludwig-Maximilians-Universität zu Landshut ... zu haltenden Vorlesungen (SS 1810, WS 10/11, SS 11), Landshut (o. J.).

Viehweg, Theodor: Topik und Jurisprudenz, 5. Aufl., München 1976.

Viernstein, Theodor: Karl Joseph Anton Mittermaier als Student und Lehrer an der Universität Landshut (geschrieben 1904), Abdruck in: Bayernzeitung (Nr. 134), 1931, 3 - 14.

Wächter, Carl Georg v.: Gemeines Recht Deutschlands, insbesondere Gemeines Deutsches Strafrecht, Leipzig 1844.

Wank, Rolf: Objektsprache und Metasprache, in: Rechtstheorie 1982, 465 - 495.

Welcker, Carl Theordor: Anleitung zur Vertheidigungskunst im Criminalprocesse von Dr. C. K. A. Mittermaier, in: HdJbLit, 1815, 989 - 992.

Weinbrenner, Peter: Kategorien und Methoden für die Analyse wirtschafts- und sozialwissenschaftlicher Lehr- und Lernmittel, in: IntSchBF 1986, 321 - 336.

Weis, Eberhard: Die Wissenschaften in Bayern unter Max I. (1799 - 1825), in: Festschrift für Max Spindler zum 75. Geburtstag (hrsg. von Dieter Albrecht u. a.), München 1969, 593 - 609.

Wieacker, Franz: Zur *praktischen Leistung* der Rechtsdogmatik, in: Hermeneutik und Dialektik, Aufsätze II (Festschrift für Gadamer, hrsg. von R. Bubner u. a.), Tübingen 1970, 311 - 336.

— Textkritik und Sachforschung, in: ZSRG RA 1974, 1 - 40.

Wilhelmgymnasium, München Thierstraße, 1877 - 1977. Eine Rückschau in Dokumenten (hrsg. 1977 vom Wilhelmgymnasium), München 22, Tischstraße 46.

Wolf, Erik: Paul Johann Anselm von Feuerbach, in: Große Rechtsdenker der deutschen Geistesgeschichte, 4. Aufl., Tübingen 1963, 543 - 590, 716.

Zimmermann, Klaus: Erkundungen zur Texttypologie, Tübingen 1978.

Zorn, Wolfgang: Gesellschaft und Staat in Bayern, in: Staat und Gesellschaft im deutschen Vormärz 1815 - 1848 (hrsg. von Werner Conze), Stuttgart 1962, 113 - 142.

Zweigert, Konrad: Zur Methode der Rechtsvergleichung, in: Studium Generale 1960, 183 - 200.

Zweigert, Konrad / *Puttfarken,* Hans-Jürgen: Zur Vergleichbarkeit analoger Rechtsinstitute in verschiedenen Gesellschaftsordnungen, in: Rechtsvergleichung (hrsg. von dens.), Darmstadt 1978, 395 - 429.